視聴印象が媒介する
テレビCMへの態度の形成
― 広告効果の実証的分析 ―

浅川雅美 著

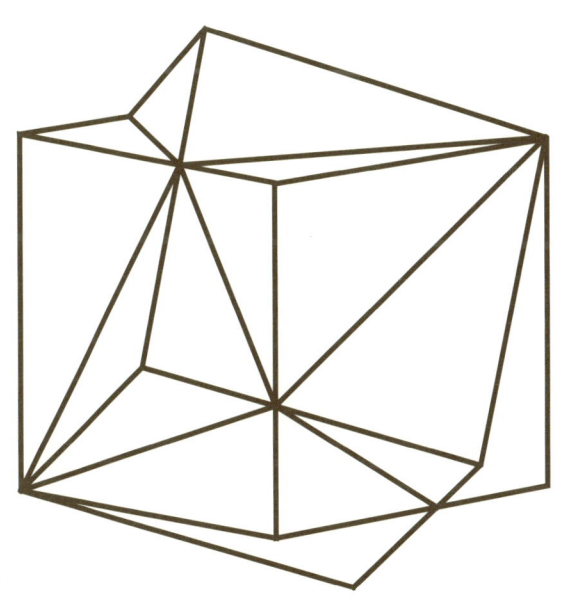

風間書房

はじめに

　本研究の目的は，「広告表現」と「広告に対する態度」の関連に及ぼす「視聴印象」の媒介機能について明らかにすることです。

　「広告表現と広告に対する態度の関連」に対して，従来の広告表現研究では，主に双方の直接的な関連に着目してきました。そのなかにあって，広告表現と広告に対する態度の間接的な関連に着目しているのが，関西大学名誉教授の佐々木土師二先生のモデルと MacKenzie & Lutz（1989）が示したモデルです。本研究では，上述の基本的な目的を達成するために，これら二つの先行研究を援用して，以下に示す二つの具体的な目的を設定しました。

　第1目的：「表現形式」と「広告に対する態度」の関連に及ぼす「視聴印象」の媒介機能を実証的に検討する。

　第2目的：「伝達内容」と「広告に対する態度」の関連に及ぼす「広告における主張と受け手の信念の一致度（以下，「広告の情報的価値」と表記する）」および「視聴印象」の媒介機能を実証的に検討する。

　なお，本研究では，広告のうち，消費者の接触率が高く，影響力の大きいメディアであるテレビCM（以下，CMと略記する）をとり上げました。

　近年，テレビとインターネットとの融合が進み，CMの視聴形態も変わりつつあります。テレビ番組を視聴する手段が多様化してきたのに伴い，個人情報を使って狙いを定めた受け手にCMを視聴してもらうケースもでてきました。例えば，ストリーム配信でテレビ番組や映画を無料で配信するサービスでは映画やテレビ番組を無料で提供する代わりに，CMを強制的に視聴してもらうケースもあります。このようなストリーム型サービスでは，個人IDをFacebookのようなSNSの個人IDと結びつけることも可能となっており，リンク先のデータを使用することで，より適したCMを提示するこ

とが可能な状況にあります。こういった状況のなかでCM効果を高めるためには，性別・年齢のようなデモグラフィック要因のみならず，CMの「伝達内容」や「表現形式」が受け手の諸特性に合っているか否かによって広告効果が異なることを考慮する必要があります。その点からも，広告表現と「広告に対する態度」の関連に及ぼす「広告の情報的価値」および「視聴印象」の媒介機能を実証的に検討することは，現在および次世代のCM効果研究にとって重要であると考えています。

　本書は，約十年前にまとめた学位論文にその後の研究成果を加えて，できる限り体系的になるように心掛けて執筆いたしました。

　学位論文作成にあたっては，当時，構想段階から完成に至るまで，関西大学名誉教授　佐々木土師二先生が，懇切丁寧にご指導くださいました。先生のご指導を通じて，論文を書く際に厳密性をゆるがせにしない態度，論文を包括的かつ体系的に作成することの重要性，データを丹念に解析することの大切さ，論文の一字一句にも配慮する丁寧さを痛感することができました。現段階でも，上記のような研究態度を心掛けてはおりますが，まだ不充分で，研鑽を積まないといけないと思っております。佐々木土師二先生からいただいた学恩は非常に広大であり，感謝の気持ちは言葉で表現できるものではありませんが，ここに記して，心からの敬意と感謝の意を表します。

　また，関西大学名誉教授　高木修先生に深謝いたします。高木修先生は，当時，日本社会心理学会会長はじめ学内外で大変お忙しいにも拘わらず，佐々木土師二先生がご退職になった後，論文審査の主査をお引き受けくださいました。そして，論文提出直前および口頭試問でご指導いただきました。学位取得直後に頂戴した「表札を見ればその主の顔が見え，仕事がすぐに思い出されるように，研鑽を積むように」というお言葉は，現在でも座右の銘とさせていただいております。

　また，副査をお引き受けくださいまして，口頭試問で統合的マーケティン

グコミュニケーションの観点からご指導いただきました関西大学教授 水野由多加先生に感謝いたします。

そして，日本広告学会でお会いしたときなどに学位論文作成を励ましてくださり，ご助言をくださいました関西大学元教授 林英夫先生，修士課程でご指導いただきその後も長い間にわたり私の学位論文作成を励ましてくださった大妻女子大学名誉教授 故青木宏先生に心より御礼申し上げます。

また，この書物はサバティカルを利用してまとめました。この機会を与えてくださった文教大学元学長・現理事長 野島正也先生，健康栄養学部学部長兼副学長 中島滋先生，同学部健康栄養学科学科長 松村康弘先生，その他教職員の皆さまに深謝いたします。そして，研修先として受け入れてくださった立教大学教授 木下康仁先生に心より御礼申し上げます。

さらに，学会誌投稿時にご指導いただきました審査委員の先生方，視聴実験実施にご協力くださいました先生方や学生の皆様にも感謝いたします。

このように，多くの方々のご助力をいただきながら，この書物は完成致しました。執筆を終えて，今までの研究成果をある程度集成できたのではないかと思っておりますが，力不足で佐々木土師二先生はじめご指導いただいた先生方のご期待にお応えできていない部分が多いことと存じます。今後とも，ご助言・ご指導をいただければ幸いです。

最後に，本書の装丁のデザインを考えてくださった文教大学情報学部教授 藤掛正邦先生に御礼申し上げます。そして，本書を出版するにあたって，文教大学学術図書出版助成による援助をいただきましたことに深謝致します。

なお，本研究の一部分は，日本学術振興会の科学研究費（20530399, 23530540, 25380569）の助成を受けて行われました。ここに記して感謝申し上げます。

平成30年1月19日

浅川雅美

目　　次

はじめに

序論 …………………………………………………………………………… 1
　Ⅰ．広告効果のとらえ方について …………………………………………… 1
　Ⅱ．研究目的 …………………………………………………………………… 5
　　1．基本的な研究目的 ……………………………………………………… 5
　　2．二つの研究目的 ………………………………………………………… 6
本論 …………………………………………………………………………… 11

第1部　先行諸研究の概要 ………………………………………………… 13
第1章　「受容内容分析」に関する先行諸研究の概要 …………………… 15
　Ⅰ．広告表現に対する反応的側面のモデル ……………………………… 15
　　1．初期の階層モデル …………………………………………………… 15
　　2．1961年以降の階層モデル …………………………………………… 15
　　3．関与水準を考えたモデル …………………………………………… 18
　　4．広告表現に対する受け手の反応プロセスを体系的にとらえた佐々木
　　　（1994）のモデル ……………………………………………………… 19
　Ⅱ．「Aad」の定義とその形成に関する先行諸研究の概要と本研究で
　　のとらえ方 ……………………………………………………………… 21
　　1．「Aad」の定義に関する先行諸研究のレヴューと本研究での「Aad」の
　　　定義 ……………………………………………………………………… 21
　　2．「Aad」形成に関する先行諸研究のレヴューと本研究での「Aad」形成
　　　のとらえ方 ……………………………………………………………… 23

第2章　「視聴印象」の分析方法に関する先行諸研究の概要 …………… 27
　Ⅰ．全体的接近による「視聴印象」の分析方法 ………………………… 27

1．CMの類型化を行っている先行諸研究 ……………………………… 27
　　2．全体的接近による「視聴印象」の分析方法のまとめ ……………… 30
　Ⅱ．要素的接近による「視聴印象」特性の分析方法……………………… 32
　　1．心理学における基本情緒説を応用している先行諸研究…………… 32
　　2．「視聴印象」を多次元的特性でとらえている先行諸研究 ………… 36
　Ⅲ．要素的接近による「視聴印象」の機能の分析方法…………………… 46
　　1．「視聴印象」と「Aad」の関連のみを分析している先行諸研究…… 46
　　2．「視聴印象」と「Aad」の関連の他に「視聴印象」と他の態度要因との
　　　関連も視野に入れて分析している先行諸研究……………………… 49
　Ⅳ．要素的接近による「視聴印象」特性および機能の分析方法の
　　　まとめ………………………………………………………………… 62
　　1．わが国の先行諸研究にみられる「視聴印象」の共通次元 ………… 62
　　2．「視聴印象」の測定項目を選定する必要性 ………………………… 63
　　3．「Aad」の測定項目を選定する必要性………………………………… 63
　Ⅴ．本研究における「視聴印象」の分析方法……………………………… 66

第3章　「訴求内容分析」に関する先行諸研究の概要………………………… 75
　Ⅰ．全体的接近による広告表現の分析方法………………………………… 75
　　1．広告制作者（クリエーター）の経験則によるCMの類型化 ……… 75
　　2．「表現形式にもとづくCM類型」と「再生，理解および説得」との
　　　関連分析……………………………………………………………… 80
　Ⅱ．要素的接近による広告表現の分析方法………………………………… 81
　　1．広告表現を要素的接近でとらえている先行諸研究………………… 81
　　2．要素的接近による広告表現の分析方法のまとめ ………………… 94
　Ⅲ．本研究における広告表現の分析方法…………………………………… 95

第2部　予備的研究 ………………………………………………………………… 97
第1章　研究課題……………………………………………………………………… 99
　Ⅰ．予備的研究の意義………………………………………………………… 99

Ⅱ．食品 CM を取り扱う理由 ……………………………………………99

第 2 章　主研究に採用する「視聴印象」および「Aad」の測定項目の選定 ……………………………………………103
Ⅰ．本章の目的………………………………………………………103
Ⅱ．調査方法…………………………………………………………103
　1．測定項目の選定方法 ………………………………………103
　2．視聴実験に用いた CM ………………………………………106
　3．視聴実験の実施方法 ………………………………………107
　4．実験の手続き ………………………………………………107
　5．解析方法 ……………………………………………………111
Ⅲ．結果と考察………………………………………………………111
　1．CM の「表現評価」の因子分析結果 ………………………111
　2．CM の「イメージ」の因子分析結果 ………………………114
　3．CM の「総合評価」の因子分析結果 ………………………116
　4．抽出された「視聴印象」次元と先行諸研究にみられる「視聴印象」の共通次元との比較 ………………………………118
　5．「CM 好感度」と相関の高い因子の検討 …………………119
Ⅳ．本章のまとめ……………………………………………………120

第 3 章　主研究に用いる CM の選定 ……………………………121
Ⅰ．本章の目的………………………………………………………121
Ⅱ．解析方法…………………………………………………………121
Ⅲ．結果と考察………………………………………………………122
　1．「総合評価」の 2 特性による 5 クラスターの構成と因子得点の比較 ………122
　2．「総合評価」2 因子による 5 クラスター間の「総合評価」2 因子，「表現評価」3 因子および「イメージ」4 因子の各因子得点の比較 ………127
　3．「表現評価」3 特性による 5 クラスターの構成と「表現評価」各因子得点の比較 ……………………………………………129

4．「イメージ」4特性による5クラスターの構成と「イメージ」各因子
　　　　得点の比較……………………………………………………………………134
　　5．各領域で構成されたクラスターの比較………………………………………137
　　6．3領域のクラスター分析にもとづく代表的なCMの選定……………………140
　Ⅳ．本章のまとめ……………………………………………………………………158

第4章　主研究の方向づけ……………………………………………………………161
　Ⅰ．予備的研究で得られた知見に基づく主研究の方向づけ……………………161
　　1．主研究に用いる「視聴印象」の測定項目……………………………………161
　　2．主研究に用いる「Aad」の測定項目…………………………………………161
　　3．主研究に用いるCM……………………………………………………………162
　Ⅱ．実験方法や分析方法についての考察…………………………………………162
　　1．CMの提示方法についての考察………………………………………………162
　　2．分析方法についての考察………………………………………………………164

第3部　主研究…………………………………………………………………………165
序章′ 分析の枠組み……………………………………………………………………167

第1章　「視聴印象」の多次元的特性…………………………………………………169
　Ⅰ．本章の目的………………………………………………………………………169
　Ⅱ．調査方法…………………………………………………………………………169
　　1．視聴実験に用いたCM…………………………………………………………169
　　2．被調査者と実施日………………………………………………………………171
　　3．視聴実験の実施方法……………………………………………………………173
　　4．教示の詳細………………………………………………………………………174
　　5．CMの「視聴印象」および「Aad」の測定項目……………………………175
　　6．視聴実験を分けて実施したことについての考察……………………………185
　Ⅲ．結果と考察………………………………………………………………………192
　　1．「視聴印象」次元の抽出（「A＋a＋B＋b」セットの因子解）………………192

2．「視聴印象」5次元の信頼性の検証 …………………………………195
　　3．抽出された「視聴印象」5次元と先行諸研究で抽出されている「視聴
　　　印象」次元との比較 …………………………………………………203
　　4．「視聴印象」5次元の測定値とCMの具体的な表現内容との対応 ………206
　Ⅳ．本章のまとめ……………………………………………………………212

第2章　「表現・制作的要素」の多次元的特性 ……………………………215
　Ⅰ．本章の目的………………………………………………………………215
　Ⅱ．調査方法…………………………………………………………………215
　　1．測定項目の設定…………………………………………………………215
　　2．評定方法…………………………………………………………………220
　　3．解析に用いた項目………………………………………………………220
　Ⅲ．結果と考察………………………………………………………………220
　　1．「表現・制作的要素」次元の抽出……………………………………220
　　2．抽出された「表現・制作的要素」7次元と「先行諸研究で抽出されて
　　　いる次元」との比較 …………………………………………………224
　　3．「表現・制作的要素」7次元での測定値とCMの具体的な表現内容との
　　　対応 ……………………………………………………………………226
　Ⅳ．本章のまとめ……………………………………………………………233

第3章　「表現・制作的要素」と「Aad」の関連に及ぼす「視聴
　　　　印象」の媒介機能の分析 ………………………………………235
　Ⅰ．本章の目的………………………………………………………………235
　Ⅱ．本章の分析方法…………………………………………………………235
　Ⅲ．「表現・制作的要素」特性が「Aad」に直接的に及ぼす影響 ………236
　　1．解析方法…………………………………………………………………236
　　2．結果と考察………………………………………………………………236
　Ⅳ．「表現・制作的要素」特性が「視聴印象」特性に及ぼす影響 ………237
　　1．解析方法…………………………………………………………………237

2．結果と考察 …………………………………………………………238
　Ⅴ．「視聴印象」特性が「Aad」に及ぼす影響 ……………………………241
　　1．解析方法 ………………………………………………………………241
　　2．結果と考察 ……………………………………………………………242
　Ⅵ．「表現・制作的要素」と「Aad」の関連に及ぼす「視聴印象」の
　　媒介機能 …………………………………………………………………242
　　1．解析方法 ………………………………………………………………242
　　2．仮説の設定 ……………………………………………………………243
　　3．結果と考察 ……………………………………………………………246
　Ⅶ．本章のまとめ ……………………………………………………………257

第4章　「伝達内容」と「Aad」の関連に及ぼす「広告の情報的
　　　　価値」と「視聴印象」の媒介機能の分析 ……………………259
　Ⅰ．本章の目的 ………………………………………………………………259
　Ⅱ．「食品選択基準」次元の抽出 …………………………………………260
　　1．「食品選択基準」次元を抽出する意義 ……………………………260
　　2．先行諸研究にみられる「食品選択基準」の測定尺度 ……………261
　　3．調査方法 ………………………………………………………………262
　　4．結果と考察 ……………………………………………………………263
　Ⅲ．「食品選択基準」各次元を代表する項目での高得点CMと低得点
　　CMの判定 ………………………………………………………………268
　　1．CMの内容分析の方法について ……………………………………268
　　2．結果と考察 ……………………………………………………………268
　Ⅳ．「食品選択基準」各次元を代表する項目での高得点CM群と低得点
　　CM群にみられる「視聴印象」および「Aad」の評定の差異 ………272
　Ⅴ．「広告の情報的価値」が高い場合と低い場合にみられる「Aad」
　　の評定の差異 ……………………………………………………………272
　Ⅵ．本章のまとめ ……………………………………………………………274

第4部 「広告の情報的価値」の媒介機能に関する確認的実験………277
序章　分析の枠組み……………………………………………279

第1章　確認的実験に用いる「食品選択基準」の測定項目の選定
　　　　に向けての分析：「食品選択基準」の多次元的特性…………281
　Ⅰ．本章の目的……………………………………………………281
　Ⅱ．探索的因子分析………………………………………………281
　　1．調査方法……………………………………………………281
　　2．結果と考察…………………………………………………281
　Ⅲ．確認的因子分析………………………………………………282
　　1．調査方法……………………………………………………282
　　2．結果と考察…………………………………………………284
　Ⅳ．本章のまとめ…………………………………………………286

第2章　確認的実験に用いるCMの選定に向けての分析：ACC
　　　　入賞作品の食品CMが訴求している「食品選択基準」………289
　Ⅰ．本章の目的……………………………………………………289
　Ⅱ．分析方法………………………………………………………289
　　1．分析データ…………………………………………………289
　　2．データ処理…………………………………………………290
　Ⅲ．結果と考察……………………………………………………290
　　1．主要語の頻度分布…………………………………………290
　　2．ACC賞入賞作品に使われている主要語のコレスポンデンス分析………293
　Ⅳ．本章のまとめ…………………………………………………296

第3章　「伝達内容→広告の情報的価値→視聴印象→Aad」という
　　　　反応プロセスについての検証…………………………………299
　Ⅰ．本章の目的……………………………………………………299

Ⅱ．調査方法……………………………………………………………………299
    1．視聴実験に用いたCM………………………………………………299
    2．CMの提示順序………………………………………………………299
    3．被調査者………………………………………………………………299
    4．視聴実験の実施方法…………………………………………………300
    5．4グループの回答を一括して解析できることの確認………………301
    6．分析に用いるデータの選定…………………………………………302
  Ⅲ．結果と考察…………………………………………………………………302
    1．「伝達内容」と「Aad」の関連に及ぼす「広告の情報的価値」の媒介
      機能……………………………………………………………………302
    2．「広告の情報的価値」と「Aad」の関連に及ぼす「視聴印象」の媒介
      機能……………………………………………………………………304
  Ⅳ．本章のまとめ………………………………………………………………310

第4章　広告の情報的価値が伝達内容への注目に及ぼす影響…………313
  Ⅰ．本章の目的…………………………………………………………………313
  Ⅱ．アイ・トラッキングについて……………………………………………314
  Ⅲ．「消費者の食品選択基準が広告に対する注目に及ぼす影響」を
    明らかにするためにアイ・トラッキングを用いた先行諸研究の
    レヴュー……………………………………………………………………315
  Ⅳ．仮説の設定…………………………………………………………………317
  Ⅴ．調査方法……………………………………………………………………317
    1．実験に用いたCM……………………………………………………317
    2．実験の実施方法………………………………………………………318
  Ⅵ．結果と考察…………………………………………………………………318
    1．「天然成分でできていること」を訴求しているCM（素材力）のケース…318
    2．「カロリーが低いこと」を訴求しているCM（三ツ矢サイダー・オール
      ゼロ）のケース………………………………………………………320
  Ⅶ．本章のまとめ………………………………………………………………322

補足　Webサイトを用いたアイ・トラッキング実験……………………323
　　1．調査方法……………………………………………………………324
　　2．結果と考察…………………………………………………………324

第5部　総括……………………………………………………………327

第1章　本研究の概要……………………………………………………329
　Ⅰ．研究目的………………………………………………………………329
　Ⅱ．研究方法………………………………………………………………331
　Ⅲ．研究結果………………………………………………………………331
　　1．問題意識と先行諸研究のレヴュー………………………………331
　　2．予備的研究の結果…………………………………………………331
　　3．主研究の結果………………………………………………………333
　　4．「広告の情報的価値」の媒介機能に関する確認的実験…………339

第2章　広告表現の研究に対する本研究の意義………………………341

第3章　広告効果論における本研究の意義……………………………343
　　1．信頼性と妥当性のある「視聴印象」特性を抽出したことについて………343
　　2．「Aad」形成モデルを実証的に分析したことについて……………343
　　3．個々の受け手の諸特性に合ったCMを配信する必要性を提案したことについて………………………………………………………344
　　4．その他の成果：「食品選択基準」5次元の抽出……………………345
　　5．今後の課題…………………………………………………………345

引用文献……………………………………………………………………347
付表…………………………………………………………………………361
人名索引……………………………………………………………………387
事項索引……………………………………………………………………392

序　論

　広告の媒体料金や制作費には，多額の費用がかけられているため[1]，広告主が意図した方向に商品のターゲット（訴求対象者）の行動や心理的反応を生じさせることは非常に重要となる。そのため，広告効果については，国内外で多年にわたり様々な研究成果が積み重ねられている[2]。

　本論に入る前に，広告効果に関する先行諸研究について体系的にレヴューをして，本研究の位置づけを明確にすることが必要であろう。ただし，今までの国内外における広告効果研究の系譜については，Vakratsas & Ambler (1999)，疋田 (2000a, b)，石崎 (2000)，土山 (2000)，宮原 (2000, 2001)，嶋村・広瀬 (2000)，仁科 (2011) など[3]において体系的に整理されているため，ここではそれらの要点を注記するにとどめ，本研究と直接関連のある先行諸研究については第１部でレヴューすることにした。

　なお，「広告効果」は，研究の歴史的変遷やそれに伴うアプローチの広がりを反映して，上述した「広告主が意図した方向に商品のターゲットの行動や心理的反応を生じさせる」という以外のとらえ方もある多様な概念である。そこで広告効果のとらえ方を類別して以下に簡潔にまとめ，そのうえで，本研究における広告効果のとらえ方と研究目的を明らかにしたい。

Ｉ．広告効果のとらえ方について

　「広告効果」のとらえ方は，経済的・社会的・文化的な諸現象をとらえる

---

[1] 2016年の日本の総広告費は，6兆2880億円であった。
[2] 最初の広告効果モデルは，Lewis による AIDA（注目→興味→欲望→行動）である。また，広告効果研究で最初の体系的な書物は，アメリカで20世紀初頭に Scott (1903) が著した『The Theory of Advertising』であると言われている。この書物の内容は，当時の心理学の理論と実験的知見を広告制作に適用する方法を探ったものであった。

マクロ的視点によるものと，受け手の心理的・行動的な個人的反応としてとらえるミクロ的視点によるものとの，二つの立場に大別される。

マクロ的視点によるもの[4]は，さらに，①広告が経済成長や需要創造のような経済的側面に与える経済的効果，②企業の社会的責任や問題提起のように，社会全体に対して与える社会的効果，③CMソングのヒットや広告コピーの流行のように，人々の社会生活や生活慣習に与える文化的効果に分けられる。マクロ的視点からのわが国における先行諸研究については，宮原（2000）が体系的に整理しているが，実際の研究例としては，国民所得と広告費の統計資料を分析している一杉（1965）の研究，社会指標と広告投下量との関連分析を行っている木村・北出・小林・清水・八巻（1979）の研究，子供向けCMが子供に与える影響の実証分析を行っている池上・疋田・高

---

[3] Vakratsas & Ambler（1999）は，1960年以降に英語で書かれたミクロ的視点に立った広告効果に関する約250本の代表的な先行諸研究をレヴューして広告効果モデルの分類を行っている。彼らは，広告効果モデルを，認知効果，情緒効果，購買経験効果の3要素の組み合わせによって，市場反応モデル，認知型モデル，情緒型モデル，認知情緒型モデル（説得的階層モデル），認知情緒経験型モデル（低関与階層モデル，統合型モデル），無階層モデルに分けている。なお，この論文を，広瀬（2000）が和訳している。

疋田（2000a, b），石崎（2000），土山（2000），宮原（2000, 2001），嶋村・広瀬（2000）では，日本の広告効果研究の系譜を体系的にまとめている。

仁科（2011）は，Vakratsas & Ambler（1999）の分類が広告媒体としてインターネットが注目される以前の研究であり，インターネットの登場によって広告媒体事情，消費者行動，企業の広告戦略に変化が生じたため，広告効果モデルの考え方も進化していることを考慮して，主要な広告媒体の変化に対応させた形で過去の広告効果モデルを9つに分けている。具体的には，人的販売が主要な伝達手段であった頃には，AIDAのような①「対人説得モデル」があり，印刷メディアの時代には，AIDMAのような②「認知型モデル」が提唱された。そして，テレビ・メディアが普及してきた時代になると，③「低関与型モデル」や④「情緒型モデル」が台頭して，メディア・ミックスが注目されてきた時代には，消費者が広告媒体に応じて複数の行動を取りうることを想定した⑤「複合型モデル」が提案された。また，マスメディアが全盛の時代の広告として，認知心理学の観点から消費者の心理的反応を詳細に解説した⑥「統合広告効果モデル」や，マスメディアの社会的規範形成力に注目した⑦「社会的規範モデル」が登場した。そして，インターネットの普及に伴い，AISASに代表される⑧「情報探索型モデル」が，さらにSNSの普及に伴い，⑨「ソーシャル・メディア型モデル」が登場してきたことを述べている。なお，このように，広告効果モデルは広告媒体の普及とともに変化しているが，仁科も指摘しているように，新しい広告媒体が加わっても，既存の広告媒体が共存している限りは，従来のモデルも共存している。

[4] マクロ的視点にたった古典的な実証研究としては，Borden（1942）の『*The Economic Effects of Advertising*』が挙げられる。

田・吉田・那須・亀井（1979）の研究などがあげられよう。

　他方，ミクロ的視点によるものは，さらに，①広告刺激に対する市場の反応に着目する立場と，②広告刺激によって喚起される「心理的・行動的現象」に着目する立場とに，分けられる。

　①の広告刺激に対する市場の反応に着目する立場[5]では，広告効果は販売成績に表れるという，広告の販売促進機能に注目している。実際には，延べ視聴率（Gross Rating Point：GRP）[6]とブランド選択との関係や，広告費と売上高・市場シェアとの関係などを検討しており，例えば，Naples（1979）の有効到達回数の研究[7]はこれに該当する。ただし，これらの広告効果指標の変化には，広告以外のマーケティング要因やマクロ的な要因も影響しており，広告のみの効果を分離して明らかにすることは困難である。かつて Colley（1961）も，広告効果を販売成績でとらえるためには，いくつかの前提条件[8]が必要であり，諸条件が満たされている状況は滅多にない，と述べている。そのため，石崎（2000）が指摘しているように，売上高および市場シェアを広告効果指標とした場合には，極めて多様な研究アプローチが考えられることになる。

　一方，②の広告刺激によって喚起される「心理的・行動的現象」に着目する立場は，広告効果を購買行動を引き起こし販売に結びついたか否かという最終的な結果のみで直接的に考えず，受け手に広告作品やブランドについての心理的・行動的変化が生じたか否かという，広告のコミュニケーション機能に注目している[9]。

---

[5]　ミクロ的視点のうち「売り上げ・市場シェア」の先行諸研究については，石崎（2000）が体系的に整理している。
[6]　GRP は，到達率（Reach）×平均接触回数（Frequency）で算出される。
[7]　広告の露出回数と効果に関するそれまでの研究結果を再検討し「一つの購買サイクル内に最低3回が広告の最適露出頻度である」と結論づけている。
[8]　Colley（1961）は，①広告が唯一のマーケティング要因である，②競争条件などの経済的諸条件が一定である，③広告に対する消費者反応が即座に生じて効果の遅延がない，などの条件が満たされた場合，広告効果を販売成績でとらえることができると指摘している。

この立場はさらに，②-a「広告への関与」の研究のように，動機づけを中心とした心理的要因の影響に着目する立場[10]と，②-b「広告に対する態度（Attitude toward the advertisement；以下，「Aad」と略記する）」[11]の研究のように，認知を中心とした心理的プロセスの成立や変化に着目する立場[12]に分けられる。

　以上の分類をもとに，本研究における「広告効果」のとらえ方の位置づけ

9） 後述するように，Lavidge & Steiner (1961) や Colley (1961) は，広告効果の階層モデルを提示したが，そこでは，次第に購買行動に結実していく多段階の心理的な階層を想定し，特定の段階にいる消費者を次の段階に移行させるだけでも広告はコミュニケーションとしての機能を果たしている，と考えている。

10） この立場は，モチベーション・リサーチに依拠している。モチベーション・リサーチは，消費者が商品を購入する際の表面的な動機の背後に隠された動機を分析するための手法として，1950年代のアメリカ，そしてわが国でも大きな注目を集めた。その先駆者である Dichter (1964) の『Handbook of Motivation Research』には多くの事例が報告されているが，分析するための理論的裏づけがなく客観性を欠いた解釈に終わることが多かった。モチベーション・リサーチは，このように方法論上の問題はあったものの，佐々木 (1991) が指摘しているように，ここでとらえようとしたモチベーション（動機づけ）の機能は，その後の消費心理学および広告心理学の理論のなかで強調されるようになった。1960年代に提唱された消費者購買意思決定プロセスモデル，例えば，Howard & Sheth (1969) のモデル，Nicosia (1966) のモデル，Engel, Kollat & Blackwell (1968) のモデルにおいて，動機づけは，消費者を購買に至らせる重要な概念の一つと考えられている。また，1970年代になると Bettman (1979) が，消費者を，消費目標を達成するための情報処理者とみなした消費者情報処理パラダイムを構築したが，この Bettman (1979) のモデルにおいても，問題認識プロセスにおける動機づけは，重要な概念とされている。佐々木 (1991) によれば，このモチベーション・リサーチが広告効果理論に与えた影響として，広告効果を階層モデルのような線形モデルで考えるのではなく，「動機」を中心に，多くの要因の相互作用から構成される構造としてとらえる視点を成立させたことが挙げられる。なお，消費者購買意思決定モデルにおいて，消費者の動機づけ概念がどのように扱われてきたかについては，杉本 (2013) が体系的に整理している。

11） Lutz (1985) によれば，「特定の広告に接触した時にその広告に対して好意的または非好意的に反応する傾向」のこと。

12） この立場の研究は，認知心理学に依拠している。佐々木 (1991) によれば，プロセス研究の課題は，主に「認知プロセス」と「反応プロセス」であるが，これまでの広告心理学の表現に従えば，①情報処理プロセス（認知プロセス），②購買意思決定プロセス（主に認知プロセスであるが反応プロセスも含む），③行動プロセス（反応プロセス）に分けられる。そして，これらのプロセスのそれぞれで広告コミュニケーションとの関係（選択，受容，影響，利用など）を分析することが重要である。この3タイプのプロセスは，機能的に緊密な関係をもち，時間的な前後関係も複雑で分離することが困難であるため，広告効果の階層モデルに見られるように，認知から購買までの多段階を一つのプロセスでモデルとして描くことが多かった。しかし，1960年代後半以降の消費者購買意思決定プロセスモデルでは，いくつかのプロセスに分離したうえでそれらを統合的にとらえる視点が出てきた。

を示したい。本研究は，②の広告のコミュニケーション機能に注目した立場のうち，「Aad」の形成プロセスについて検討しており，そのなかでも②-bの認知を中心とした心理的プロセスの成立や変化に着目する立場からの分析と位置づけられる。ただし，後述するように，このプロセスのなかに「広告の情報的価値」を組み入れており，そこに受け手の「食品選択基準」を当てはめているため，②-aの動機づけを中心とした心理的要因の影響に着目する視点も含まれている。

II．研究目的

1．基本的な研究目的

　広告のコミュニケーション機能に注目した立場での広告効果モデルの変遷については，岸（2004）がまとめているが，広告効果にとって，「Aad」が重要であると認識されたのは，1980年代に入ってからのことであった。それ以前は，感情は認知の対立概念であり，認知を高度なものと考え，感情は軽視されていた時代もあった。例えば消費者行動の領域では，岸（2012）が指摘しているように，感情は，モチベーション・リサーチの発展した1950～60年代に，表面的な動機の背後に隠された動機を解明する一つのアプローチとして関心がもたれたものの，70年代になると認知心理学に依拠した消費者情報処理プロセスについての研究[13]の隆盛とともに，感情への関心は相対的に低下していった。しかし，1980年代初頭から，感情に対する関心が高まってきた[14]。例えば，Holbrook & Hirschman（1982）や Hirschman & Holbrook（1982）は，消費者情報処理パラダイムへのアンチテーゼとして消費経験における感情や快楽的消費などを主張した。そのうえ，認知心理学の領域でも

---

13) ブラックボックスとされていた消費者情報処理プロセス（知覚，解釈，記憶，評価など）に関する研究。
14) 竹村（1994）は，ポジティブな感情・ムードが消費者行動にどのような影響を及ぼすかについて体系的にまとめている。そのなかで，ポジティブな感情が，消費者の購買行動を促進させ，広告の説得効果を高めることを指摘している。

認知と感情の双方を研究する傾向が出てきた[15]。広告効果研究においても，感情が重視されるようになり，Shimp（1981）や Mitchell & Olson（1981）は，「Aad」の重要性を指摘した。そして，「Aad」が好意的であれば「ブランドに対する態度（Attitude toward the brand；以下，「Ab」と略記する）」[16] も好意的になり，ブランドの購買意欲が生じやすい，と考えられるようになった。さらに，「Aad」が好意的であれば「Ab」を経由せずにブランドの購買意欲が生じる場合もあるという主張も行われるようになった。

上記のように，「Aad」が広告効果にとって重要であることが認識され，「Aad」の機能について「①視聴印象→②Aad→③Ab」という反応プロセスを想定し，①～③の関連を実証的に分析する研究[17]がみられるようになった。しかし，これらの研究は，分析の出発点が「広告表現」ではなくて「視聴印象」であり，多くの場合，「どのような広告表現[18]が Aad に影響を及ぼすか」という点についての実証的な検討が欠けていた。

そこで，本研究では，「どのような広告表現が Aad に影響を及ぼすか」を実証的に明らかにすることを基本的な研究目的とした。なお，本研究では，広告のうち，長島・木戸（2007）が指摘しているように，消費者の接触率が高く，影響力の大きいメディアである CM をとり上げることにした。

2．二つの研究目的

「どのような広告表現が Aad に影響を及ぼすか」という課題に対して，従来の広告表現研究では，広告表現と「Aad」の直接的な関連に着目する傾向にあったが，そのなかで，広告表現と「Aad」の間接的な関連にまで着目し

[15) 岸（1993，p.285）は，両者の相互作用を分析することの重要性を指摘している。
[16) 当該ブランドに対する消費者の好感度のこと。
[17) 第1部第2章Ⅲ．2．でレヴューする。
[18) 商品などの"モノ"や"コト"について広告のなかで「何を」「どのように」表現するか，ということ。つまり，広告表現には，「伝達内容（何を）」と「表現形式（どのように）」の2側面がある。

ているのが，佐々木（1994）[19]とMacKenzie & Lutz（1989）[20]である。

佐々木（1994）は，広告に接触してから「Aad」形成までに，二つの反応プロセス，すなわち，①「CM接触→注目→情動→Aad」と，②「CM接触→注目→理解→信念・評価→Aad」を設定している。①は「表現形式」が受け手の「視聴印象」に影響を及ぼし，それが「Aad」に影響を及ぼす情緒的反応プロセスである。一方，②は「伝達内容」が受け手の商品やブランドに対する信念・評価に影響を及ぼし，それが「Aad」に影響を及ぼす認知的反応プロセスである。

また，MacKenzie & Lutz（1989）も，二つの反応プロセス，すなわち，①広告表現の構成要素（以下，場合によっては，「表現・制作的要素」と言い換える）と「Aad」の間には「視聴印象」によって媒介される間接的な関連（表現・制作的要素→視聴印象→Aad）があること，および，②広告の「伝達内容」[21]と「Aad」の間には，「広告における主張と受け手の信念の一致度（広告の情報的価値）」および「広告の信憑性（視聴印象）」[22]によって媒介される間接的な関連（伝達内容→広告の情報的価値→広告の信憑性→Aad）があることを想定している。

本研究では，基本的な研究目的を達成するために，上述の佐々木（1994）およびMacKenzie & Lutz（1989）の考え方を援用して，以下に示す二つの目的を設定した。なお，本研究では，「表現・制作的要素」および広告表現全体に対して受け手がいだく「評価」「感情」および「イメージ」という反応の諸側面を包括して，「視聴印象」と定義した。

---

19) 第1部第1章I.でレヴューする。
20) MacKenzie & Lutz（1989）は，「Aad」形成のモデルを作成し，被調査者に印刷広告を提示する方法で，モデルの一部分を実証的に検討している。しかし，彼らはCMについては検討していない。詳細は，第1部第1章II.でレヴューする。
21) 商品などの"モノ"や"コト"について「何を」言うか，ということ。
22) 後述するように，MacKenzie & Lutz（1989）は，「広告の信憑性」を（本研究の「視聴印象」の定義に近い概念である）「広告の知覚」の特殊なケースと考えている。

(1) 第1目的:「表現形式」と「Aad」の関連に及ぼす「視聴印象」の媒介機能の検証

まず,第1目的についてであるが,「CMでは,どのような表現形式がAadに影響を及ぼすか」という課題について,多くの先行諸研究では「表現形式」と「Aad」の直接的な関連に注目してきた。例えば,広告制作者(クリエーター)は,経験則にもとづいて,どのような「表現形式」が受け手の「Aad」に影響を及ぼすかについて知見を示している。

しかし,「表現形式」と「Aad」の間には直接的な関連(表現形式→Aad)のみならず,「表現形式」の各要素が多様な「視聴印象」を生じさせ,さらに,それぞれの「視聴印象」が「Aad」に影響を及ぼす(表現形式→視聴印象→Aad)という反応プロセスを想定できる。ところが,このような「視聴印象」の媒介機能についての実証的研究は行われていない。そこで本研究では,「表現形式」と「Aad」の関連に及ぼす「視聴印象」の媒介機能を検討することを第1目的とした。

(2) 第2目的:「伝達内容」と「Aad」の関連に及ぼす「広告の情報的価値」および「視聴印象」の媒介機能の検証

次に,第2目的についてであるが,「CMでは,どのような伝達内容がAadに影響を及ぼすか」は,受け手の諸特性によって異なると考えられる。「生活情報と食品の購買行動」について浅川・大澤(1997)が行った研究[23]では,情報の「伝達内容」に含まれる「食品選択基準」を受け手が重視していない場合は,その情報は受け手にとって価値がないが,重視している場合は価値があることが推察された。この結果をCMへの反応プロセスに応用すれば,食品CMの「伝達内容」が「Aad」に影響を及ぼすか否かは,CMの「伝達内容」に含まれる「食品選択基準」を受け手が重視しているか否かによって異なると考えられる。

---

23) 第3部第4章Ⅰ.でレヴューする。

先述したように，MacKenzie & Lutz (1989) のモデルでは，「伝達内容」が「Aad」に及ぼす影響について「伝達内容→広告における主張と受け手の信念の一致度（広告の情報的価値）→広告の信憑性（視聴印象）→Aad」という反応プロセスを想定している。本研究では，これを援用することにしたが，その「広告における主張」「受け手の信念」の部分に上述した浅川・大澤 (1997) の研究結果を応用して，「食品選択基準」を当てはめることにした。すなわち，「伝達内容」が「Aad」に影響を及ぼす反応プロセスを，「伝達内容（例えば，この商品は「健康のためによい」ことを訴求している）→広告の情報的価値（CMが訴求している「健康のためによい」という「食品選択基準」を受け手がどの程度重視しているか）→視聴印象→Aad」という反応プロセスモデルを考え，これを検討することを第2目的とした。

上述の二つの研究目的は，下図のように表現できる。

〔 広告表現 〕

(第1目的)　表現形式

　　　　　　　　　　　　　　　　　　　　視聴印象　→　Aad

(第2目的)　伝達内容　→　広告の情報的価値

以上のように，本研究では，「CMでは，どのような広告表現がAadに影響を及ぼすか」について，これまで欠けていた視点を実証的に分析して，新たな知見を提示したい。

本　論

　本論の内容は，以下のように4部に分かれている。
　第1部では，「受容内容分析」[24]に関する先行諸研究をレヴューし，本研究における「Aad」形成のとらえ方を検討した。また，本研究の第1目的について検討する際に，「表現形式」，「視聴印象」，および「Aad」の測定尺度が必要なため，「視聴印象」の特性と機能および「訴求内容分析」[25]に関する先行諸研究をレヴューした。
　第2部の予備的研究では，主研究で「視聴印象」および「Aad」を測定するための項目と視聴実験に用いるCMを選定した。
　第3部の主研究では，以下の4点について検討した。
①「視聴印象」の多次元的特性
②「表現・制作的要素」の多次元的特性
③「表現・制作的要素」と「Aad」の関連に及ぼす「視聴印象」の媒介機能
④「伝達内容」と「Aad」の関連に及ぼす「広告の情報的価値」および「視聴印象」
　の媒介機能
　第4部では，主研究において明らかにできなかった，「伝達内容」と「Aad」の関連に及ぼす「広告の情報的価値」と「視聴印象」の媒介機能について，実験刺激を変えて再度検討した。

---

[24] 広告表現に対する反応的側面を分析対象にする方法。つまり，広告（表現）の受け手が評価・理解する内容についての分析。
[25] 広告表現に対する刺激的側面を分析対象にする方法。つまり，送り手が広告表現のなかに記述・描写して強調している内容の分析。

第1部　先行諸研究の概要

　最初に，先行諸研究をレヴューする枠組みを作成するために，広告表現の分析方法について整理した[26]。

　佐々木（1983a, b）は，広告表現の分析方法を，下図のように，「訴求内容分析」，すなわち広告表現の刺激的側面を分析対象にする方法と，「受容内容分析」，すなわち広告表現に対する反応的側面を分析対象にする方法の2タイプ[27]に分けることができると述べている。

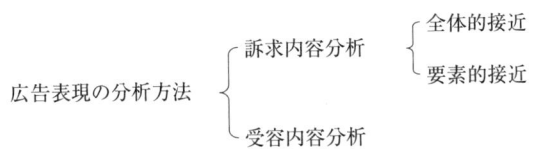

　さらに佐々木（1983a, b）は，「訴求内容分析」の基本的視点として，次の二つに分けて考えることを提案している。第1は，広告を「まとまりのある全体」でとらえる「全体的接近」であり，一つの広告物を分析単位として，その広告表現を相互関連的に全体把握する方法である。第2は，広告を「要素の複合」としてとらえる「要素的接近」であり，「表現・制作的要素」について調査項目を設定し，それらについての評価を通して広告表現の多次元的特性を明らかにする方法である（佐々木，1983b）。

　本研究では，この枠組みを援用して先行諸研究を「受容内容分析」と「訴

---

[26] ここに示した分析方法とは別に，広告表現を記号論的な観点から解釈した種々の研究もある。筆者が分析した例としては，Asakawa・Okano (2004)，Okano・Asakawa (2003)，岡野・浅川 (2003) などがある。
[27] 具体的な研究の例として，浅川・岡野 (2008) では，パンフレットの訴求内容分析を行い，浅川・岡野 (2009a) では，同じパンフレットの受容内容分析を行っている。

求内容分析」に分け，さらにそれぞれを「全体的接近」と「要素的接近」に分けてレヴューすることにした。

第1章 「受容内容分析」に関する先行諸研究の概要[28]

I. 広告表現に対する反応的側面のモデル

1. 初期の階層モデル

　広告表現に対する反応的側面に関する先行諸研究では、表1-1に示したように、19世紀末から多くの階層モデルが提案されている。これらのモデルは、経験的知見を論理的に組み立てたものであり、実証分析によるものではないが、それ以降に発達するモデルの基礎を提供したといってよい。

　初期の階層モデルのなかで最も古いものは、1898年にLewisがセールスの経験則をもとに作成したスローガンである「AID」の法則である（Strong, 1925; Hepner, 1941, p.476）。「AID」とは、「注目（Attention）→興味（Interest）→欲求（Desire）」の頭文字をとったものであり、消費者が広告に接触してから欲求が生じるまでの心理変容を3段階の階層で説明している。Lewisは、1900年には、この「AID」に、行為（Action）、つまりその商品を購買するという階層を加えて「AIDA」の法則にした。この法則が原型となって表1-1に示した多くのモデルが作られた。

2. 1961年以降の階層モデル

　表1-1に示した初期の階層モデルには批判もあった。Lavidge & Steiner (1961) は、広告の受け手のなかには、すでに商品に対して肯定的な態度を持っている者と否定的な態度を持っている者がいるのに、初期の階層モデルはそのことを考慮していない、と指摘した。そしてLavidge & Steinerは、モデルのなかに「知識」を加えて「意識（Awareness）→知識（Knowledge）→

---

[28] この章における記述の一部は、浅川（2009a）で公表してある。

表 1-1　1960年以前の広告効果の階層モデル

年	研究者	階層									
		Attention (注目)	Interest (興味)	Desire (欲求)	Caution (警戒)	Confidence (信頼)	Judgment (判断)	Conviction (確信)	Memory (記憶)	Action (行為)	Satisfaction (満足)
1898	Lewis, E. St. Elmo	○	○	○							
1900	Lewis, E. St. Elmo	○	○	○						○	
1910	Printer's Ink Editorial	○	○					○		○	
1911	Sheldon, A. F.	○	○	○						○	○
1915	Hall, S. R.	○	○			○		○	○		
1921	Ramsay, R. E.	○	○	○	○				○		
1921	Kitson, H. D.	○	○	○		○			○		
1922	Osborn, A. F.	○	○				○		○		
1940	Bedell, C.	○	○	○				○	○		
1956	Devoe, M.	○	○	○						○	○

(注)　Barry (1987, pp. 251～295) をもとに作成。
　　　○は，各モデルで採用している階層。

好意（Liking）→選好（Preference）→確信（Conviction）→購買（Purchase）」という階層モデルを想定した。

　さらに彼らは，これらの階層を表1-2のような機能的次元にまとめている。ここでは，「意識」と「知識」は認知的な反応であり，「好意」と「選好」は情緒的な反応であり，「確信」と「購買」は購買意欲と考えられている。つまり Lavidge & Steiner は，自分達が提案した階層モデルが「認知（Cognitive）→情緒（Affective）→意欲（Conative）」という反応系列に対応すると考えた。

　Lavidge & Steiner と同じ年に，Colley (1961) は，著書『Defining Advertising Goals for Measured Advertising Results』（通称 DAGMAR）において，「未知（Unawareness）→意識（Awareness）→理解（Comprehension）→確信（Conviction）→行為（Action）」という階層モデルを想定した。佐々木 (1991) によ

表1-2 Lavidge & Steiner（1961）モデル

機能的次元	階層
意欲（Conative）	購買（Purchase） ↑ 確信（Conviction）
情緒（Affective）	↑ 選好（Preference） ↑ 好意（Liking）
認知（Cognitive）	↑ 知識（Knowledge） ↑ 意識（Awareness）

れば，Lavidge & Steiner（1961）と Colley（1961）の共通点は，次第に購買行動に結実していく多段階の心理的な階層を想定し，特定の段階にいる消費者を次の段階に移行させるだけでも広告はコミュニケーションとしての機能を果たしている，と考えるところである。

　Colley（1961）が想定した階層を Lavidge & Steiner（1961）の機能的次元に対応させると，「意識」と「理解」は認知的な反応であり，「確信」と「行為」は購買意欲である。しかし，DAGMAR モデルには Lavidge & Steiner がいう「情緒」次元は含まれていない。

　他方，Lavidge & Steiner（1961）と同様に「認知」，「情緒」および「意欲」の三つの機能的次元を全て含んでいるものとして McGuire（1968）のモデルがある。そこでは「情報提示（Information Presentation）→注目（Attention）→理解（Comprehension）→同意（Yielding）→記憶（Retention）→行動（Behavior）」という階層モデルが想定されている。このモデルを Lavidge & Steiner の機能的次元に対応させると，「理解」は認知的な反応であり，「同意」は情緒的な反応であり，「行動」は購買意欲である。この階層モデルには「記憶」が含まれているところが Lavidge & Steiner モデルと異なるものの，表1-2に

示した機能的次元を全て含んでおり，その順番も同じである。

1.と2.で概観してきた広告表現に対する反応的側面のモデルには，Lavidge & Steiner（1961）が考えた「情緒」と「認知」のいずれか一方の次元がモデルに含まれているものと，双方の次元が含まれているものとがあった。そして，「認知」，「情緒」および「意欲」の3次元が含まれている場合には，その反応系列は，「認知→情緒→意欲」という順番になっていた。このような一定の方向性をもった反応系列に異論を唱えている研究の代表的なものが，次項で述べるKrugman（1965, 1966）の「低関与学習理論」である。

3．関与水準を考えたモデル

上述の階層モデルは，広告が消費者にそのブランドに対する態度の変容をさせたり購買意欲を生じさせたりするような，説得的コミュニケーションであることを前提としている。しかしKrugman（1965）は，CMは説得的コミュニケーションとは言いがたいことを指摘し，「低関与学習理論」を提唱した。この理論では，消費者は，関与の低い状態，すなわち特別の注意を払っていない状態でCMに接触していると考え，このような低関与状態でCMに接触しても「Ab」の変容には至らず，実際に購買して使用した後で「Ab」の変容が生じることを指摘した。このようなKrugman（1965, 1966）の「媒体関与」とでもよぶべき関与概念は，Ray（1973）により引き継がれ，「関与水準とコミュニケーション効果の階層性との関連性」についての研究へと発展していった。

Ray（1973）は，製品関与の高・低によって，広告効果の反応系列が異なることを指摘した。Rayは，Lavidge & Steiner（1961）が示した「認知→情緒→意欲」という反応系列は，受け手の製品関与が高く，ブランド間差異の大きい状況におけるものであると考えた。一方，受け手の製品関与が低く，ブランド間差異の小さい状況においては，「認知→意欲→情緒」という反応系列が該当する，と指摘した。この反応系列は，Krugmanの「低関与学習

理論」にもとづいている。また，受け手の製品関与は高いがブランド間の差異が小さい状況においては，「意欲→情緒→認知」という反応系列が該当するとしている。

　Ray（1973）は，関与とブランド間差異によりモデルを分けて考えたが，一つのモデルのなかに関与によって異なる反応系列を想定しているものに，Petty & Cacioppo（1986）の「精緻化見込みモデル（Elaboration Likelihood Model）」がある。Petty & Cacioppo は，「関与」を「広告の伝達内容に対する，受け手にとっての個人的関連性（問題関与）」としてとらえた。そして，「Ab」形成のプロセスは，受け手の問題関与水準の高・低と情報処理能力の有無によって，認知的反応プロセスに対応する「中心的ルート」[29]と，情緒的反応プロセスに対応する「周辺的ルート」[30]という，二つの異なるプロセスに分かれると考えた。

4．広告表現に対する受け手の反応プロセスを体系的にとらえた佐々木（1994）のモデル

　精緻化見込みモデルは，広告表現に対する反応的側面として情緒的反応プロセスと認知的反応プロセスの双方を考えているものの，「表現形式」および「伝達内容」が「Aad」形成に影響を及ぼすことを想定していない。

　「表現形式」および「伝達内容」が「Aad」形成に影響を及ぼすことを考慮しているモデルとしては，本項でレヴューする佐々木（1994）のモデルおよび，次節（Ⅱ．）でレヴューする MacKenzie & Lutz（1989）のモデルがある。

　佐々木（1994）は，Shimp（1981）の考え[31]を参考にして，図1-1のような

---

[29] 受け手が広告の「伝達内容」に対して関与が高く，それを処理する能力がある場合は，「伝達内容」を入念に検討して「Ab」が形成される。この反応プロセスを「中心的ルート」という。
[30] 受け手が「伝達内容」に対して関与が低い場合，またはそれを処理する能力が欠如している場合は，「伝達内容」を検討せずに，周辺的な手がかり（送り手が魅力的であるとか，CMソングが好きであるというような「表現形式」）によって「Ab」が形成される。この反応プロセスを「周辺的ルート」という。

モデルを示している。このモデルでは，広告に接触してから「Aad」形成までに，「注目→情動→Aad」と「注目→理解→信念・評価→Aad」という二つの反応プロセスを想定している。前者は「表現形式」が受け手の「視聴印象」に影響を及ぼし，それが「Aad」に影響を及ぼす情緒的反応プロセスである。一方，後者は「伝達内容」が受け手の商品やブランドに対する信念・評価に影響を及ぼし，それが「Aad」に影響を及ぼす認知的反応プロセスである。この佐々木モデルは，広告表現に対する受け手の反応プロセスを体系的にとらえており，本研究の基本的な研究目的を検討するために有効である。

そこで，佐々木 (1994) のモデルを援用して，本研究の基本的な研究目的を検討することにした。

---

31) Shimp (1981) は，「Aad」(Shimp は「広告に対する態度」を「ATTA」と表記しているがここでは「Aad」と表記する) および「Ab」形成の可能性を，受け手の広告に対する関与水準によって，下表に示した4タイプに分類している。すなわち，広告されているブランドを能動的に評価しているか否かという点と，ブランド以外の要素に注目しているか否かという点の組み合わせによって，受け手の反応を分けている。さらに Shimp は，消費者のブランド選択のメカニズムとして次の(1)〜(3)のプロセスを考えた。
(1)伝達内容／キャンペーン→消費者の信念・評価→「Ab」→ブランド選択
(2)伝達内容／キャンペーン→「Aad」→態度の転移→「Ab」→ブランド選択
(3)店舗内 POP →ブランド選択
このうち，(2)の反応プロセスでは，「伝達内容」が「Aad」に影響を及ぼすと考えている。

受け手の広告に対する関与水準と「Aad」および「Ab」形成の可能性 (Shimp, 1981)

		ブランド以外の要素の情報処理（注目）	
		ある	ない
ブランドについての情報処理（評価）	ある	「Ab」,「Aad」とも形成の可能性あり	「Ab」のみ形成の可能性あり
	ない	「Aad」のみ形成の可能性あり	「Ab」,「Aad」とも形成の可能性なし

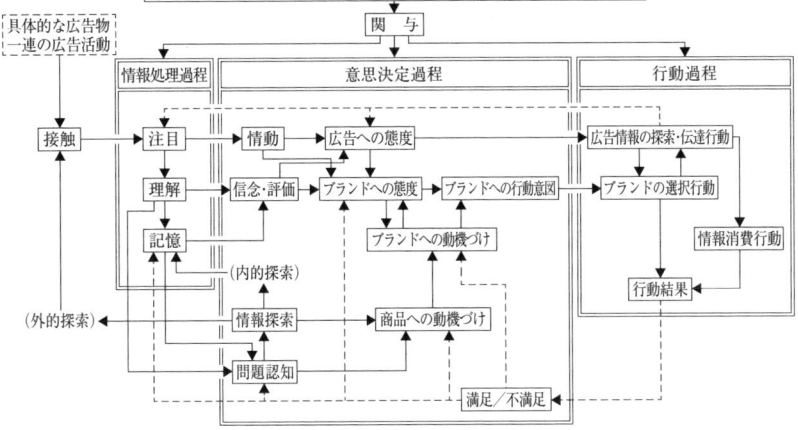

図1-1 広告刺激に対する受け手の反応プロセスの体系（佐々木，1994）

II．「Aad」の定義とその形成に関する先行諸研究の概要と本研究でのとらえ方

本節では，まず「Aad」の定義および「Aad」形成に関する先行諸研究をレヴューし，本研究でのそれらのとらえ方について検討する。

1．「Aad」の定義に関する先行諸研究のレヴューと本研究での「Aad」の定義

「Aad」は，①「認知的次元」と「情緒的次元」の2次元で構成されていると考える立場と，②情緒的反応のみから構成されている，と考える立場がある。

2次元構成の立場として，Shimp（1981）とBurton & Lichtenstein（1988）をあげることができる。まずShimpは，「Aad」は，広告の「表現・制作的要素」の処理の仕方によって認知的次元と情緒的次元の2次元に分けられる，

としている。ここでの認知的次元とは，受け手が広告表現を意識的に評価した結果として「Aad」が形成されることを指している。例えば，「表現が面白いから好きである」とか，「登場人物が魅力的だから好きである」などが該当する。一方，情緒的次元は，受け手が広告表現を意識的に評価しないで，ただ単に「楽しい」，「悲しい」などの一時的な感情が喚起されて「Aad」が形成されることを指している。

　Burton & Lichtenstein (1988) は，「Aad」を受け手が広告表現を意識的に評価したか否かによって認知的次元と情緒的次元に分ける Shimp と異なり，「Aad」そのものに認知的次元と情緒的次元が含まれている，と考えている。それを実証するために，Burton & Lichtenstein は，割引率，割引の一貫性，および競合他社と比べた特異性の3条件を実験的に操作した，自作の学習机の印刷広告を被調査者に提示して，その「Aad」を15項目のSD尺度で評定してもらう実験を行った。この15項目のうち，8項目は認知的な次元に関するものであり，7項目は情緒的な次元に関するものである。そして，15項目の評定値行列の項目間相関行列で確認的因子分析を行って，「認知的」と「情緒的」という2因子モデルの方が，単因子モデルよりもデータの当てはまりがよいことを検証している。

　一方，Lutz (1985) は，「Aad」そのものは情緒的反応として1次元的にとらえ，「Aad」形成に至るまでに認知的反応と情緒的反応の二つのプロセスがある，と考えている。

　以上のように，「Aad」の定義は，研究者によって異なっている状況である。本研究では，先述したように，基本的な研究目的を達成するのにMacKenzie & Lutz (1989) のモデルを援用しているため，彼らと同様に，Lutz (1985) の定義に従うことにした。すなわち，「Aad」を「特定の広告に接触した時にその広告に対して好意的または非好意的に反応する傾向」と定義した。

2. 「Aad」形成に関する先行諸研究のレヴューと本研究での「Aad」形成のとらえ方

1) Edell & Burke (1987) のモデル

　Edell & Burke (1987) は，CM接触から「Aad」形成に至るまでに，「感情→Aad」と「広告特性についての意味的判断→Aad」の，二つの反応プロセスを想定したモデルを，図1-2のように設定した。このモデルの「広告特性についての意味的判断」と「感情」は，pp.54～55に示したように，「表現・制作的要素」および広告表現全体に対して受け手がいだく「評価」，「感情」および「イメージ」であり，双方とも本研究の「視聴印象」の定義に該当している。つまり，CM接触から「Aad」形成に至るまでに「広告表現→視聴印象→Aad」という反応プロセスを想定しているといえよう。

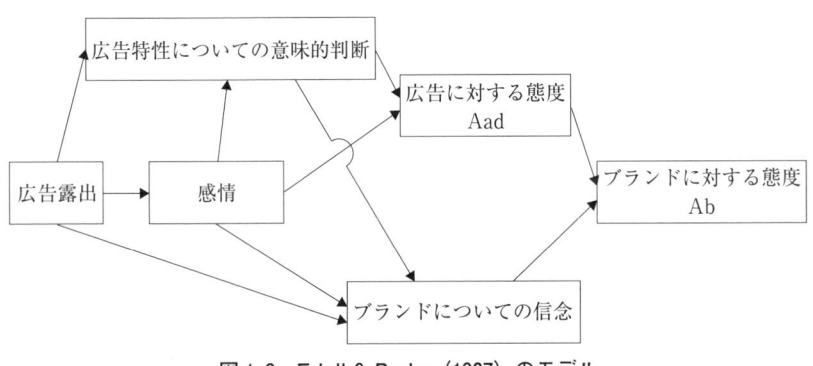

図1-2　Edell & Burke (1987) のモデル

2) MacKenzie & Lutz (1989) のモデル[32]

　Edell & Burke (1987) のモデルよりも「Aad」形成を体系的に示したモデルとして，Lutz, MacKenzie & Belch (1983), Lutz (1985), MacKenzie &

---

[32] 嶋村 (1989) は，「MLモデルは，影響要因間の関係を明らかにしようとしているところに特色があり，Aad研究にとって大きな意義をもつ」と指摘している。

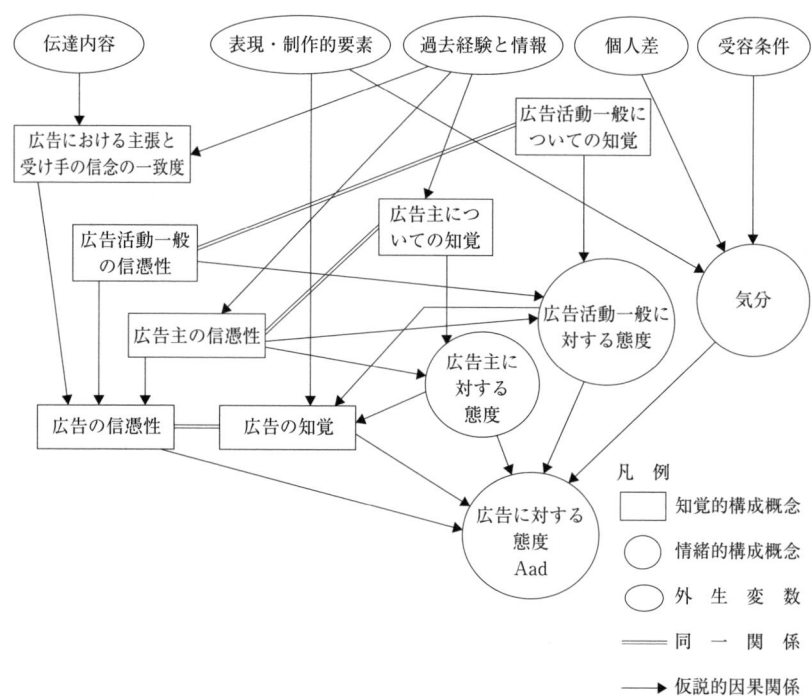

図 1-3　広告に対する態度（「Aad」）形成モデル：ML モデル
出所：MacKenzie & Lutz（1989）を元に，翻訳して作成

Lutz（1989）らがそれぞれ示した LMB モデル，Lutz モデル，ML モデル（図1-3）がある。これら3モデルの特徴は，「Aad」[33]を規定する先行要因を2段階に分けていることである。すなわち，「Aad」に直接的な影響を及ぼす5要因（「広告の信憑性」[34]，「広告の知覚」[35]，「広告主に対する態度」[36]，「広告活動一般に対する態度」[37]および「気分」[38]）と，これら5要因に影響を及ぼす要因（「Aad」に間接的な影響を及ぼす要因）を想定している。

MacKenzie & Lutz（1989）は，LMB モデルと Lutz モデルを経て，ML モ

[33) 測定尺度：CM について「良い―悪い」，「満足―不満足」および「好意的―非好意的」の3項目についての7段階評定の平均値でとらえている。

デルを図1-3のように構築した。MLモデルは，佐々木（1994）のモデルと同様に，広告に接触してから「Aad」形成までに，①情緒的反応プロセスと②認知的反応プロセスの双方を想定しており，かつ「伝達内容」が「Aad」に影響を及ぼすことを考慮している。

　彼らは，①「表現・制作的要素」と「Aad」の間には「広告の知覚」[39]によって媒介される間接的な関連（表現・制作的要素→広告の知覚→Aad）があることを示している。また，②広告の「伝達内容」と「Aad」の間には，「広告における主張と受け手の信念の一致度（広告の情報的価値）」および「広告の信憑性」によって媒介される間接的な関連（伝達内容→広告の情報的価値→広告の信憑性→Aad）があることを想定している。このなかの「広告の信憑性」について，MacKenzie & Lutz は「広告のなかで，ブランドについて行われている主張が真実で信用できると受け手が知覚している程度のこと」と定義

---

[34] a) 用語の定義：この先行要因は，広告のなかで，ブランドについて行われている主張が真実で信用できると受け手が知覚している程度のことである。図1-3において，「広告の知覚」との間に二重線が記されているが，これは「広告の信憑性」が「広告の知覚」の特殊なケースと考えられているからである。
　b) 測定尺度：CMについて「納得のゆく－ゆかない」，「信頼できる－できない」および「偏見をいだかせる－いだかせない」の3項目についての7段階評定の平均値でとらえている。

[35] a) 用語の定義：この先行要因は，広告刺激に対する受け手の知覚の多次元的側面を意味しているが，広告されているブランドについての知覚は除かれる。「広告の知覚」の主たる先行要因は，外生変数である「表現・制作的要素（execution characteristics of the ad stimulus）」であるが，その他に，実際に視聴したCMによる影響とは異なる態度的先行要因である「広告主に対する態度」と「広告活動一般に対する態度」も考えられている。すなわち，「広告の知覚」には本研究の「視聴印象」の定義が含まれているが，それよりも広い範囲をカバーする概念といえよう。
　b) 測定尺度：CMを視聴して考えたことを自由回答してもらい，3人の判定者が回答を「表現・制作的要素」に関するもの，「ブランド」に関するもの，「広告主」に関するもの，調査そのものに関するものに分類し，各々について3段階（肯定的，中立，否定的）でコーディングしている。そのなかの「表現・制作的要素」に関する3段階が，「広告の知覚」の測定に該当する。

[36] 用語の定義：この先行要因は，広告主に対して一貫して好意的あるいは非好意的に反応する，学習された先有傾向である。

[37] 用語の定義：この先行要因は，広告活動一般に対して一貫して好意的あるいは非好意的に反応する，学習された先有傾向である。

[38] 用語の定義：この先行要因は，特定の広告刺激に接触した時点での消費者の情緒的状態である。

[39] 「広告の知覚」には本研究の「視聴印象」の定義が含まれている。

しており,「広告の知覚」の特殊なケースと考えている。つまり,「伝達内容→広告の情報的価値→広告の知覚（視聴印象）→Aad」という反応プロセスを想定している,と言い換えられる。そして,これら二つの反応プロセスについて実証的に分析した研究は見当たらなかった[40]。

3）本研究での「Aad」形成のとらえ方

本研究では,前節（Ⅰ.）の4でレヴューした佐々木（1994）のモデルおよび本節でレヴューした MacKenzie & Lutz（1989）のモデルを援用して,「Aad」形成を,①「表現形式」を出発点とする反応プロセスと②「伝達内容」を出発点とする反応プロセスの双方からとらえることにした。

まず,①については,「表現形式→視聴印象→Aad」という反応プロセスを設定した。また,②については,「伝達内容→広告の情報的価値→視聴印象→Aad」という反応プロセスを設定した。

---

40)「表現形式→視聴印象→Aad」および「伝達内容→広告の情報的価値→視聴印象→Aad」という反応プロセスについて実証的分析をした研究は見当たらなかったが,ML モデルを援用した研究はいくつか行われている。例えば,広瀬・朴（2006）は,「広告活動一般に対する態度→Aad」の部分に着目して,それに「媒体に対する態度」を加えて,「媒体に対する態度→広告活動一般に対する態度→Aad」という反応プロセスモデルを想定した。そして,「媒体に対する態度→広告活動一般に対する態度」の部分について,実証分析を行っている。

第2章 「視聴印象」の分析方法に関する先行諸研究の概要[41]

　先行諸研究における「視聴印象」の分析方法は，次の二つに大別できる。第1は，「視聴印象」の因子を抽出してその因子得点にもとづいてCMの類型化を行う分析方法である。第2は，「視聴印象」をいくつかの「基本単位」や「特性」でとらえる分析方法である。本研究では，この二つの分析方法の類別に佐々木 (1983a, b) が「訴求内容分析」について示した基本的視点を援用して，第1の分析方法を「全体的接近」，第2の分析方法を「要素的接近」と考えることにした。

Ⅰ．全体的接近による「視聴印象」の分析方法

1．CMの類型化を行っている先行諸研究

1) 電通 (1978) [仁科, 1979] の8因子の因子得点をもとに8クラスターに類型化した研究

　わが国での初期の実証的研究として，電通 (1978)〔仁科 (1979) と同内容〕がある。そこでは，昭和48～53年の5年間に「BASIC・CFテスト」でテストされた数百本のCMのなかから98本を選択して，イメージについての24項目の他に購買欲求喚起度，商品適合性，CMへの好感度や興味反応（プログラム・アナライザーによる），およびブランド名再生などを加えた36項目に18～40歳の男女120名が回答した評定値を分析している。すなわち，「CM×項目」の平均評定値行列[42]の項目間相関行列を因子分析して8因子を抽出して

---

41) この章における記述は，佐々木・浅川 (2000) および佐々木・浅川 (2001) で公表したものをもとにしている。ここでレヴューした分析方法以外に，浅川・岡野 (2005) および岡野・浅川 (2005) に見られるように，被調査者にCMを提示して，その「視聴印象」を自由記述してもらい，得られたデータにテキスト・マイニングを施す研究も行われている。
42) 各CMに対する各項目の評定値の平均を求め，その「CM×項目」の枠組みで示す評定値行列。図2-1の①を参照。

いる。この8因子の解釈については記載されていないが，その因子得点にもとづいてCMをクラスター分析し，8クラスターを構成して，各クラスター（の名称）を以下のように命名している。そして，各類型を構成しているCMに共通してみられる具体的な表現内容について分析している。

　　クラスター1：きれいなCM
　　クラスター2：楽しいCM
　　クラスター3：上手なCM
　　クラスター4：目立つCM
　　クラスター5：説得するCM
　　クラスター6：つまらないCM
　　クラスター7：分かりやすいCM
　　クラスター8：しつこいCM

2）ビデオリサーチ（1985）の5因子の因子得点をもとに5クラスターに類型化した研究

　ビデオリサーチ社では，1982年から「テレビコマーシャル・カルテ」と題した調査を，13～59歳の男女を対象に年に12回[43]実施しており，1985年には，それまでに蓄積されたデータのなかで，CM効果の5側面（接触・情緒・理解・記憶・累積）をカバーする20項目について，915名が回答した評定値を分析している。すなわち，平均評定値行列の項目間相関行列を因子分析して，表1-7(B)(pp.64～65)に示したように，①「興味」，②「過剰感」，③「親近性」，④「印象度」，⑤「説得力」の5因子を抽出している。

　そして，その因子得点にもとづいてCMをクラスター分析し，5クラスターを構成して，各クラスターの名称を以下のように命名したうえで，これらの「CM類型」と「CMの認知率，理解度および好感度」などとの関連を分析している。その結果，「CMの認知率」には「うんざりCM」と「おも

---

[43] 1982年開始当初は年4回であった。

しろCM」が効果的であり，「CMの理解度」には「いつものパターンCM」と「おもしろCM」が効果的であり，「CM好感度」には「印象鮮やかCM」と「おもしろCM」が効果的であった，と報告している．

　クラスター1：印象鮮やかCM
　クラスター2：いつものパターンCM
　クラスター3：おもしろCM
　クラスター4：うんざりCM
　クラスター5：あっさりCM

3）ビデオリサーチ（1997）の4因子の因子得点をもとに5クラスターに類型化した研究

　ビデオリサーチ（1997）は，1997年上半期調査対象CM 728本について，19項目[44]に関する13～59歳の男女約3840名[45]が回答した評定値を分析している．すなわち，平均評定値行列の項目間相関行列を因子分析して，表1-7（C）（pp.64～65）に示したように，①「面白・過剰感」，②「親近性・共感」，③「インパクト」，④「理解・説得力」の4因子を抽出している．

　そして，その因子得点にもとづいてCMをクラスター分析し，5クラスターを構成して，各クラスターの名称を以下のように命名している．さらに，これらの「CM類型」と「CM好感度」との関連を分析して，「面白・親しみCM」が効果的であった，と報告している．

　クラスター1：あっさりCM
　クラスター2：理解・説得CM
　クラスター3：面白・親しみCM
　クラスター4：過剰感CM
　クラスター5：インパクトCM

---

[44]　1994年秋より20項目の一部が変更されて19項目になった．
[45]　1回の調査の被調査者数約800名×有効回収率約80%×6か月＝約3840名．

4）竹内（1996）の4因子の因子得点をもとに9クラスターに類型化した研究

竹内（1996）は，トイレタリー・メーカーの557本のCMについて，ビデオリサーチ（1985）が使用した「テレビコマーシャル・カルテ」調査の20項目中12項目について分析している。すなわち，12項目についての平均評定値行列の項目間相関行列を因子分析して，①「インパクト」，②「親しみ」，③「説得力」，④「しつこさ」の4因子を抽出している。

そして，その因子得点にもとづいてCMをクラスター分析し，9クラスターを構成して，各クラスターの名称を以下のように命名している。さらに，これらの「CM類型」と「購買意欲」との関連を分析して，「面白・親しみCM」，「説得力CM」，「インパクト・説得力CM」，「親しみCM」および「平凡なCM」が効果的であった，と述べている。

　クラスター1：あっさり・インパクトCM
　クラスター2：インパクト・説得力CM
　クラスター3：説得力CM
　クラスター4：しつこいCM
　クラスター5：説得力なしCM
　クラスター6：平凡なCM
　クラスター7：親しみCM
　クラスター8：面白・親しみCM
　クラスター9：しつこい・インパクトCM

2．全体的接近による「視聴印象」の分析方法のまとめ

以上，CMの類型化を行っている先行諸研究をレヴューした。林（1986）によれば，CMの類型化の研究手法としては，多数のCMに関する各測定項目の評定値に因子分析を適用して因子を抽出し，その因子得点を用いてそれらのCMのクラスター分析を行っていくつかのタイプに類型化することが一般的である。上記の先行諸研究においても，「視聴印象」の因子を抽出し

表 1-3　わが国における先行 4 研究中，3 研究以上で抽出された表現類型

	電通（1978）[仁科，1979]	ビデオリサーチ（1985）	ビデオリサーチ（1997）	竹内（1996）
インパクトのある CM	目立つ CM	印象鮮やか CM	インパクト CM	あっさり・インパクト CM インパクト・説得力 CM しつこい・インパクト CM
説得力のある CM	説得する CM		理解・説得 CM	説得力 CM
面白い CM		おもしろ CM	面白・親しみ CM	面白・親しみ CM
親しみのある CM			面白・親しみ CM	親しみ CM 面白・親しみ CM
しつこい CM	しつこい CM	うんざり CM	過剰感 CM	しつこい CM しつこい・インパクト CM
あっさり CM		あっさり CM	あっさり CM	あっさり・インパクト CM
つまらない CM	つまらない CM	いつものパターン CM		平凡な CM

た後にその因子得点にもとづいて CM の類型化が行われている。因子分析結果について，電通（1978）には論文中に記述がないが，結果が明記されている他の 3 研究に注目してみると，例えば竹内（1996）は 4 因子を抽出して 9 クラスターを構成しているのに対して，ビデオリサーチ（1985）は 5 因子を抽出して 5 クラスターを構成している。このように，抽出した因子数に対するクラスター数の割合は一定していない。この理由として，広く利用されている「クラスター数を決定する規準」[46]が存在しないため，研究者がクラスターの実質的意味によって区切っていることが考えられる。

　そこで，上述のわが国における先行 4 研究のなかで，3 研究以上で抽出された表現類型を表 1-3 のように整理した。その結果，表現類型は表側に示した 7 類型に集約できた。さらに，「面白い」の対極が「つまらない」，また，「しつこい」の対極が「あっさり」であると考えると，この 7 類型は「インパクトのある CM」，「説得力のある CM」，「面白い CM」，「親しみのある

---

[46] CCC 規準（Cubic Clustering Criterion の略）を使っている研究があるが，広く利用されるには至っていない。

CM」および「しつこいCM」の5類型に大別できそうである。

電通 (1978) は，各類型を構成しているCMに共通してみられる具体的な表現内容を描写する方法で，表1-8の③のa) (p.67)に示したように，「表現内容」と「視聴印象によるCM類型」との関連について分析している。

一方，他の3研究は，例えば類型ごとに「CM好感度」の平均評定値を求め，どの類型の平均評定値が高いかを求める方法で，表1-8の③のb) (p.67)に示したように，「Aad」と関連の高い「視聴印象によるCM類型」について分析している。そして，ビデオリサーチ (1985) によれば「インパクトのあるCM」と「面白いCM」が，ビデオリサーチ (1997) によれば「面白いCM」が，「Aad」と関連が高い。また，「購買意欲」と関連の高いCM類型は，竹内 (1996) によれば「面白いCM」，「説得力のあるCM」，「インパクトのあるCM」および「親しみのあるCM」である。以上のように，3研究のいずれの結果からも，「面白いCM」は，「Aad」または「購買意欲」と関連のあることが認められた。つまり，「面白いCM」を制作すれば，「Aad」の評価が高くなり，「購買意欲」が生じやすくなることが推察される。

以上のように，この分析方法は「Aad」および「購買意欲」などに効果的なCMの類型を推察できるため，CM制作の参考になるという実践的な必要性がある。ただし，一般に，「視聴印象」の類型にはさまざまな「視聴印象」の要素が混在しているため，本研究の第1目的である，「表現形式」と「Aad」の関連に及ぼす「視聴印象」の媒介機能を類型レベルで明らかにすることは難しいであろう。したがって，本研究では，Ⅱ. およびⅢ. でレヴューするような要素的接近による「視聴印象」の特性と機能の分析方法を用いる方が適切といえよう。

Ⅱ. 要素的接近による「視聴印象」特性の分析方法

1．心理学における基本情緒説を応用している先行諸研究

心理学における基本情緒説では，喜び，悲しみ，怒りなどのような特定の

情緒を，それ以上分割できない情緒の基本単位（基本情緒）と考える。そして他のあらゆる情緒は，基本情緒の結合体として理解される。

本項では，「視聴印象」の分析に Plutchik（1980）の基本情緒説[47]を応用した研究である Holbrook & Westwood（1989），Zeitlin & Westwood（1986），および Izard（1977）の基本情緒説[48]を応用した研究である Allen, Machleit & Marine（1988）をレヴューする。

1）Plutchik（1980）の基本情緒説を「視聴印象」特性の分析に応用した実証的研究

Holbrook & Westwood（1989）は，「視聴印象」特性の分析に Plutchik の

---

[47] Plutchik（1980）は，全ての情緒は基本8情緒，すなわち，①恐れ（Fear），②驚き（Surprise），③悲しみ（Sadness），④嫌悪（Disgust），⑤怒り（Anger），⑥期待（Anticipation），⑦喜び（Joy）および⑧受容（Acceptance）から構成されているとした。そして，これら8情緒を，下図に示したように（例えば，驚きと恐れのように）類似した意味のものを隣り合わせに布置し，逆に，（例えば，嫌悪と受容のように）正反対の意味のものを対極的に布置したモデルを提案している（円環モデル説）。そして，8情緒は単独で存在するというより，それらのいくつかが結合して特定の情緒を形成すると考えた。例えば，好奇心（Curiosity）は，受容と驚きが結合した情緒である（pp. 152～172）。

図　Plutchik の基本8情緒

[48] Izard（1977）は，全ての情緒は基本10情緒，すなわち，①興味（Interest），②喜び（Enjoyment），③驚き（Surprise），④苦悩（Distress），⑤怒り（Anger），⑥嫌悪（Disgust），⑦屈辱（Contempt），⑧恐れ（Fear），⑨恥ずかしさ（Shame）および⑩罪悪感（Guilt）から構成されているとした。Izard も，Plutchik（1980）と同様に，それらのいくつかが結合して特定の情緒を形成すると考えた（pp. 100～108）。

基本情緒説を応用する実証分析を行った。調査には54本のCMを用いたが，その内訳は，Plutchik（1980）が示した8種類の基本情緒のなかで，1種類以上に関して高または低特性を示すと直観的に思われる18本と，ランダムに選定した36本である。そして54本のCMを以下の方法で12のグループに分けた。すなわち，Plutchikの基本情緒に高または低特性を示すと思われる18本のCMは，全てのグループに入れ，残りの36本のCMを12分割して，いずれか一つのグループに入れた。そして各グループの各CMについて，150名ずつの被調査者に5段階評定（非常に強く喚起される〜全く喚起されない）してもらった。測定項目は，Plutchik（1980）の基本情緒を表す24項目（8種類×3項目）と，ダミー変数として加えた基本情緒以外の16項目の計40項目である。そして，得られたデータから各CMに対する各項目の平均評定値を求め，8種類の基本情緒を構成する各3項目のα係数[49]を求めたところ全て高かった（0.85〜0.97）。また，40項目の情緒間の相関係数に多次元尺度構成法を適用して情緒を二次元空間に布置した結果，Plutchikが指摘した通り，正反対の意味をもつ情緒はほぼ対極的に布置されていた。以上のことから，Plutchikの基本情緒説は「視聴印象」の分析に応用することが可能である，と彼らは述べている。

　Zeitlin & Westwood（1986）も，Holbrook & Westwood（1989）とほぼ同様の方法[50]で「視聴印象」の分析にPlutchikの基本情緒説を応用する実証分析を行っている。その結果，8種類の基本情緒を構成する各3〜4項目のα係数は全て高い（0.63〜0.85）ことを確認した。そこで，それら各3〜4項目から合成変数を作り，それを各CMの基本情緒のスコアと考え，実験に用いたCMについてこれらのスコアを計算するという方法でプロフィー

---

[49] 尺度に含まれる各質問項目が，全体として同じ概念を測定しているか否かを判定するために用いられる指標。
[50] Holbrook & Westwood（1989）では，40項目のなかに含まれるPlutchik（1980）の8種類の基本情緒を構成する項目数は，3項目ずつであった。しかし，Zeitlin & Westwood（1986）では，3〜4項目となっている点が異なる。

ルを示している。その結果，CM には肯定的な情緒が多いこと，および CM での基本情緒の組み合わせには，いくつかの代表的なパターンがあることを報告している。

2）Izard (1977) の基本情緒説を「視聴印象」特性の分析に応用した実証的研究

Allen, Machleit & Marine (1988) は，「視聴印象」特性の分析に Izard (1977) の基本情緒説を応用する実証分析を行った。彼らは，Differential Emotion Scale ⅡとⅢ (DESⅡと DESⅢ)[51] を使って，CM 全般を視聴する際によく経験される「情緒」を測定した。具体的には，180名の被調査者を①20本の CM を視聴してもらって回答を求めるグループと，②CM を視聴してもらわずにに回答を求めるグループに分け，全ての被調査者に，日頃テレビを見ていて Izard (1977) が示した10種類の基本情緒を経験する頻度について，DESⅡで5段階評定（非常に頻繁に感じる～全く感じない）してもらった。さらに，広告が喚起する情緒について，DESⅢで同様に5段階評定してもらった。そして，CM を視聴したグループとしなかったグループごとに，DESⅡと DESⅢのそれぞれで得られた評定値から，10種類の基本情緒を構成する各3項目の α 係数を求めた。その結果，CM を視聴したグループでは，3項目の α 係数が全て高かった (0.72～0.89) ものの，ビデオを視聴しなかったグループでは，あまり高くない (0.57) 情緒もあった。そこで，ビデオを視聴したグループのみの DESⅡのデータで，Izard (1977) の基本情緒の10次元構造が支持されるか否かを確認的因子分析によりテストした。具体的には，

---

[51] Izard (1977) は，情緒を測定するために，Differential Emotion Scale (DES) を作成した。DES は，個人の情緒経験を，妥当性のある情緒のカテゴリーに分ける標準化された方法であり，信頼性と妥当性が検証されている30項目（基本10情緒×3項目）の形容詞のチェックリストである。DES では，現時点でどの程度強く各情緒を感じるのかを5段階で評定してもらう。また，ある指定された時間あるいは日常生活において，どのくらいの「頻度」で各情緒を経験するのかを5段階で評定してもらう尺度として DESⅡがある。さらに，DESⅡの各形容詞を，各基本情緒に関する主観的な感情を描いた語句に代えたものとして，DESⅢがある (pp. 123～128)。

2因子モデル，3因子モデル，10因子モデルなどを比較した結果，2，3因子モデルの当てはまりは悪く，10因子モデルの当てはまりがよかった。しかし，最も当てはまりのよいモデルは，10因子モデルから「恐れ」，「苦悩」，「罪悪感」，「恥ずかしさ」などの否定的な性質の情緒を除いた6因子モデルであった。そして彼らは，全体的な結論として，Izard (1977) の基本情緒の10次元中，否定的な性質の情緒を除いた6次元が広告に対する情緒的反応のカテゴリーをよくとらえている，と述べている。

3）心理学における基本情緒説を応用した「視聴印象」特性の分析方法のまとめ

Plutchik (1980) および Izard (1977) の基本情緒説を「視聴印象」特性の分析に応用した3研究から示唆されるこの分析方法の利点は，広告表現全体に対して受け手がいだく「評価」「感情」および「イメージ」を，情緒の基本単位に還元して把握できることである。反対に，この分析方法の欠点として次の①があげられる。さらに，この分析方法を本研究の「視聴印象」の分析に援用する場合，②に示した欠点も考えられる。

① 基本情緒説の代表的な例として，Plutchik や Izard の説をあげたが，この二つの学説だけを見ても，基本情緒の数と種類が異なっている。Mandler (1984) は，研究者によって基本情緒の数と種類が異なること，および進化論を強調している基本情緒説なのに基本情緒のなかに「lust（強い欲望）」が入っていないことが理解できないと述べ，批判している (p.36)。

② 本研究の「視聴印象」の定義の一側面である，広告表現の構成要素に対して受け手がいだく「評価」「感情」および「イメージ」を分析できない。

2．「視聴印象」を多次元的特性でとらえている先行諸研究

「視聴印象」を多次元的特性でとらえる分析は，初期には多次元的特性の抽出自体を目的にしたものが多かった。その後，「Aad」に関心が寄せられるようになるにつれて，「視聴印象」の多次元的特性を抽出するだけでなく，

さらに、その分析をふまえて、「視聴印象」のどのような特性が「Aad」に影響を及ぼすのか、について検討されるようになった。ここでは、前者の研究、すなわち「視聴印象」の多次元的特性の抽出自体を目的にした先行諸研究をレヴューする。

1）米国における「視聴印象」を測定する標準的尺度を提案した研究

個々のCMに対する「視聴印象」を体系的にとらえるために、「視聴印象」を測定する標準的尺度を提案した先行諸研究として、Leavitt（1970）、Wells, Leavitt & McConville（1971）およびSchlinger（1979）などがある。これらについてレヴューする前に、尺度を提案した研究の先駆けであるWells（1964）の研究をレヴューし、次いで上記の先行諸研究を年代順に見てゆくことにした。

(1) Wells（1964）による印刷広告に対する反応の測定

Wells（1964）は、印刷広告に対する反応を測定するために必要と思われる項目を選定し、同義語や特殊語を整理して、表1-4に示した26項目からなる両極の形容詞尺度（いわゆる「SD尺度」）を作成した。

Wellsは、48種類の印刷広告を用いて600名の被調査者に、1名あたり4種類の広告を表1-4に示した26項目のSD尺度で8段階評定してもらった。そして、このデータを項目ごとに分散分析して、各項目が弁別力を持っていることを確認した後、26項目の個別評定値行列[52]の項目間相関行列を因子分析し、以下の3因子を抽出している。

①魅力性（Attractiveness）
　「美しい～醜い」、「楽しい～楽しくない」、「訴えかける～訴えかけない」など。
②意味深さ（Meaningfulness）
　「意味深い～意味のない」、「説得力のある～説得力のない」、「自分にとって重要な～自分にとって重要でない」、など。

---

[52] 「被調査者×CM×項目」の枠組みで示す評定値行列。図2-1の②を参照。

表1-4 Wells（1964）の26項目の形容詞尺度

1. 魅力的な―魅力的でない（attractive-unattractive）
2. 理解しやすい―理解しにくい（easy to understand-hard to understand）
3. 興奮させる―興奮させない（exciting-unexciting）
4. 強い―弱い（strong-weak）
5. 訴えかける―訴えかけない（appealing-unappealing）
6. 鋭い，明るい，はっきりした―さえない感じ（sharp, bright, clear-washed-out looking）
7. 興味を引く―興味を引かない（interesting-uninteresting）
8. 新しい，違った―ありふれた，通常の（new, different-common, ordinary）
9. 生き生きした―活気のない（lively-lifeless）
10. 意味深い―意味のない（meaningful-meaningless）
11. 見る価値のある―見る価値のない（worth looking at-not worth looking at）
12. 覚えやすい―覚えにくい（easy to remember-hard to remember）
13. 自分にとって重要な―自分にとって重要でない（important for me-unimportant for me）
14. 趣味の良い―趣味の悪い（in good taste-in poor taste）
15. 魅きつけられる―退屈な（fascinating-boring）
16. 単純な―込み入った（simple-complicated）
17. 説得力のある―説得力のない（convincing-unconvincing）
18. 気分良くさせる―ぎょっとさせる（comforting-frightening）
19. 物静かな―がさつな（gentle-harsh）
20. 滑稽な―真面目な（funny-serious）
21. 美しい―醜い（beautiful-ugly）
22. 覚える価値がある―覚える価値がない（worth remembering-not worth remembering）
23. 楽しい―楽しくない（pleasant-unpleasant）
24. 新鮮な―古くさい（fresh-stale）
25. 色彩が豊かな―色彩が貧しい（colorful-colorless）
26. 正直な―不正直な（honest-dishonest）

③活力（Vitality）

「新しい，違った～ありふれた，通常の」，「新鮮な～古くさい」，「生き生きした～活気のない」，など。

(2) Leavitt（1970）による「視聴印象」の測定

CMに対する反応を測定する尺度を初めて提案したのがLeavitt（1970）である。彼は，Wells（1964）のような両極の形容詞尺度ではなく，単極の形容詞尺度を評定尺度化して調査を行っている。

Leavittは，CMに対する反応を測定するのに適していると思われる525項目を選定し，30名の被調査者に11本のCMについて，それらの項目が当てはまるか否かを評定してもらう視聴実験を行った。そして，①実際のCMには該当しない項目を削除する，②CM間の分散が小さい項目を削除する，③個別評定値行列の項目間相関行列を因子分析していずれの因子にも高負荷を示さない項目を削除する，という手法で525項目を71項目に縮減した。次に，30名の被調査者に76本のCMについてその71項目で5段階評定（非常によく当てはまる〜当てはまらない）してもらった。そして，平均評定値行列[53]の項目間相関行列を因子分析して，表1-5(B)に示した因子を抽出している。なお，「力動」と「娯楽」次元の各高負荷項目は，因子分析結果では，同一因子に高負荷を示して「力動＋娯楽」因子を形成していた。しかし，この因子は多義的であるため，表には分けて記載した。また，CMに対する反応を測定する尺度としては，「力動＋娯楽」，「個人的関連」，「感性」および「熟知」の4因子を用いるのが適当であると述べている。

(3) Wells, Leavitt & McConville（1971）による「視聴印象」の測定

印刷広告に対する反応を測定する両極の形容詞尺度を構成したWells（1964）と，CMに対する反応を測定する単極の形容詞尺度を考えたLeavitt（1970）が，共同でCMに対する反応を測定する両極の形容詞尺度を作成している。

Wells, Leavitt & McConville（1971）は，Leavitt（1970）が採用した手続きと同様に，CMに対する反応を測定するのに適していると思われる約1000項目を選定し，それを用いて視聴実験を行い，Leavitt（1970）と同じ手法で，約1000項目を72項目に縮減した。次に，新たな被調査者に新たなCMについて各項目に対義語をつけたSD尺度で7段階評定してもらった。そして，平均評定値行列の項目間相関行列を因子分析し，表1-5(C)に示した6因子

---

[53] 各CMに対する各項目の評定値の平均を求め，その「CM×項目」の枠組みで示す評定値行列。図2-1の①を参照。

表 1-5　米国における「視聴印象」を測定する標準的尺度を提案した研究

研究者／抽出された次元	参考 (A) Wells (1964)（印刷広告）	(B) Leavitt (1970)	(C) Wells et al. (1971)	(D) Schlinger (1979)
（娯楽性）		娯楽 (Amusing) 愉快な 陽気な 遊び感覚の 楽しい 面白い ユーモアのある	ユーモア (Humor) 陽気な 愉快な 遊び感覚のある 面白い ユーモアのある	娯楽 (Entertainment) 見ていてとても楽しい 巧妙で大変面白い CMの熱気にひきつけられる そのCMは製品を売るだけでなく、楽しませてくれた キャラクター（登場人物）が注意を引く 見た後に心に残る 笑わせてくれて、とても清清で良い
意味深さ (Meaningfulness)	意味深い 説得力のある 自分にとって重要な	個人的関連 (Personal Relevance) 自分にとって重要な 役に立つ 自分にとって意味のある 覚える価値のある 説得力のある	個人的関連 (Personal Relevance) 自分にとって重要な 自分にとって意味のある 自分のための 覚える価値のある 貴重な	個人的関連情報 (Relevant News) 新しいアイディアを知らせてくれた 今使っているものが不満で、何か良いものを求めているのに気付かせてくれた CMで知らなかったことを教えられた 試したくなかったと思っていた新製品のCMだった CMを見ている間、その製品がどう役に立つかつかみ考えていた
（嫌悪・不協和）		嫌悪 (Disliked) インチキの ひどい くだらない イライラさせる 自分にとって重要でない 馬鹿げた	苛立ち (Irritation) ひどい くだらない 馬鹿げた イライラさせる インチキの	不協和 (Alienation) その製品について普段言われていることを表現していない その広告は私にも、私の気持ちにも関係ないことを言っている その広告は私に製品を使いたくさせるようなことは何も言っていない 実際よりも誇張して表現して無理実感がある 非現実的でとってもイライラさせるCMで、うるさかった
魅力性 (Attractiveness)	美しい 楽しい 訴えかける	感性 (Sensual) 可愛らしい 美しい 物静かな 落ち着いた 感じやすい	感性 (Sensuousness) 優しい 物静かな 安らぎを与えた 落ち着いた 可愛らしい	共感 (Empathy) とても現実的で実際の生活を描いている CMでは私が時々感じることを実演している まるでCMのなかにいて、同じ経験をしたようだ CMに出て感じられたような生活を私は考えている 身近に感じられたので、そのCMが好きだ

研究者	参考（印刷広告）(A) Wells (1964)	(B) Leavitt (1970)	(C) Wells et al. (1971)	(D) Schlinger (1979)
抽出された次元		熟知 (Familiar) なじみ深い よく知っている 見たことがある		熟知 (Familiarity) こういうタイプのCMはもう何回も見ている このCMは見飽きている 今までに見たことのないような大層変わったCMだ
		権威 (Anthoritative) 自信のある ビジネスライクの 一貫したスタイルの 責任のある 率直な 頼りになる		
				混乱 (Confusion) 映像と音声に同時に注意して混乱してしまう 筋を追うのが大変だった 複雑すぎて何が起こっているのかわからない、画面を見るのに忙しく、音声をよく聴けない
活力 (Vitality)	新しい・違った 新鮮な 生き生きとした	力動 (Energetic) 生き生きとした 気分が浮き立つ 活発的な 熱狂的な エネルギッシュな 興奮させる	元気 (Vigor) 活発な 興奮させる エネルギッシュな 気分が浮き立つ 熱狂的な	
		新奇 (Novel) 独創的な 独特の 想像力のある 目新しい 巧妙な 創造的な	ユニークさ (Uniqueness) 目新しい 想像力のある 巧妙な 独特の 独創的な	
				ブランド支援 (Brand Reinforcement) 良いブランドなので、ためらわずに他人に奨める 広告されたブランドは頼りになり信用できる

を抽出している。

(4) Schlinger (1979) による「視聴印象」の測定

CMへの「情緒的反応」の測定を目的に，上記の3尺度とは別の方法で作成された尺度が，Schlinger (1979) の「視聴者の反応プロフィール（Viewer Response Profile；以下VRPと略す）」である。この尺度は，日常的で口語体の言葉遣いを取り入れた測定項目で構成されており，各項目への回答には，「同意～中立～不同意」による7段階評定を用いている。Schlinger (1979) は，尺度構成にあたって，まずCMに対する情緒的反応を測定する139項目を選定した。そして，被調査者にCMをその139項目で7段階評定してもらう視聴実験を3回行い，①CM間の分散が小さい項目を削除する，②個別評定値行列の項目間相関行列を主成分分析していずれの成分にも高負荷を示さない項目，および固有値2.0未満の成分の高負荷項目を削除する，という手法で139項目を49項目に縮減した。さらに，30～50名の被調査者に，377本のストーリーボードやCMについて，この49項目で各々7段階評定してもらった。そして，そのなかのさまざまな様式の40本のCMについて，49項目に対する被調査者の平均値を求め，その平均評定値行列の項目間相関行列を主成分分析した。また，377本全てのCMについても同様に主成分分析を行った。以上の縮減過程を含めた5回の主成分分析のなかで3回以上抽出された成分について，負荷量の平均値を求め，その値が高い項目を残した。このような分析プロセスを経て，表1-5(D)に示した7次元からなるVRPを作成した。これら7成分のうち，「娯楽」，「個人的関連情報」，「混乱」および「ブランド支援」の4成分は，5回の主成分分析で常に抽出された安定的な成分である。他方，「不協和」，「共感」および「熟知」の3成分は，5回中3～4回の分析で抽出されたものであり，やや不安定ではあるがCMの差異をとらえるために有効であるとして導入されている。

(5) Wells (1964)，Leavitt (1970) および Schlinger (1979) の尺度の比較分析

Zinkhan & Burton (1989) は，Wells (1964)，Leavitt (1970) および Schlinger（1979）の3尺度の因子構造の信頼性について比較している。

(a)調査方法

Wells尺度については，7種類の印刷広告の各々について，37名の被調査者に表1-4に示した26項目のSD尺度で評定してもらう実験を広告ごとに被調査者を変えて実施した。

他方，LeavittとSchlingerの尺度については，25本のCM各々について20名の被調査者にLeavitt尺度で，26名の被調査者にSchlinger尺度で評定してもらう実験をCMごとに被調査者を変えて実施した。

(b)各尺度が想定している因子構造の安定性

各オリジナル尺度が設定している因子数で因子を抽出し，標的行列（各オリジナル尺度で各因子に関連するとされている項目にのみ高負荷を示し，他の項目にはゼロ負荷を示す行列）を構成し，実際に得られた因子行列と標的行列との一致度を検討した。その結果，一致性係数はWells尺度では0.971，Leavitt尺度では0.802，Schlinger尺度では0.703であった。また，各関連項目の負荷量は，Wells尺度は3因子全て，Leavitt尺度では4因子のうち「熟知」因子を除く3因子で，オリジナル尺度の構造が支持された。しかしSchlinger尺度では，安定的とされている4成分のうち3成分で問題があるという結果であった。

以上のように，3尺度の因子構造の信頼性については，両極の形容詞尺度を使用しているWells尺度が優れており，残りの2尺度の間では，単極の形容詞尺度を使用しているLeavitt尺度の方がやや安定しているという結果であった。この結果から，Zinkhan & Burton（1989）は，Schlinger尺度は日常的な言葉遣いをとり入れているため複雑な言い回しになっている項目もあり，修正の余地が大きいと述べ，Wells尺度やLeavitt尺度のような形容詞尺度の方に実施上の利便性があると考えている。

(6)米国における「視聴印象」を測定する標準的尺度のまとめ

上述の先行諸研究のなかで用いられた評価スケールには，Wells（1964）や

Leavitt (1970) のように形容詞尺度で評価してもらうタイプと，Schlinger (1979) のように日常的で非形式的な言葉遣いを取り入れた尺度で評価してもらうタイプがある。Zinkhan & Burton (1989) がこれらの3尺度を比較したところ，両極の形容詞尺度を使用している Wells 尺度は因子構造の面で最も優れており，残りの2尺度のなかでは，単極の形容詞尺度を使用している Leavitt 尺度が安定していた，と報告している。そこで，本研究の測定尺度には，Wells (1964) と同様に両極の形容詞尺度を用いることにした。

2）わが国における「視聴印象」を測定する標準的尺度を提案した研究

わが国では，広告表現に対して受け手がいだく「評価」の側面に焦点をあてた尺度構成が，佐々木 (1986) によって行われている。

佐々木は，広告表現批判の事例を収集し，批判の視点や問題点を整理して，批判意見の内容について「誇張」，「不足」，「不明」，「偏向」，「誤導」，「異議」，「反発」，「不快」，「退屈」，「不適」という10側面を設定し，これらの批判意見についての仮説的分類体系を構成した。そして，その体系をカバーする25項目に CM の全体的な評価に関連する7項目を加えた32項目によって「テレビ CM 評価尺度」を構成した。この尺度を用いて，佐々木 (1986) は，18本の CM について，78名の大学生から広告表現の批判に関する3段階評定データを得たが，そのうちで上記の10側面をカバーする25項目の回答スコアにもとづき，平均評定値行列と個別評定値行列の各々の項目間相関行列に，因子数を「4」，「6」，「9」に指定した3通りの因子分析を行った。

その結果，表1-6 に示した①「説明（不足ー適切）」，②「内容（不信ー公正）」，③「表現（不快ー好適）」，④「影響（不穏ー良好）」と解釈しうる4次元を得ている。

さらに，佐々木 (1987) は90名の主婦を対象に14本の CM について同様の視聴実験を行い，同じ4次元を得ており，この4次元構造の信頼性を確認している。

表1-6 佐々木(1986)の広告表現批判の4次元と測定項目

①説明(不足―適切)
・合理的な説明の仕方が(1.もっと必要である―3.この程度でよい)
・必要事項の説明は(1.不充分である―3.充分である)
・言っている内容は(1.誤解しやすい―3.はっきりしている)
・言いたい内容が(1.分からない―3.分かる)

②内容(不信―公正)
・言っている内容に誇張が(1.目立つ―3.目立たない)
・言っている内容の片寄りが(1.大きい―3.小さい)
・言っている内容は(1.信じられない―3.信じられる)
・言っている内容に疑問を(1.感じる―3.感じない)

③表現(不快―好適)
・音とか色彩の出し方は(1.悪い―3.良い)
・表現の仕方が(1.無神経である―3.よく考えられている)
・表現の仕方が(1.退屈である―3.ひきつけれらる)
・登場する人物や動物が(1.嫌い―3.好き)
・登場する人物や動物の使い方が(1.不適当である―3.適当である)
・見た感じは(1.不快である―3.良い感じである)
・登場する人物や動物が(1.変わりばえしない―3.新鮮である)
・表現の仕方が(1.わざとらしい―3.自然である)
・表現の仕方が(1.馬鹿らしい―3.真面目である)

④影響(不穏―良好)
・性的な不快感を(1.感じさせる―3.感じさせない)
・この内容は教育的に見て(1.悪い影響がある―3.良い影響がある)
・表現されている内容は社会的に見て(1.好ましくない―3.好ましい)
・社会的に見て好ましくない考え方や価値観が(1.含まれている―3.含まれてない)
・表現されている内容が人間差別に(1.結びつく―3.結びつかない)
・子供の購買欲への刺激が(1.強すぎる―3.強すぎない)

その他
・CMが特定人物の売名に(1.関係している―3.関係ない)
・CMが商品やスポンサーに(1.結びつかない―3.ぴったりしている)

III. 要素的接近による「視聴印象」の機能の分析方法[54]

先述のように,「視聴印象」を多次元的特性でとらえる分析は,初期には多次元的特性の抽出自体を目的にしたものが多かった。その後,「Aad」に関心が寄せられるようになるにつれて,「視聴印象」の多次元的特性は,「Aad」形成に影響を及ぼす要因として位置づけられるようになった。この観点からの実証分析では,表1-8の④(p.67)に示したように「視聴印象」の多次元的特性を抽出し,さらにそれらの多次元的特性と「Aad」,「Ab」および「購買意欲」などとの関連について明らかにしようとしている。本節では,このような問題意識を含んだ実証分析をレヴューする。その際,取り上げる態度要因を「Aad」に絞っているか,または,他の態度要因(「Ab」,「購買意欲」など)も視野に入れているか否かによって研究内容に違いがあるため,①「視聴印象」と「Aad」の関連のみを分析している研究と,②「視聴印象」と「Aad」の関連の他に,「視聴印象」と他の態度要因との関連も視野に入れて分析している研究とに分けてレヴューしたい。

1.「視聴印象」と「Aad」の関連のみを分析している先行諸研究

本項では,「視聴印象」の特性を抽出した後,各特性と「Aad」の関連のみを分析している先行諸研究,すなわち Biel & Bridgwater (1990), Aaker & Stayman (1990) および稲葉 (1992)[55] の研究をレヴューする。

1) Biel & Bridgwater (1990) の「視聴印象」と「Aad」の関連について

Biel & Bridgwater (1990) は,「Aad」を「CM好感度」についての5段

---

[54] ここでは,主研究を行う前段としてレヴューを行っているため,主研究を実施した2001年以降の研究,例えば,飽戸 (2006a, b), 仁科・望月 (2006), および亀井・中川 (2006) などのレヴューは割愛してある。
[55] 稲葉 (1992) では,「視聴印象」を特性ではなく類型でとらえている。

階評定(大変好き〜大変嫌い)としてとらえ,「Aad」と関連の高い「視聴印象」次元を明らかにしている。彼(女)らは,BRC社(Bruzzone Research Company)が多年にわたって実施している郵送調査によるCMテストを利用して,BRC社でテスト済みの80本のCMについて,1277名の被調査者に1名当たり16 CMを割り当てて調査を行った。「視聴印象」に関しては,各CMについて26項目の単極の形容詞尺度で5段階評定してもらい,評定値行列[56)]の項目間相関行列を因子分析し,以下の5因子を抽出している。

①巧妙さ(Ingenuity)
　才気のある,想像力のある,面白い,独創的な,など。
②意味深さ(Meaningful)[57)]
　覚える価値のある,効果的な,信じられる,確信させる,有益な,など。
③エネルギー(Energy)
　生き生きした,動きが速い,訴えかける,よくできた,など。
④逆撫で(Rub the wrong way)
　見飽きた,陳腐な,イライラさせる,なじみ深い,インチキな,など。
⑤温かさ(Warm)
　物静かな,温かい,感じやすい,など。

さらに,「Aad」を従属変数とし,「視聴印象」の5因子の因子得点を独立変数とする重回帰分析を,「食品・飲料」のCMとそれ以外のCMの2ケースに分けて行った。その結果,「食品・飲料」のCMでは,「意味深さ」と「エネルギー」が「Aad」に正に影響しており,それ以外のCMでは,「意味深さ」が正に,「逆撫で」が負に影響していた,と報告している。

2)Aaker & Stayman(1990)の「視聴印象」と「Aad」の関連について

Aaker & Stayman(1990)は,Biel & Bridgwater(1990)と同様に「Aad」を「CM好感度」についての5段階評定(大変好き〜大変嫌い)としてとらえ,

---

56) 個別評定値行列か平均評定値行列かについては,明記されていない。
57) 原文では,形容詞になっているが「意味深さ」と訳した。

「Aad」と関連の高い「視聴印象」の因子について検討している。彼らも，Biel & Bridgwater と同様に BRC 社の郵送調査による CM テストを利用し，同じ80本の CM について，300名の被調査者を対象に調査を行った。「視聴印象」に関しては，Biel & Bridgwater が用いた26項目に「混乱（Confusing）」を加えた27項目を設定している。そして，各 CM について，この27項目の単極の形容詞尺度で5段階評定してもらい，個別評定値行列の項目間相関行列を因子分析し，以下の9因子を抽出している。

①楽しみ・才気（Amusing/Clever）
　想像力のある，才気のある，独創的な，面白い，など。
②有益・効果的（Informative/Effective）
　有益な，効果的な，確信させる，覚える価値のある，など。
③苛立ち・愚かさ（Irritating/Silly）
　愚かな，イライラさせる，インチキな，無意味な，など。
④鈍感（Dull）
　忘れやすい，鈍感な，陳腐な，など。
⑤温かさ（Warm）
　物静かな，温かい，感じやすい，など。
⑥活気（Lively）
　動きが速い，生き生きした，など。
⑦熟知（Familiar）
　見飽きた，なじみ深い，など。
⑧信頼（Believable）
　現実そのまま，信じられる，など。
⑨混乱（Confusing）
　混乱した。

さらに，9因子得点にもとづきクラスター分析を行い，80本の CM を15クラスターに分類した。そして，クラスターごとに，「Aad」を従属変数とし「視聴印象」の9因子の因子得点を独立変数とする重回帰分析を行った。その結果を総合して，「Aad」には，9因子のなかで「有益・効果的」が最も強く正に影響しており，その他，「苛立ち・愚かさ」も正に，「楽しみ・才

気」は負に影響していたという結論を得ている。

3）稲葉（1992）の「視聴印象」と「Aad」の関連について

稲葉（1992）は，「Aad」を「全体として好ましい CM である」，「全体として良い CM である」および「また見たくなる CM である」の3項目への5段階評定の合計得点としてとらえ，「視聴印象」の類型と「Aad」の関連について検討している。

稲葉は，自作の CM を16名の被調査者に提示する視聴実験を行った[58]。「視聴印象」に関しては，各 CM について，50項目の単極の形容詞尺度で5段階評定してもらった。そして，評定値行列をクラスター分析して，表1-9(B)（p.68）に示した①「鮮明感」，②「刺激性」，③「説得性」，④「洗練性」，⑤「爽快感」および⑥「嫌悪感」の6類型を抽出している。

さらに，「Aad」を従属変数とし，「視聴印象」の6類型各々を構成する項目の評定値を合計した類型別得点を独立変数とする重回帰分析を行った。その結果，「Aad」には「嫌悪感」が最も強く負に影響しており，その他，「説得性」および「爽快感」が正に影響していた，という結論を得ている。

2．「視聴印象」と「Aad」の関連の他に「視聴印象」と他の態度要因との関連も視野に入れて分析している先行諸研究

本項では，「視聴印象」の特性を抽出したうえで，各特性と「Aad」との直接的な関連の他に，各特性と他の態度要因（「Ab」および「購買意欲」など）との間接的な関連についても分析している先行諸研究，すなわち Batra &

---

[58] 音楽を2種類（音楽A，音楽B）と映像を2種類（映像P，映像Q）用意し，16名の被調査者を以下の4グループに分けて視聴実験を行っている。
　　①音楽Aのみを提示するグループ　4名
　　②音楽Bのみを提示するグループ　4名
　　③映像Pのみを提示するグループ　4名
　　④映像Qのみを提示するグループ　4名

Ray（1986），Holbrook & Batra（1987），Edell & Burke（1987），稲葉（1991），阿部・田中・中村（1985）[59]，青木・恩蔵・杉本（1990）[青木，1991］，岸（1990，1991），岸（1994）および富永・濱岡・呉・片平（1996）をレヴューする。ただし，「Aad」と「Ab」の関連や「Ab」と「購買意欲」の関連のように本研究の目的と直接的に関連のないものについては，ごく簡単なレヴューにとどめることにする。

1）Batra & Ray（1986）の「情緒的反応」と「Aad」の関連について

Batra & Ray（1986）は，「①広告に対する情緒的反応→②Aad→③Ab→④購買意欲」という反応プロセスモデルを想定し，①～④の関連を分析している。彼らは，「Aad」を「CM好感度」についての8段階評定としてとらえ，「Ab」をCMで訴求されたブランドについて「役に立つ～役に立たない」，「重要な～重要でない」，「愉快な～不愉快な」，「感じが良い～ひどい」，および「良い～悪い」の5項目のSD尺度で測定している。また，「購買意欲」については，7段階評定でとらえている。

「広告に対する情緒的反応」については，120名の被調査者を10組に分けて，各組ごとに異なる4本のCMを提示し，感じたことをできるだけもれなく記述してもらう視聴実験を行った。そして，得られた自由記述データの内容分析を行い，以下に示す9カテゴリーのように，広告表現に対する肯定的意見と否定的意見に分類した。

①擁護的言説（Support argument）
　理由のある肯定，単純な肯定，ブランドを試用すること，試しに購買したくなること，良い意味での誤解，など。
②反論的言説（Counter argument）
　理由のある反対，単純な反対，悪い意味での誤解，など①の逆。
③表現・制作批判（Executional discounting）

59）阿部ら（1985）では，「視聴印象」と「Aad」の関連は分析せず，「視聴印象」と「Ab」の直接的な関連を分析している。

広告の表現・制作面の信頼性や諸要素に否定的な評価をすること。
④表現・制作支持（Executional bolstering）
　③とは逆に，広告の表現・制作面の信頼性や諸要素に肯定的な評価をすること。
⑤快楽的興奮（"SEVA" feelings）[60]
　気分の高揚（surgency），意気揚々感（elation），元気／活性化（vigor/activation）などを含む複合的な情緒。
⑥温和（Deactivation feelings）
　安らぎ，リラックス，落ち着き，心地良さ，など。
⑦社会親愛感情（Social affection feelings）
　心を動かす，心が温まる，愛情を覚えるなどの対人感情や，広告から幸せ，美しさ，思いやりなどを感じ，幸せになったり，好きになったり，良い感じになったりすること，など。
⑧中性的拡散要因（Neutral distracters）
　ブランドに関するメッセージの処理でなく，「表現・制作的要素」による好奇心・驚きや，内容評価における中立的な考え，視聴中に生じた他の広告や状況についての意見，など。
⑨その他（Other）
　広告内容をその通り述べること，実際の視聴中でなく後で生じた考え，視聴作業に関する考え，など。

そして，このようにカテゴライズされた反応と「Aad」，「Ab」および「購買意欲」などとの関連を重回帰分析で検討している。本研究に関連のある結果は次の通りである。

「Aad」を従属変数として，「表現・制作批判」と「表現・制作支持」のみを独立変数とした場合よりも，独立変数に「快楽的興奮」，「温和」および「社会親愛感情」などの情緒的反応を加えた場合の方が，決定係数が大きくなる。

2）Holbrook & Batra（1987）の「広告内容への評価的反応，情緒的反応」と「Aad」の関連分析について

Holbrook & Batra（1987）は，「①広告内容への評価的反応[61]→②情緒的反

---

60) "SEVA" は，高負荷項目の頭文字をとったものである。

応→③Aad→④Ab」という反応プロセスモデルを想定し，①～④の関連を分析している。彼らは，「Aad」を，CMについて「好き～嫌い」，「好意的に反応する～非好意的に反応する」，「肯定的に感じる～否定的に感じる」および「良い～悪い」の4項目への7段階評定の合計得点として，また「Ab」をCMで訴求されたブランドについて「好き～嫌い」，「肯定的～否定的」，「良い～悪い」および「好ましい～好ましくない」の4項目への7段階評定の合計得点としてとらえている。

「広告内容への評価的反応」に関しては，先行諸研究を参考にして選定した66項目[62]を用いて，72本のCMについて12名の被調査者に7段階評定（その通り～違う）してもらった。そして，平均評定値行列の項目間相関行列を因子分析して，以下の6因子を抽出している。

①情緒的（Emotional）
　実生活の一コマを表す，情緒性が強い，情緒的，ムードをつくり出そうとしている，など。
②脅威的（Threatening）
　課題の解決を示す，そのブランドのベネフィットを示す，恐れや心配を喚起する，など。
③日常的（Mundane）
　予想通り，退屈，目新しい訴求（－）[63]，ありふれた，など。
④セクシー（Sexy）
　セクシー訴求，美しさの訴求，セクシー表現，自尊心の訴求，など。
⑤推奨的（Cerebral）
　企業のイメージ，感覚的特性（味，匂い），強い，クール，など。
⑥個人的（Personal）
　自分に関連のある主張がある，興味のない情報を含んでいる（－），健康や幸福

---

[61]　Holbrook & Batra (1987) は，単に「広告内容（advertising content）」と記述している。
[62]　66項目は次の3カテゴリーに分かれている。①「表現形式」全体に対して視聴者がいだく「イメージ」についての24項目（両極の形容詞尺度で評定してもらっている），②「伝達内容」に対して視聴者がいだく「評価」についての24項目（単極の形容詞尺度で評定してもらっている），③「訴求目的」についての18項目（文章化した測定項目で評定してもらっている）。
[63]　（－）は，マイナス負荷を示す。

への訴求，買い手のロイヤリティの訴求，など。

また，「情緒的反応」については，94項目の単極の形容詞尺度を設定し，先の視聴実験と同じ72本のCMについて，別の12名の被調査者に7段階評定してもらう視聴実験を行った。そして，平均評定値行列の項目間相関行列を因子分析して，以下の3因子を抽出している。

①快楽（Pleasure）
  義務，信用，プライド，愛情，無邪気，感謝，晴朗，など。
②覚醒（Arousal）
  興味，活性化，驚き，関与，など。
③支配（Domination）
  争い，罪悪感，助けのないこと，悲しみ，恐れ，恥ずかしさ，など。

次に，「広告内容への評価的反応→情緒的反応」という関係を検討するために，「広告内容への評価的反応」の6次元を独立変数とし「情緒的反応」の3次元をそれぞれ従属変数とする重回帰分析を行っている。その結果，情緒的反応の「快楽」と「覚醒」の2次元は，「広告内容への評価的反応」によってよく説明されていた。

さらに，Holbrook & Batraは，これらの2段階の反応と「Aad」および「Ab」との関連について検討している。すなわち，「Aad」あるいは「Ab」を従属変数として，種々の独立変数の組み合わせにもとづく重回帰分析を行っているが，本研究に関連のある結果は次の通りである。

①「広告内容への評価的反応」の6次元と「Aad」との直接的な関連（「情緒的反応」を関連させない）を見ると，「情緒的」と「推奨的」が正に，「日常的」と「脅威的」が負に影響し，これらの次元によって「Aad」はよく説明されていた。
②「情緒的反応」の3次元と「Aad」の関連では，「快楽」，「覚醒」が正に，「支配」が負に影響し，これらの次元によって「Aad」はよく説明されていた。
③「広告内容への評価的反応」と「情緒的反応」の両方を含む9次元の「Aad」の関連を見ると，全体としては，別々に見た場合よりも，説明力がやや高くなったが，各次元の貢献度はかなり低下した。「広告内容への評価的反応」では，「情緒的」が正に，「日常的」が負に影響しているだけであった。「情緒的反応」でも，

「覚醒」が正に，「支配」が負に影響しているのみとなった。
④先に述べたように，「広告内容への評価的反応→情緒的反応」の関連は強い。また②から，「情緒的反応→Aad」という関連も強い。さらに①から，「広告内容への評価的反応→Aad」の関連も強いが，独立変数に「情緒的反応」を加えた場合には，その関連度が低下することが分かった。このことは「広告内容への評価的反応」と「Aad」の関連を「情緒的反応」が媒介することを示唆している。

以上のように，Holbrook & Batra は，「視聴印象」を「広告内容への評価的反応」と「情緒的反応」に分け，「広告内容への評価的反応」と「Aad」の関連を「情緒的反応」が媒介していると考えている。

3）Edell & Burke（1987）の「広告特性についての意味的判断，感情」と「Aad」の関連について

Edell & Burke（1987）は，CM に対する反応的側面には，「広告特性についての意味的判断（semantic judgments of the ad's characteristics）」と「感情（feeling）」があり，図1-2に示したように「感情」が「広告特性についての意味的判断」に影響を及ぼし，また「広告特性についての意味的判断」と「感情」の各々が「Aad」に影響を及ぼすと考えている。そして，彼らは「Aad」を「CM 好感度」，「Ab」を「ブランド好感度」としてとらえ，以下のような視聴実験を行っている。

①［視聴前の Ab］CM 視聴の前にテスト CM に出てくるブランド好感度を「好ましい～好ましくない」の7段階評定してもらう。
②［視聴実験］29名の被調査者に，よく知られているブランドの CM を順次提示し，CM の「Aad」について「好ましい～好ましくない」の7段階評定してもらい，次いで34項目の「広告特性についての意味的判断尺度」で各形容詞が「各 CM をよく説明しているか否か」について5段階評定してもらう。また，69項目の「感情尺度」で「CM を見ている間に感じた感情の強さ」を5段階評定してもらう。この3種の評定を10本の CM について繰り返す。
③［視聴後の Ab］各ブランド好感度について視聴前と同様に7段階評定してもらう。

そして，「広告特性についての意味的判断」については，評定値行列[64]の

項目間相関行列を因子分析して，以下の3因子を抽出している。
　①評価（Evaluation）
　　信じられる，説得力のある，自分のためになる，重要な，有益な，など。
　②活動（Activity）
　　面白い，エネルギッシュな，熱狂的な，興奮させる，気分が浮き立つ，など。
　③温和（Gentleness）
　　物静かな，かわいらしい，落ち着いた，安らぎを与える，優しい，など。
　また，「感情」についても同様に，評定値行列の項目間相関行列を因子分析して，以下の3因子を抽出している。
　①高揚感（Upbeat）
　　活動的な，冒険的な，活発な，面白い，注意を引く，など。
　②消極性（Negative）
　　怒った，困った，悪い，うんざりした，批判的になった，など。
　③温かさ（Warm）
　　情愛の深い，穏やかな，気遣いのある，黙想的な，情緒的な，など。
　さらに，Edell & Burke は，これらの各次元と「Aad」および「Ab」との関連を分析している。本研究に関連のある部分については，「Aad」を従属変数として，「視聴前のAb」，「広告特性についての意味的判断」の3次元および「感情」の3次元を独立変数とする重回帰分析[65]を行ったところ，「Aad」には，「視聴前のAb」，「広告特性についての意味的判断」次元の「評価」と「活動」がそれぞれ正に，「感情」次元の「消極性」が負に影響していた。
　以上の実証分析の結果から，Edell & Burke（1987）は，「Aad」に対して，視聴時に感じる「感情」が「広告特性についての意味的判断」とは別の影響を及ぼしていると結論づけている。

---

[64] 個別評定行列と思われるが，それについては明記されていない。
[65] 「広告特性についての意味的判断」の3次元と「感情」の3次元の得点は，各因子（次元）について0.500以上の負荷量を示す項目についての評定の合計値をあてている。

4）稲葉（1991）の「視聴印象」と「Aad」の関連について

稲葉（1991）は，「①視聴印象→②Aad→③Ab」という反応プロセスモデルを想定し，①～③の関連を分析している。そして，「Aad」を，CMについて「全体として好ましいCMである」，「全体として共感できるCMである」，「全体として良いCMである」および「また見たくなるCMである」の4項目についての5段階評定の合計得点として，また「Ab」を，CMで訴求されたブランドについて「一流のブランドである」，「おしゃれなブランドである」および「個性的なブランドである」の3項目についての5段階評定の合計得点としてとらえている。

稲葉は，自作のCMを105名の被調査者に評価してもらう視聴実験を行った[66]。「視聴印象」については，各CMについて，50項目の単極の形容詞尺度で5段階評定してもらった。そして，評定値行列の項目間相関行列を因子分析し，表1-9(A)(p.68)に示した①「躍動感」，②「説得性」，③「優美感」の3因子を抽出している。

さらに，「視聴印象」各次元と「Aad」および「Ab」との関連を検討している。本研究に関連のある部分のみレヴューすると，「Aad」を従属変数とし，「視聴印象」の3因子得点を独立変数とする重回帰分析を行ったところ，「Aad」には，「説得性」と「優美感」が正に影響していた，と報告している。

---

[66] 音楽を2種類（音楽A，音楽B）と映像を2種類（映像P，映像Q）用意し，105名の被調査者を以下の8グループに分けて視聴実験を行っている。
　　①音楽Aのみを提示するグループ　15名
　　②音楽Bのみを提示するグループ　11名
　　③映像Pのみを提示するグループ　11名
　　④映像Qのみを提示するグループ　13名
　　⑤音楽Aを映像Pに重ねたCMを提示するグループ　13名
　　⑥音楽Bを映像Pに重ねたCMを提示するグループ　12名
　　⑦音楽Aを映像Qに重ねたCMを提示するグループ　20名
　　⑧音楽Bを映像Qに重ねたCMを提示するグループ　10名

5）阿部・田中・中村（1985）の「視聴印象」と「Ab」の関連について

上記の先行4研究が，「Aad」によって媒介される「視聴印象」と「Ab」の関連を検討しているのに対し，阿部・田中・中村（1985）は，「視聴印象」と「Ab」の直接的な関連を分析している。

彼らは，「Ab」を，CMで訴求されたブランドについて「全体として自分に合っている〜合っていない」および「全体として良い〜良くない」の2項目についての7段階評定でとらえている。そのうえで，「視聴印象」，「Ab」，製品の属性iについての消費者の信念（Bi）とその属性についての評価的側面（ai）との積和によって求められる「属性評価値」，および「購買意欲」の関連を共分散構造分析によって検討している。

阿部らは，新しく発売されたシャンプーのCMを，100名の被調査者に評定してもらう視聴実験を行った。「視聴印象」に関しては，15項目のSD尺度で7段階評定してもらった評定値行列の項目間相関行列を因子分析して，表1-9(C)(p.68)に示した，①「娯楽性」，②「親近性」，③「顕著性」，④「報知性」，⑤「適切性」および⑥「魅力性」の6因子を抽出している。また，製品の属性iについての消費者の信念（Bi）については，そのシャンプーについて，①髪につやを与える，②髪がしっとりする，③髪をしなやかにする，④フケをとる，⑤髪をさらっとさせる，⑥汚れおちの良さ，⑦デザインの良さ，⑧香りの良さ，⑨値段の安さの9属性の蓋然性に関して，7段階評定してもらっている。さらに，その属性の評価的側面（ai）については，同じ9属性の重要度について7段階評定を求めている。そして，「属性評価値」，「視聴印象」の「娯楽性」と「報知性」の2特性，「Ab」，および11段階評定してもらった「購買意欲」などの全体的関連を，共分散構造分析によって検討した。その結果，「属性評価値」が「Ab」に，「Ab」が「購買意欲」に正に影響を及ぼすことは認められたが，「視聴印象」の「娯楽性」と「報知性」の2特性が「Ab」に影響を及ぼすことは認められなかったとしている。

阿部らは，「視聴印象」と「Ab」の直接的な関連を検討しているが，「視

聴印象」が直接的に影響を及ぼすのは主に「Aad」である。したがって，「視聴印象」と「Aad」の関連について分析をすれば，関連が認められた可能性はある。

6）青木・恩蔵・杉本（1990）［青木，1991］の「視聴印象」と「Aad」の関連について

青木・恩蔵・杉本（1990）［青木，1991］は，「①視聴印象→②Aad→③Ab」という反応プロセスモデルを想定し，①〜③の関連を分析している。青木らは，「Aad」を，CMについて「全体として好きなCMである」，「全体として共感できるCMである」，「また見たくなるCMである」および「全体として良いCMである」という4項目への7段階評定の合計得点として，また，「Ab」を，CMで訴求されたブランドについて「全体として自分に合ったブランドである」，「全体として好きなブランドである」，「全体として良いブランドである」および「全体として買ってみたいブランドである」という4項目への7段階評定の合計値として，とらえている。

また，「視聴印象」に関しては，シャンプーのCM10本を80名の被調査者に40項目の単極の形容詞尺度を7段階評定してもらう視聴実験を行った。そして，個別評定値行列を被調査者ごとに中央化（被調査者の評定値から平均値を差し引く処理）を行った後，処理後のデータの項目間相関行列を因子分析して，①「娯楽性・新奇性」，②「説得性・訴求性」，③「魅力性・情緒性」の3因子を抽出している。なお，この因子は多義的であるため，表1-9(D)には，①「娯楽性」，②「新奇性」，③「説得性」，④「訴求性」，⑤「情緒性」，⑥「魅力性」という6次元に分けて記載した。

また，青木ら（1990）は，上記の「視聴印象」の3次元と「Aad」および「Ab」との関連について検討している。本研究に関連のある部分のみレヴューすると，「Aad」を従属変数とし，「視聴印象」の3因子得点を独立変数とする重回帰分析を，CM別のケース，全CMのケース，および被調査者を感

情的関与(製品関与)と認知的関与(購買関与)のそれぞれで高・低グループ[67]に分けたケースで行い、以下のような結果を得ている。

① CM別のケースでは、(多少の例外はあるものの)「Aad」には「魅力性・情緒性」が最も強く正に影響しており、その他「説得性・訴求性」および「娯楽性・新奇性」も正に影響していた。

② 全CMのケースでは、「Aad」には「魅力性・情緒性」、「説得性・訴求性」が正に影響していた。

③ 高感情的関与グループでは、「Aad」には「魅力性・情緒性」、「説得性・訴求性」、「娯楽性・新奇性」の3特性が正に影響していた。一方、低感情的関与グループでは、「魅力性・情緒性」、「説得性・訴求性」が正に影響していたが、「娯楽性・新奇性」は負に影響していた。

④ 高認知的関与グループと低認知的関与グループでは、ともに、「Aad」には「魅力性・情緒性」、「説得性・訴求性」の2特性が正に影響していた。

7) 岸 (1990, 1991) と岸 (1994) の「広告評価および広告への感情反応」と「Aad」の関連について

岸 (1990, 1991) は、①「広告評価、共感および広告への感情反応」と「Aad」の関連および、②「信念、Aadおよびブランドへの親近感」と「Ab」の関連について、製品関与度の高・低グループ別に検討している。ここでは、本研究と関連のある①についてのみレビューする。

岸は、「Aad」をCMを「非常に好き～全く好きでない」と「非常に良い～全く良くない」の2項目ついての7段階評定の平均値でとらえている。そして、インスタントコーヒーのCM2本を69名の被調査者に提示し、各々のCMについて、「広告評価」については、表1-9(E) に示した10項目について、また、広告への「感情反応」については、表1-9(F) に示した19項目について、7段階評定してもらう視聴実験を行った。そして、「広告評価」と「感情反応」のそれぞれで個別評定値行列の項目間相関行列を因子分析して、

---

[67] 高・低グループに分けるにあたっては、青木・斉藤・杉本・守口 (1988) が提案した3次元14項目からなる関与の測定尺度を用いている。

「広告評価」については，①「知覚・情緒効果」，②「理解・信憑性」，③「報知性」の3因子を，広告への「感情反応」については，①「喜び」，②「ほのぼの・おだやか」，③「好奇心」，④「驚き」，⑤「嫌悪」の5因子を抽出している。

また，「共感」については，「このCMの製品と私の生活には何の関係もない」のような七つの文章を7段階評定してもらい，個別評定値行列の項目間相関行列を因子分析して，①「擬似相互作用」，②「自己との関連性」の2因子を抽出している。

さらに，「Aad」を従属変数とし，「広告評価」の3因子得点，「感情反応」の5因子得点および「共感」の2因子得点を独立変数とする重回帰分析を行ったところ，「Aad」には，「感情反応」の「嫌悪」が負に影響し，「感情反応」の「ほのぼの・おだやか」，「広告評価」の「理解・信憑性」，「知覚・情緒効果」，「報知性」，「共感」の「自己との関連性」が正に影響していた，と報告している。

また，製品関与水準別にも同様の検討を行っている。その結果，製品関与度の低いグループでは，「Aad」には「感情反応」の「ほのぼの・おだやか」，「喜び」が正に，「嫌悪」が負に影響を及ぼしていた。一方，製品関与度の高いグループでは，「Aad」に影響を及ぼす特性はなかった。

さらに岸（1994）は，上記の岸（1990, 1991）の分析をふまえて，「広告評価および広告への感情反応」と「Ab」との関連について検討している。ここでは，本研究と関連のある「広告評価」および「感情反応」の因子抽出に関してのみレヴューする。岸（1994）は，ビデオデッキのCM2本について32名の被調査者を対象に，岸（1990, 1991）と同様の視聴実験を行い，得られたデータに，同様の解析を施した。その結果，「広告評価」については，①「知覚・情緒効果」，②「理解・信憑性」，③「実用性」を示す3因子[68]を抽出した。また，「感情反応」については，表1-9(G)に示した①「覚醒」，②

---

[68] これについての詳細な解析結果は記述されていない。

「ほのぼの・おだやか」，③「好奇心」，④「嫌悪」の4因子を抽出している。

8）富永・濱岡・呉・片平（1996）の「広告への感情的・認知的反応」と「Aad」の関連について

　富永・濱岡・呉・片平（1996）は，「①広告への感情的・認知的反応→②Aad→③Ab→④購買意欲」という反応プロセスモデルを想定し，①〜④の関連を分析している。富永らは，「Aad」を，CMについて「非常に好き〜非常に嫌い」の5段階評定してもらったなかで「非常に好き」ないし「好き」と回答した者の割合としてとらえている。また「Ab」については，CMで訴求されたブランドに対する好意度を「非常に好き〜非常に嫌い」の5段階評定してもらったなかで「非常に好き」ないし「好き」と回答した者の割合としてとらえている。さらに「購買意欲」は，「商品を買ってみたい」という項目への回答率としてとらえている。

　「広告への感情的・認知的反応」については，オン・エア前の食品CM 59本を被調査者[69]に提示し，表1-9(H)に示した項目のなかから興味反応量を除く13項目で評定[70]してもらう視聴実験を行った。なお，興味反応量は，(CMの視聴中に) ポジティブまたはネガティブな興味を感じている時にはボタンを押してもらうことによって測定している。そして，平均評定値行列の項目間相関行列を因子分析し[71]，表1-9(H)に示した①「面白さ」，②「ブランド名」，③「インパクト」，④「分かりやすさ」の4因子を抽出している。そのうえで，①と③は，広告を見ることによって喚起される感情的反応で，②と④は，広告に対する認知的反応であると特徴づけている。

　さらに，富永（1996）らは，上記の広告への感情的・認知的反応の4次元と「Aad」，「Ab」および「購買意欲」との関連について，検討している。

---

69)　人数は不明記。
70)　詳細は不明記。
71)　分析の詳細については富永・濱岡・呉・片平（1995）に示してある。

本研究に関連のある部分のみレヴューすると,「Aad」を従属変数とし,広告への感情的・認知的反応の4因子得点を独立変数とする重回帰分析を行ったところ,「Aad」には①〜④の全因子が正に影響していたという結果を得ている。

Ⅳ. 要素的接近による「視聴印象」特性および機能の分析方法のまとめ

1. わが国の先行諸研究にみられる「視聴印象」の共通次元

視聴実験一般に言えることであるが,本研究でも,被調査者や対象CMなどの実験諸条件が限定された状況で実験を行う。したがって,本研究で抽出される「視聴印象」次元を,先行諸研究にみられる「視聴印象」の共通次元と比較することによって,頑健な次元であることを確認する必要がある。しかし,「視聴印象」の測定尺度は,表1-7および表1-9に示したように,研究者によって異なり,そこで見出されている次元は任意性の高いものであった。

そこで,わが国の先行諸研究で抽出されている「視聴印象」の共通次元を検討することにした。本研究でレヴューしたわが国の先行10研究(表1-7に示した3研究および表1-9に示した7研究[72])で抽出されている「視聴印象」特性は以下の①〜⑨のように分類できる。

①「娯楽性」(「興味」,「面白・過剰感」,「喜び」,「覚醒」,「面白さ」)[73]
②「親近性」(「親近性・共感」,「ほのぼの・おだやか」,「ブランド名」)
③「インパクト」(「印象度」,「顕著性」,「新奇性」,「知覚・情緒効果」,「好奇心」)
④「説得性」(「説明」,「内容」,「説得力」,「理解・説得力」,「報知性」,「理解・信憑性」,「分かりやすさ」)
⑤「訴求性」

---

[72] 表1-9には8研究を示したが,このうち稲葉 (1992) は,「視聴印象」の類型を抽出しているため,ここでは除いてある。
[73] 先行諸研究によって,高負荷項目が近似した内容を指すものであっても因子の命名が異なるケースがあるため,同類の因子と思われるものをカッコ内に示した。以下,同様。

⑥「情緒性」
⑦「爽快感」(「適切性」,「魅力性」)
⑧「驚き」
⑨「嫌悪」(「嫌悪感」)

このなかで，10研究のうち過半数（6研究）以上で抽出されている次元は，①「娯楽性」，②「親近性」，③「インパクト」および④「説得性」であった。そこで，この4次元を，わが国の先行諸研究にみられる「視聴印象」の共通次元と考えることにした。

2．「視聴印象」の測定項目を選定する必要性

わが国では，「視聴印象」を測定する標準的尺度を提案した先行研究がほとんどなかった。そのなかで，佐々木（1986）は，広告表現批判の測定尺度を提案している。ただしその尺度は，本研究の「視聴印象」の定義の一側面である広告表現に対して受け手がいだく「評価」を測定するために作成された尺度であって，もう一方の反応である「感情」および「イメージ」の測定を目的にしていない。また，多くの先行諸研究は，CM全般の「視聴印象」を測定しているが，本研究では対象CMを「食品」に特化させているため，食品CM独自の「視聴印象」を測定する項目が必要と考えられる。つまり，主研究を行う前段として，「視聴印象」の測定項目を選定する必要がある，と判断された。

3．「Aad」の測定項目を選定する必要性

Brown & Stayman（1992）は，「Aad」と（広告に対する情緒的反応，「Ab」，購買意欲などを含む）諸変数の関係を扱った先行47研究[74]をメタ分析したが，そこには「Aad」の測定項目数についての検証が含まれている。分析結果と

[74) 分析した論文数は43であるが，そのうち4研究はStudyⅠ，Ⅱの2研究の報告があるため合計47研究になっている。

表 1-7 わが国におけるテレビ CM の「視聴印象」の多次元的特性分析の先行諸研究(1)

研究者	(A) 佐々木 (1986)	(B) ビデオリサーチ (1985)		(C) ビデオリサーチ (1997)	
抽出された		興味	面白い *マンネリな *つまらない	面白い・過剰感	面白い あきがこない *しつこい *ある *品のない
		過剰感	しつこい *あっさりしている		
		親近性	親しみのある あきがこない 情緒のある *親しみがない *あきる *ムードがない	親近性・共感	親しみのある 共感できる 情緒のある *親しみがない *つまらない
		印象度	新鮮な 印象的な 心に残る *心に残らない *平凡な	インパクト	新鮮な 印象的な 心に残る *平凡な *心に残らない
		説得力	分かりやすい 説得力のある *分かりにくい 説得力のない	理解・説得力	分かりやすい 説得力のある 信頼感のある 説得力のない
	説明 [不足―適切] 合理的な説明の仕方が(1. もっとも必要である―3. この程度でよい) 必要項目の説明は(1. 不充分である―3. 充分である) 言っている内容は(1. 誤解しやすい―3. はっきりしている) 言いたい内容が(1. 分からない―3. 分かる) 内容 [不信―公正]				

言っている内容に誇張が (1. 目立つ - 3. 目立たない)
言っている内容の片寄りが (1. 大きい - 3. 小さい)
言っている内容は (1. 信じられない - 3. 信じられる)
言っている内容に疑問を (1. 感じる - 3. 感じない)

表現 [不快-好適]
音とか色彩の出し方は (1. 悪い - 3. 良い)
表現の仕方が (1. 無神経である - 3. よく考えられている)
表現の仕方が (1. 退屈である - 3. ひきつけられる)
登場する人物や動物が (1. 嫌い - 3. 好き)
登場する人物や動物の使い方が (1. 不適当である - 3. 適当である)
見た感じには (1. 不快である - 3. 良い感じである)
登場する動物が (1. 変わりばえしない - 3. 新鮮である)
表現の仕方が (1. わざとらしい - 3. 自然である)
表現の仕方が (1. 馬鹿らしい - 3. 真面目である)

影響 [不穏-良好]
性的な不快感を (1. 感じさせる - 3. 感じさせない)
この内容は教育的に見て (1. 悪い影響がある - 3. 良い影響がある)
表現されている内容は社会的に見て (1. 好ましくない - 3. 好ましい)
社会的に見て好ましくない考え方や価値観が (1. 含まれている - 3. 含まれていない)
表現されている内容が人間差別に (1. 結びつく - 3. 結びつかない)
子供の購買欲への刺激が (1. 強すぎる - 3. 強すぎない)

その他
CMが特定人物の売名に (1. 関係している - 3. 関係していない)
CMが商品やスポンサーに (1. 結びつかない - 3. ぴったりしている)

(注) *はマイナス負荷を示す。
佐々木 (1986) は表1-6を参照。

して，単数と複数のいずれがよいかについて，全般的には統計的に明確な差は認められなかったものの，「Aad」と「Ab」については，単数よりも複数を用いた研究の方が有意に高い相関係数を示すことが明らかとなった。また，測定尺度は，一般的に，単数よりも複数の方が信頼性が高いと考えられている（Peter & Churchill 1986）。これらのことを考慮して，本研究では，「Aad」を複数項目でとらえることにした。

レヴューした先行諸研究にみられる「Aad」の測定項目を整理すると表1-10のようになるが，表に示したように，「Aad」の測定項目は，研究者によって異なっている。10研究のうち5研究では，「Aad」を「CM好感度」1項目で測定しており，残りの5研究は複数項目で測定している。複数項目で測定する場合でも，項目の組み合わせは様々である。5研究のうち，「CM好感度」および，「良いCMである」を5研究が，「また見たくなるCMである」を3研究が，「共感できる」を2研究が，「好意的に反応する」，「肯定的に感じる」を1研究が使用している。

さらに，本研究では対象CMを「食品」に特化させているため，食品CM独自の「Aad」を測定する項目が必要と考えられる。以上のことから，主研究を行う前段として，「Aad」の測定項目を選定する必要がある，と判断された。

V．本研究における「視聴印象」の分析方法

佐々木（1983a，b）が「訴求内容分析」について示した基本的視点を援用すれば，「視聴印象」の分析方法には，①全体的接近による分析方法と②要素的接近による分析方法がある。全体的接近による分析方法を採用している先行諸研究では，多数のCMについて，「視聴印象」の平均評定値行列の項目間相関行列を因子分析して因子を抽出し，さらに，その因子得点を用いてCMのクラスター分析を行い，CMを類型化している。そして，表1-8の③に示したように，「表現内容」と「視聴印象によるCMの類型」との関連に

表 1-8 先行研究のタイプと本研究の位置づけ

分析方法	研究内容		CMの刺激的側面		CMの反応的側面			
			広告表現		視聴印象		再生, 理解および説得	Aad, Ab, 購買意欲
			全体的接近	要素的接近	全体的接近	要素的接近		
訴求内容分析	①CM表現によるCMの類型化	a) クリエーターの経験則	○					○
		b) Laskey, Fox & Crask (1994)	○				○	
	②表現・制作的要素の多次元的特性の分析 Stewart & Furse (1986)			○			○	
受容内容分析	③視聴印象によるCMの類型化	a) 電通 (1978)	○		○			
		b) ビデオリサーチ (1985) ビデオリサーチ (1997) 竹内 (1996)			○			○
	④視聴印象の多次元的特性の分析					○		○
	⑤本研究			○		○		○

(注) ○は, 表側に示した各研究における分析対象。各研究では, 各対象について相互の関連を分析している。

表1-9　わが国におけるテレビCMの「視聴印象」

研究者		(A) 稲葉 (1991)		(B) 稲葉 (1992)		(C) 阿部ら (1985)		(D) 青木ら (1990)
抽出された次元	躍動感	スポーティーな 陽気な 活動的な 軽快な カラッとした 明るい 生き生きとした にぎやかな 楽しい カラフルな エキサイティングな さわやかな リズム感のある 面白い ふざけた 新鮮な	鮮明感	カラッとした スポーティーな 新鮮な 明るい 生き生きとした 軽快な 迫力のある 楽しい リズム感のある 陽気な	娯楽性	ユニークさ 面白さ 目立つ	娯楽性	面白い 親しみやすい 軽快な カラフルな 目新しい リズム感のある 陽気な 楽しい ふざけた 可愛らしい
					親近性	*目新しい 親しめる 分かりやすい		
			刺激性	にぎやかな 活動的な 力強い エキサイティングな *ソフトな *落ち着いた *上品な *穏やかな	顕著性	現代的 印象的 目立つ	新奇性	新鮮な 生き生きとした 覚えやすい 時代の先端をいく *刺激的な
	説得性	説得力のある 役に立つ わかりやすい 納得できる 意味のある 心に訴えかけてくる 一見の価値がある 信頼できる 誠実な 迫力のある 引きつけられる 力強い 覚えやすい 印象に残る	説得性	納得できる 説得力のある 意味のある 時代の先端をいく 信頼できる 役に立つ *疑わしい *カラフルな	報知性	うそっぽくない 信頼できる 役立つ	説得性	納得できる 正直な 説得力のある 判りやすい 意味のある 信頼できる 価値のある 役に立つ

の多次元的特性分析の先行諸研究(2)

	(E) 岸―広告評価 (1991)	(F) 岸―感情反応 (1991)		(G) 岸―感情反応 (1994)		(H) 富永ら (1996)	
		喜び	楽しくなる さわやかな気分 陽気になる うれしくなる	覚醒	嬉しくなる 元気が出る 楽しくなる 陽気になる さわやかな気分	面白さ	印象に残る 面白い ストーリー, アイディア
		ほのぼの・おだやか	心が休まる おちついた気持ち ゆったりとした気持ち ホロリとする 心あたたまる うっとりする	ほのぼの・おだやか	心が休まる おちついた気持ち ゆったりとした気持ち ホロリとする 心あたたまる うっとりする	ブランド名	商品名が印象に残る 親しみを感じる
知覚・情緒効果	印象的だ 面白い 心に残る 新鮮さがある	好奇心	どうして 何かしら ドキドキワクワクする	好奇心	何かしら どうして ドキドキワクワクする	インパクト	新鮮味がある 興味反応量(+) *興味反応量(-) 音楽 情景
理解・信憑性	商品に合っている 分かりやすい 信じられる					分かりやすさ	分かりやすい 商品の特徴がよく分かる 商品の描写
報知性	役に立つ情報 ニュース性がある 自分に合っている						

研究者	(A) 稲葉 (1991)		(B) 稲葉 (1992)		(C) 阿部ら (1985)		(D) 青木ら (1990)	
抽出された次元							訴求性	力強い 特色のある 訴えかけてくる エキサイティングな 迫力のある
	優美感	上品な 美しい 洗練された 清潔な 高級な 落ち着いた センスのよい やさしさのある 穏やかな 快い スッキリとした ソフトな ファッショナブルな 時代の先端をいく 夢のある 都会的な	洗練性	都会的な 洗練された 美しい 面白い 高級な センスのよい *退屈な *飽きてしまう			情緒性	穏やかな 清潔な 高級な 美しい 快い 夢のある 上品な
			爽快感	快い 覚えやすい 誠実な スッキリした わかりやすい やさしさのある 心に訴えかけてくる *陳腐 *イライラする *困ってしまう	適切性	ふさわしい かわいい	魅力性	印象に残る センスの良い スッキリした 引きつけられる
					魅力性	魅力的 楽しい		
			嫌悪感	気が重くなる 後悔する うんざりする バカらしい *清潔な *一見の価値がある				

(注) *はマイナス負荷を示す。
　　稲葉 (1992) は「視聴印象」の類型を抽出している。

(E) 岸—広告評価 (1991)	(F) 岸—感情反応 (1991)		(G) 岸—感情反応 (1994)		(H) 富永ら (1996)
	驚き	おどろく 元気が出る			
	嫌悪	気が重くなる あきる イライラする バカみたい	嫌悪	気が重くなる あきる イライラする バカみたい	

表1-10 本研究でレヴューした先行諸研究にみられる「Aad」の測定項目

研究者	「Aad」の測定項目
①Biel & Bridgwater（1990）	1項目（CM好感度についての5段階評定）
②Aaker & Stayman（1990）	1項目（CM好感度についての5段階評定）
③稲葉（1992）	3項目（「全体として好ましいCMである」、「全体として良いCMである」および「また見たくなるCMである」への5段階評定の合計得点）
④Batra & Ray（1986）	1項目（CM好感度についての8段階評定）
⑤Holbrook & Batra（1987）	4項目（「好き〜嫌い」、「好意的に反応する〜非好意的に反応する」、「肯定的に感じる〜否定的に感じる」、「良い〜悪い」への7段階評定の合計得点）
⑥Edell & Burke（1987）	1項目（CM好感度についての7段階評定）
⑦稲葉（1991）	4項目（「全体として好ましいCMである」、「全体として共感できるCMである」、「全体として良いCMである」および「また見たくなるCMである」への5段階評定の合計得点）
⑧青木ら（1990） ［青木, 1991］	4項目（「全体として好きなCMである」、「全体として共感できるCMである」、「また見たくなるCMである」、および「全体として良いCMである」への7段階評定の合計得点）
⑨岸（1990, 1991）	2項目（「非常に好き〜全く好きでない」および「非常に良い〜全く良くない」への7段階評定の平均値）
⑩富永（1996）	1項目（「非常に好き」〜「非常に嫌い」の5段階評定で「非常に好き」ないし「好き」と回答した者の割合）

（注） 阿部ら（1985）の研究は「視聴印象」と「Aad」の関連を検討していないため、この表には記載していない。

ついて、または、どのような「視聴印象によるCM類型」が「Aad」や「購買意欲」に影響を及ぼすかについて、分析している。ただし、「視聴印象」の類型にはさまざまな（「視聴印象」の）要素が混在しているため、本研究の第1目的である「表現形式」と「Aad」の関連に及ぼす「視聴印象」の媒介機能を類型レベルで明らかにすることは難しいであろう。したがって、本研究での「視聴印象」の分析には、要素的接近による分析方法を採用すること

にした。

　要素的接近による「視聴印象」の分析方法は，次の二つに大別できる。第1は，心理学における基本情緒説を応用した分析方法であり，第2は，多次元的特性でとらえる分析方法である。第1の分析方法は，広告表現全体に対して受け手がいだく「評価」「感情」および「イメージ」を情緒の基本単位に還元して把握できるが，「視聴印象」のもう一つの側面である広告表現の構成要素に対して受け手がいだく「評価」「感情」および「イメージ」を分析できない。そのうえ，学説自体に批判がある。そこで本研究では，第2の分析方法，すなわち「視聴印象」を多次元的特性でとらえる方法[75]を採用することにした。

---

[75] 「視聴印象」を多次元的特性でとらえる分析方法では，広告表現の構成要素および広告表現全体に対して受け手がいだく「評価」「感情」および「イメージ」を分析できる。

第3章 「訴求内容分析」に関する先行諸研究の概要[76]

本章では,「訴求内容分析」に関する先行諸研究について,佐々木(1983a, b)の分析の枠組みを適用し,Ⅰ.では全体的接近による広告表現の分析方法について,Ⅱ.では要素的接近による広告表現の分析方法をレヴューする。

Ⅰ. 全体的接近による広告表現の分析方法

1. 広告制作者(クリエーター)の経験則によるCMの類型化

クリエーターは,表1-8の①のa)に示したように,どのようなCM類型が受け手の「Aad」,「Ab」および「購買意欲」に影響を及ぼすかを理解してCM制作に結びつける目的で,類型化を行っている。本項では,このクリエーターの経験則による類型化をレヴューする。

クリエーターの経験則によるCMの類型化は,言述によるものが多く,類型の内容はほぼ同じでも命名が異なる場合もあるので,CM類型を比較しやすいように内容の類似性によって表1-11~表1-13のように整理した。まず,「表現形式と伝達内容」にもとづく類型は,表1-11に示したようにBook & Cary (1970),Hefzallah & Maloney (1979),朝倉・仁科(1980),Ogilvy (1983)[松岡訳,1985],Kotler (1988),Roman & Maas (1992)[八巻監訳,1996],植条(2002)らによって提示されている。また,「伝達内容」にもとづく類型は,表1-12に示したようにFrazer (1983)およびLaskey, Day & Crask (1989)によるものがある。さらに,「表現形式」にもとづく類型は,表1-13に示したようにNelson (1973),Hilliard (1976),朝倉・仁科(1980),Bovée & Arens (1982)およびShimp (1976)によって提唱されている。

多くの研究者が類型化を試みている「表現形式と伝達内容」にもとづく

---

[76] この章における記述は,佐々木・浅川(2001)で公表したものをもとにしている。

表 1-11　表現形式と伝達内容にもとづく CM 類型

	Book & Cary (1970)	Hefzallah & Maloney (1979)	朝倉・仁科 (1980)	Ogilvy (1983)	Kotler (1988)	Roman & Maas (1992)	植条 (2002)
表現形式	問題解決型	物語型	呼びかけ型とまき込み型	問題解決		生活描写型	フィクション形式
	ストーリー型	演出型					
	サスペンス型						
	特別効果型		論理型と情緒型	ユーモア エモーション	ムードあるいはイメージ型	セックスとユーモア型	イメージ形式
				キャラクター	パーソナリティ・シンボル型	プレゼンター型	シンボル転化形式
	生活場面型			スライス・オブ・ライフ	生活場面型		実生活形式
	推奨型	推奨型	権威型と推奨型と実証型	証言	推奨型	証言型	テスティモニアル形式
				有名人の証言			
	実演型	実演型		デモンストレーション		実証型	実証・実演形式
			直接的訴求型と間接的訴求型	ミュージカル仕立て	ミュージカル型	音楽型	ストレート形式
				しゃべくり			
			断定型と理由づけ型	リーズン・ホワイ			
	ファンタジー型				ファンタジー型		
	連続展開型	連合型		漫画		アニメーション型	ドキュメンタリー形式
							スペクタル形式

			類推型				
風刺型							
語り手型							
パーソナリティー型							
		結論明示型と結論任せ型					
	情報型	単独型と比較型	ライフスタイル型	科学的証拠型	比較広告型	比較分類形式
		ニュース		専門技術型		
		一面的訴求型と両面的訴求型				
類推型	伝達内容					

(注) 各類型の説明は付表1に示した。
▨は、4研究以上であげられている類型。

表 1-12　伝達内容にもとづく CM 類型

Frazer (1983)	Laskey, Day & Crask (1989)
製品カテゴリー訴求法	一般情報型
	一般変換型
先取り訴求法	先取り型
ユニークさの主張法	ユニークさの主張型
ブランド・イメージ法	ブランド・イメージ型
ポジショニング法	
共鳴法	使用者イメージ型
	使用機会型
変則・情緒法	
	比較型
	誇張型

（注）　各類型の説明は付表 2 に示した。

　CM 類型を見ると，表 1-11 に示したように，7 研究のうち過半数である 4 研究以上であげられている類型は，「問題解決型」，「ムードあるいはイメージ型」，「パーソナリティ・シンボル型」，「生活場面型」，「推奨型」，「実証型」および「比較広告型」である。しかし，その他の類型は共通性が低い[77]。これは，①研究者によって着眼点や理論的根拠が異なること，また，②類型化するのに使用している CM 素材が異なること，によると考えられる。

　類型化一般について言えることであるが，類型を構成することは難しいことである。特に，CM の場合，個々の CM のなかにはさまざまな「表現・制

---

[77]　表 1-13 に示した「表現形式」にもとづく CM 類型を見ると，タレントイメージ型が示されているのは，朝倉・仁科（1980）のみである。日本では，タレント CM が多いことが指摘されており（今西 1999, p.139；梶 2001, pp.106〜130），今西（1996）や野澤（2000）は，タレントの好感度が「Aad」および「Ab」に影響を及ぼすことを，指摘している。なお，タレントの好感度を決定する要因については，浅川・岡野（2009b）が，実証的に明らかにしている。

表 1-13 表現形式にもとづく CM 類型

Nelson (1973)	Hilliard (1976)	朝倉・仁科 (1980)	Bovée & Arens (1982)	Shimp (1976)
生活場面型	ドラマ型	ドラマ型	生活場面(問題解決)型	オフカメラ・ビデオドラマ型
ストーリー型				オンカメラ・ビデオドラマ型
推奨型	推奨型	説明型	推奨型	有名人推奨型
				一般人推奨型
アナウンサー型	直接的売り込み型		直接告知型	語り手型
実演型		実証型	デモンストレーション型	デモンストレーション型
				製品展示／使用型
歌とダンス型	音楽型	ショー型		
		タレントイメージ型		
			ライフスタイル型	
				ファンタジー型
			アニメーション型	
	ユーモア型			
				類推型
				ナレーション型
				パーソナリティ型
	その他の型			

(注) 各類型の説明は付表3に示した。ただし，Shimp (1976) の11カテゴリーは p.80 の脚注に示してある。

作的要素」が混在しているため困難である。類型化を行ったクリエーター自身が「CM の類型化は非常に難しい」という見解を示しているケースもある。例えば，Bovée & Arens (1982) は，彼らが提示した類型を示す際に，「この類型は相互排他的でない部分もある」と述べている (pp. 396～426)。また植条 (2002) は，「一応分類してみるものの，全ての CM がこの分類に入るというものでない」と述べている (p. 223)。

2．「表現形式にもとづく CM 類型」と「再生，理解および説得」との関連分析

　Laskey, Fox & Crask（1994）は，Shimp（1976）の作成した11カテゴリー[78]で985本の CM を「表現形式」にもとづいて分類し，表1-8の①の b）に示したように，CM の「表現形式」と「再生，理解および説得」との関連を分析している。すなわち，この3測度の程度の3段階区分と11分類カテゴリーから成る行列表の各セルに CM 数を入れたデータでカイ2乗（χ^2）検

[78) 以下に示す11カテゴリー。
　①個人指向の構造（製品の推奨者，説明者，使用者などの人物を前面に出している CM）
　　a）有名人推奨型（celebrity endorser）
　　　製品が有名人によって推奨される型。その人物が広告ブランドをいかに好んでいるかを語る，ブランドについての個人的経験を語る，ブランドに関する個人的知識を表す，などの基準の一つ以上が満たされている型。
　　b）一般人推奨型（typical person endorser）
　　　有名人でない個人によって，a）と同じ基準が満たされている型。
　　c）語り手型（spokesman）
　　　テレビ出演者や画面外のアナウンサーが製品の説明をする型。ただし推奨という方法はとらない。
　　d）パーソナリティ型（personality）
　　　製品を推奨も説明もしないが，例えば製品を使っている人，全く別の活動をしている人など，いろいろな役割を果たしている人物が描かれる型。
　②ストーリー指向の構造（ドラマ化やナレーションで物語を展開する CM）
　　e）オフカメラ・ビデオドラマ型（video drama: off-camera sales message）
　　　画面ではドラマが演じられるが，メッセージは画面外のアナウンサーが述べる型。
　　f）オンカメラ・ビデオドラマ型（video drama: sales message by performer）
　　　ドラマが演じられ，その出演者がメッセージを述べる型。
　　g）ナレーション型（narration）
　　　ストーリーがドラマでなく語られる型。例えば，画面上のストーリーについて画面外のアナウンサーが解説する型。
　③製品指向の構造（人物でなく製品を強調し，製品の特性や製品全体が中心になる CM）
　　h）デモンストレーション型（demonstration）
　　　製品の実演が明らかに訴求の中心になっている型。
　　i）製品展示／使用型（product display and/or performance）
　　　製品が展示されて実際に使用されているが実演はない型。
　④手法指向の構造（特殊な手法が際立っている CM）
　　j）ファンタジー型（fantasy）
　　　想像上の超自然的な筋書やキャラクター化による型。
　　k）類推型（analogy）
　　　類推によって無関係なものに製品が例えられる型。

定を行い，有意な場合には，カテゴリー別に正に有意か負に有意かを検討している。その結果，全製品を一括した分析では，「再生」では6カテゴリーで有意差が見られ，「一般人推奨型」，「語り手型」，「ファンタジー型」で正，「ナレーション型」，「デモンストレーション型」，「製品展示／使用型」で負の関連が認められた。また，「理解」では「一般人推奨型」で正，「製品展示／使用型」で負の関連があったが，「説得」ではどのカテゴリーも有意な関連を示さなかった。

以上のように，Laskey et al.（1994）は「表現形式にもとづくCM類型」と「再生，理解および説得」との関連を分析している。しかし，「伝達内容」は「理解」に影響を及ぼし，「表現形式」は「視聴印象」に影響を及ぼすという反応プロセスを考えれば，「表現形式にもとづくCM類型」は「視聴印象」との関連を検討する方が適切である。したがって，「表現形式にもとづくCM類型」と「視聴印象」との関連について分析をすれば，より多くの関連が認められた可能性はある。ただし，前項（1.）で述べたように，CM類型には，さまざまな「表現・制作的要素」が含まれているため，その関連を類型レベルで明らかにすることは困難であろう。

II．要素的接近による広告表現の分析方法

1．広告表現を要素的接近でとらえている先行諸研究

1）McEwen & Leavitt（1976）の研究

McEwen & Leavitt（1976）は，広告効果に影響を及ぼすと思われる「表現形式」や「伝達内容」を表す293種類の短文をリストアップした。そして5名の判定者に，100本のCMを提示し，各CMが293項目に該当するか否かを3件法（はい，どちらともいえない，いいえ）で判定してもらった。このデータから，5名の判定の一致率が低い項目を除いた90項目を用いて，新しい5名の判定者に同じ100本のCMを5段階評定（各短文が当該CMを「明確に表している～全く表していない」）してもらった。そして，CMごとに90項目につ

いて5名の判定者の平均評定値を算出し，その項目間相関行列を因子分析した結果，表1-14に示した12因子が抽出された。

この12因子の内容を，佐々木（1987）が指摘した広告表現の3領域に分けると，⑥は「伝達内容」，⑤，⑦，⑧，⑫は「題材処理」，①～④，⑨～⑪は「提示技法」に関連している。つまり，「伝達内容」に関する因子数が1であるのに対して「表現形式」[79]に関する因子数は11であり，「表現形式」に関する因子が多いことが認められる。

McEwen & Leavitt は，さらに，この12因子と「再生」との関連を相関分析によって検討している。その結果，③「人物による実演」，⑦「製品ストーリーの構成」は正の方向で，⑤「混乱」，⑫「サスペンスのあるオープニング」は負の方向で関連しているが，他の8因子は関連がなかったと述べている。

2）Stewart & Furse（1986）の研究

Stewart & Furse（1986）は，McEwen & Leavitt（1976）の研究は，①調査に用いている CM 数が少ない，②広告効果の測度として「再生」のみを採用しているが，単一の測度では不充分である，③分析結果の信頼性が検証されていない，と指摘した。そして，McEwen & Leavitt（1976）よりはるかに多い1059本の CM を採用して調査を行い，「表現・制作的要素」と「再生[80]，理解[81]および説得[82]」の3測度との関連を実証的に分析している。

彼らは，159項目からなる「表現・制作的要素」リストを構成した。分析に関する詳細な報告が Stewart & Furse（1986）［堀訳，1988］によって行われているが，その附録には各項目（創られた変数の1項目を除く）の説明がま

---

[79] 「題材処理」と「提示技法」に分かれる。
[80] CM を視聴した3日後の電話調査で，当該 CM を記憶しており，かつ内容を再生できた人の割合（％）を指標とする。
[81] 再生と同じ電話調査で，当該 CM に関してあらかじめ決められている主要メッセージを再生した人の割合（％）を指標とする。
[82] 広告されたブランドを消費者に選択させるように説得する力を意味し，そのブランドの CM を視聴した後の選択率（％）から視聴する前の選択率を差し引いた値を指標とする。

表 1-14　McEwen & Leavitt（1976）による「表現・制作的要素」の12因子

因子名	高負荷項目
①製品と人物の統合	画面に人物が表れる
	人々を私の友人や近所の人のように描いている
	主なキャラクターがはっきりしている
②語り手との一体感	推奨者はその製品を持っている，または好んでいる
	アナウンサーが目立っている
	有名人がその製品を実際に示している
③人物による実演	そのCMにはデモンストレーションがある
	デモンストレーションでは人物が登場する
	デモンストレーションで消費者ベネフィットを示している
④楽しい生活	全体的に活動的なCMである
	画面が次第に暗くなる表現をしている（－）
	音楽が流されている
⑤混乱	きちんとした順序がある（－）
	めったにない写真技法をとっている
	画面の移り変わりが5回以上ある
*⑥新製品の導入	古くからある有名なブランドのCMである（－）
	新製品のためのCMである
	CMに母親が登場する
⑦製品ストーリーの構成	キャラクター間の関係が製品にかかわりがある
	CMにはクライマックスがある
	CMには起承転結がある
⑧問題解決	CMのなかで問題解決が行われている
	登場人物が問題を解決する
	問題解決がきちんとした順序で行われている
⑨アニメーション	使われているマンガ風の人物をすぐに認めることができる
	マンガやアニメーションの人物が使われている
⑩不快な刺激	色使いがイライラさせたり，煩わしい
	図表を使ってデモンストレーションをしている
	ニュース・ドキュメンタリーのようである
⑪説得的な刺激	製品に実際に触れたり，嗅いだり，味わったり，感じるようである
	自分が製品を使っている時を考えさせる
	製品を買いたくさせる
⑫サスペンスのあるオープニング	オープニングは別の製品のCMのように感じさせる
	盛り上がりや意外さが大きな役割を果している
	導入部分が製品に直接関係している（－）

（注）　高負荷の3項目までを例示。
　　　（－）はマイナス負荷を示す。
　　　丸付き数字の前に*がついているのは，主に「伝達内容」に関する因子。

とめて収められている。なお，それらは次の17カテゴリーに分けて示されている[83]。

　①情報内容（26）
　②ブランド，製品の確認（5）
　③コマーシャル要因の適合性（5）
　④視覚的手法（8）
　⑤音声手法（3）
　⑥約束，アピールもしくは販売提案（13）
　⑦コマーシャルの調子もしくは雰囲気（17）
　⑧比較（3）
　⑨コマーシャル構成（7）
　⑩コマーシャル・フォーマット（18）
　⑪制作上の特色と品質（2）
　⑫音楽と舞踏（7）
　⑬登場人物（20）
　⑭コマーシャル背景（3）
　⑮コマーシャル・アプローチ（3）
　［以上140項目］
　⑯創られた変数（上記の項目を合成して作成した5項目）
　⑰時間測定項目および製品分野確認要素（14）

　これらのカテゴリーを，佐々木（1987）が指摘した広告表現の3領域に分けると，多少の例外はあるが，「①情報内容」（26項目），「②ブランド，製品の確認」（5項目），「⑧比較」（3項目）の3カテゴリーのなかの項目（計34項目）は主に「伝達内容」に関するものである。また，「③コマーシャル要因の適合性」（5項目），「④視覚的手法」（8項目），「⑤音声手法」（3項目），「⑥約束，アピールもしくは販売提案」（13項目），「⑪制作上の特色と品質」（2項目），「⑫音楽と舞踏」（7項目），「⑬登場人物」（20項目），「⑭コマーシャル背景」（3項目）および「⑰時間測定項目および製品分野確認要素」（14

83）カテゴリー名は堀（1988）の和訳による。（　）内は項目数を示す。

項目)の9カテゴリーのなかの項目(計75項目)は,主に「提示技法」に関するものである。そして,「⑨コマーシャル構成」(7項目),「⑩コマーシャル・フォーマット」(18項目)および「⑮コマーシャル・アプローチ」(3項目)の3カテゴリーのなかの項目(計28項目)は,主に「題材処理」に関するものである。他方,「⑦コマーシャルの調子もしくは雰囲気」のなかの項目(17項目)は,「視聴印象」に関するものである。つまり,Stewart & Furse(1986)の「表現・制作的要素」リストには,「表現形式」に関する項目が計103項目[84]あり,「伝達内容」に関する項目数(34項目)よりも多いことが分かる。

Stewart & Furse(1986)は,この154項目[85]のうち①〜⑮の項目については,4名の判定者に2段階評定してもらい[86],⑰の項目については,2名の判定者に評定してもらった。そして,合計154項目のなかで,判定者間の一致性係数が0.6以下の項目と,全CMの5%未満しか該当しないような項目を削除して,CMごとに残された項目について判定者の平均評定値を算出し,その項目間相関行列を因子分析した結果,表1-15に示した24因子が抽出された[87]。この24因子の内容を,佐々木(1987)が考えた広告表現の3領域に分けると,②,④,⑦,⑬,⑲〜㉑,㉓は「伝達内容」,⑧,⑯は「題材処理」,①,③,⑤,⑥,⑨,⑫,⑭,⑮,⑱,㉒,㉔は「提示技法」に関連している。他方,⑩,⑪,⑰は「視聴印象」と考えられる。

Stewart & Furse は,さらに,「表現・制作的要素」の各因子と「再生,理解および説得」との関連を相関分析によって検討している。その結果,いずれかの測度に正または負の関連を示している因子は,表1-15に示したように16因子ある。このうちで,「再生,理解および説得」の全ての測度に対

---

84) 「提示技法」に関連する75項目と「題材処理」に関する28項目を合計すると103項目になる。
85) 159項目から⑯創られた変数(5項目)を除くと154項目になる。
86) 一部に3段階評定してもらった項目がある。
87) この因子の高負荷項目は表3-11に示してある。

表1-15 Stewart & Furse (1986) の「表現・制作的要素」の24因子と「再生，理解および説得」との関連

因子名	3測度との関連
①妥当な背景	
*②製品ベネフィット	（再生，説得　いずれも＋）
③確認までの時間	（理解　＋）
*④製品属性・成分	（再生　－）
⑤配役	（理解，説得　いずれも－）
⑥スチール・ストーリーボード・アニメーション	（理解，説得　いずれも－）
*⑦ブランド認定要素の紹介に投入された時間量	（再生　＋）
⑧出だしのインパクト	（再生，理解　いずれも＋）
⑨利用者の満足	
**⑩感情トーン	
**⑪ユーモア	（再生，理解　いずれも＋）
⑫音声記憶助成手法	（再生，理解　いずれも＋）
*⑬企業確認	（再生，説得　いずれも－）
⑭利用のデモンストレーション	
⑮スクリーンに登場するキャラクター	（再生　－）
⑯連続性	（説得　＋）
**⑰深刻トーン・グラフィックの提示	
⑱終了直前でのブランド名の提示	（再生　＋）
*⑲間接比較	
*⑳製品の外観やパッケージなどが主要メッセージ	（説得　－）
*㉑利用上の便利さ	（再生，理解，説得　いずれも＋）
㉒ファンタジー	
*㉓調査	（説得　＋）
㉔文字スーパー	

（注）因子名の横の（　）内は，各因子と5％水準で有意な相関がある広告効果の測度とその方向。
　　　丸付き数字の前に*のついているのは，主に「伝達内容」に関する因子。
　　　丸付き数字の前に**のついているのは，主に「視聴印象」に関する因子。
　　　丸付き数字の前に何もついていないのは，主に「表現形式」に関する因子。

して正に関連を示しているのは，「伝達内容」に関する因子である「利用上の便利さ」因子のみであった。一方，全ての測度に対して負に関連を示している因子はなかった。

　また，Stewart & Furse は，「表現・制作的要素」の各項目と「再生，理解および説得」の3測度との関連についても同様に検討して，表1-16に示したような結果を得ている。表から，3測度全てに対して正に関連を示した

項目は,「ブランド差別化メッセージがある」,「製品利用上の便利さについての情報がある」などの「伝達内容」に関する2項目と,「製品利用の実演がある」,「製品利用結果の実演がある」,「実際の製品が画面に出ている秒数」および「終わり部分で,サスペンス,疑問,驚きなど何か注目を集められるような方法で盛り上げている」などの「表現形式」に関する4項目であった。特に,このなかで「伝達内容」に関する項目である「ブランド差別化メッセージがある」は「説得」に対して最も影響力のある要因であり,全分散の約15％を説明していた,と報告している（堀訳, 1988, p.168）。逆に,3測度全てに対して負に関連を示した項目は,「健康・栄養についての情報がある」および「原材料・成分についての情報がある」などの「伝達内容」に関する2項目であり,「表現形式」に関する項目はなかった。

　ここで,「伝達内容」と「表現形式」のどちらが,いずれかの測度に関連が強いか,について検討することにした。表1-16に示したように,いずれかの測度に対して正または負に関連をしている項目数は50である。そこで,この50項目に占める「伝達内容」と「表現形式」の項目数について検討したところ,「伝達内容」に関する項目数が16,「表現形式」に関する項目数が31,その他に「視聴印象」に関する項目数が3であった。先述したように,Stewart & Furse（1986）の「表現・制作的要素」リストのなかで,「伝達内容」に関する項目数は34,「表現形式」に関する項目数は103であったので,「伝達内容」の16/34（約0.47）,「表現形式」の31/103（約0.30）が,「再生,理解および説得」のいずれかの測度と正または負に関連していることになる。したがって,この分析に用いられた項目に関して言えば,「伝達内容」に関する項目の方がいずれかの測度との関連が強いことが認められる。そして,その傾向は特に「理解」で顕著である。具体的には,表1-16の1,2,4,6に示した「理解」と正または負に関連している28項目のうち,「伝達内容」に関する項目数は12であり,「表現形式」に関する項目数は14である[88]。すなわち,「伝達内容」の12/34（約0.35）,「表現形式」の14/103（約0.14）が

表1-16 Stewart & Furse (1986) による「再生，理解および説得」と関連のある「表現・制作的要素」項目

1．再生，理解，説得の3測度全てで影響が認められるもの（8項目）
　＊⑮ブランド差別化メッセージがある（いずれも＋）
　＊①製品利用上の便利さについての情報がある（いずれも＋）
　　⑩製品利用の実演がある（いずれも＋）
　　⑩製品利用結果の実演がある（いずれも＋）
　　⑰実際の製品が画面に出ている秒数（いずれも＋）
　　⑨終わり部分で，サスペンス，驚きなど何か注目を集められるような方法で盛り上げている（いずれも＋）
　＊①健康・栄養についての情報がある（いずれも－）
　＊①原材料・成分についての情報がある（いずれも－）

2．再生，理解の2測度で影響が認められるもの（9項目）
　　⑰CMの長さ（いずれも＋）
　　③舞台背景が製品用途もしくは購買状況と直接関係している（いずれも＋）
　＊＊⑦ユーモラスなCMである（いずれも＋）
　＊⑧実証性のない主張がある（いずれも＋）
　　⑨最初の10秒間で，サスペンス，疑問，驚きなど他に何か注目を集められるような方法で盛り上げている（いずれも＋）
　＊⑥CMの主要メッセージが，製品製造方法，もしくは成分に関する情報である（いずれも－）
　　③舞台背景がある（いずれも－）
　　④CMの一部に，グラフィックなディスプレイや図表を用いている（いずれも－）
　＊⑧競合製品や広告製品の旧型との直接比較がある（いずれも－）

3．再生，説得の2測度で影響が認められるもの（3項目）
　＊①感覚情報（味・香りなど）がある（いずれも＋）
　　⑬主役の俳優が一般人を演じて，主要メッセージを伝えている（再生で－，説得で＋）
　　⑬CMメッセージの主要部分に関連する役を演じるキャラクターが映っているが，主要メッセージを直接伝える主役はいない（再生で－，説得で＋）

4．説得，理解の2測度で影響が認められるもの（4項目）
　＊③ブランド名が製品特徴を強調している（いずれも＋）
　　⑬主役のキャラクターが男性である（いずれも－）
　　⑰画面に表れるキャラクターの数（いずれも－）
　　⑬単なる背景としての人物がいる（いずれも－）

5．再生で影響が認められるもの（13項目）
　　⑤覚えやすいスローガンが使われている（＋）
　　②終了直前でブランド名を視覚的に提示している（＋）
　　⑬主役のキャラクターが子供である（＋）
　　⑬主役のキャラクターが動物である（＋）

⑬主役のキャラクターがアニメである（＋）
⑩ファンタジーもしくはシュールリアリズムな映像が使われている（＋）
⑰ブランド名が挙げられた回数（＋）
⑰ブランド名もしくはロゴが画面に紹介される回数（＋）
⑬主役のキャラクターが女性である（－）
⑰製品カテゴリーが確認されるまでの秒数（－）
④製品の特徴もしくはCMメッセージの一部を強調するために，文字スーパーがある（－）
⑰ブランド名が確認されるまでの秒数（－）
⑰製品もしくはパッケージが紹介されるまでの秒数（－）

6．理解で影響が認められるもの（7項目）
　＊①製品利用結果についての情報がある（＋）
　＊②製造メーカーもしくは販売業者が明示されている（＋）
　　⑭舞台背景が室内やその他の人工的施設（例えば，台所，オフィス，飛行機の中など）である（＋）
　＊⑥製品性能が主要メッセージである（＋）
　＊①製品利用者の満足，ブランド嗜好，製品の使用時間の長さに関する情報がある（－）
　　③舞台背景が製品性能と結び付いている（－）
　＊＊⑦キュートな，または，かわいいCMである（＋）

7．説得で影響が認められるもの（6項目）
　＊⑧競合ブランドの名前は出ないが，広告製品と競合製品との比較が行われている（＋）
　＊①新製品もしくは改良した従来製品についての情報がある（＋）
　　⑩CMが出だし，中盤，エンディングのある一つのストーリーになっている（＋）
　＊②製品が二種類のブランド名を持っている（＋）
　＊＊⑦リラックス，または，快適なCMである（＋）
　　⑭舞台背景が屋外である（－）

(注)　「表現・制作的要素」の前の丸付き数字は，本文p.84に示した17カテゴリーに対応。
　　　「表現・制作的要素」の後の（　）内の符号は，各測度との関連の方向。
　　　丸付き数字の前に＊がついているのは，主に「伝達内容」に関する項目。
　　　丸付き数字の前に＊＊がついているのは，主に「視聴印象」に関する項目。
　　　丸付き数字の前に何もついていないのは，主に「表現形式」に関する項目。

「理解」と関連していることになり，この分析で用いられた項目に関して言えば，「伝達内容」に関する項目の方が「理解」との関連が強いことが認められる。

3) Stewart & Koslow (1989) の研究

Stewart & Koslow (1989) は，どのような「表現・制作的要素」が「再生，理解および説得」の3測度に効果的かについて，広範な製品分野の1017本のCM[89]を新たに選定して，Stewart & Furse (1986) の追試を行っている。その結果，3測度のいずれかに影響を及ぼしている「表現・制作的要素」は，表1-17に示したようになった。表1-16と表1-17から，2研究ともに「再生，理解および説得」の全ての測度に対して影響が認められる項目は「ブランド差別化メッセージがある」および「健康・栄養についての情報がある」である[90]。

ここで，前項と同様に，「伝達内容」と「表現形式」のどちらが，いずれかの測度に関連が強いか，について検討することにした。表1-17に示したように，いずれかの測度に正または負に関連している項目数は38である。そこで，この38項目に占める「伝達内容」と「表現形式」の項目数について検討したところ，「伝達内容」に関する項目数が12，「表現形式」に関する項目数が24，「視聴印象」に関する項目数が2であった。先述したように，Stewart & Furse (1986) の「表現・制作的要素」リストのなかで，「伝達内容」に関する項目数は34，「表現形式」に関する項目数は103であったので，「伝達内容」の12/34（約0.35），「表現形式」の24/103（約0.23）が，「再生，理解および説得」のいずれかの測度と正または負に関連していることになる。し

---

88) 「視聴印象」に関する項目が2項目あった。
89) Stewart & Furse (1986) がカバーした製品分野と同じであるが，配分が異なる。例えば，食品CMはStewart & Furse (1986) では全体の39％であったが，Stewart & Koslow (1989) では49％になっている。
90) 双方とも「伝達内容」に関する項目。

表 1-17 Stewart & Koslow (1989) による「再生,理解および説得」と関連のある「表現・制作的要素」項目

1. 再生,理解,説得の3測度全てで影響が認められるもの(7項目)
    *⑮ブランド差別化メッセージがある(再生と説得では+,理解は新製品で+,既存製品で-)
    *①健康・栄養についての情報がある(いずれも-)
    *①製品利用者の満足,ブランド嗜好,製品の使用時間の長さに関する情報がある(再生と理解では+,説得では-)
    ⑩スチール写真を使用している(いずれも-)
    ⑩一つの問題を提起した上で,その製品がその問題の解決にいかに役立つかということを示している(いずれも+)
    ⑰製品カテゴリーが確認されるまでの秒数(いずれも-)
    ⑬単なる背景としての人物がいる(いずれも-)

2. 再生,理解の2測度で影響が認められるもの(3項目)
    ⑰実際の製品が画面に出ている秒数(ともに+)
    ⑰ブランド名が挙げられた回数(ともに+)
    ⑬CMメッセージの音声はキャラクターの言葉である(ともに+)

3. 再生,説得の2測度で影響が認められるもの(6項目)
    *①新製品もしくは改良した従来製品についての情報がある(再生で-,説得で+)
    ②終了3秒以内にブランド名が繰り返される(ともに+)
    ③舞台背景が製品用途もしくは購買状況と直接関係している(ともに+)
    ④製品の特徴もしくはCMメッセージの一部を強調するために,文字スーパーがある(再生で-,説得で+)
    ⑩製品利用の実演がある(ともに+)
    ⑪映像変化の程度(カット数)(ともに-)

4. 説得,理解の2測度で影響が認められるもの(1項目)
    ⑰画面に表れるキャラクターの数(ともに-)

5. 再生で影響が認められるもの(6項目)
    ⑰ブランド名が確認されるまでの秒数(-)
    ⑰製品もしくはパッケージが紹介されるまでの秒数(-)
    ⑰場面の数(+)
    ⑩製品利用者が広告製品についての満足感もしくはその利用結果について述べている(+)
    **⑦陰気な,または,深刻なCMである(-)
    **⑦ユーモラスなCMである(+)

6. 理解で影響が認められるもの(3項目)
    ⑰最初の10秒間に主要メッセージを提示している(-)
    *⑧競合製品や広告製品の旧型との直接比較がある(-)
    *①原材料・成分についての情報がある(-)

7．説得で影響が認められるもの（12項目）
　*①製品利用結果についての情報がある（＋）
　*②製品が二種類のブランド名を持っている（＋）
　*②製造メーカーもしくは販売業者が明示されている（＋）
　　⑩ファンタジーもしくはシュールリアリズムな映像が使われている（－）
　*⑥CMの主要メッセージが，製品製造方法，もしくは成分に関する情報である（＋）
　*⑥楽しい生活の訴求がある（－）
　*⑧競合ブランドの名前は出ないが，広告製品と競合製品との比較が行われている（＋）
　　⑨最初の10秒間で，サスペンス，疑問，驚きなど他に何か注目を集められるような方法で盛り上げている（－）
　　⑩製品利用結果の実演がある（＋）
　　⑬主役のキャラクターが男性である（－）
　　⑬主役のキャラクターが女性である（＋）
　　⑬主役の俳優が一般人を演じて，主要メッセージを伝えている（＋）

（注）　「表現・制作的要素」の前の丸付き数字は，本文p.84に示した17カテゴリーに対応。
　　　　「表現・制作的要素」の後の（　）内の符号は，各測度との関連の方向。
　　　　丸付き数字の前に*がついているのは，主に「伝達内容」に関する項目。
　　　　丸付き数字の前に**がついているのは，主に「視聴印象」に関する項目。
　　　　丸付き数字の前に何もついていないのは，主に「表現形式」に関する項目。

たがって，この分析で用いられた項目に関して言えば，Stewart & Koslow (1989) でも，「伝達内容」に関する項目の方がいずれかの測度との関連が強いことが認められる。そして，その傾向は特に「理解」で顕著である。具体的には，表1-17の1，2，4，6に示した「理解」と正または負に関連している14項目のうち，「伝達内容」に関する項目数は5，「表現形式」に関する項目数は9である。すなわち，「伝達内容」の5/34（約0.15），「表現形式」の9/103（約0.09）が「理解」と関連していることになり，この分析で用いられた項目に関して言えば，「伝達内容」に関する項目の方が「理解」との関連が強いことが認められる。

4）わが国での研究（八巻（1987）の研究）

わが国では，八巻（1987）が「表現・制作的要素」項目と「Aad」の直接的な関連について検討している。具体的には，2017本のCMについて，26

名の判定者が分担して，広告表現の構成要素に関する45項目，およびCM放映の時間帯，曜日，対象性別など広告表現以外（八巻は「広告全体」と表記している）の構成要素に関する9項目の合計54項目を評定し，そのなかの50項目について，評定値行列の項目間相関行列を因子分析して，表1-18に示した5因子を抽出した。しかし，八巻は，説明力から見て広告表現および「広告全体」の構成要素を少数の因子に分類することは難しい，と判断して，項目レベルで「CM好感度」に影響を及ぼす広告表現および「広告全体」の構成要素について，数量化Ⅰ類で検討している。なお，「CM好感度」には，東京企画が，1000名を対象に行った，1986年上期に放映されたCMのなかで「好きなCM」を回答する郵送調査のデータ（2017本のCMを「好きなCM」として回答した被調査者数）を利用している[91]。その結果，「CM好感度」に影

表1-18　八巻（1987）による広告表現および「広告全体」の構成要素の5因子

①広告の種類	広告の種類が一般商品広告である 映像にブランド名は出てこないが企業名のみ出る（−） 広告の種類が企業広告である（−）
②ライフスタイル	登場人物は男性と女性の双方である 登場人物は一人である（−） 舞台背景は日本国内である
③撮影場所	自然環境がない 舞台背景は屋内である 舞台背景は屋外である（−）
④訴求点	映像に企業名は出てこないがブランド名のみ出ている 映像に企業名は出てこない 映像に企業名とブランド名の双方が出てくる（−）
⑤対象年齢	対象は中年である（−） 対象は子供である 15秒CMである

(注)　高負荷の3項目までを例示。
　　　（−）はマイナス負荷を示す。

---

91) 八巻（1987）が内容分析をした2017本のCMのなかで，東京企画の調査で「好きなCM」として回答されたものは，28本であった。

響を及ぼす広告表現および「広告全体」の構成要素は,「舞台背景」,「企業名が登場するまでのカット数」,および「登場人物の関係」であった,と報告している。

2. 要素的接近による広告表現の分析方法のまとめ

　本節でレヴューした4研究中, McEwen & Leavitt (1976), Stewart & Furse (1986) および Stewart & Koslow (1989) の3研究は,「伝達内容」よりも「表現形式」を多く含んでいる「表現・制作的要素」のリストを使って, 表1-8の②に示したように「表現・制作的要素」と「再生, 理解および説得」などとの関連について実証的に分析しているが, 関連のある「表現・制作的要素」は少なかった。

　そこで, 本研究では, これら3研究のうち, Stewart & Furse (1986) および Stewart & Koslow (1989) の2研究において,「再生, 理解および説得」のいずれかの測度と正または負に関連している項目のうち,「伝達内容」と「表現形式」が占める数を検討した。その結果, これらの分析で用いられた項目に関して言えば,「伝達内容」に関する項目の方がいずれかの測度と関連が強いことが認められた。そして, その傾向は, 特に「理解」で顕著であった。これは,「伝達内容」が「理解」に影響を及ぼすという「認知的反応プロセス」(伝達内容→理解→信念・評価→Aad) を考えれば, 当然の結果といえよう。そして,「表現形式」は「視聴印象」に影響を及ぼすという「情緒的反応プロセス」(表現形式→視聴印象→Aad) を考えるならば,「表現形式」を多く含んでいる McEwen & Leavitt (1976) および Stewart & Furse (1986) の「表現・制作的要素」リストは, むしろ「視聴印象」との関連を検討する方が適切であろう。

　他方, 八巻 (1987) は,「広告表現」の構成要素が「Aad」に直接的に及ぼす影響を実証的に分析している。しかし,「表現形式」の構成要素と「Aad」の関連に及ぼす「視聴印象」の媒介機能を考慮すれば, より多くのケースで

関連を見出せた可能性がある。

Ⅲ. 本研究における広告表現の分析方法

佐々木（1983a, b）によれば,「訴求内容分析」の分析方法には, ①全体的接近による分析方法と②要素的接近による分析方法がある。①については, 表1-8の①のa）に示したように, クリエーターが, どのようなCM類型が受け手の「Aad」および「購買意欲」に影響を及ぼすか, ということを理解してCM制作に結びつける目的で類型化を行っている。しかし, 表1-11～表1-13に示したように, CM類型の共通性は低かった。CMの類型化に限らず言えることであるが, 類型を構成することは難しい。特に, CMの場合, 個々のCMのなかには, さまざまな「表現・制作的要素」が含まれているため困難である。類型化を行ったクリエーター自身が,「CMの類型化は非常に難しい」という見解を示しているケースもある。

また, Laskey et al.（1994）は, 表1-8の①のb）に示したように,「表現形式にもとづくCM類型」と「再生, 理解および説得」との関連を分析している。しかし,「表現形式」が「視聴印象」に影響を及ぼすという反応プロセスを考えれば,「表現形式にもとづくCM類型」は「視聴印象」との関連を検討する方が適切である。したがって,「表現形式にもとづくCM類型」と「視聴印象」との関連について分析すれば, より多くのケースで関連を見出せた可能性がある。ただし, 先述したように, 個々のCMのなかにはさまざまな「表現・制作的要素」が含まれているため, その関連を類型レベルで明らかにすることは困難である。

そこで, 本研究での広告表現の分析には, 要素的接近による分析方法を採用することにした。なお, 広告表現を要素的接近で分析するためには,「表現・制作的要素」の測定尺度が必要である。本研究では, Ⅱ.でレヴューした先行諸研究のなかで,「表現・制作的要素」を包括的かつ体系的に示しているStewart & Furse（1986）の尺度を援用することにした。

第2部　予備的研究

第1章 研究課題

I. 予備的研究の意義

　本研究では，広告表現と「Aad」の関連に及ぼす「視聴印象」の媒介機能を実証的に検討することを目的としている。そのためには，広告表現，「視聴印象」および「Aad」の測定尺度が必要となる。

　第1部で述べたように，広告表現の測定尺度は，「表現・制作的要素」を包括的かつ体系的に示している Stewart & Furse (1986) の尺度を援用することができる。一方，わが国では，「視聴印象」を測定する標準的尺度を提案した先行研究がほとんど存在せず，また，「Aad」の測定尺度も研究者によって異なる，といった課題が残っていた。さらに，本研究は対象 CM を「食品」に特化させているため，食品 CM 独自の「視聴印象」および「Aad」の測定項目が必要と考えられる。そこで，この予備的研究では，主研究に用いる「視聴印象」および「Aad」の測定項目を選定することを第1目的とした。

　また，主研究では被調査者数を増やすため，1回の調査に用いる CM 数をできるだけ少なくする必要がある。そこで，主研究に用いる CM を，偏りのないことを基準に選定することを第2目的とした。

II. 食品 CM を取り扱う理由

　第1部でレヴューした先行諸研究の多くは，「視聴印象」の一般的な構造の分析を目的として，広範囲の商品・業種をカバーしている。しかし，Stewart & Furse (1986) も述べているように，CM の「表現・制作的要素」は製品分野によって異なるものと考えられ（堀訳，1988, p.107），さらに CM の「表現・制作的要素」と「再生，理解および説得」との関連も，製品分野

によって差があることが予測されている（堀訳，1988，p.75）。このことは，「表現・制作的要素」ばかりでなく，「視聴印象」についても，製品分野との関連のうえで分析することが重要であることを示唆している。

そこで本研究では，製品分野を絞ることにしたが，以下の3点の理由から，食品（飲料を含む）に限定した。

①業種別広告費が最も多い

主研究を実施した頃の『広告白書』の統計（日経広告研究所編，2002，p.228）によれば，CMの業種別広告費が一年間で2000億円を超えている業種は，「食品」，「飲料・嗜好品」，および「化粧品・トイレタリー」の3業種であった。前二者は，まとめて広義の「食品」として包括的に扱われる場合があり，その場合には，広告費が他の業種と比較して一層高くなる。本研究では，予備的研究を実施した時期（1991・平成2年）には，『広告白書』の統計（日経広告研究所編，1991）で「食品」と「飲料・嗜好品」の双方が一つの業種として取り扱われていたことをふまえて[92]，広義の「食品」CMについて検討した。

②商品タイプが多彩で商品数も多い

必ずしも商品数の多さと対応するとは言えないが，食品関係の語彙体系（タクソノミー）の階層数と語彙数は，他の領域と比較して多い方である（NTTコミュニケーション科学研究所監修，1997，p.164，pp.298～302）。ある社会において有用性の高い語彙ほど階層数と語彙数が多くなるとされているため，食品は日本人にとって有用性が高く，それに応じて語彙数や種類が多いと考えられる。

また，食品は，常に新発売の商品が存在し，商品タイプが多彩で商品数も多い。

③予想される食品CMの反応的側面

---

[92] 『広告白書』は，平成9年度版より「食品」と「飲料・嗜好品」を分けて集計している。

食品は，例えばグルメ志向の人とダイエット志向の人では購入する商品が異なるというように，消費者によって「選択基準」に差が生じやすい商品である。したがって食品 CM は，本研究の第 2 目的である，「広告の情報的価値」が「Aad」に及ぼす影響を分析するのに適切である。

第2章 主研究に採用する「視聴印象」および「Aad」の測定項目の選定

I．本章の目的

本章では，主研究に採用する「視聴印象」および「Aad」の測定項目を選定することを目的とした。

II．調査方法

131本のCMについて，47項目で構成される測定バッテリーを7段階評定してもらう視聴実験を，O大学の女子大学生28名を被調査者にして行った。測定項目および測定対象としたCMは，下記に示したようになっている。

1．測定項目の選定方法

予備的研究の視聴実験に用いた項目は，表2-1に示したように，「表現・制作的要素」および広告表現全体に対して受け手がいだく「評価」（以下，第2部では「表現評価」[93]と表記する）についての18項目（01～18），「表現・制作的要素」および広告表現全体に対して受け手がいだく「感情」および「イメージ」（以下，第2部では「イメージ」と表記する）に関する21項目（19～39）およびCMの「総合評価」についての8項目（40～47）を加えた計47項目である。

測定項目の選定にあたっては，まず，131本のCMを5名（食品学の教員3名と当時の著者を含む大学院生2名）で視聴して，それらの広告表現を把握した。その後，「表現評価」については佐々木（1986）が作成した「広告表現批判の仮説的分類体系」のなかで，食品CMの「表現評価」に必要と思われる

---

[93] 広告表現に対する「評価」のこと。「総合評価」と紛らわしいため，第2部では，以下，「表現評価」と表記する。

11項目[94]を採用し，不足していると思われる内容を項目として補充した（表2-1の8，12，16）。「イメージ」については，先行諸研究で抽出されている「視聴印象」の共通次元[95]の高負荷項目のなかで，食品CMの「イメージ」に適当と思われる項目を2～3項目ずつ計10項目を採用し，さらに不足していると思われる内容を項目として補充した（表2-1の20～23，25，26，29，35～37，39）。なお，例えば，先行諸研究では「印象的な」であった項目を「インパクトが強い」にするなど，実際の食品CMの「視聴印象」に合う表現に変形したものもある。変形した項目については表2-1の右側の（　）に追記してある。

また，第1部で述べたように，食品CMの「Aad」測定には，独自の測定項目が必要であると考え，「CM好感度」の他に，食品CM独自の「総合評価」項目を採用した（表2-1の40～44）。そして，「CM好感度」がこれらの項目と一緒になり一つの因子を形成した場合，その因子を「Aad」を表す因子と考えることにした。また「購買意欲」として，食べたい度および購買意欲を採用した。

なお，「表現評価」，「イメージ」および「総合評価」の評定には，Wells (1964)にならって両極の形容詞尺度を用いることにした。すなわち，回答方法は表2-1の各項目の（　）内に示した語句を用いた両極尺度による7段階評定とし，その評定値は，項目名称で表されている意味をもつ回答カテゴリーに高い値を与えた。例えば，「表現評価」の項目01（音楽の好感度）の場合，音楽が，「非常に好き」は「7」，「好き」は「6」，「やや好き」は「5」，「どちらともいえない」は「4」，「やや嫌い」は「3」，「嫌い」は「2」，「非常に嫌い」は「1」とした。また，「イメージ」の項目19（インパクトの

---

[94] 表2-1で*がついている10項目，または**印がついている項目。**は，表2-1の（注）に示した通り，佐々木（1986）では1項目であったものを，5項目に細分化した。
[95] 表2-1の（注）に示した①娯楽性，②親近性，③インパクト。「説得性」も共通次元であるが，この高負荷項目は，「表現評価」に含まれている。

表2-1 予備的研究で用いた測定項目

<u>CMの表現評価</u>
- **01 音楽の好感度（音楽が好き－嫌い）
- **02 音楽の印象度（音楽が耳に残る－残らない）
- **03 声の高度（声のトーンが高い－低い）
- **04 色彩の明度（色彩が明るい－暗い）
- **05 色彩の印象度（色彩が印象に残る－残らない）
- *06 登場人物の好感度（登場人物が好き－嫌い）
- *07 登場人物と商品の一致度（登場する人物のイメージが商品に合うと思う－思わない）
- 08 動きの好感度（動きの感じが良い－悪い）
- *09 表現法の魅力（表現の仕方がひきつけられる－ひきつけられない）
- *10 表現の真面目度（表現の仕方が真面目である－馬鹿らしい）
- *11 見た感じの好感度（見た感じが良い－悪い）
- 12 詩的, 文学的度（使われている言葉が詩的, 文学的である－ない）
- *13 説明の充分度（必要事項の説明は充分である－不充分である）
- *14 内容の誇張度（言っている内容に誇張が目立つ－目立たない）
- *15 メッセージのはっきり度（メッセージがはっきりしている－はっきりしていない）
- 16 コメントの執拗度（効用についてのコメントが押しつけがましい－控え目である）
- *17 商品イメージとの結合度（CMと商品イメージが結びついている－結びつきが乏しい）
- *18 性的不快感度（性的な不快感を感じさせる－感じさせない）

<u>CMのイメージ</u>
- ③***19 インパクトの強度（インパクトが強い－弱い）（「印象的な」の変形）
- 20 高級度（高級な－安っぽい）
- 21 子供っぽさ度（子供っぽい－大人っぽい）
- 22 静けさの程度（静かである－にぎやかである）
- 23 和風度（和風－洋風）
- ①***24 あっさり度（あっさりしている－しつこい）
- 25 男性度（男性的な－女性的な）
- 26 愉快度（愉快に思う－不愉快に思う）
- ②***27 親近度（親しみがある－親しみがない）
- ③***28 意外度（意外性がある－ありふれている）（「平凡な」の変形）
- 29 レトロ度（レトロ調である－未来的である）
- ②***30 温かさ度（温かい感じがする－冷たい感じがする）（「心あたたまる」の変形）
- ③***31 刺激度（刺激的である－刺激的でない）
- ①+②***32 ドレッシィ度（ドレッシィである－スポーティである）（「スポーティな」の反転）
- ①+②***33 テンポの速さ度（テンポが速い－テンポが遅い）（「リズム感のある」の変形）
- ①***34 元気度（元気がある－元気がない）（「元気が出る」の変形）
- 35 田園度（田園風－都会的）
- 36 自然度（自然的な－人工的な）
- 37 さりげなさ度（さりげない－わざとらしい）
- ①***38 面白さ度（面白い－つまらない）

106　第2部　予備的研究

　　　　　39　洗練度（洗練されている－あかぬけない）
CMの総合評価
　　　　　40　活力イメージ度（「活力のもと」というイメージが前面に出ている－出ていない）
　　　　　41　健康イメージ度（健康的なイメージが前面に出ている－出ていない）
　　　　　42　美容イメージ度（美容的なイメージが前面に出ている－出ていない）
　　　　　43　簡便イメージ度（簡便的なイメージが前面に出ている－出ていない）
　　　　　44　おいしさイメージ度（おいしさのイメージが前面に出ている－出ていない）
　　　　　45　CM好感度（CM自体が好き－嫌い）
　　　　　46　食べたい度（広告している商品を食べてみたい－食べてみたくない）
　　　　　47　購買意欲（広告している商品を買ってみたい－買ってみたくない）

（注）　7段階評定による。
　　　＊は佐々木（1986）が用いた項目。
　　　＊＊は佐々木（1986）では「音とか色彩の出し方は（良い－悪い）」の1項目であったものを，
　　　01～05のように5項目に細分化した。
　　　＊＊＊は「イメージ」についての先行諸研究で使用されている項目。
　　　＊＊＊の前の丸数字は先行諸研究で抽出されている以下の因子名に対応。
　　　（丸数字自体は，pp.62～63に表記した因子番号に対応）
　　　①：娯楽性　②：親近性　③：インパクト
　　　①＋②：稲葉（1991）の「躍動感」

強度）の場合，インパクトが，「非常に強い」は「7」，「かなり強い」は「6」，「やや強い」は「5」，「どちらともいえない」は「4」，「やや弱い」は「3」，「かなり弱い」は「2」，「非常に弱い」は「1」とした。さらに「総合評価」の項目40（活力イメージ）の場合，"活力のもと"というイメージが，前面に「非常に出ている」は「7」，「出ている」は「6」，「やや出ている」は「5」，「どちらともいえない」は「4」，「あまり出ていない」は「3」，「出ていない」は「2」，「全く出ていない」は「1」とした。

2．視聴実験に用いたCM

　平成2年（1990）9月21日の午後6時～8時の間に首都圏の民間放送5局で放映された食品CM全てに，平成2年9月～12月の間に同じ5局で放映された食品CMから選定したものを加えて，表2-2に示した計131本を測定対象とした。これらのCMは，テレビで実際にオン・エアされている映像を家庭用ビデオで記録したものである。

3. 視聴実験の実施方法

平成2（1990）年12月3日から22日までの間，視聴実験を実施した。測定対象としたCMは131本にもおよぶので，表2-2に示してあるようにそれらを3分割し，1回につき約45本のCMについて1日あたり1回のペースで実験を実施した。そのため各被調査者には3回の実験が行われたが，対象者28名を3～5名の7グループに分けたので，のべ21回の実験を行った。

4. 実験の手続き

被調査者が実験状況に慣れ，また，回答方法に対する認識を深めるために，各実験日の冒頭で予めトレーニングを行った。すなわち，1日目には，最初に5本のCM（ロッテVIPチョコレート，カルビーかっぱえびせん，サントリー紅茶のお酒，トワイニング紅茶，井村屋の肉まんじゅう）を練習のために提示し，調査票に記入を求め，回答する上での疑問点を解消するように充分な説明を行った。実際の実験は，1本のCMを10秒間隔で2度提示し，直ちにそのCMについて47項目の質問への回答を求めた。不明な点があれば何度でも遠慮なく視聴できる調査形式をとったが，繰り返し視聴するケースは1度もなかった。2日目以降は，開始前の練習には3本のCM（トワイニング紅茶，カルビーかっぱえびせん，井村屋の肉まんじゅう）を提示した。疲労を感じた時は，随時休憩をとれるようにしたが，休憩を求めるケースは1度もなかった。つまり，充分な説明や練習で被調査者の条件を調整し，疲労を感じた時は随時休憩をとれるようにしておくと，約45本のCM提示および記入という約3時間の実験に，被調査者である女子大学生が継続的に従事できるものと判断された。CMの提示順序は，表2-2に示した通りであるが，131本をランダムに順番づけて編集したものである。なお，CMの提示順序による実験結果への影響は充分に考えられるが，予備的研究ではこのコントロールができていなかったことを付記する。

表 2-2 測定対象としたCMのリスト

提示順序	商品名	商品の種類	時間(秒)	提示順序	商品名	商品の種類	時間(秒)
1日目							
1	ロッテアーモンドチョコレート	菓子類	15	67	DIOS	菓子類	15
2	ハチミツレモン	飲料	15	68	本生うどん	スナック類	15
3	AYA	乳製品	15	69	エバラ焼肉のたれ	スナック類	15
4	あらびき(1)	菓子類	15	70	テディ	菓子類	15
5	のりたま	スナック類	30	71	デンロクチョコリーズ	菓子類	15
6	チョコクリスピー	スナック類	30	72	ピアぬーぴー	飲料	15
7	ウーロン茶	飲料	15	73	リンツチョコレート	菓子類	15
8	チョコボール	菓子類	15	74	カロリーメイト	スナック類	30
9	ポッカコーヒー	飲料	15	75	チートス	菓子類	15
10	ビフィダスヨーグルト	乳製品	15	76	JIVE (1)	飲料	15
11	柚の種	菓子類	15	77	ヨーグレージュ	乳製品	15
12	カンタブランチ	スナック類	15	78	スニッカーズ	菓子類	15
13	エンゼルパイ	菓子類	15	79	ロッテアーモンドピックバー	菓子類	15
14	モルツ	飲料	30	80	ドールジュース	飲料	15
15	ナチュラル100	菓子類	15	81	プライト	飲料	15
16	あらびき(2)	菓子類	15	82	リザイン	飲料	15
17	ミツカン酢	スナック類	15	83	ポカリスエットステビア	飲料	15
18	ポッカつぶコーンスープ	スナック類	15	84	ラガービール	飲料	15
19	ピフィール	飲料	15	85	ピーチツリーアイス	飲料	15
20	VINTAGE	乳製品	15	86	WINDY	菓子類	15
21	オーツシリアル	スナック類	15	87	アセロラドリンク	飲料	15
22	スライスチーズ	乳製品	15	88	スーボーアイス	乳製品	15
23	POST WATER	飲料	15	89	オロナミンC	飲料	30
24	紅茶チョコレート	菓子類	15	3日目			
25	ネスカフェ	飲料	15	90	小枝チョコレート	菓子類	15
26	オリゴCC	飲料	15	91	焼きもろこし	菓子類	15
27	ライオネスコーヒーCANDY	菓子類	15	92	もも紅茶	飲料	15
28	ソリッドバーチーズケーキ	菓子類	15	93	フレンチカフェ	飲料	15
29	らうめん	スナック類	15	94	スパーマック	スナック類	15
30	トルテ	菓子類	15	95	ジョージアオレンジカフェ	飲料	15
31	クロレッツ	菓子類	15	96	バドワイザー	飲料	15
32	ポカリスエット	飲料	15	97	ラーマソフト	乳製品	15
33	スープスパゲティー	スナック類	15	98	あっさり焼肉		15

第2章　109

No.	商品名	分類	値
34	TRAD	菓子類	15
35	ファイブミニ	飲料	15
36	ジャイアントカプリコーン	菓子類	15
37	ポッキー	菓子類	15
38	ハンガリーコーン	菓子類	15
39	ケブラン	飲料	15
40	一番搾り	飲料	15
41	トマトプリッツ	菓子類	15
42	ITALIANジェラード	乳製品	15
43	ジョア	飲料	15
44	ハウスバーモントカレー	スナック類	15
45	VIP W BERRY	菓子類	15

2日目

No.	商品名	分類	値
46	カレーマルシェ	スナック類	15
47	グリコアーモンドチョコレート	菓子類	30
48	コラカオ	飲料	15
49	フラボノガム	菓子類	15
50	コーヒータイム	飲料	15
51	鉄骨飲料	飲料	15
52	クノールカップスープ	スナック類	15
53	ユンケル	飲料	15
54	ジャワカレー	スナック類	15
55	養命酒	飲料	30
56	プリモア	スナック類	15
57	メントス	菓子類	15
58	WEST	飲料	15
59	ディナアイバー	スナック類	30
60	クリープ	乳製品	15
61	BLENDY	飲料	15
62	ワインスプリッツァ	スナック類	15
63	どんべい	菓子類	15
64	ボンボコタヌキ	菓子類	15
65	ネオソフトハーブ	乳製品	30
66	フレッシュ	菓子類	15

No.	商品名	分類	値
99	ZIZE	飲料	15
100	ミルカチョコレート	菓子類	15
101	ハイクリーム	菓子類	15
102	JO	飲料	15
103	ハウスシチュー	スナック類	15
104	コメスタ	菓子類	15
105	キットカット	菓子類	15
106	ガーナミルクチョコレート	菓子類	15
107	ネスカフェEX	飲料	15
108	ピクール	菓子類	15
109	ココロバンダウサギ	菓子類	15
110	ホールズ	飲料	15
111	クリーミーカフェ	飲料	15
112	JIVE (2)	菓子類	15
113	ヌーボーコーン	菓子類	15
114	果汁グミ	菓子類	15
115	明治ミルクココア	飲料	15
116	クリームバー	乳製品	15
117	デザートトルック	菓子類	15
118	プラボテト	菓子類	15
119	ディズニーコーンフレーク	スナック類	15
120	アーモンドポッキー	菓子類	15
121	味の市	スナック類	15
122	シルベース	菓子類	15
123	ベビースターラーメン	菓子類	15
124	もぎたてのとき	飲料	15
125	コンガリブレット	スナック類	15
126	真打うどん	菓子類	15
127	イチゴチョコレート	乳製品	15
128	雪見だいふく	菓子類	15
129	終日禁煙	飲料	15
130	冬物語	菓子類	15
131	季節のデザート	乳製品	15

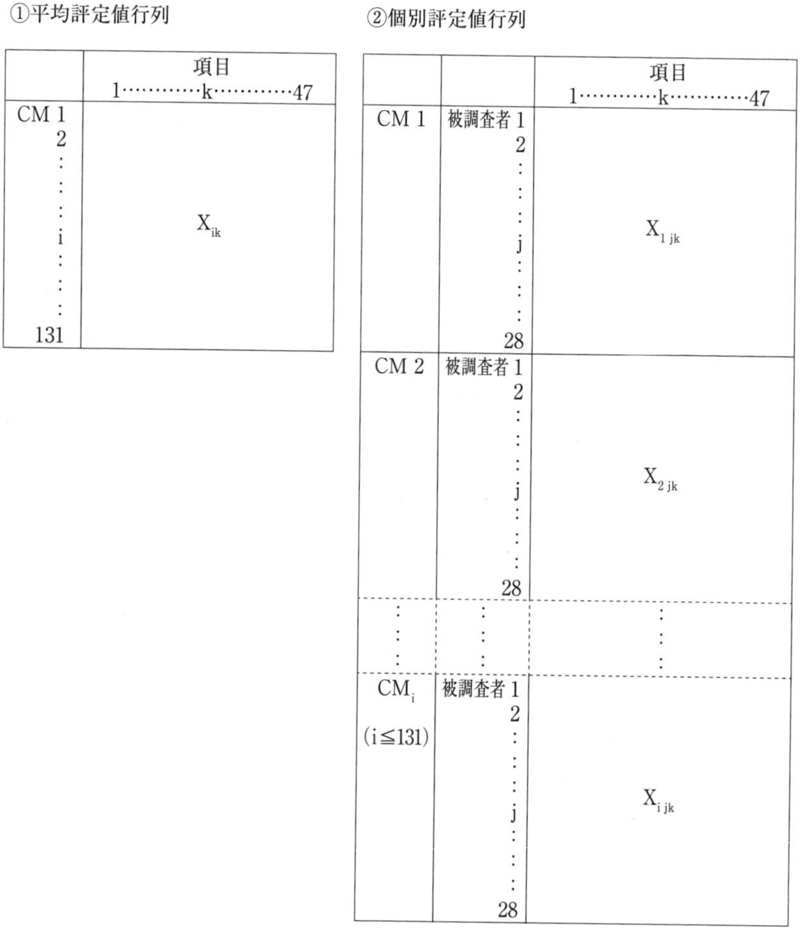

①平均評定値行列

	項目 1……k……47
CM 1 2 ⋮ i ⋮ 131	X_{ik}

②個別評定値行列

		項目 1……k……47
CM 1	被調査者 1 2 ⋮ j ⋮ 28	X_{1jk}
CM 2	被調査者 1 2 ⋮ j ⋮ 28	X_{2jk}
⋮	⋮	⋮
CM_i (i≦131)	被調査者 1 2 ⋮ j ⋮ 28	X_{ijk}

図2-1 分析した2タイプの評定値行列の形式

(平均評定値行列と個別評定値行列)

5．解析方法

　解析の基礎データには，各CMに対する各項目の評定値の平均を求め，その「CM×項目」の枠組みで示す「平均評定値行列」（図2-1の①参照）と被調査者の評定値を「被調査者×CM×項目」の枠組みで示す「個別評定値行列」（図2-1の②参照）がある。

　この予備的研究では，目的の一つに，主研究に用いるCMの選定[96]があるため，「平均評定値行列」を採用することにした。すなわち，各CMについて被調査者が回答した項目別評定値を被調査者全員で平均し，その値を基礎データ（131 CM×[18, 21, 8]項目の「平均評定値行列」）とした。そして以下のような解析を行った。

① データをCMの「表現評価（18項目）」，「イメージ（21項目）」および「総合評価（8項目）」の3領域に分けて項目間相関行列を構成し，それぞれで主因子法による因子分析を行って，バリマックス解を得た。

② 「表現評価」および，「イメージ」の各解における各因子について，CMごとの因子得点を算出した。そして各因子得点と，「CM好感度」（表2-1の45）に対する被調査者の平均評定値との相関分析をした。

Ⅲ．結果と考察

1．CMの「表現評価」の因子分析結果

　18×18の項目間相関行列から抽出する因子の最適数を，Scree Test（辻岡・東村，1975）[97]で求めると，その数が「3」であることが分かった。この因子数で，共通性の推定値として重相関係数の2乗を用いて反復推定を行う主因子法により初期解を求めた。次いでバリマックス回転を施したところ，表2-3に示したような結果になったため，これを解釈した。

---

[96] 「平均評定値行列」の項目間相関行列を因子分析し，各CMの因子得点を算出して，それをもとにクラスター分析をしてCMを選定する，という方法が定石である。

[97] 相関行列の固有値の大きさの変化がなだらかになる直前の固有値番号を因子数とする。

表2-3 CMの「表現評価」の因子分析結果（バリマックス回転後）

CM評価項目	第1因子	第2因子	第3因子	共通性
*見た感じの好感度	0.981	0.023	0.017	0.964
動きの好感度	0.936	−0.079	0.237	0.938
*登場人物の好感度	0.822	−0.101	0.278	0.763
*登場人物と商品の一致度	0.779	0.195	0.287	0.727
**音楽の好感度	0.755	−0.172	0.203	0.640
*表現の真面目度	0.744	0.212	−0.421	0.776
*商品イメージとの結合度	0.622	0.568	0.140	0.729
詩的, 文学的度	0.621	0.044	−0.409	0.555
*表現法の魅力度	0.604	−0.042	0.449	0.568
*性的不快感度	−0.536	−0.005	0.062	0.291
*説明の充分度	0.199	0.892	−0.088	0.843
*メッセージのはっきり度	0.283	0.883	0.060	0.864
*内容の誇張度	−0.236	0.649	0.030	0.478
コメントの執拗度	−0.247	0.617	0.141	0.462
**色彩の印象度	0.222	0.029	0.828	0.735
**色彩の明度	0.034	0.249	0.646	0.481
**声の高度	−0.096	0.069	0.622	0.401
**音楽の印象度	0.192	−0.094	0.493	0.289
2乗和	6.268	2.833	2.400	(11.501)
寄与率（%）	34.80	2.83	13.30	(63.900)

(注) *は佐々木（1986, 1987）が用いた項目。
　　**は佐々木（1986, 1987）では「音とか色彩の出し方（良い一悪い）」の1項目であったものを5項目に細分化した項目。
　　因子負荷量0.500以上にアンダーラインを施した。

① 第1因子：「**情緒的評価**」

　　　　　　　　　　　　（本研究で抽出した因子名はゴシックで表記する。以下同様）
　第1因子に正の高い負荷量（高負荷は絶対値0.500以上[98]）でとらえる。以下同様）を示した項目は，「見た感じが良い（逆方向は「悪い」）*」（以下，カッコ内は負の方向の意味を示す），「動きの感じが良い（悪い）」，「登場人物が好き（嫌い）*」，「登場人物のイメージが商品に合うと思う（思わない）*」，「音楽が好き（嫌い）」，「表現の仕方が真面目である（馬鹿らしい）*」，「CMと商品イメージが結びつ

いている」（結びつきが乏しい）」，「使われている言葉が詩的，文学的である（ない）」および「表現の仕方がひきつけられる（ひきつけられない）*」などであり，負の高い負荷量を示した項目は「性的な不快感を感じさせる（感じさせない）」であった。このなかで「　」の末尾に*をつけた項目は，表1-6に示した佐々木（1986）の因子分析結果では，「表現（不快－好適）」因子の高負荷項目である。また，その他に，動きや音楽の好感度も含まれており，これらは，「表現形式」に対する「情緒的評価」に関する項目である。

② 第2因子：「**商品説明**」

　第2因子に正の高い負荷量を示した項目は，「必要事項の説明は充分である（不充分である）*」，「メッセージがはっきりしている（はっきりしていない）*」，「言っている内容に誇張が目立つ（目立たない）」，「効用についてのコメントが押しつけがましい（控え目である）」および「CMと商品イメージが結びついている（結びつきが乏しい）」であった。このなかで「　」の末尾に*をつけた項目は，佐々木（1986）の因子分析結果では「説明（不足－適切）」因子の高負荷項目であり，「言っている内容に誇張が目立つ（目立たない）」は，「内容（不信－公正）」因子の高負荷項目である。つまり，これらは，「商品説明」に関する項目である。

③ 第3因子：「**視聴覚印象**」

　第3因子に正の高い負荷量を示した項目は，「色彩が印象に残る（残らない）」，「色彩が明るい（暗い）」および「声のトーンが高い（低い）」などであ

---

98) 因子負荷量の値にもとづいて因子の解釈を行う場合，どのくらいの値より大きな負荷量に着目すべきかについて，服部・海保（1996，p.149）は，絶対値0.400以上くらいの負荷量を参考にするとよい，と指摘している。また，繁桝・柳井・森（2004，p.129）は，明確な基準はないが絶対値0.600を超えると大きい負荷量とみなし，0.400〜0.600であれば中程度の負荷量とみなすことが多い，と指摘している。さらに，松尾・中村（2003，p.163）は，特に決まりはないが自分のデータをどう説明するかによって0.400でも0.500でも一貫した基準をもっていればかまわない，と指摘している。本研究では，0.500以上の負荷量に着目したとき，因子の解釈がしやすいケースが多かったため，基本的に，高負荷を絶対値0.500以上でとらえることにした（ただし，第4部第1章では0.400以上でとらえた）。

った。この4項目は，佐々木（1986）の「音とか色彩の出し方は良い（悪い）」を，表2-1の01〜05の5項目に細分化したなかの3項目であった。つまり，これらは，「音と色彩（視聴覚印象）」の評価に関する項目である。

2．CMの「イメージ」の因子分析結果

21×21の項目間相関行列から抽出する因子の最適数をScree Testで求めると，その数が「3」であることが分かった。なお，「3」以外には，「4」および「5」が適当であった。そこで，「3」の因子数で，主因子法により初期解を求め，その解にバリマックス回転を施したが，単純構造が認められなかったため，因子数を「4」および「5」にして同様の解析を行った。その結果，「5」の因子数の場合，反復回数が3回以上になると反復の途中で共通性の推定値が1を超えてしまう変数があり，解が算出できなかった。他方，「4」の因子数の場合，表2-4に示したような結果になった。表に示した4因子解は3因子解と比べて単純構造に近いものであったため，これを解釈することにした。

① 第1因子：「インパクト」

第1因子に正の高い負荷量を示した項目は，「意外性がある（ありふれている）*」，「インパクトが強い（弱い）*」，「刺激的である（刺激的でない）*」，「面白い（つまらない）」および「愉快に思う（不愉快に思う）」などであった。このなかで「　」の末尾に*をつけた項目は，表2-1を見ると，先行諸研究の「インパクト」次元の高負荷項目である。

② 第2因子：「親近感」

第2因子に正の高い負荷量を示した項目は，「温かい感じがする（冷たい感じがする）*」，「自然的な（人工的な）」，「親しみがある（親しみがない）*」，「田園風（都会的）」，「レトロ調である（未来的である）」，「さりげない（わざとらしい）」および「愉快に思う（不愉快に思う）」などであった。このなかで「　」の末尾に*をつけた項目は，表2-1を見ると，先行諸研究の「親近性」次元

表 2-4　CM の「イメージ」の因子分析結果（バリマックス回転後）

CM 評価項目	第1因子	第2因子	第3因子	第4因子	共通性
意外度	0.886	-0.242	0.060	-0.084	0.854
インパクトの強度	0.843	-0.107	0.291	-0.105	0.819
刺激度	0.831	-0.345	0.265	0.098	0.889
面白さ度	0.823	0.382	0.201	0.290	0.948
愉快度	0.642	0.518	0.248	0.085	0.749
温かさ度	0.030	0.858	0.180	0.034	0.771
自然度	-0.264	0.792	-0.129	0.274	0.789
親近度	0.346	0.768	0.314	0.054	0.811
田園度	-0.142	0.761	-0.020	-0.254	0.664
レトロ度	-0.021	0.562	-0.333	-0.260	0.495
静けさの程度	-0.339	0.055	-0.886	0.278	0.981
元気度	0.293	0.235	0.883	-0.055	0.923
テンポの速さ度	0.312	-0.129	0.843	0.032	0.825
あっさり度	-0.306	0.339	-0.620	0.428	0.776
ドレッシィ度	0.004	-0.064	-0.565	0.057	0.326
洗練度	0.406	0.119	-0.094	0.855	0.919
高級度	-0.031	-0.017	-0.412	0.829	0.859
さりげなさ度	-0.182	0.543	-0.213	0.696	0.859
子供っぽさ度	0.103	0.252	0.538	-0.595	0.717
和風度	0.158	0.235	-0.225	-0.557	0.440
男性度	0.194	0.039	0.043	-0.119	0.055
2乗和	6.399	4.217	3.308	1.545	(15.469)
寄与率（%）	30.5	20.1	15.8	7.4	(73.700)

（注）因子負荷量0.500以上にアンダーラインを施した。

の高負荷項目である。自然度，田園度，レトロ度といった他の項目も，ほのぼのとした「親近性」に関連のある項目である。

③　第3因子:「活気」

　第3因子に正の高い負荷量を示した項目は，「元気がある（ない）*」，「テンポが速い（遅い）」，「子供っぽい（大人っぽい）」などで，負の高い負荷量を示した項目は，「静かである（にぎやかである）」，「あっさりしている（しつこ

い)*」および「ドレッシィである（スポーティである）」などであった。このなかで「　」の末尾に*をつけた項目は，表2-1を見ると，先行諸研究の「娯楽性」次元の高負荷項目であり，「テンポの速さ度[99]」と「ドレッシィ度」（反転）は，稲葉（1991）の「躍動感」次元の高負荷項目である。これらは，「活気」に関連している項目と考えられる。

④　第4因子：「洗練度」

　第4因子に正の高い負荷量を示した項目は，「洗練されている（あかぬけない）」，「高級な（安っぽい）」，「さりげない（わざとらしい）」などで，負の高い負荷量を示した項目は，「子供っぽい（大人っぽい）」および「和風（洋風）」などであった。これらは，「洗練性」に関する項目である。

3．CMの「総合評価」の因子分析結果

　8×8の項目間相関行列から抽出する因子の最適数をScree Testで求めると，その数が「2」であることが分かった。この因子数で，上記2ケースと同様に主因子法により初期解を求めようとしたが，反復回数が4回以上になると，反復の途中で共通性の推定値が1を超えてしまう変数があり，解が算出できなかった。因子分析の途中で不適解が出る場合，①モデルが不適切なケースと，②モデルが正しくても不適解が出るケースがある。この測定尺度に含まれている変数の初期の固有値は，二つの固有値が大きい（3.326と2.638）ものの，残りは1以下であり，かなり明解な2因子構造である。つまり因子数が「2」であることは妥当であるが，それにもかかわらず不適解が出ている。そして，反復回数を3回以内にすれば，主因子法による因子分析を実行できた。最尤法でも同様であった。3回の反復では充分に収束されていないが，2因子構造であることは明らかなため，ここでは最も精度の高い最尤法により初期解を求めた。さらに，バリマックス回転を施した結果は

---

[99] 表2-1に示したように，先行研究の「リズム感のある」を「テンポの速さ度」に変形している。

表2-5 CMの「総合評価」の因子分析結果（バリマックス回転後）

CM評価項目	第1因子	第2因子	共通性
食べたい度	<u>0.984</u>	−0.126	0.985
購買意欲	<u>0.982</u>	−0.118	0.978
おいしさイメージ度	<u>0.778</u>	−0.057	0.609
CM好感度	<u>0.643</u>	0.106	0.425
健康イメージ度	−0.075	<u>0.997</u>	0.999
活力イメージ度	−0.053	<u>0.837</u>	0.701
美容イメージ度	0.001	<u>0.765</u>	0.585
簡便イメージ度	−0.023	0.476	0.227
2乗和	2.618	2.891	(5.509)
寄与率（％）	32.7	36.1	(68.9)

（注） 因子負荷量0.500以上にアンダーラインを施した。

表2-5に示したようになったので，これを解釈した。

① 第1因子：「**購買意欲**」

　第1因子に正の高い負荷量を示した項目は，「CMしている商品を食べてみたい（食べてみたくない）」，「CMしている商品を買ってみたい（買ってみたくない）」，「おいしさのイメージが前面に出ている（出ていない）」および「CM自体が好き（嫌い）」などであった。特に，「購買意欲」に関する2項目（食べたい度，購買意欲）の因子負荷量が他の2項目と比べて特に高い。

② 第2因子：「**商品の効用イメージ**」

　第2因子に正の高い負荷量を示した項目は，「健康的なイメージが前面に出ている（出ていない）」，「"活力のもと"というイメージが前面に出ている（出ていない）」および「美容的なイメージが前面に出ている（出ていない）」などであった。そして，特に「商品の効用イメージ」に関する2項目（健康イメージ度，活力イメージ度）の因子負荷量が他の1項目と比べて高い。

4. 抽出された「視聴印象」次元と先行諸研究にみられる「視聴印象」の共通次元との比較

3領域の各々で抽出された次元を一括して示すと，表2-6のようになる。

ここで，付表4を参考にして，予備的研究で抽出された「視聴印象」次元と，第1部で述べた先行諸研究にみられる「視聴印象」の共通次元とを比較した。その結果，この予備的研究で抽出された，「イメージ」の第2因子の「**親近感**」（先行諸研究の「親近性」に該当），「イメージ」の第1因子の「**インパクト**」（先行諸研究の「インパクト」に該当），および「表現評価」の第2因子の「**商品説明**」（先行諸研究の「説得性」に該当）の3次元は，先行諸研究にみられる「視聴印象」の共通次元と項目レベルでも対応していた。なお，先行諸研究にみられる「視聴印象」の共通次元である「娯楽性」は，予備的研究では抽出されなかった。「娯楽性」次元から選定した「あっさり度」と「元気度」は「**活気**」の，「面白さ」は「**インパクト**」の高負荷項目になっていた。

一方，予備的研究で抽出された「**洗練度**」の高負荷項目である「洗練度」は，稲葉（1991, 1992）が使用しており，「高級度」は，稲葉（1991, 1992）と青木ら（1990）が使用しているものの，他の先行諸研究では，それらの項目自体を採用していなかった。しかし，「**洗練度**」は，「視聴印象」の測定項目のなかに「洗練度」または「高級度」などの項目が含まれている場合，必ず抽出されていることから，頑健な次元と判断することにした。

また，予備的研究で抽出された「**活気**」は，稲葉（1991）の「躍動感」と

表2-6 3領域の各々で抽出された因子の解釈

	第1因子	第2因子	第3因子	第4因子
表現評価	情緒的評価	商品説明	視聴覚印象	
イメージ	インパクト	親近感	活気	洗練度
総合評価	購買意欲	商品の効用イメージ		

項目レベルで対応していた。

最後に，予備的研究で抽出された「**視聴覚印象**」は，佐々木（1986）が採用した「音とか色彩の出し方は良い－悪い」を5項目に細分化したうちの3項目がまとまって抽出された次元であった。

5．「CM好感度」と相関の高い因子の検討

食品CMの「Aad」の測定には，食品CM独自の測定項目が必要であると考え，予備的研究では食品CM独自の「総合評価」について5項目（表2-1の40～44）を採用した。そして，「CM好感度」（表2-1の45）が，これらの項目と一緒になり一つの因子を形成すれば，それを「Aad」を表す因子と考えることにしていた。しかし，5項目のうち3項目は，「**商品の効用イメージ**」に高負荷を示し，「CM好感度」は「**購買意欲**」に高負荷を示した。

つまり，「Aad」を表す因子は抽出できなかった。そこで，「CM好感度」と「視聴印象」因子の相関分析を行い，相関が非常に高い因子を「Aad」を表す因子と考えることにした。すなわち，CMの「表現評価」および「イメージ」の2領域での各因子について131本のCMの因子得点を算出し，各因子得点と，「CM好感度」（表2-1の45）に対する被調査者の7段階評定の平均値との相関分析を行った。その結果，表2-7に示したように，「**情緒的評価**」，「**視聴覚印象**」，「**インパクト**」，「**親近感**」および「**洗練度**」は，「CM好感度」と5％水準で有意な相関を示した。そして，特に，「**情緒的評価**」の相関係数（0.852）が非常に高かったため，これを「Aad」を表す因子と考えることにした。

表2-7　CM好感度と相関の高い「視聴印象」次元

	情緒的評価	商品説明	視聴覚印象	インパクト	親近感	活気	洗練度
CM好感度	0.852*	-0.123	0.328*	0.482*	0.563*	-0.006	0.594*

（注）　*は5％水準で有意な相関係数。

なお,「**商品の効用イメージ**」は,「視聴印象」特性と考えることにした。

Ⅳ. 本章のまとめ

予備的研究では,「視聴印象」を「表現評価」と「イメージ」の2領域に分け,さらに「総合評価」の1領域を加えた3領域で,それぞれ因子分析を行った。その結果,「表現評価」の領域では,「**情緒的評価**」,「**商品説明**」,「**視聴覚印象**」の3因子が,「イメージ」の領域では,「**インパクト**」,「**親近感**」,「**活気**」,「**洗練度**」の4因子が,さらに「総合評価」の領域では,「**購買意欲**」,「**商品の効用イメージ**」の2因子がそれぞれ抽出された。そこで,主研究では,これらの9因子のうち,「**情緒的評価**」および「**購買意欲**」を除く7因子それぞれでの高負荷項目から,負荷量が高い順に2項目ずつ,計14項目を,「視聴印象」の測定項目として用いることにした。

なお,抽出した9因子のなかで「**情緒的評価**」は「CM好感度」との相関が非常に高かったため,これを「Aad」を表す因子と考えることにした。そして,主研究では,この因子の高負荷2項目を,「Aad」の測定項目として用いることにした。

第3章　主研究に用いる CM の選定[100]

I．本章の目的

本章では，主研究に用いる CM を選定することを目的とした。具体的には，「表現評価」，「イメージ」および「総合評価」の3領域それぞれで CM のクラスター分析を行い，各クラスターの特性を把握したうえで，各クラスターから代表的な CM を数本ずつ選定することにした。

II．解析方法

第2章の分析に使用したデータ，すなわち，131本の CM について28名の被調査者が回答した項目別評定値を被調査者全員で平均した値を基礎データとした。そして以下のような解析を行った。なお，①については第2章で詳述している。

① データを CM の「表現評価（18項目）」，「イメージ（21項目）」および「総合評価（8項目）」の3領域に分けて項目間相関行列を構成し，それぞれで主因子法による因子分析を行って，バリマックス解を得た。第2章で既に報告しているが，これら3領域の因子分析では，表2-6に示した因子を抽出している。

② 「総合評価」の2因子について，CM ごとの因子得点を算出した[101]。

③ 「表現評価」の3因子，「イメージ」の4因子，「総合評価」の2因子の因子得点をデータとして，領域別に131本の CM をクラスター分析（Ward 法）し，それぞれ5クラスターに区分した。

④ 「総合評価」の2因子による5クラスター間で，「総合評価」の2因子，「表現評価」の3因子および「イメージ」の4因子について，因子得点の平均値の比較を一元配置の分散分析によって行い，各クラスターの特徴を検討した。

⑤ 「表現評価」の3因子による5クラスター間で，「表現評価」の各因子得点の平均

---

[100] この章における分析方法および分析結果は，佐々木・浅川（2001）で公表したものである。
[101] 「表現評価」および「イメージ」の因子得点は第2章で既に算出してある。

値を一元配置の分散分析により比較し，各クラスターの特徴を検討した。「イメージ」の4因子による5クラスター間でも同様の分析を行った。

⑥3領域それぞれにおいて，クラスター別に各因子得点の平均値を算出した。そして，その平均値と各クラスターを構成する個々のCMの因子得点とを比較し，その差の絶対値が全て小さく，かつ，因子得点の正・負が平均値の正・負と可能な限り一致するCMを，各クラスターを代表するCMとした。

III．結果と考察

1．「総合評価」の2特性による5クラスターの構成と因子得点の比較

131本のCMを，いくつのクラスターに区分すればよいかを決定するために，「総合評価」の2因子解の第1因子「購買意欲」の因子得点（F1）をY軸に，第2因子「商品の効用イメージ」の因子得点（F2）をX軸にして，131本のCMをプロットした。

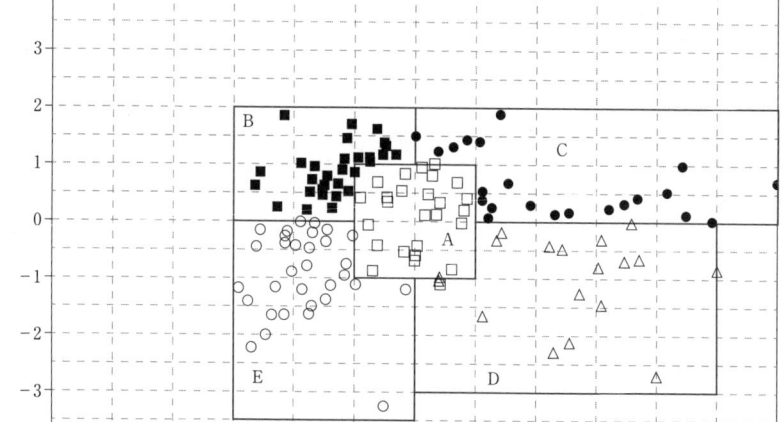

図2-2　CMの「総合評価」2因子の因子得点によるCMの散布

131本のCMは，各々の因子得点の大きさによって，図2-2に示したように，以下の5グループに分けることができると思われた。

- A　（$-1 \leq F1 \leq 1$, $-0.5 \leq F2 \leq 0.5$）
- B　（$F1 \geq 0$, $F2 \leq 0$でAを除く領域）
- C　（$F1 \geq 0$, $F2 \geq 0$でAを除く領域）
- D　（$F1 \leq 0$, $F2 \geq 0$でAを除く領域）
- E　（$F1 \leq 0$, $F2 \leq 0$でAを除く領域）

そこでCMの「総合評価」2因子解の因子得点を用いて，ユークリッド平方距離によるWard法でクラスター分析を行ったところ，図2-3のようになり，クラスター間の距離が10のあたりで区分したところ，5クラスターに区分できた。

ここで，構成されたクラスターがCMの提示順序による影響を受けているか否かを検討するために，提示順序の番号にクラスター間で差があるか否かを分散分析によって検討した。なお，表2-2に示した測定対象としたCMのリストでは3日間を通した提示順序の番号を記入してある。例えば，2日目の1番目に提示したCMは46番，3日目の1番目に提示したCMには90番の番号がついている。ただし，分散分析を行うにあたっては，2日目と3日目に提示したCMについて，その順番をそれぞれ，1番からつけ直して分析を行った。その結果，表2-8のような結果になった。

表に示したように，5クラスター間で提示順序の平均値に5％水準で有意差はなく，構成されたクラスターは提示順序による影響があるとは言えないと判断された。

次に，各クラスターを構成するCMの「総合評価」の2因子得点が，図2-2と同じプロット図のなかでどのようにまとまっているのかを検討した。これを示したのが図2-4である。

図2-2の区分とはやや異なり，図2-4では各クラスターが時計回りの方向に移動しているが，同一のクラスターを構成するCMは，「総合評価」の2

124　第2部　予備的研究

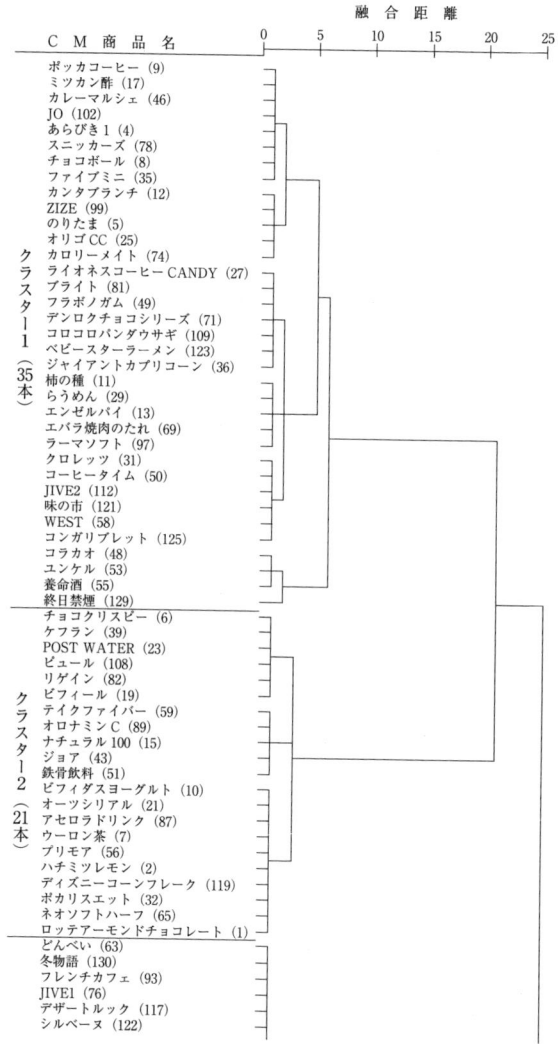

第3章　125

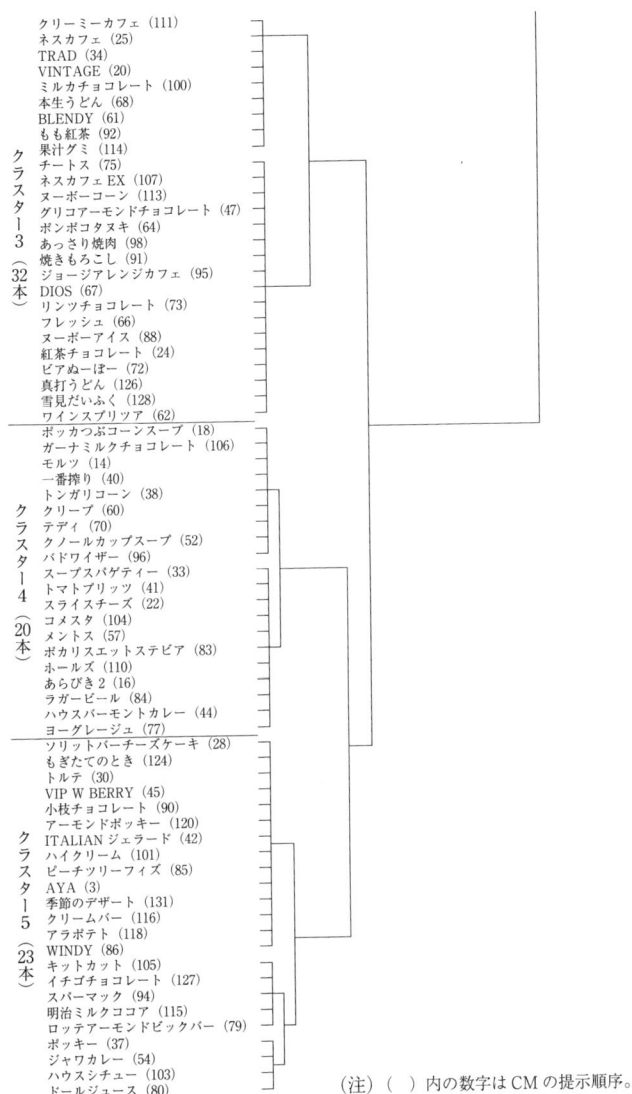

図2-3　CMの「総合評価」によるクラスター分析の結果

(注)（ ）内の数字はCMの提示順序。

表 2-8　提示順序の番号について 5 クラスターの分散分析結果

		クラスター1	クラスター2	クラスター3	クラスター4	クラスター5	p 値
総合評価	平均値	18.86	21.00	21.94	24.70	26.96	0.153
	CM 数	35	21	32	20	23	
表現評価	平均値	18.52	20.50	24.16	18.10	26.30	0.115
	CM 数	23	14	58	16	20	
イメージ	平均値	24.59	22.68	24.18	17.95	22.02	0.486
	CM 数	22	25	22	19	43	

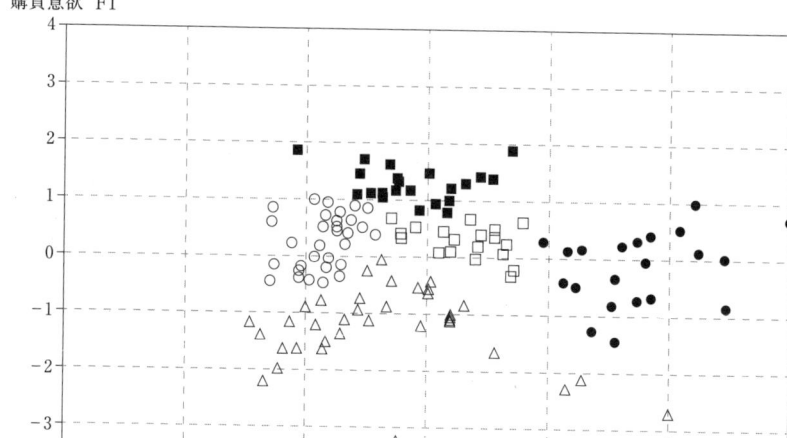

△クラスター1　●クラスター2　○クラスター3　□クラスター4　■クラスター5

図 2-4　CM の「総合評価」にもとづくクラスター別 CM の因子得点の散布

次元上に比較的まとまって布置されていることから，5クラスターに区分することはほぼ妥当であると考えられた。

2．「総合評価」2因子による5クラスター間の「総合評価」2因子，「表現評価」3因子および「イメージ」4因子の各因子得点の比較

前項で区分した5クラスターのそれぞれを構成するCMの「総合評価」2因子，「表現評価」3因子および「イメージ」4因子の各因子得点を平均した。その平均値を図2-5に示しているが，これらの平均値の差をクラスター間で分散分析し，さらにBonferroniの方法による多重比較を行った。

その結果によれば，まず，「総合評価」については，第1因子「**購買意欲**」でクラスター1（負）とクラスター5（正）がそれぞれ他の四つのクラスター（クラスター2が負，3，4は正）との間に5％水準で有意差を示した。また，第2因子「**商品の効用イメージ**」では，クラスター2（正）とクラスター3（負）が他の四つのクラスター（クラスター1，5が負，4は正）との間に有意差が認められるとともに，クラスター4（正）はクラスター2（正）とクラスター3（負）に加えて，クラスター1，5（いずれも負）との間でも有意差があった。

「表現評価」については，第1因子「**情緒的評価**」でクラスター1（負）が他の四つのクラスター（いずれも正）との間に有意差を示したが，第2，第3因子ではどのクラスターの間にも有意差がなかった。

「イメージ」については，第1因子ではいずれのクラスターの間にも有意差がなかった。他方，第2因子「**親近感**」ではクラスター5（正）とクラスター1（負）の間で有意差が認められ，第3因子「**活気**」ではクラスター2（正）とクラスター3（負）の間で有意差が認められた。また，第4因子「**洗練度**」ではクラスター1（負）が他の四つのクラスター（いずれも正）との間に有意差を示した。

以上の結果から，第1クラスターは，「総合評価」の第1因子「**購買意欲**」

128 第2部 予備的研究

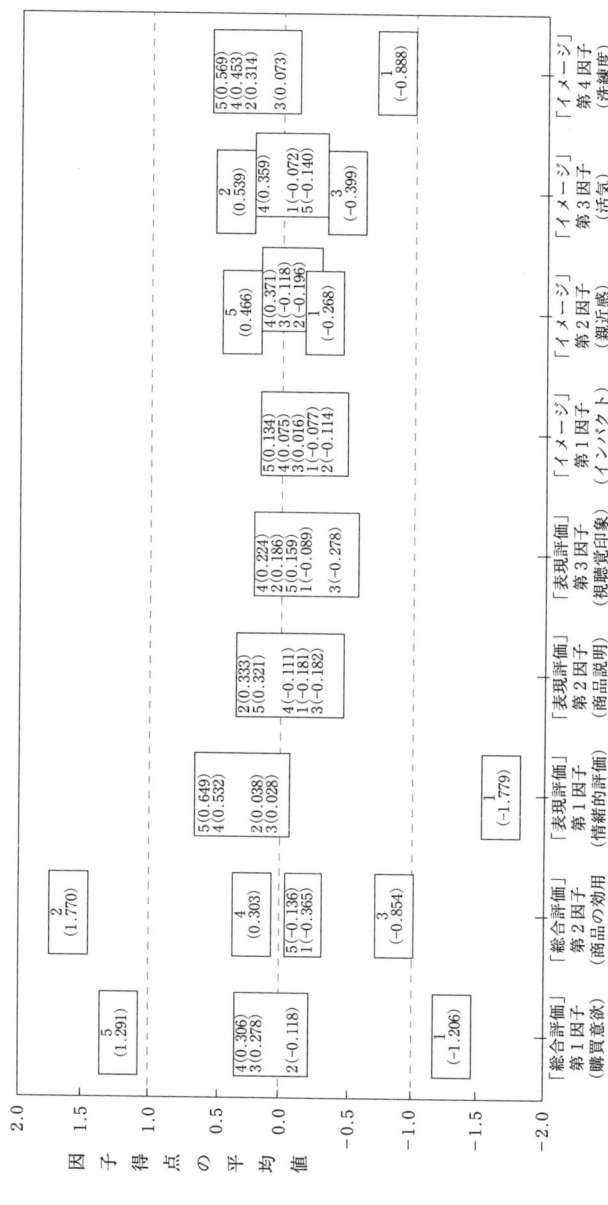

(注) ( )内は因子得点の平均値。同じ□のなかにあるクラスターの間には平均値の有意差がなく、また、接していない□の平均値間に有意差がある。

図2-5 「総合評価」5クラスターのCMの「総合評価」2因子、「表現評価」3因子、「イメージ」4因子得点の平均値

と「表現評価」の第1因子「**情緒的評価**」が負に高く，また「イメージ」の第4因子「**洗練度**」が比較的負に高いことから，洗練されたイメージがあまりなく，情緒的評価が低く，CMを視聴しても購買意欲が生じにくいCMのクラスターと解釈された。

第2クラスターは，「総合評価」の第2因子「**商品の効用イメージ**」が正に非常に高いことから，商品の効用イメージが出ているCMのクラスターと解釈された。

第3クラスターは，「総合評価」の第2因子「**商品の効用イメージ**」が比較的負に高いことから，商品の効用イメージがあまり出ていないCMのクラスターと解釈された。

第4クラスターは，「総合評価」の第2因子「**商品の効用イメージ**」がクラスター1，3，5と比較して正に高いが，その絶対値（0.303）があまり高くなく，第2クラスター（1.770）よりもはるかに低い値であるうえに「表現評価」や「イメージ」でも絶対値が低い値を示していることから，あまり強い特徴のない無難なCMのクラスターと解釈された。

第5クラスターは，「総合評価」の第1因子「**購買意欲**」が正に高いことから，購買意欲が生じやすいCMのクラスターと解釈された。

以上の分析結果をふまえて，各クラスターに以下のような呼称を与えた。

クラスター1：購買意欲不発型
クラスター2：効用訴求顕著型
クラスター3：効用訴求不足型
クラスター4：無特徴型
クラスター5：購買意欲喚起型

3．「表現評価」3特性による5クラスターの構成と「表現評価」各因子得点の比較

「表現評価」についても3因子解の因子得点を用いてWard法によるクラ

表2-9 「表現評価」による

クラスター1 (23本) (視聴覚印象低め型)	クラスター2 (14本) (情緒的評価低め型)	クラスター (無特
柿の種 (11)	ハチミツレモン (2)	のりたま (5)
フレンチカフェ (93)	もも紅茶 (92)	ユンケル (53)
グリコアーモンドチョコレート (47)	TRAD (34)	鉄骨飲料 (51)
ビフィダスヨーグルト (10)	デンロクチョコシリーズ (71)	クリープ (60)
WEST (58)	クリーミーカフェ (111)	明治ミルクココア (115)
ヨーグレージュ (77)	ブライト (81)	ロッテアーモンドビックバー (79)
JIVE2 (112)	クロレッツ (31)	ネオソフトハーフ (65)
ライオネスコーヒーCANDY (27)	チョコクリスピー (6)	ドールジュース (80)
コンガリブレッド (125)	ピュール (108)	ヌーボーコーン (113)
ネスカフェ (25)	終日禁煙 (129)	イチゴチョコレート (127)
BLENDY (61)	コラカオ (48)	ガーナミルクチョコレート (106)
ポッカコーヒー (9)	フラボノガム (49)	ディズニーコーンフレーク (119)
シルベーヌ (122)	らうめん (29)	ジャイアントカプリコーン (36)
季節のデザート (131)	味の市 (121)	ヌーボーアイス (88)
ウーロン茶 (7)		ホールズ (110)
モルツ (14)		アセロラドリンク (87)
ハウスシチュー (103)		あっさり焼肉 (98)
ネスカフェEX (107)		トマトプリッツ (41)
ビアぬーぼー (72)		カロリーメイト (74)
ジョージアレンジカフェ (95)		養命酒 (55)
JO (102)		ラーマソフト (97)
AYA (3)		POST WATER (23)
WINDY (86)		ITALIANジェラード (42)
		スニッカーズ (78)
		テディ (70)
		真打うどん (126)
		ビフィール (19)
		VIP W BERRY (45)
		DIOS (67)

(注) ( ) 内の数字はCMの提示順序。

CM のクラスター分析の結果

3（58本） 徴型）	クラスター4（16本） （商品説明不充分型）	クラスター5（20本） （情緒的評価・視聴覚印象高め型）
コスメタ（104）	カレーマルシェ（46）	ミツカン酢（17）
アラポテト（118）	雪見だいふく（128）	クノールカップスープ（52）
テイクファイバー（59）	ファイブミニ（35）	トルテ（30）
スパーマック（94）	あらびき2（16）	キットカット（105）
ハイクリーム（101）	ZIZE（99）	ポカリスエット（32）
果汁グミ（114）	リンツチョコレート（73）	チョコボール（8）
フレッシュ（66）	チートス（75）	ポッキー（37）
ポッカつぶコーンスープ（18）	ピーチツリーフィズ（85）	メントス（57）
JIVE1（76）	エンゼルパイ（13）	一番搾り（40）
ミルカチョコレート（100）	焼きもろこし（91）	スライスチーズ（22）
ベビースターラーメン（123）	ロッテアーモンドチョコレート（1）	ラガービール（84）
本生うどん（68）	オリゴCC（26）	ジョア（43）
冬物語（130）	VINTAGE（20）	ハウスバーモントカレー（44）
カンタブランチ（12）	コーヒータイム（50）	コロコロパンダウサギ（109）
プリモア（56）	あらびき1（4）	ポンポコタヌキ（64）
ポカリスエットステビア（83）	どんべい（63）	ナチュラル100（15）
小枝チョコレート（90）		オロナミンC（89）
デザートルック（117）		リゲイン（82）
オーツシリアル（21）		ジャワカレー（54）
トンガリコーン（38）		もぎたてのとき（124）
エバラ焼肉のたれ（69）		
アーモンドポッキー（120）		
ワインスプリツア（62）		
紅茶チョコレート（24）		
スープスパゲッティー（33）		
バドワイザー（96）		
クリームバー（116）		
ソリットバーチーズケーキ（28）		
ケフラン（39）		

スター分析を行い，表2-9に示すCMで構成される5クラスターに区分した。

「総合評価」の場合と同様に，構成されたクラスターのCM提示順序による影響の有無を検討したところ，表2-8に示したような結果となり，影響を受けていないと判断された。さらに，この各クラスターを構成するCMの「表現評価」3因子の各因子得点の平均値を算出し，図2-6に示すような結果を得て，クラスター間における差の有意性を検定した。

第1因子「**情緒的評価**」では，クラスター2（負）と他の四つのクラスター（クラスター1，5が正，3，4は負）との間に5％水準で有意差が認められた。またクラスター5（正）はクラスター2，3，4（いずれも負）との間に有意差を示し，クラスター1（正）はクラスター2（負）に加えてクラスタ

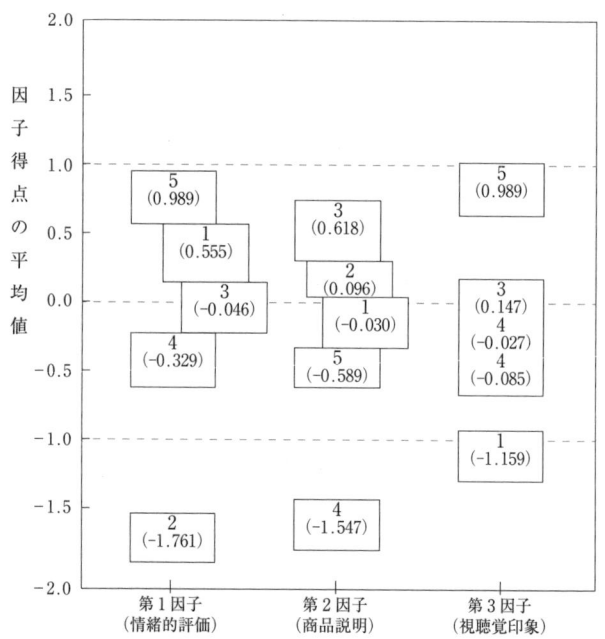

(注)　(　)内は因子得点の平均値。同じ□のなかにあるクラスターの間には平均値の有意差がなく，また，接していない□の平均値間に有意差がある。

図2-6　「表現評価」5クラスターの「表現評価」3因子得点の平均値

−4（負）との間に有意差が認められた。

第2因子「**商品説明**」では，クラスター4（負）が他の四つのクラスター（クラスター1，5が負，2，3は正）との間に有意差を示した。またクラスター3（正）とクラスター1，4，5（いずれも負）との間に有意差があり，クラスター5（負）がクラスター4（負）とクラスター3（正）に加えてクラスター2（正）との間にも有意差を示した。

第3因子「**視聴覚印象**」では，クラスター1（負）およびクラスター5（正）はそれぞれ他の四つのクラスター（クラスター2，4が負，3は正）との間に有意差が認められた。

以上の結果から，第1クラスターは，第3因子「**視聴覚印象**」が負に高いことから，視聴覚印象が低いCMのクラスターと解釈された。

第2クラスターは，第1因子「**情緒的評価**」が負に非常に高いことから，情緒的評価が低いCMのクラスターと解釈された。

第3クラスターは，第2因子「**商品説明**」だけが正にやや高いことから，商品説明を多少行っているが基本的には無特徴のCMのクラスターと解釈された。

第4クラスターは，第2因子「**商品説明**」が負に非常に高いことから，商品説明が不充分なCMのクラスターと解釈された。

第5クラスターは，第1因子「**情緒的評価**」と第3因子「**視覚的印象**」が正に比較的高いことから，情緒的評価が高く視聴覚印象がはっきりしているCMのクラスターと解釈された。

以上の分析結果をふまえて，各クラスターに以下のように呼称を与えた。

クラスター1：視聴覚印象低め型
クラスター2：情緒的評価低め型
クラスター3：無特徴型
クラスター4：商品説明不充分型
クラスター5：情緒的評価・視聴覚印象高め型

4.「イメージ」4特性による5クラスターの構成と「イメージ」各因子得点の比較

「イメージ」についても4因子解の因子得点を用いて Ward 法によるクラスター分析を行い，表2-10に示す CM で構成される5クラスターに区分した。「総合評価」および「表現評価」と同様に，構成されたクラスターの CM 提示順序による影響の有無を検討したところ，表2-8に示したような結果となり，影響を受けていないと判断された。さらに，この各クラスターを

表2-10 「イメージ」による

クラスター1（22本） （親近感のない洗練型）	クラスター2（25本） （親近型）	クラスター3（22本） （洗練不足型）
AYA（3）	ビフィダスヨーグルト（10）	フラボノガム（49）
シルベーヌ（122）	冬物語（130）	ブライト（81）
ネスカフェ（25）	グリコアーモンドチョコレート（47）	コカカオ（48）
VIP W BERRY（45）	ハイクリーム（101）	デンロクチョコシリーズ（71）
クリームバー（116）	テイクファイバー（59）	味の市（121）
ポカリスエットステビア（83）	雪見だいふく（128）	ベビースターラーメン（123）
ZIZE（99）	ビフィール（19）	スニッカーズ（78）
リンツチョコレート（73）	コメスタ（104）	ミルカチョコレート（100）
DIOS（67）	アーモンドポッキー（120）	ヌーボーアイス（88）
カロリーメイト（74）	小枝チョコレート（90）	真打うどん（126）
ジョージアレンジカフェ（95）	果汁グミ（114）	ラーマソフト（97）
JO（102）	WINDY（86）	クリーミーカフェ（111）
フレンチカフェ（93）	ポッキー（37）	オリゴCC（26）
POST WATER（23）	季節のデザート（131）	終日禁煙（129）
ヨーグレージュ（77）	ネスカフェ EX（107）	クロレッツ（31）
TRAD（34）	紅茶チョコレート（24）	ライオネスコーヒー CANDY（27）
スープスパゲティー（33）	ケフラン（39）	養命酒（55）
ジョア（43）	ウーロン茶（7）	柿の種（11）
カンタブランチ（12）	アラポテト（118）	デザートルック（117）
ITALIAN ジェラード（42）	モルツ（14）	WEST（58）
VINTAGE（20）	BLENDY（61）	フレッシュ（66）
ピュール（108）	クリープ（60）	コンガリブレッド（125）
	スライスチーズ（22）	
	一番搾り（40）	
	ハウスシチュー（103）	

（注）（　）内の数字は CM の提示順序。

構成するCMの「イメージ」4因子の各因子得点の平均値を算出し，図2-7に示すような結果を得て，クラスター間におけるその差の有意性を検定した。

第1因子「**インパクト**」では，クラスター5（正）だけが他の四つのクラスター（いずれも負）との間に5％水準で有意差を示した。

第2因子「**親近感**」では，クラスター2（正）が他の四つのクラスター（クラスター1，3が負，4，5は正）との間に有意差を示し，またクラスター1（負）と3（負）は，各々，クラスター2（正）に加えて，クラスター4と

CMのクラスター分析の結果

クラスター4（19本） （活気型）	クラスター5（43本） （インパクト型）	
ワインスプリツア（62）	鉄骨飲料（51）	ビアぬーぼー（72）
スパーマック（94）	クノールカップスープ（52）	バドワイザー（96）
イチゴチョコレート（127）	ポカリスエット（32）	ポッカつぶコーンスープ（18）
ガーナミルクチョコレート（106）	リゲイン（82）	本生うどん（68）
ユンケル（53）	ドールジュース（80）	コーヒータイム（50）
もも紅茶（92）	オーツシリアル（21）	ファイブミニ（35）
ロッテアーンドチョコレート（1）	ネオソフトハーフ（65）	ピーチツリーフィズ（85）
ホールズ（110）	JIVE2（112）	ハチミツレモン（2）
チョコクリスピー（6）	ソリットバーチーズケーキ（28）	コロコロパンダウサギ（109）
あらびき1（4）	トルテ（30）	ポンポコタヌキ（64）
あらびき2（16）	JIVE1（76）	チョコボール（8）
トマトプリッツ（41）	アセロラドリンク（87）	どんべい（63）
カレーマルシェ（46）	明治ミルクココア（115）	ミツカン酢（17）
ナチュラル100（15）	ヌーボーコーン（113）	のりたま（5）
プリモア（56）	ハウスバーモントカレー（44）	エバラ焼肉のたれ（69）
テディ（70）	ロッテアーモンドビッグバー（79）	らうめん（29）
トンガリコーン（38）	エンゼルパイ（13）	ジャイアントカプリコーン（36）
オロナミンC（89）	チートス（75）	あっさり焼肉（98）
ディズニーコーンフレーク（119）	焼きもろこし（91）	
	メントス（57）	
	キットカット（105）	
	ジャワカレー（54）	
	ポッカコーヒー（9）	
	ラガービール（84）	
	もぎたてのとき（124）	

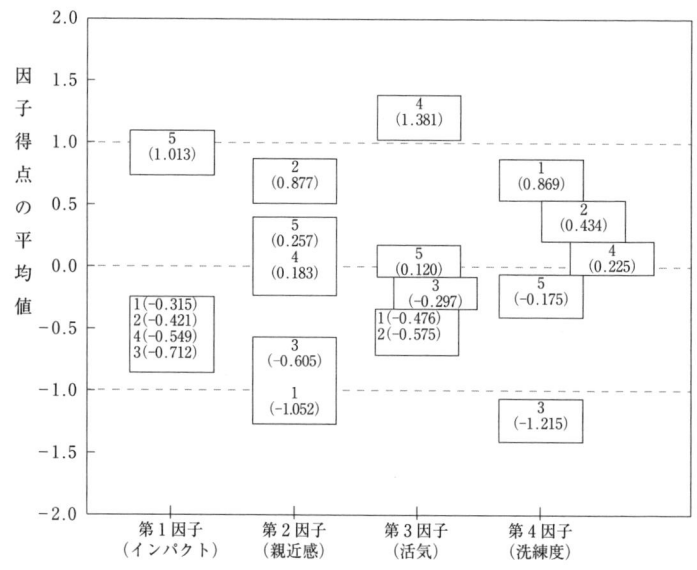

(注)（ ）内は因子得点の平均値。同じ□のなかにあるクラスターの間には平均値の有意差がなく，また，接していない□の平均値間に有意差がある。

図2-7　「イメージ」5クラスターの「イメージ」4因子得点の平均値

5（いずれも正）との間でも有意差があった。

　第3因子「**活気**」では，クラスター4（正）が他の四つのクラスター（クラスター5は正，1，2，3は負）との間で有意差を示し，クラスター5（正）がクラスター4（正）に加えて，クラスター1と2（ともに負）との間でも有意差を示した。

　第4因子「**洗練度**」では，クラスター3（負）と他の四つのクラスター（クラスター1，2，4が正，5は負）との間で有意差が認められた。またクラスター1（正）が，クラスター3（負）に加えて，クラスター4（正），5（負）に対しても有意差を示し，クラスター2（正）も，クラスター3（負）に加えて，クラスター5（負）に対して有意差を示した。

　以上の結果から，第1クラスターは，第2因子「**親近感**」が負に高く，第

4因子「**洗練度**」が正に比較的高いことから，親近感はないが，洗練されているCMのクラスターと解釈された。

第2クラスターは，第2因子「**親近感**」が正に比較的高いことから，親近感があるCMのクラスターと解釈された。

第3クラスターは，第4因子「**洗練度**」が負に高いことから，洗練されていないCMのクラスターと解釈された。

第4クラスターは，第3因子「**活気**」が正に高いことから，活気のあるCMのクラスターと解釈された。

第5クラスターは，第1因子「**インパクト**」が正に高いことから，インパクトが強いCMのクラスターと解釈された。

以上の分析結果から，各クラスターに以下のような呼称を与えた。

クラスター1：親近感のない洗練型
クラスター2：親近感型
クラスター3：洗練不足型
クラスター4：活気型
クラスター5：インパクト型

5．各領域で構成されたクラスターの比較

3領域別に行ったクラスター分析の結果にもとづいて，131本のCMがそれぞれ何番目のクラスターを構成しているのかを，表2-11にCMごとに一括表示した。3領域の全てで同じクラスターを構成しているCMが多いのは，「総合評価」の第1クラスター，「表現評価」の第2クラスター，「イメージ」の第3クラスターというパターン（購買意欲不発型，情緒的評価低め型，洗練不足型）で7本のCMが含まれている。しかし，その他では，3領域とも同じクラスターを構成しているCMの本数が5を越えるパターンは存在しなかった。したがって，この3領域は各々異なる視点からCMをとらえているといえよう。

表2-11 CMのクラスター分析結果:3領域で構成されたクラスターの関係

商品名	A	B	C	商品名	A	B	C	商品名	A	B	C
JO	1	1	1	ネスカフェ	3	1	1	AYA	5	1	1
柿の種	1	1	3	フレンチカフェ	3	1	1	WINDY	5	1	2
ライオネスコーヒーCANDY	1	1	3	ジョージアレンジカフェ	3	1	1	ハウスシチュー	5	1	2
WEST	1	1	3	シルベース	3	1	1	季節のデザート	5	1	2
コンガリブレット	1	1	3	グリコアーモンドチョコレート	3	1	2	ITALIANジェラード	5	3	1
ポッカコーヒー	1	1	5	BLENDY	3	1	2	VIP W BERRY	5	3	1
JIVE (2)	1	1	5	ネスカフェEX	3	1	2	クリームバー	5	3	1
クロレッツ	1	2	3	ピアぬーぼー	3	2	5	小枝チョコレート	5	3	2
コラカオ	1	2	3	TRAD	3	2	1	ハイクリーム	5	3	2
プラボノガム	1	2	3	クリーミーカフェ	3	2	3	プラボテト	5	3	2
デンロクチョコシリーズ	1	2	3	もも紅茶	3	2	4	アーモンドポッキー	5	3	2
プライト	1	2	3	DIOS	3	3	1	スーパーマック	5	3	4
味の市	1	2	3	紅茶チョコレート	3	3	2	イチゴチョコレート	5	3	4
終日禁煙	1	2	3	果汁グミ	3	3	2	ソリッドバーチーズケーキ	5	3	5
らうめん	1	2	5	冬物語	3	3	2	ロッテアーモンドビックバー	5	3	5
カンタプランチ	1	3	1	フレッシュ	3	3	3	ドールジュース	5	3	5
カロリーメイト	1	3	1	スーボーアイス	3	3	3	明治ミルクココア	5	3	5
養命酒	1	3	3	ミルカチョコレート	3	3	3	ピーチツリーフィズ	5	4	2
スニックカーズ	1	3	3	デザートルック	3	3	3	ポッキー	5	5	5
ラーマソフト	1	3	3	真打うどん	3	3	3	トルチェ	5	5	5
ベビースターラーメン	1	3	3	ワインスプリッツァ	3	3	4	ジャヤカレー	5	5	5
コンチネ	1	3	4	本生うどん	3	3	5	キットカット	5	5	5
のりたま	1	3	5	JIVE (1)	3	3	5	もぎたてのとき	5	5	5
ジャイアントカプリコーン	1	3	5	あっさり焼肉	3	3	5				
エバラ焼肉のたれ	1	3	5	スーボーコーン	3	3	5				
ZIZE	1	4	1	VINTAGE	3	4	1				
オリゴCC	1	4	3	リンツチョコレート	3	4	1				
あらびき (1)	1	4	4	雪見だいふく	3	4	2				
カレーマルシェ	1	4	4	どんべい	3	4	5				

商品名	A	B	C	CM
ファイブミニ	1	1	4	5
コーヒータイム	1	1	4	5
チョコボール	1	1	5	5
ミツカン酢	1	1	5	5
コロコロパンダウサギ	1	1	5	5
ウーロン茶	2	2	1	2
ビフィダスヨーグルト	2	2	1	2
ビュール	2	2	2	1
チョコクリスピー	2	2	2	4
ハチミツレモン	2	2	2	5
POST WATER	2	2	3	1
ビトール	2	2	3	2
ケブラン	2	2	3	2
テイクファイバー	2	2	3	2
プリモア	2	2	3	4
ディズニーコーンフレーク	2	2	3	4
オーツシリアル	2	2	3	5
鉄骨飲料	2	2	3	5
ネオソフトハーフ	2	2	3	5
アセロラドリンク	2	2	3	5
ロッテアーモンドチョコレート	2	2	4	4
ジョア	2	4	5	1
ナチュラル100	2	5	5	4
オロナミンC	2	5	5	4
ポカリスエット	2	5	5	5
リゲイン	2	5	5	5
焼きもろこし	3	3	3	5
ポンポコタヌキ	3	3	4	5
ヨーグレージュ	4	4	1	1
モルツ	4	4	1	2
スープスパゲティー	4	4	3	1
ポカリスエットステビア	4	4	3	2
クリープ	4	4	3	2
コスメタ	4	4	3	4
トンガリコーン	4	4	3	4
トマトプリッツ	4	4	3	4
テディ	4	4	3	4
ガーナミルクチョコレート	4	4	3	4
ホールズ	4	4	3	4
ボッカつぶコーンスープ	4	4	3	5
バドワイザー	4	4	3	5
あらびき(2)	4	4	4	4
スライスチーズ	4	4	5	2
一番搾り	4	4	5	2
ハウスバーモントカレー	4	4	5	5
クノールカップスープ	4	4	5	5
メントス	4	4	5	5
ラガービール	4	4	5	5

(注) Aは「総合評価」によるクラスター、Bは「表現評価」によるクラスター、Cは「イメージ」によるクラスター。■■は、3領域の全てで同じクラスターを構成しているCMの本数が多いケース。

6. 3領域のクラスター分析にもとづく代表的なCMの選定

1) 各領域における代表的なCMの選定

先述したように，この予備的研究で区分した3領域は，異なる視点でCMをとらえている。したがって，どれか一つの領域で代表的なCMを選定するのではなく，各領域からCMを選定する方が妥当であろう。そこで「総合評価」，「表現評価」，「イメージ」のそれぞれでの各クラスター（図2-3，表2-9，表2-10参照）から2本ずつ，合計30本のCMを選定することにした。

まず，「総合評価」の領域で，クラスター別に「総合評価」の2因子得点の平均値を算出した。そして，その平均値と各クラスターを構成する個々のCMの因子得点とを比較し，その差の絶対値が二つとも小さく，かつ，因子得点の正・負が平均値の正・負と可能な限り一致するものを代表的なCMとして，各クラスターで2本ずつのCMを選定した。その結果を表2-12に示した。

また，「総合評価」と同様の手続きで，「表現評価」と「イメージ」の領域で選定した代表的なCMを表2-13と表2-14に示した。

表2-12～14に示したように，3領域×5クラスターから各2本選定した合計30本のCMのなかで，重複していたのは，「トマトプリッツ」と「焼きもろこし」の2本だけであった。このことも，異なる視点にもとづいて，代表的なCMが選定されていることを傍証するものであろう。こうして合計28本のCMが選定されたことになる。

2) 各クラスターの測定値と代表的なCMの具体的な表現内容との対応

各クラスターの代表的なCM28本の「総合評価」2因子，「表現評価」3因子，および「イメージ」4因子の因子得点を，表2-15にまとめた。本項では，これらのCMについて具体的な表現内容を描写して，その「描写した表現内容」とクラスターの測定値である「因子得点から解釈される各クラスターの特徴」との関連について考察した。

表2-12 「総合評価」の各クラスターから選定されたCMとその因子得点

		第1因子 (購買意欲)	第2因子 (商品の効用イメージ)
クラスター1	平均	−1.206	−0.365
	①柿の種	−1.095 (0.111)	−0.477 (−0.112)
	②オリゴCC	−1.199 (0.007)	−0.048 (0.317)
クラスター2	平均	−0.118	1.770
	③ウーロン茶	0.002 (0.120)	1.823 (0.053)
	④プリモア	−0.274 (−0.156)	1.574 (−0.196)
クラスター3	平均	0.278	−0.854
	⑤ネスカフェ	0.229 (−0.049)	−0.893 (−0.039)
	⑥焼きもろこし	0.243 (−0.035)	−0.672 (0.182)
クラスター4	平均	0.306	0.303
	⑦ヨーグレージュ	0.227 (−0.079)	0.419 (0.116)
	⑧バドワイザー	0.352 (0.046)	0.214 (−0.089)
クラスター5	平均	1.291	−0.136
	⑨AYA	1.405 (0.114)	−0.229 (−0.093)
	⑩季節のデザート	1.309 (0.018)	−0.241 (−0.105)

(注) ( ) 内は平均からの偏差。

表 2-13 「表現評価」の各クラスターから選定された CM とその因子得点

		第1因子 (情緒的評価)	第2因子 (商品説明)	第3因子 (視聴覚印象)
クラスター1	平均	0.555	−0.030	−1.159
	⑪フレンチカフェ	−0.117 (−0.672)	−0.454 (−0.424)	−1.629 (−0.470)
	⑫シルベーヌ	0.935 (0.380)	−0.386 (−0.356)	−0.837 (0.322)
クラスター2	平均	−1.761	0.096	−0.085
	⑬デンロクチョコシリーズ	−1.886 (−0.125)	−0.415 (−0.511)	−0.334 (−0.249)
	⑭クリーミーカフェ	−2.056 (−0.295)	0.021 (−0.075)	−0.571 (−0.486)
クラスター3	平均	−0.046	0.618	0.146
	⑮トマトブリッツ	0.167 (0.213)	0.430 (−0.188)	0.442 (0.296)
	⑯フレッシュ	0.076 (0.122)	0.788 (0.170)	0.122 (−0.024)
クラスター4	平均	−0.329	−1.547	−0.027
	⑰ロッテアーモンドチョコレート	−0.674 (−0.345)	−1.260 (0.287)	0.008 (0.035)
	⑱ZIZE	0.015 (0.344)	−1.588 (−0.041)	−0.253 (−0.226)
クラスター5	平均	0.989	−0.589	0.989
	⑲ポンポコタヌキ	1.225 (0.236)	−0.435 (0.154)	1.037 (0.048)
	⑳コロコロパンダウサギ	0.611 (−0.378)	−0.608 (−0.019)	1.164 (0.175)

(注) ( ) 内は平均からの偏差。

表2-14 「イメージ」の各クラスターから選定されたCMとその因子得点

		第1因子 (インパクト)	第2因子 (親近感)	第3因子 (活気)	第4因子 (洗練度)
クラスター1	平均	−0.315	−1.052	−0.476	0.869
	㉑ポカリスエットステビア	0.092 (0.407)	−1.381 (−0.329)	−0.798 (−0.322)	1.107 (0.238)
	㉒ジョージアレンジカフェ	−0.087 (0.228)	−0.651 (0.401)	−0.653 (−0.179)	1.080 (0.211)
クラスター2	平均	−0.421	0.877	−0.575	0.434
	㉓ケフラン	−0.911 (−0.490)	0.937 (0.060)	−0.910 (−0.335)	0.358 (−0.076)
	㉔WINDY	−0.745 (−0.324)	1.110 (0.233)	−0.119 (0.456)	0.014 (−0.420)
クラスター3	平均	−0.712	−0.605	−0.297	−1.215
	㉕ブライト	−0.753 (−0.041)	−1.252 (−0.647)	0.311 (0.608)	−1.281 (−0.066)
	㉖ラーマソフト	−1.163 (−0.451)	−1.087 (−0.482)	−0.797 (−0.500)	−1.268 (−0.053)
クラスター4	平均	−0.549	0.183	1.381	0.225
	㉗トマトプリッツ	−0.797 (−0.248)	−0.319 (−0.502)	1.778 (0.397)	0.801 (0.576)
	㉘ホールズ	−0.413 (0.136)	−0.511 (−0.694)	1.466 (0.085)	0.013 (−0.212)
クラスター5	平均	1.013	0.257	0.120	−0.175
	㉙ソリットバーチーズケーキ	1.266 (0.253)	−0.064 (−0.321)	−0.001 (−0.121)	0.181 (.0.356)
	㉚焼きもろこし	1.088 (0.075)	0.035 (−0.222)	0.389 (0.269)	−0.339 (−0.164)

(注)　(　)内は平均からの偏差。

表 2-15 各クラスターの代表的な CM の「総合評価」

		選定された CM	「総合評価」		「表現	
			第1因子	第2因子	第1因子	第2因子
			(購買意欲)	(商品の効用イメージ)	(情緒的評価)	(商品説
「総合評価」によるクラスター	1	①柿の種 ②オリゴCC	-1.095 -1.199	-0.477 -0.048	-0.224 -1.999	-0.34 -1.53
	2	③ウーロン茶 ④プリモア	0.002 -0.274	1.823 1.574	0.883 0.197	-1.02 0.42
	3	⑤ネスカフェ ⑥焼きもろこし	0.229 0.243	-0.893 -0.672	1.721 -0.681	-0.54 -1.61
	4	⑦ヨーグレージュ ⑧バドワイザー	0.227 0.352	0.419 0.214	-0.977 0.814	0.17 0.31
	5	⑨AYA ⑩季節のデザート	1.405 1.309	-0.229 -0.241	0.541 1.380	1.53 -0.92
「表現評価」によるクラスター	1	⑪フレンチカフェ ⑫シルベース	-0.363 -0.114	-1.063 -1.256	-0.117 0.935	-0.45 -0.38
	2	⑬デンロクチョコシリーズ ⑭クリーミーカフェ	-1.601 -0.432	-1.076 -1.288	-1.886 -2.056	-0.41 0.02
	3	⑮トマトブリッツ ⑯フレッシュ	0.372 0.984	0.547 -0.930	0.167 0.076	0.430 0.78
	4	⑰ロッテアーモンドチョコレート ⑱ZIZE	0.308 -1.039	0.977 0.189	-0.674 0.015	-1.26 -1.58
	5	⑲ポンポコタヌキ ⑳コロコロパンダウサギ	0.417 -1.604	-0.438 -0.856	1.225 0.611	-0.43 -0.60
「イメージ」によるクラスター	1	㉑ポカリスエットステビア ㉒ジョージアレンジカフェ	-0.186 0.417	0.711 -0.654	0.081 1.069	-0.30 0.79
	2	㉓ケフラン ㉔WINDY	-1.244 1.513	1.371 0.000	0.299 0.741	0.31 1.208
	3	㉕ブライト ㉖ラーマソフト	-2.182 -0.864	-1.351 -0.346	-2.278 -1.202	-0.901 1.523
	4	㉗トマトブリッツ ㉘ホールズ	0.372 -0.299	0.547 0.696	0.617 -0.702	0.430 0.495
	5	㉙ソリットバーチーズケーキ ㉚焼きもろこし	1.692 0.243	-0.531 -0.672	0.508 -0.681	0.099 -1.615

「観評価」,「イメージ」の各因子得点

| 第3因子 | 「イメージ」 | | | |
| | 第1因子 | 第2因子 | 第3因子 | 第4因子 |
(聴覚印象)	(インパクト)	(親近感)	(活気)	(洗練度)
-1.698	-0.276	0.359	-1.173	-1.249
0.852	0.337	-1.074	-0.557	-1.395
-1.416	-0.450	0.710	-1.856	0.519
-0.466	-1.675	0.828	1.581	0.091
-1.450	-1.070	-0.238	-1.236	1.485
0.720	1.088	0.035	0.389	-0.339
-1.201	0.057	-2.018	0.052	0.452
0.123	0.456	-0.303	0.126	1.237
-1.071	-0.790	-0.452	-1.257	1.256
-0.469	-0.766	1.488	-0.676	0.959
-1.629	-0.673	-0.837	-0.940	0.817
-0.837	-0.907	-0.524	-1.318	1.179
-0.334	-2.321	-0.820	0.550	-2.004
-0.571	-0.592	-1.786	-0.353	-1.347
0.442	-0.797	-0.319	1.778	0.801
0.122	-0.621	-0.518	-1.532	-0.127
0.008	-0.241	-0.771	2.059	0.207
-0.253	0.140	-1.456	-1.191	0.924
1.037	1.264	2.094	0.157	-1.839
1.164	-0.689	1.713	0.777	-1.942
-0.760	0.092	-1.381	-0.798	1.107
-1.215	-0.087	-0.651	-0.653	1.080
0.156	-0.911	0.937	-0.910	0.358
-0.649	-0.745	1.110	-0.119	0.014
0.137	-0.753	-1.252	0.311	-1.281
-1.581	-1.163	-1.087	-0.797	-1.268
0.442	-0.797	-0.319	1.778	0.801
0.710	-0.413	-0.511	1.466	0.013
0.025	1.266	-0.064	-0.001	0.181
0.720	1.088	0.035	0.389	-0.339

(1)「総合評価」第1クラスター（購買意欲が生じにくいCMのクラスター）

①柿の種

　黒い巨大な石が映り，そこに中年男性が現れ，おでこに手をかざしながらそれを見上げる。「頑固なやつは，そう，意志（石とかけている）が強い」というナレーションとともに，男性が，石を梃子で動かそうとするが微動だにしない。黒い石を背にして男性が座り，商品を食べてニコッと笑うシーンに，「頑固が新鮮です」という文字スーパーが現れる。そして，柿の種とピーナツが画面にぎっしりと映る。そして，「一粒一粒が頑固に新鮮。亀田のスーパーフレッシュ」というナレーションとともに，「おいしさをのがしません。スーパーフレッシュパック。不活性ガス封入」という文字スーパーと袋に入った商品が映る。

　因子得点からCMの特徴を解釈すると，「表現評価」の第3因子，「イメージ」の第3，4因子および「総合評価」の第1因子が負に高いことから，視聴覚印象が暗く，活気がなく，洗練さに欠け，購買意欲が生じにくいCMである。大きな黒い石が前面に映されていることや，登場人物が地味な感じの中年男性であることから，このように評価されたのであろう。

②オリゴCC

　鼓の音とともに，CGで描かれた病院の診察室に白衣を着た女性（医師）が映り，「ビフィズス菌元気ですか」と診察中の患者に尋ねる。同時にこのセリフが漫画の「フキダシ」のように表示される。医師と向かい合って座っている，赤い腹巻きをして庶民的な感じの若い男性（患者）が，「Fine thank you, and you?」と言うと，医師は「私も元気です」と答える。最後に，「はっするオリゴCC」という歌とともに，画面の右側には商品と「ビフィズス活性飲料オリゴCC」という文字スーパーが，左側には「新発売，オリゴCCスーパー」という文字スーパーと商品を飲む女性が映る。

　因子得点は，「表現評価」の第1，2因子，「イメージ」の第2，4因子および「総合評価」の第1因子が負に高い。つまり，商品説明が不充分で，親近感が感じられず，洗練さに欠け，情緒的評価が低く，購買意欲が生じにくいCMと解釈できる。機能性飲料のCMであるが，成分についての説明がはっきりしておらず，登場人物の会話もユーモラスではあるが不自然である。

(2)「総合評価」第2クラスター（商品の効用イメージが出ているCMのクラスター）

③ウーロン茶

7人の細身の中国人女性がバレエの練習をしている。そこに「幸福は体の奥にある。お茶の葉が深い」というナレーションが流れ，一人の女性が商品を飲むシーンになり，最後に商品が映る。

因子得点は，「総合評価」の第2因子が正に高いものの，「表現評価」の第2，3因子および「イメージ」の第3因子が負に高い。つまり，商品説明が不充分で，視聴覚印象が暗く，活気はないが，効用イメージはよく出ているCMと解釈できる。画面が暗く，バレエの練習風景も静かであるが，登場人物が細身であることから，効用イメージを感じたのであろう。

④プリモア

「プリプリ，プリモア，最高」という歌とともに，一人のサッカー選手と大勢の子供達が走っている。次に袋から出されたばかりのソーセージ（商品）が映り，再び走っているシーンが映る。次に，「プリモア，プリプリ，絹びき」という歌とともに「プリップリッ，絹びき」という文字スーパーと，白い大皿の上に並べられた，加熱された商品が映る。そしてそれをサッカー選手と子供達がフォークに刺して，その手を挙げるシーンが映る。最後に，再び走っているシーンが映り，「おいしいものは子供に聞こう」というナレーションとともに，サッカー選手がサッカーボールを蹴り，そのボールが高く上がったところで，商品と「特選絹びきプリモア」という文字スーパーが前面に映る。最後に，「おいしさふれあい。プリマハム」の商標が映る。

因子得点は，「イメージ」の第3因子と「総合評価」の第2因子が正に高く，「イメージ」の第1因子が負に高い。つまり効用イメージが出ていて活気があるが，インパクトに欠けるCMと解釈できる。スポーツ選手と子供達が走っているシーンが多いことから，このように評価されたのであろう。

(3)「総合評価」第3クラスター（商品の効用イメージがあまり出ていないCMのクラスター）

⑤ネスカフェ

外国人男性が，冬の海辺に座って温かい缶コーヒー（商品）を飲んでいる。男性の顔と商品が映った後，「Caféはここにある」というナレーションとともに，コーヒー豆が全面に映り，次第にそれが液体になる。次に，「これがクオリティーコーヒー」というナレーションが流れ，「THIS IS THE QUALITY COFFEE」という文字スーパーが映る。再び男性が商品を飲むシーンになり，最後に，「ネスカフェ CAN 登場です」という文字スーパーとナレーションとともに，夕暮れ

の灯台を背景に走り去る自動車（男性が乗っている）と商品が映る。

因子得点は,「表現評価」の第1因子と「イメージ」の第4因子が正に高く,「表現評価」の第3因子と「イメージ」の第1,3因子が負に高い。つまり視聴覚印象が暗く,インパクトが弱く,活気はないが,洗練されていて,情緒的評価の高いCMと解釈できる。確かに洗練された静かな大人っぽいCMである。

⑥焼きもろこし

結婚式に着て行く服について母と娘（子供）で言い争いをしている。娘は母の言うことを聞かず,商品を食べるのに夢中である。母親は商品を娘から取り上げて,それを食べながら「これ着なさい,と言ったでしょ」と言う。すると娘は「こんなの着られないわ」と言いながら,母親から商品を取り返す。母親が再び商品を取り上げて食べながら「お母さんが間違ったこと言ったことある？」と聞くと,娘は「お母さんとは趣味も好みも違うのよ」と切り返して,再び商品を取り返す。そして「カルビー焼きもろこし,お好み焼き味新発売」というナレーションとともに商品と「新発売」という文字スーパーが全面に映る。最後に「焼きもろこし」のお好み焼き味,ビーフ味,うす塩味の3商品のパッケージが映る。

因子得点は,「表現評価」の第2因子が負に高く,「イメージ」の第1因子が正に高い。つまり,商品説明が不充分であるが,インパクトの強いCMと解釈できる。最初から最後まで,商品を取ったり取り返したりしながら口論をしている。口論をしているのでインパクトは強いかもしれないが,話題が商品と全く関係のないことから,商品説明が不充分と評価されたのであろう。

(4)「総合評価」第4クラスター（総合評価が無特徴なCMのクラスター）

⑦ヨーグレージュ

モノトーンの画面に,運動を終えたばかりの若い外国人女性が映り,「あ～,疲れた。あ～,おいしい。あ～おいしい」というCMソングが流れ,その女性がソファの上に横になる。次に画面がカラーになって,「フレッシュチーズとヨーグルト。体が欲しがるおいしさです」というナレーションとともに,液体のチーズとヨーグルトが流れて混ざり合う画像を背景に,商品が映る。再びモノトーン画面に女性が映り,次にカラー画面に「天然タンパク,カルシウム」という文字スーパーと商品が映る。そして「雪印ヨーグレージュ新発売」というナレーションとともに,女性が元気そうに商品を食べているシーンになる。最後に再びモノトーンの画面に戻り,女性が（意外にも）かつらを取りながら「あ～,ヨーグレージュ」という声が流れて終わる。

因子得点は,「イメージ」の第2因子が負に非常に高く,「表現評価」の第3因子も負に高い。つまり,親近感は全くなく,視聴覚印象が暗いCMと解釈できる。モノトーンの画面で,登場人物が冷たい感じの外国人なので,このような評価になるのであろう。

⑧バドワイザー

砂漠で二人の外国人男性が,空気でふくらませる巨大な携帯プールを設置している。次に缶ビール（商品）を開けるシーンが映り,ビールの泡が噴き出すと同時にプールもでき上がる。二人の男性がプールサイドで日光浴をしていると,水着の外国人女性がよく冷えたバドワイザーを持ってどこからか現れる。次にビールの液体がグラスに流れていくシーンを背景にして「この味はClean & Crisp」という文字スーパーが映る。それと同時に「この味はClean & Crisp」というナレーションが入る。登場人物の一人の男性が「Where did she come from?」ともう一人の男性に言う。最後に「King of beers, Budweiser」とナレーションが入り,画面の中央にはプールの水面に商品が映し出され,画面の右端に「価格据え置き。240円」という文字スーパーが入る。

因子得点は,「イメージ」の第4因子が正に高い。つまり洗練されているCMと解釈できる。確かに洗練されているCMである。

(5)「総合評価」第5クラスター（購買意欲が生じやすいCMのクラスター）

⑨AYA

ソプラノの歌とともに「アイスクリームのおいしさが生（なま）になりました。私達の新しい豊かさです」というナレーションが入る。画面には,「アイスクリームのおいしさが生になりました。明治乳業中央研究所」という文字スーパーと,生クリームと思われる白い液体が上から下に流れていくシーンが映り,そこにローマ字の「AYA」と,行書体の「彩」と書かれているパッケージが画面いっぱいに映る。次にアイスクリームをスプーンですくった画像が入り,「ジャパンビューティー AYA 誕生」というナレーションとともに商品が映り,最後に「明治乳業」の商標が映る。

因子得点は,「表現評価」の第2因子,「イメージ」の第4因子および「総合評価」の第1因子が正に高く,「表現評価」の第3因子と「イメージ」の第3因子が負に高い。つまり,活気がなく,視聴覚印象は暗いが,洗練されていて商品説明が充分で,購買意欲が生じやすいCMと解釈できる。丁寧な表現で商品説明が行われており,また押しつけがましい点がないことから,このように評価された

⑩ **季節のデザート**

　冬の夕暮れの草原で夫婦が遊んでいる。そして女性が「季節だね，食べようか」と言う。次に，商品が映り，室内の暖炉の前で二人そろって商品（アイスクリーム）を食べるシーンになる。最後に，夕暮れの草原を背景にして箱に入った商品が映る。

　因子得点は，「表現評価」の第1因子，「イメージ」の第2因子および「総合評価」の第1因子が正に高い。つまり，親近感を感じ，情緒的評価が高く，購買意欲が生じやすいCMと解釈できる。仲良く二人そろって商品を食べるシーンがあるため，ほほえましいことから，このように評価されたのであろう。

(6)「表現評価」第1クラスター（視聴覚印象が低いCMのクラスター）

⑪ **フレンチカフェ**

　フランス人の男女が腕を組み，フランス語で話をしながら歩いている。画面の右側に「急がないともう幕が上がる時間よ」という文字スーパーが映る。次に「じゃあ消えるよ」という文字スーパーが映り，その男女を柱の陰で見ながら，商品（コーヒー）を飲み落胆している感じの男性と「来週の水曜日に席をとっておいたけど…」という文字スーパーが映る。そして最後に，「フランスの方からいい香り。レギュラーコーヒー，フレンチカフェ」というナレーションとともに，商品が映る。

　因子得点は，「表現評価」の第3因子と「総合評価」の第2因子が負に高い。つまり視聴覚印象が暗く，効用イメージが出ていないCMと解釈できる。柱の陰で見ているシーンやコーヒーを飲んで落胆しているシーンがあるため，このような評価を受けたのであろう。

⑫ **シルベーヌ**

　赤い服を着た外国人女性の顔が全面に映り，次に「ひとときごとに美しく香りたい」というナレーションとともにスポンジケーキが前面に映る。そのケーキの上にチョコレートをコーティングするシーンが流れ，次に女性と「香る生活」という文字スーパーが入る。そして，「熱いカプチーノとこはく色のシルベーヌ」というナレーションとともにコーヒーカップと商品が映り，次に「ブルボンシルベーヌ」というナレーションとともにその商品を女性が食べているシーンが映り，最後に箱に入った商品が映る。

　因子得点は，「イメージ」の第3因子と「総合評価」の第2因子が負に高く「イ

メージ」の第4因子が正に高い。つまり，活気がなく，効用イメージが出ていないが，洗練されているCMと解釈できる。上品な感じの外国人女性が登場人物であるが，動きのあるシーンが少ないため，このように評価されるのであろう。

(7)「表現評価」第2クラスター（情緒的評価が低いCMのクラスター）

⑬デンロクチョコシリーズ

赤い帽子と衣服を身につけ，頭に大きな赤い花をつけた外国人女性が3人（同一人物）に多重合成され，ピーナッツチョコレート一粒を手に持ち，「ピーナッツ」と言う。次に，ピーナッツチョコレート（商品）が「カリッ」という効果音とともに二つに割れたシーンが映る。「コーンチョコレート」と「アーモンドチョコレート」についても同様の映像が映る。そして，その女性が全面に映り，「色々おいしい」というナレーションが流れる。次に，女性が両手を頬にあてて微笑み，「デンロクチョコシリーズ」というナレーションとともに，商品が映り，最後に，「おいしさいきいきデンロク」という商標が映る。

因子得点は，「イメージ」の第1，4因子得点が負に非常に高く，「表現評価」の第1因子，「総合評価」の第1，2因子得点が負に高い。つまりインパクトがとても弱く，全く洗練されてなく，効用イメージも出ていなくて，情緒的評価が低く，購買意欲が生じにくいCMと解釈できる。確かに，あまり洗練されていなくて，情緒的評価の低そうなCMである。

⑭クリーミーカフェ

横浜のベイブリッジ付近に車をとめた若い男性と女性が，缶コーヒー（商品）を飲んでいると，突然，男性の祖父が天国から現れ，「お前らぜいたくもいい加減にしたらどうだ」と説教する。次にコーヒーに生クリームを入れる画像と，「それはぜいたくな生クリーム入り」という文字スーパーが映る。再び祖父が「生クリームなんか入れて。何だ，その新発売のそれ」と怒ったように言うと，男性が，商品を手で持ちながら「クリーミーカフェだよ」と言う。そして，画面には「クリーミーカフェ。100円」という文字スーパーが入る。最後に「ハーフタイム」という音声とともに「おいしい，ひと休み。HALF TIME」と書かれた文字スーパーが映る。

因子得点は，「表現評価」の第1因子得点が負に非常に高く，「イメージ」の第2，4因子得点と「総合評価」の第2因子得点も負に高い。すなわち，親近感がなく，洗練さに欠け，効用イメージがなく，情緒的評価が非常に低いCMと解釈できる。亡くなった祖父が現れて，怒っているという設定が，このように評価さ

れるのであろう。

(8)「表現評価」第3クラスター（表現評価が無特徴な CM のクラスター）

⑮トマトプリッツ

「朝シャン[102]，トマト，モーニング。元気な朝はトマ，トマ，トマ，トマトプリッツ」という軽快な音楽とともに，シャワーを浴びたばかりの出勤前の女性が笑顔で商品を食べるシーンが映る。そこに「トマト，モーニング」という文字スーパーが入る。そして，その女性が，1本のプリッツを口にくわえて片手にコーヒーカップを持ち，軽快に家のなかを歩き，パッケージから商品を引き出しながら，「おいしい朝のプリッツです」と言う。次に，水滴のついたトマトが全面に映り，それが「パリッ」という効果音とともに半分に割れて断面が映る。そして「グリコトマトプリッツ。150円」という文字スーパーと商品が映り，最後にスーツに着替えた女性が商品を持って微笑みながら「連れてっちゃおう」と言って出勤するシーンで終わる。

因子得点は，「イメージ」の第3因子だけが高いことから，活気のある CM と解釈できる。確かに CM ソングやタレントの動きに元気さが感じられる。

⑯フレッシュ

「チョコレート，チョコレート，チョコレートは明治」という歌が流れるなか，「苺たっぷりフレッシュ」という女性タレントの声とともに，画面いっぱいにチョコレートを下に敷いてたくさんの苺が映り，そこに生クリームがかけられる。次にチョコレート（中身）が映り，その次にチョコレートの箱（赤色で右側には先程の苺に牛乳がかけられた画像がついている）が映る。次に，苺の時と同様に画面いっぱいにチョコレートを下に敷いてたくさんのキウイフルーツが映り，そこに生クリームがかけられる。そして，チョコレートとチョコレートの箱（緑色で右側には先程のキウイフルーツに牛乳がかけられた画像がついている）が映る。「おいしさが，あフレッシュ」（「あふれる」と「フレッシュ」をかけている）という女性タレントの声とともに二人の女性タレントが各々のチョコレートを食べるシーンになる。「生クリームチョコの本格派。明治フレッシュ」というナレーションとともに「キウイフルーツ新発売，明治フレッシュ」という文字スーパーと商品が映り，最後に「MEIJI」の商標が映る。

因子得点は，「イメージ」の第3因子が負に高い。活気がない CM と解釈でき

---

[102] 朝シャンプーをする意味の流行語。

る。静かなCMなので活気はないが，画面から即物的な表現によっておいしそうな商品のイメージが伝わってくる。

(9)「表現評価」第4クラスター（商品説明が不充分なCMのクラスター）

⑰ロッテアーモンドチョコレート

女性ロック歌手グループがコンサートを開いている。コンサート風景を背景に，商品の箱と，箱のなかにアーモンドチョコレートが並んでいる状態，何粒かのアーモンドチョコレートが順番に映る。次に，ロックの激しい音とともに1粒のアーモンドチョコレートがはじけて，その断面が映り，ミルクを思わせる白い画面に「生クリーム入り」という黄色い文字スーパーが入り，「生クリームと大粒アーモンドのライブバージョン」というナレーションが流れる。最後に，コンサート後のロック歌手達が「ロッテアーモンドチョコレート」と言いながら手を振ると，「ロッテワールドの旅。ペアで500組1000名様ご招待」という文字スーパーが映り，「ただ今，実施中」というナレーションが流れる。

因子得点は，「イメージ」の第3因子が正に非常に高く，「表現評価」の第2因子が負に高い。つまり，活気はあるが，商品説明は不充分なCMと解釈できる。ロックのコンサート風景や商品のアーモンドチョコレートがはじけるシーンがあることから，活気があると評価されたが，「生クリーム入り」という説明しかないことから，商品説明が不充分という評価を受けたのであろう。

⑱ZIZE

半透明に画像処理された映像で女性が商品を飲んでいるシーンを背景に，「あなたの可能性は目を覚ます」という文字スーパーが入り，「もうすぐあなたは美しい」というナレーションとともに「ZIZE」という文字スーパーが画面に大きく映る。そして商品と「ZIZE」の文字スーパーが全面に映り，次に「10月1日誕生」という文字スーパーが入り，「マルチ発酵飲料ZIZE。10月1日あなたへ」というナレーションが流れて終わる。

因子得点は，「表現評価」の第2因子，「イメージ」の第2，3因子および「総合評価」の第1因子が負に高い。つまり商品説明が不充分で，親近感や活気がなく，購買意欲が生じにくいCMと解釈できる。商品に対しては「マルチ発酵飲料」という説明しかなく，それ自体の意味もよく分からない。そのうえ，顔がはっきり見えない女性が商品を飲んでいる映像だけなので，親近感や活気が感じられず，購買意欲が生じにくいのであろう。

⑽「表現評価」第5クラスター(情緒的評価が高く,視聴覚印象が高いCMのクラスター)

⑲ポンポコタヌキ

のどかな山を背景にタヌキの人形が現れ,「ぼくはポンポコ人気者。たんたんタヌキ,ポンポコタヌキのおまんじゅう」という歌に合わせて踊る。次に,まんじゅう(商品)がたくさん映り,踊っていたタヌキもまんじゅうになる。最後に,「ポンポコ,ポンポコ,ポコポン」という歌とともに,商品が入っている箱のなかからタヌキが顔を出す。

因子得点は,「イメージ」の第2因子が正に非常に高く,「表現評価」の第1,3因子,「イメージ」の第1因子も正に高く,「イメージ」の第4因子が負に高い。つまり洗練さに欠けるものの,非常に親近感があり,視聴覚印象が明るく,インパクトも強く,情緒的評価が高いCMと解釈される。確かに洗練されていないCMであるが,タヌキが可愛らしいので,女子大学生には比較的良い評価を受けたのであろう。

⑳コロコロパンダウサギ

「コロコロパンダウサギ」という歌に合わせて,アニメのパンダとウサギが行進しながら現れ,「でんぐり。かわいいチョコだよ」というナレーションとともに,でんぐり返しを打つ。ウサギは上手にできるが,パンダはひっくり返ってしまう。パンダが恥ずかしそうにしたところで,「ブルボン,コロコロパンダとコロコロウサギ」というナレーションとともに「コロコロパンダ」,「コロコロウサギ」および「新発売」という文字スーパーと商品(パンダのチョコレートバーとウサギのチョコレートバー)が映る。

因子得点は,「表現評価」の第3因子と「イメージ」の第2因子が正に高く,「イメージ」の第4因子と「総合評価」の第1因子が負に高い。つまり,視聴覚印象は明るく,親近感を感じるが,洗練さに欠け,購買意欲が生じにくいCMと解釈される。このCMは,見た感じも因子得点評価も⑲ポンポコタヌキのCMとよく似ている。しかし,⑲のCMと異なり,購買意欲が負の評価を受けている。これは,⑲は和菓子のCMであるが,⑳は小さな子供対象のチョコレートバーのCMなので,女子大学生には受け入れられなかったと考えられる。

⑾「イメージ」第1クラスター(親近感はないが,洗練されているCMのクラスター)

㉑ポカリスエットステビア

第3章　155

　細身の白いスーツを着てヒールの高いパンプスをはいた，細身の若い外国人女性が，海の近くで自分の車にガソリンを入れながら，海の色と同じ水色の缶の商品を飲んでいる。次に「自分の体が好きだ。カロリーウォッチャーズのステビア」というナレーションとともに，ガソリンを入れ終えた女性が商品を飲んでいるシーンが前面に映り，最後に商品と「ニュー・ニュー・ポカリスエットステビア」という文字スーパーと商品が映る。

　因子得点は，「イメージ」の第2因子が負に高く，第4因子が正に高い。つまり親近感を感じられないが，洗練されたCMと解釈される。確かに登場人物は，かなり洗練されているが，冷たい感じの女性なので，親近感は感じられないかもしれない。

㉒ジョージアレンジカフェ

　「ついに新コーヒー」というナレーションとともに，黒い壁紙に白いカップが置かれ，カップの上に「新・珈琲」という文字スーパーが映る。次に，「ジョージアレンジカフェ」というナレーションとともに，商品が映り，「ドリップを待てない人のためのドリップコーヒー」というナレーションが流れ，白いカップにコーヒー（商品）が注がれ，それが電子レンジであたためられているシーンが映る。そして，電子レンジの「チン」という効果音とともに，「カップinレンジ」という歌と文字スーパーが入り，最後に，再び「チン」という効果音とともに電子レンジ，商品，白いカップおよび「新発売」という文字スーパーが映る。

　因子得点は，「表現評価」の第1因子と「イメージ」の第4因子が正に高く，「表現評価」の第3因子が負に高いことから，視聴覚印象は暗いが，洗練されていて，情緒的評価の高いCMと解釈される。最初から最後まで商品説明中心の淡々としたCMであるが，余計な情報がないことがかえって洗練されているという評価を受けたのであろう。

⑿「イメージ」第2クラスター（親近感があるCMのクラスター）

㉓ケフラン

　色白でふくよかな若い外国人女性と「ウツクシスカヤ」という文字スーパーが映る。次に，田園のコーカサス地方が映り，「ウツクシスカヤさんはソ連コーカサス地方の発酵乳ケフィアを飲んで育ちました。その恵みをあなたにも」というナレーションとともに，その女性が商品を飲むシーンが映り，最後に「ケフィアエキス入りケフラン新発売」というナレーションとともに，「ウェルネスの時代に」と「ケフィアエキス入りケフラン新発売。200円」という文字スーパーと，

156　第2部　予備的研究

樹木の上に乗せられた商品が映る。

　因子得点は,「総合評価」の第2因子が正に高く,第1因子が負に高い。つまり効用イメージを感じさせるが,購買意欲が生じにくいCMと解釈される。ナレーションや文字スーパーなどで商品の効用を強調しているため,効用イメージを感じたのであろう。

㉔WINDY

　緑色の草原を背景に,一つのジャガイモと「Hello, WINDY」という文字スーパーが,「オレ,ポテト」というナレーションとともに,映る。次に,「ロッテの新しい技でビスケットになってみた。こんがりポテトのビスケット」というナレーションが流れ,ふかしたジャガイモの上でバターが溶けるシーンが映り,それを練り込んだビスケットが焼けていくシーンと,「ロッテ独自のHDS製法」という文字スーパーが映る。そして,焼きあがったビスケットが「サクッ,サクッ,サクッ」という効果音とともに二つに割れ,「ロッテWINDY,これは嬉しい」というナレーションが入り,最後に,再び草原を背景に「ポテトビスケット,ロッテWINDY」,「新発売,200円」という文字スーパーと商品が映る。

　因子得点は,「表現評価」の第2因子,「イメージ」の第2因子,および「総合評価」の第1因子がいずれも正に高い。つまり商品説明が充分で,親近感を感じ,購買意欲が生じやすいCMと解釈できる。ジャガイモが商品になるまでを,ほのぼのとした雰囲気で説明しているので,このような評価になったのであろう。

⒀「イメージ」第3クラスター（洗練されていないCMのクラスター）

㉕ブライト

　電車のなかで若い男女が口論をしている。女性が「もうあかんて」と言うと男性は「もう一回やり直そうな」と言うが,女性は「しつこい」と言って電車から降りてしまう。男性は落ち込んだ表情をする。「あなたならどうする」という歌が流れ,同じ電車に乗っている中年の男性が商品を手にとって見せながら「あっさりいったら」と言う。次に,コーヒーのなかでクリーム（商品）が溶けるシーンが映り,そのコーヒーを,失恋した男性が飲むと,すっきりした表情になる。最後に,「あっさりブライト」というCMソングが流れ,元気を取り戻した男性が電車のなかで別の女性に「コーヒーでも飲まへん」と声をかけるシーンと,「コーヒーにあっさりブライト」という文字スーパーが映る。

　因子得点は,「表現評価」の第1因子と「総合評価」の第1因子が負に非常に高い。また「イメージ」の第2,4因子,「総合評価」の第2因子も負に高い。

つまり，親近感がなく，洗練さに欠け，効用イメージもない。そして，情緒的評価が非常に低く，購買意欲が非常に生じにくい CM と解釈できる。「あっさり」を，商品の味と人間関係にかけているが，洗練されているとは言い難い。また，すぐに別の女性に声をかけるシーンが不評の原因であろうか，28本中一番情緒的評価の低い CM である。

㉖ラーマソフト

　オフィスで，一人の女性を中心に，打ち合わせをしているシーンが映る。その女性が，「そうですね，色々と使っているうちにいつの間にかラーマになったのですよね。考えてみると不思議ですね」と言う。次に女性の「なぜかしらね」という声とともにパンにマーガリン（商品）をつけているシーンが映る。今度はその女性が，自宅で家族と，商品をつけたパンを食べるシーンになり，「かるいのにクリーミィ」というナレーションが入り，「ラーマソフト」という CM ソングが流れ，様々なパンを背景に商品と「か～るいのにクリーミィ」という文字スーパーが映る。

　因子得点は，「表現評価」の第2因子だけが正に高いが，「表現評価」の第1，3因子，「イメージ」の第1，2，4因子が負に高い。つまり商品説明は充分だが，視聴覚印象が暗く，インパクトが弱く，親近感がなく，洗練さに欠け，情緒的評価の低い CM と解釈できる。確かにあまり洗練されていない CM である。

⑭「イメージ」第4クラスター（活気のある CM のクラスター）

㉗＝⑮トマトプリッツ（p.152）

㉘ホールズ

　「喉ホールズ」という女性の歌声とともに女性の口，鼻，喉が映る。次にスイス連峰の様な山から「喉にホールズおいしいよ」と歌いながら商品の上に乗った女性タレントが現れる。そしてそのタレントが商品を口に入れて，微笑むシーンが映り，次に「ベイパーアクション」というタレントの言葉とともに喉で商品がはじける画像が入り，再び山を背景に，タレントが歌うシーンになる。そして最後に商品が前面に映る。

　因子得点は，「イメージ」の第3因子得点だけが正に高い。つまり活気のある CM と解釈できる。この CM のタレントは，活気のあるはっきりしたイメージの女性である。その彼女が商品に乗ったり，歌ったりしているので，活気のある CM という評価を受けたのであろう。

⒂「イメージ」第5クラスター（インパクトが強いCMのクラスター）

㉙ソリットバーチーズケーキ

男性が空港の所持品検査でひっかかってしまい，検査員が「あなたチーズケーキ持っていますね」と言いながら検査するシーンが映る．次に，「チーズケーキをチョコレートのなかに隠していた」という検査員の声とともに，チーズケーキをチョコレートでコーティングしていくシーンが映る．その時，「CCX製法」という文字スーパーが入る．最後に，取り調べ室で検査員の男性が商品を食べながらその男性に向って「全く手のこんだことしやがって．この野郎」と言い，「森永ソリットバーチーズケーキ」という男性の声と「新発売，200円」という文字スーパーとともに商品が映る．最後に「MORINAGA」の商標が映る．

因子得点は，「イメージ」の第1因子と「総合評価」の第1因子が正に高い．つまりインパクトが強くて，購買意欲が生じやすいCMと解釈できる．チョコレートのなかに，何かが入っている商品は多く，そのような商品のCMも多く放映されている．しかし，このCMの内容が同様のチョコレートのCMと異なり，「コーティング」を隠匿行為に例えて面白く表現しているため，インパクトが強く，良い評価を得られたのであろう．

㉚＝⑥焼きもろこし（p.148）

以上，「総合評価」，「表現評価」および「イメージ」の3領域において，各クラスターの代表的なCMにみられる具体的な表現内容を描写して，「描写した表現内容」と「因子得点から解釈される各クラスターの特徴」との関連を考察した．その結果，両者はほぼ対応していたことから，本章で構成したクラスターの測定値は，妥当性のあるものと判断された．そこで，主研究では，本章で領域別に行ったクラスター分析結果をもとに選定したCMを用いて，視聴実験を行うことにした．

Ⅳ．本章のまとめ

本章では，前章（第2章）で行った「表現評価」の3因子解，「イメージ」の4因子解および「総合評価」の2因子解の因子得点をデータとして，領域別に131本のCMのクラスター分析（Ward法）を行い，それぞれ5クラスタ

ーに区分した。次に，3領域それぞれにおいて，クラスター別に各因子得点の平均値を算出し，その平均値とクラスターを構成する個々のCMの因子得点とを比較した。そして，その差の絶対値が全て小さく，かつ，CMの因子得点の正・負が，平均値の正・負と可能な限り一致するCMを，各クラスターを代表するCMと考えることにした。

　以上のような手続きで，各クラスターから2本ずつ，合計28本[103]のCMを選定した。さらに，選定したCMの具体的な表現内容を描写して，「描写した表現内容」と「因子得点から解釈される各クラスターの特徴」との関連を考察した。その結果，両者はほぼ対応していたことから，本章で構成したクラスターの測定値は，妥当性のあるものと判断された。そこで，主研究では，本章で選定したCMを用いて視聴実験を行うことにした。

---

[103] 2本のCMが重複していた。

第4章　主研究の方向づけ

Ⅰ．予備的研究で得られた知見に基づく主研究の方向づけ

1．主研究に用いる「視聴印象」の測定項目

　予備的研究では，食品CM 131本について，「視聴印象」，「Aad」および「購買意欲」に関する47項目について7段階評定してもらう視聴実験を，28名の女子大学生を被調査者にして行った。

　47項目を，「表現評価（18項目）」，「イメージ（21項目）」および「総合評価（8項目）」の3領域に分けて，それぞれで，「平均評定値行列」にもとづく項目間相関行列に因子分析を施した。その結果，「表現評価」の領域では**「情緒的評価」**，**「商品説明」**および**「視聴覚印象」**の3因子が，「イメージ」の領域では**「インパクト」**，**「親近感」**，**「活気」**および**「洗練度」**の4因子が，さらに「総合評価」の領域では**「購買意欲」**，**「商品の効用イメージ」**の2因子がそれぞれ抽出された。そこで，これらの9因子のうち，**「情緒的評価」**，および**「購買意欲」**を除く7因子それぞれでの高負荷項目から，負荷量が高い順に2項目ずつ，計14項目を「視聴印象」の測定項目とすることにした。なお，主研究では，第3部第1章Ⅱ.の5で述べるように，この14項目の他に，多くの先行諸研究で用いられている7項目を加えた計21項目で「視聴印象」を測定した。

2．主研究に用いる「Aad」の測定項目

　食品CMの「Aad」の測定には，食品CM独自の測定項目が必要であると考え，予備的研究では「総合評価」のなかに食品CM独自の項目を加えた。そして，「CM好感度」がこれらの項目と一緒になり一つの因子を形成した場合，その因子を「Aad」を表す因子と考えることにしていた。しかし，食

品CM独自の項目は,「CM好感度」とは別の因子(「**商品の効用イメージ**」)を形成し,「CM好感度」は「**購買意欲**」に高負荷を示した。

そこで,「CM好感度」と「表現評価とイメージの2領域から抽出した7因子」の相関分析を行ったところ,「**情緒的評価**」が「CM好感度」と特に相関が高かったため,「**情緒的評価**」を「Aad」を表す因子と考えることにした。そして,この高負荷項目から,負荷量が高い順に2項目を「Aad」の測定項目とすることにした。なお,主研究では,この2項目の他に,多くの先行諸研究で用いられている3項目を加えた計5項目で「Aad」を測定した。

3．主研究に用いるCM

3領域ごとに,各因子解の因子得点をデータとして,131本のCMのクラスター分析(Ward法による)を行い,5クラスターに区分した。3領域で,合計15クラスターが構成されるが,各クラスターから2本ずつのCM(合計28本[104])を選定した。

さらに,選定したCMの具体的な表現内容を描写して,「描写した表現内容」と「因子得点から解釈される各クラスターの特徴」との関連を考察した。その結果,両者は対応していたことから,構成したクラスターの測定値の妥当性が確認できた。そこで,主研究では,ここで選定したCMを用いて視聴実験を行うことにした。

II．実験方法や分析方法についての考察

1．CMの提示方法についての考察

CM研究においては,多数のCMを一気に調査する方法を採ることがある。例えば,第1部でレヴューしたわが国の先行諸研究のなかで,ビデオリサーチのテレビコマーシャル・カルテ調査がその手法を採用している。具体的に

---

[104] 2本のCMが重複していた。

は，13〜59歳の男女800名を対象に，70〜90 CMについてのストーリーボードと質問紙を調査員がサンプリングされた家庭を訪問して配布し，後日，調査員が質問紙を回収するという，配票留置調査法によって調査を行っている。しかし，配票留置調査法の場合には，回答者の本人確認が難しい，統一されていない実験環境で回答がなされる，および回収率に限界があるなどの難点がある。また，上述のビデオリサーチの調査方法では，ストーリーボードを提示するもののCMを視聴してもらわないため，予備的研究で採用した，例えば「音楽の印象度」や「声の高度」などのような音声に関する項目は質問できないというような方法論的制約もある。

予備的研究では，多数のCMを対象としつつも，CMを実際に視聴して回答してもらう方法の方が望ましいため，視聴実験を行っている。ただし，多数のCMを扱うということは，必然的に長時間にわたって被調査者に視聴実験に協力してもらうことを意味するため，被調査者が疲労を感じて，回答が不正確にならないように注意が必要である。そこで，この予備的研究では，131本のCMを3分割して1回につき約45本のCMを各被調査者に提示する視聴実験を行った。約45本のCM評定には，ほぼ3時間かかった。疲労を感じたときは随時休憩をとれるようにしたが，休憩を求めるケースはなかった。これは，28名の被調査者を3〜5名の7グループに分けて少人数で視聴実験を実施したため，疲労感を最小限に止められた結果であると推察された。しかし，主研究では被調査者数を増やすため，1回の視聴実験に用いるCM数を，できるだけ少なくする必要がある。そこで，選定した約30本のCMを2分割して，視聴実験を行うことにした。

また予備的研究では，全ての被調査者に対してCMを同じ順序で提示した。しかし，提示順序による影響は可能な限り避けるべきであろう。そこで主研究では，CMの提示順序に順列と逆列を設定することにした。

2．分析方法についての考察

　予備的研究では，①計47項目[105]という多くの測定項目を用いたこと，および②わが国の多くの先行諸研究では「視聴印象」を「表現評価」と「イメージ」に分けて分析していることを考え，反応的側面を3領域に分けて分析した。しかし，領域にまたがり，例えば「表現評価」と「イメージ」にそれぞれ含まれている項目がまとまって一つの「視聴印象」次元を構成することも考えられる。そこで，主研究では測定項目数を少なくして，「表現評価」と「イメージ」の領域を分けずに一括して分析することにした。

---

[105]　CMの「表現評価」に関する18項目（表2-1の01～18），「イメージ」に関する21項目（表2-1の19～39）および「総合評価」に関する8項目（表2-1の40～47）。

第 3 部　主研究

序章　分析の枠組み

第3部は，以下の4章から構成される。なお，各章で行った分析の相互関連は，図3-1に示したようになっている。

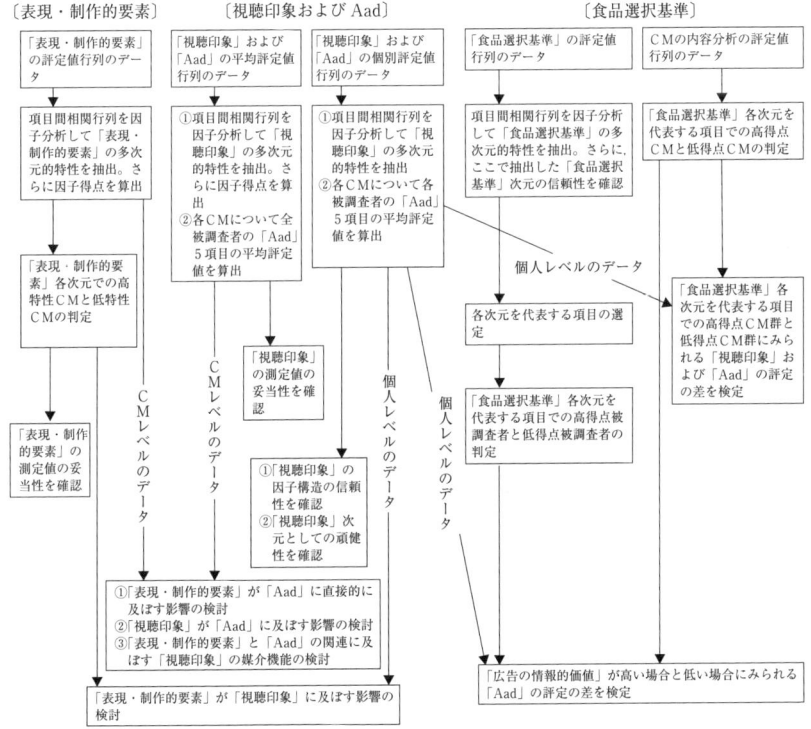

図3-1　主研究の分析の枠組み

第1章では,「視聴印象」の多次元的特性を抽出した。

第2章では,「表現・制作的要素」の多次元的特性を抽出した。

第3章では,「表現形式」と「Aad」の関連に及ぼす「視聴印象」の媒介機能について実証分析した。

第4章では,「伝達内容」と「Aad」の関連に及ぼす「広告の情報的価値」および「視聴印象」の媒介機能について実証分析した。

第1章 「視聴印象」の多次元的特性[106]

Ⅰ. 本章の目的

本研究の目的は，広告表現と「Aad」の関連に及ぼす「視聴印象」の媒介機能を実証的に検討することである。その前段として，本章では，「視聴印象」の多次元的特性を抽出することにした。

Ⅱ. 調査方法

1. 視聴実験に用いたCM

1）視聴実験に用いたCMの構成

予備的研究で，主研究に用いるCMを選定したが，①二つのクラスターで重複して選定されたCMが2本（「トマトブリッツ」と「焼きもろこし」）あった，②主研究の実験実施時点で鮮明な映像を入手できないCMが4本（「ウーロン茶」，「季節のデザート」，「フレンチカフェ」および「ホールズ」）あった，という理由から，新たに6本のCMを以下のような方法で選定した。

①CMを新たに選定する必要のあるクラスターを構成しているCMの「表現評価」3因子，「イメージ」4因子および「総合評価」2因子の計9因子得点の平均値をそれぞれ求める。

②CMを新たに選定する必要のあるクラスターを構成している各CMについて，9次元ごとに，「各CMの因子得点」から「①で求めた因子得点の平均値」を引き，それを2乗した値を求め，その総和を算出する。

③②で求めた総和が小さく，かつ，因子得点の正・負の値が①で求めた因子得点の平均値のそれと可能な限り同じ方向を示すCMを選定する。

以上の手続きを経て，視聴実験には以下に示す30本のCMを選定した。

---

[106] この章における分析方法および分析結果の一部分は，浅川（2009b）で公表してある。

①「総合評価」第1クラスター（購買意欲が生じにくいCMのクラスター）から「柿の種」と「オリゴCC」
②「総合評価」第2クラスター（商品の効用イメージが出ているCMのクラスター）から「アセロラドリンク」と「プリモア」
③「総合評価」第3クラスター（商品の効用イメージが出ていないCMのクラスター）から「ネスカフェ」と「焼きもろこし」
④「総合評価」第4クラスター（総合評価が無特徴なCMのクラスター）から「ヨーグレージュ」と「バドワイザー」
⑤「総合評価」第5クラスター（購買意欲が生じやすいCMのクラスター）から「AYA」と「クリームバー」
⑥「表現評価」第1クラスター（視聴覚印象が低いCMのクラスター）から「グリコアーモンドチョコレート」と「シルベーヌ」
⑦「表現評価」第2クラスター（情緒的評価が低いCMのクラスター）から「デンロクチョコシリーズ」と「クリーミーカフェ」
⑧「表現評価」第3クラスター（表現評価が無特徴なCMのクラスター）から「トマトプリッツ」と「フレッシュ」
⑨「表現評価」第4クラスター（商品説明が不充分なCMのクラスター）から「ロッテアーモンドチョコレート」と「ZIZE」
⑩「表現評価」第5クラスター（情緒的評価が高く，視聴覚印象が高いCMのクラスター）から「ポンポコタヌキ」と「コロコロパンダウサギ」
⑪「イメージ」第1クラスター（親近感はないが，洗練されているCMのクラスター）から「ポカリスエットステビア」と「ジョージアレンジカフェ」
⑫「イメージ」第2クラスター（親近感があるCMのクラスター）から「ケフラン」と「WINDY」
⑬「イメージ」第3クラスター（洗練されていないCMのクラスター）から「ブライト」と「ラーマソフト」
⑭「イメージ」第4クラスター（活気のあるCMのクラスター）から「カレーマルシェ」と「オロナミンC」
⑮「イメージ」第5クラスター（インパクトが強いCMのクラスター）から「ソリットバーチーズケーキ」と「トルテチョコレート」

2）提示セットの構成

30本のCMを表3-1に示したように，AセットとBセットに分け，各セットには，15クラスターから各々1本ずつのCMを振り分けた。そして各セットに対して逆列のセット（Aセットの逆列としてaセット，Bセットの逆列としてbセット）を作成した。

CMの提示順序は，Aセットについては15本のCMをランダムに配列し，Bセットについては同一クラスターから選定されたCMがAセットと同じ提示順序になるよう配慮した。例えば，①「総合評価」第1クラスターから「柿の種」と「オリゴCC」を選定しているが，「柿の種」はAセットの4番目，「オリゴCC」はBセット4番目に配列してある。

なお，15本の実験CMを提示する前と後に，テストCMを1本ずつ提示した。テストCMは，実験実施時点で鮮明な映像を入手できるCMのなかで，「視聴印象」の各特性に対して偏りの少ないCMを選定した。すなわち，付表5の「131本のCMに関する9次元の因子得点一覧表」で，「9因子得点の平方和」が比較的小さい「紅茶チョコレート」と「ハウスバーモンドカレー」の2本を選定した。

2．被調査者と実施日

B大学の女子学生156名を2グループに分け，83名（以下「Aグループ」と記す）と73名（以下「Bグループ」と記す）から成る各グループに対して2回[107]ずつ視聴実験を実施した。具体的には，表3-1に示したようにのべ4回行った。すなわち，Aグループに対しては，2001年5月7日にAセット，6月25日にbセットを用いて視聴実験を行った。Bグループに対しては，5月8日にBセット，6月26日にaセットを用いて視聴実験を行った。

---

[107] 両グループとも，2回目の視聴実験を実施した6月には学外実習があり実験に参加できない者がいたため，人数が1回目と比べて少なくなっている。

表3-1 視聴実験の実施状況とCM提示順序

調査実施日	2001年5月7日	2001年6月26日	2001年5月8日	2001年6月25日
被調査者	Aグループ (83名)	Bグループ (50名)	Bグループ (73名)	Aグループ (74名)
CMセット / 提示順序	Aセット	aセット (Aセットの逆列)	Bセット	bセット (Bセットの逆列)
1	テストCM1	テストCM2	テストCM1	テストCM2
2	グリコアーモンドチョコレート	ポンポコタヌキ	シルベーヌ	コロコロパンダウサギ
3	デンロクチョコシリーズ	カレーマルシェ	クリーミーカフェ	オロナミンC
4	柿の種	トマトプリッツ	オリゴCC	フレッシュ
5	ロッテアーモンドチョコレート	AYA	ZIZE	クリームバー
6	ヨーグレージュ	ケフラン	バドワイザー	WINDY
7	ソリットバーチーズケーキ	プリモア	トルテチョコレート	アセロラドリンク
8	ブライト	ポカリスエットステビア	ラーマソフト	ジョージアレンジカフェ
9	ネスカフェ	ネスカフェ	焼きもろこし	焼きもろこし
10	ポカリスエットステビア	ブライト	ジョージアレンジカフェ	ラーマソフト
11	プリモア	ソリットバーチーズケーキ	アセロラドリンク	トルテチョコレート
12	ケフラン	ヨーグレージュ	WINDY	バドワイザー
13	AYA	ロッテアーモンドチョコレート	クリームバー	ZIZE
14	トマトプリッツ	柿の種	フレッシュ	オリゴCC
15	カレーマルシェ	デンロクチョコシリーズ	オロナミンC	クリーミーカフェ
16	ポンポコタヌキ	グリコアーモンドチョコレート	コロコロパンダウサギ	シルベーヌ
17	テストCM2	テストCM1	テストCM2	テストCM1

(注) テストCM1：紅茶チョコレート
テストCM2：ハウスバーモンドカレー

3. 視聴実験の実施方法

全体の手順は，図3-2に示したように，一室に集められた被調査者に調査票を配布し，初めに，「食品選択基準」に関する質問に回答してもらった。次に，VTRに録画・編集した17本のCMを連続的に映写した後，1本ずつ視聴してもらい，各CMに対する「視聴印象」および「Aad」について回答してもらった。

また，各CMに対する視聴実験は，図3-3に示したような手順で行った。

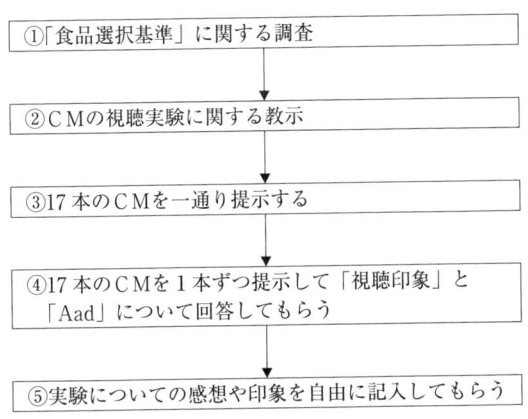

図3-2　視聴実験全体の手順

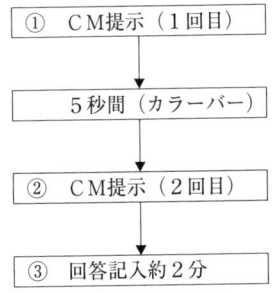

図3-3　各CMに対する視聴実験の手順

4．教示の詳細

1）「食品選択基準」に関する調査

調査票を配布した後，被調査者に対し，以下のような教示を行った。

　これから，「食品の買い方・選び方についてのアンケート調査」と「食品のテレビCMについての印象を調べる実験的な調査」にご協力いただきたいと思います。回答用紙を21枚配布しました。1枚目から3枚目までは，「食品の買い方・選び方についてのアンケート調査用紙」ですが，A-1からA-3までの項目が書かれている用紙が3枚あるかどうか確認してください。4枚目から20枚目までの合計17枚は，食品のテレビCMについての印象を調べるための実験的な調査の回答用紙です。左上に　C-□　と書いてあると思いますが，その□に，1から17までの番号をふってください。17枚揃っていない方はいらっしゃいますか。

　　（不足がある場合は取り換える）

　最初に学籍番号と氏名を記入してください。

　では，調査についての説明をよくお読みください。そして1枚目から3枚目の質問について，回答してください。

　　（以上，教示内容）

2）CM視聴実験

続いて，以下のような教示を行い，CM視聴実験を行った。

　では実験に入りますが，それに先立って，3枚目の右側の「視聴実験についての説明」を読んでください。

　　（読んでもらう）

　この実験は実際にテレビCMを見ていただき，それぞれのCMについて，お配りした回答用紙の各項目の当てはまる目盛に，○印をつけていただくという方法で行います。見ていただくCMは17本あります。最初に，17本を一通り見ていただき，その後で個々のCMを，改めて2回ずつ映写します。では，最初に，CM17本を一通り見てください。

　　（CM 17本を一通り提示）

　ではCMごとに答えていただきますが，それぞれのCMを2回見た後で，そのCMについての印象や感想について，1ページの質問用紙にある26項目全てに回答してください。回答は7段階の目盛で当てはまる目盛に○印をつけてください。こ

のとき，あまり考えずに直感的に感じたままを答えてください。それでは1番目のCMを2回提示します。
（2回提示）
C-1の回答用紙に，あまり考えずに直感的に感じたままを回答してください。
（以下同様に17番目のCMまで実験を行う）
以上で実験は終わりです。この実験についての感想や印象を，次のページの用紙に自由に書いてください。
（以上，教示内容）

5．CMの「視聴印象」および「Aad」の測定項目

1）測定項目の選定方法

主研究に用いる「視聴印象」および「Aad」の測定項目は，①予備的研究から選定した16項目，および②先行諸研究から選定した10項目の計26項目からなる。各項目とその選定理由は，表3-3に示した通りであるが，本項では，選定方法について説明してゆきたい。

(1)予備的研究から選定した16項目

予備的研究で抽出された「表現評価」3因子，「イメージ」4因子および「総合評価」の領域で抽出された「**商品の効用イメージ**」の計8因子での高負荷項目（表2-3〜表2-5を参照）から，負荷量が高い順に2項目ずつ選んだ結果，表3-3の01〜12, 15, 16, 25, 26の計16項目が選定された。

(2)先行諸研究から選定した10項目

先行諸研究からの項目選定は，恣意性を防ぐために，いくつかの先行諸研究で用いられているかという頻度を基準にした。すなわち，わが国におけるCMの「視聴印象」に関する先行10研究[108]において，使用頻度の高い「視聴印象」項目を選定した。具体的には，各先行諸研究で使用されている「視聴印象」各項目を表3-2に示したように同一表現，同義語，類義語および独自の表現に類別し，半数以上の研究，すなわち5研究以上で使用されている項目を選定した。ここで選定した項目は，表3-3の13, 14, 17〜24の計10項

表 3-2 先行諸研究で使用

		佐々木(1986)	ビデオリサーチ(1985)	ビデオリサーチ(1997)	阿部ら(1985)
同一表現	分かりやすい：分かりにくい	言いたい内容が（1．分からない－3．分かる）	分かりやすい，分かりにくい	分かりやすい	分かりやすい
	面白い：つまらない		面白い，つまらない	面白い，つまらない	面白さ
	新鮮な：マンネリな	表現の仕方が（1．わざとらしい－3．新鮮である）	新鮮な，マンネリな	新鮮な	
	印象的な：平凡な		印象的な，平凡な	印象的な，平凡な	印象的
	親しみのある：親しみのない		親しみのある，親しみのない	親しみのある，親しみのない	親しめる
	信頼感がある：信頼感がない	言っている内容は（1．信じられない－3．信じられる）		信頼感がある	信頼できる、うそっぽくない
	飽きる：飽きない	表現の仕方が（1．退屈である－3．ひきつけられる）	飽きる，飽きがこない	飽きる，飽きがこない	
	説得力がある：説得力がない	合理的な説明の仕方が（1．もっと必要である－3．この程度でよい）	説得力のある，説得力のない	説得力のある，説得力のない	
	役に立つ：役に立たない				役立つ
	楽しい：楽しくない				楽しい
	陽気な：気が重くなる				
	心の残る：心に残らない		心に残る，心に残らない	心に残る，心に残らない	
	上品な：下品な			品のない	
	目新しい：陳腐な				目新しい
	快い：不快な	見た感じは（1．不快である－3．良い感じである）			
	かわいい：にくたらしい				かわいい
	納得できる：納得できない				
	意味のある：意味のない				
	センスの良い：センスの悪い				
	清潔な：不潔な				
	覚えやすい：覚えにくい				
	軽快な：重厚な				
	リズム感のある：リズム感のない				
	カラフルな：単色の				
	迫力のある：迫力のない				
	美しい：醜い				
	高級：安っぽい				
	訴えかけてくる：訴えかけてこない				

されている項目

青木ら (1990)	稲 葉 (1991)	岸―広告評価 (1991)	岸―感情 (1991)	岸―感情 (1994)	冨永ら (1996)	使用している 先行研究の数
判りやすい	わかりやすい	分かりやすい			分かりやすい，商品の特徴がよく分かる	8
面白い	面白い	面白い			面白い	7
新鮮な	新鮮な	新鮮さがある			新鮮味がある	7
印象に残る	印象に残る	印象的な			印象に残る，商品名が印象に残る	7
親しみやすい	親しみやすい				親しみを感じる	6
信頼できる	信頼できる	信じられる				6
			飽きる	飽きる		5
説得力のある	説得力のある					5
役に立つ	役に立つ	役に立つ情報				4
	楽しい		楽しくなる	楽しくなる		4
陽気な	陽気な		陽気になる，気が重くなる	陽気になる，気が重くなる		4
		心に残る				3
上品な	上品な					3
目新しい	目新しい					3
快い	快い					3
可愛いらしい	かわいらしい					3
納得できる	納得できる					2
意味のある	意味のある					2
センスの良い	センスのよい					2
清潔な	清潔な					2
覚えやすい	覚えやすい					2
軽快な	軽快な					2
リズム感のある	リズム感のある					2
カラフルな	カラフルな					2
迫力のある	迫力のある					2
美しい	美しい					2
高級な	高級な					2
訴えかけてくる	心に訴えかけてくる					2

		佐々木 (1986)	ビデオリサーチ (1985)	ビデオリサーチ (1997)	阿部ら (1985)
	元気が出る：元気が出ない				
	しつこい：あっさりしている		しつこい，あっさりしている	しつこい	
	情緒のある：情緒のない		情緒のある	情緒のある	
	嬉しくなる：悲しくなる				
	イライラする：心が休まる				
	ホロリとする：				
	心あたたまる：心あたたまらない				
	生き生きとした：活気がない				
	夢のある：夢のない				
	力強い：ソフトな				
同義語	スッキリした：スッキリしない				
	エキサイティングな：穏やかな				
	落ち着いた：落ち着かない				
	時代の先端をいく：時代遅れな				現代的
類義語	魅力的な：魅力的でない	表現の仕方が（1．退屈である－3．ひきつけれらる）			魅力的
	ユニークな：ユニークでない				ユニークさ
	ふざけた：真面目な	表現の仕方が（1．馬鹿らしい－3．真面目である）			
	共感できる：共感できない			共感できる	ふさわしい
	価値のある：価値のない				
	明るい：暗い				
	都会的：田舎的				
	洗練された：あかぬけない				
	静かな：にぎやかな				
	活動的な：非活動的な				

青木ら (1990)	稲葉 (1991)	岸―広告評価 (1991)	岸―感情 (1991)	岸―感情 (1994)	冨永ら (1996)	使用している先行研究の数
			元気が出る	元気がでる		2
						2
						2
			嬉しくなる	嬉しくなる		2
			イライラする，心が休まる	イライラする，心が休まる		2
			ホロリとする	ホロリとする		2
			心あたたまる	心あたたまる		2
生き生きとした	生き生きとした					2
夢のある	夢のある					2
力強い	力強い，ソフトな					2
スッキリした	スッキリした，さわやかな		さわやかな気分	さわやかな気分		4
エキサイティング，刺激的，穏やかな	エキサイティングな，穏やかな		ドキドキワクワク	ドキドキワクワクする		4
	落ち着いた		おちついた気持ち，ゆったりとした気持ち	おちついた気持ち，ゆったりとした気持ち		3
時代の先端をいく	時代の先端をいく					3
ひきつけられる	ひきつけられる		うっとりする	うっとりする		6
特色のある	特色のある		何かしら	何かしら		5
ふざけた	ふざけた		バカみたい	バカみたい		5
		自分に合っている	どうして	どうして		5
価値のある	一見の価値がある	ニュース性がある				3
	明るい，カラッとした					1
	都会的な					1
	洗練された					1
	にぎやかな					1
	活動的な					1

		佐々木 (1986)	ビデオリサーチ (1985)	ビデオリサーチ (1997)	阿部ら (1985)
独自の表現	スポーティな：ドレッシィな				
	目立つ：目立たない				目立つ
	ファッショナブルな：ファッショナブルでない				
	やさしさがある：やさしさがない				
	困ってしまう：困ってしまわない				
	後悔する：後悔しない				
	正直な：不正直な				
	誠実な：不誠実な				
		必要項目の説明は（1．不充分である－3．充分である）			
		言っている内容は（1．誤解しやすい－3．はっきりしている）			
		言っている内容に誇張が（1．目立つ－3．目立たない）			
		言っている内容の片寄りが（1．大きい－3．小さい）			
		言っている内容に疑問を（1．感じる－3．感じない）			
		音とか色彩の出し方は（1．悪い－3．良い）			
		表現の仕方が（1．無神経である－3．よく考えられている）			
		登場する人物や動物が（1．嫌い－3．好き）			
		登場する人物や動物の使い方が（1．不適当である－3．適当である）			
		登場する人物や動物が（1．変わりばえしない－3．自然である）			
		性的な不快感を（1．感じさせる－3．感じさせない）			
		この内容は教育的に見て（1．悪い影響がある－3．良い影響がある）			
		表現されている内容は社会的に見て（1．好ましくない－3．好ましい）			

青木ら (1990)	稲 葉 (1991)	岸―広告評価 (1991)	岸―感情 (1991)	岸―感情 (1994)	冨永ら (1996)	使用している先行研究の数
	スポーティーな					1
ファッショナブルな						1
						1
	やさしさのある					1
	困ってしまう					1
	後悔する					1
正直な						1
	誠実な					1
						1
						1
						1
						1
						1
						1
						1
						1
						1
						1
						1
						1
						1

		佐々木 (1986)	ビデオリサーチ (1985)	ビデオリサーチ (1997)	阿部ら (1985)
		社会的に見て好ましくない考え方や価値観が（1. 含まれている－3. 含まれてない） 表現されている内容が人間差別に（1. 結びつく－3. 結びつかない） 子供の購買欲への刺激が（1. 強すぎる－3. 強すぎない） CMが特定人物の売名に（関係している－関係していない） CMが商品やスポンサーに（結びつかない－ぴったりしている）			

目である。ただし，5研究以上で使用されている項目のなかには「インパクトの強度」（予備的研究の「イメージ」第1因子の高負荷項目）のように，(1)で既に選定していたものが1項目あった。また，「真面目度」は5研究で使用されていたが，予備的研究でこの項目を用いたものの，いずれの因子でも高負荷順の上位2位以上にならなかったため，選定しなかった。

　以上の手続きで選定した26項目のなかで，**「情緒的評価」**の高負荷項目である「見た感じの好感度」と「動きの好感度」は予備的研究の結果を考え，「Aad」の測定項目とした。また，「信頼度」と「魅力度」は，それぞれ「表現評価」と「イメージ」に対する総合評価として考え，この2項目も「Aad」

---

108) 表1-7および表1-9に示した佐々木 (1986)，ビデオリサーチ (1985, 1997)，阿部ら (1985)，青木ら (1990)，稲葉 (1991)，岸 (1991 [広告評価])，岸 (1991, 1994 [感情])，および富永ら (1996) の10研究。稲葉 (1992) は，クラスター分析により「視聴印象」の類型を抽出しているため，ここでは除いた。

青木ら (1990)	稲葉 (1991)	岸－広告評価 (1991)	岸－感情 (1991)	岸－感情 (1994)	冨永ら (1996)	使用している先行研究の数
						1
						1
						1
						1
						1
					言葉, ナレーション	1
					人物, キャラクター	1
					興味反応量	1
					音楽	1
					情景	1
					商品の描写	1

の測定項目とした。さらに「共感度」は，青木ら（1990）および稲葉（1991）の研究で「Aad」の測定項目として用いられていることを考え，主研究でも「Aad」の測定項目とした。

2）測定項目の尺度と回答方法

回答方法は，表3-3の各項目の（　）内に示した語句を用いた両極尺度による7段階評定とし，その評定値は，項目名称で表されている意味をもつ回答カテゴリーに高い値を与えた[109]。

---

[109] 例えば，項目01（見た感じの好感度）の場合，見た感じが，「非常に良い」は「7」，「良い」は「6」，「やや良い」は「5」，「どちらともいえない」は「4」，「やや悪い」は「3」，「悪い」は「2」，「非常に悪い」は「1」とした。

表3-3　測定に用いた項目

測定項目	選定理由
「視聴印象」	
03　説明の充分度（説明が充分である―説明が不足している）	予備的研究の「表現評価」の第2因子「商品説明」の高負荷項目
04　メッセージのはっきり度（メッセージがはっきりしている―メッセージがあいまいである）	予備的研究の「表現評価」の第2因子「商品説明」の高負荷項目
05　色彩の明度（色彩が明るい―色彩が暗い）	予備的研究の「表現評価」の第3因子「視聴覚印象」の高負荷項目
06　意外度（意外性がある―ありふれている）	予備的研究の「イメージ」の第1因子「インパクト」の高負荷項目
07　インパクトの強度（インパクトが強い―インパクトが弱い）	予備的研究の「イメージ」の第1因子「インパクト」の高負荷項目＆先行諸研究5つ以上で使用されている項目
08　温かさ度（温かい―冷たい）	予備的研究の「イメージ」の第2因子「親近感」の高負荷項目
09　自然度（自然な―人工的な）	予備的研究の「イメージ」の第2因子「親近感」の高負荷項目
10　静けさの程度（静かな―にぎやかな）	予備的研究の「イメージ」の第3因子「活気」の高負荷項目
11　洗練度（洗練されている―あかぬけない）	予備的研究の「イメージ」の第4因子「洗練度」の高負荷項目
12　高級度（高級な―低級な）	予備的研究の「イメージ」の第4因子「洗練度」の高負荷項目
13　面白さ度（面白い―つまらない）	先行5研究以上で使用されている項目
14　新鮮度（新鮮な―マンネリな）	先行5研究以上で使用されている項目
15　色彩の印象（色彩が印象に残る―色彩が印象に残らない）	予備的研究の「表現評価」の第3因子「視聴覚印象」の高負荷項目
16　元気度（元気な―元気がない）	予備的研究の「イメージ」の第3因子「活気」の高負荷項目
17　分かりやすさの程度（分かりやすい―分かりにくい）	先行5研究以上で使用されている項目
18　親近度（親しみのある―親しみのない）	先行5研究以上で使用されている項目
19　飽きの程度　（飽きる―飽きない）	先行5研究以上で使用されている項目
20　説得力の程度（説得力がある―説得力がない）	先行5研究以上で使用されている項目
23　ユニーク度（ユニークな（独自性がある）―ユニークでない（独自性がない））	先行5研究以上で使用されている項目
25　健康イメージ度（健康イメージが出ている―健康イメージが出ていない）	予備的研究の「総合評価」の第2因子「商品の効用イメージ」の高負荷項目

26	活力イメージ度(活力イメージが出ている―活力イメージが出ていない)	予備的研究の「総合評価」の第2因子「商品の効用イメージ」の高負荷項目
「広告に対する態度(Aad)」		
01	見た感じの好感度(見た感じが良い―見た感じが悪い)	予備的研究の「表現評価」の第1因子「情緒的評価」の高負荷項目
02	動きの好感度(動きの感じが良い―動きの感じが悪い)	予備的研究の「表現評価」の第1因子「情緒的評価」の高負荷項目
21	信頼度(信頼感がある―信頼感がない)	先行5研究以上で使用されている項目
22	魅力度(魅力的な―魅力的でない)	先行5研究以上で使用されている項目
24	共感度(共感できる―共感できない)	先行5研究以上で使用されている項目

(注) 7段階評定による。
項目の前の番号は調査票の配列順序を示している。

3) 測定項目の配列順序

調査票での測定項目の配列順序は、以下の通りである。まず、①予備的研究の「表現評価」と「イメージ」の2領域の因子分析結果からそれぞれ抽出された各因子の高負荷項目を、「表現評価」の第1～3因子、「イメージ」の第1～4因子の順に配列した。次に、②先行5研究以上で使用されている項目をランダムに加えた。最後に、③予備的研究の「総合評価」の因子分析で抽出された「**情緒的評価**」の高負荷2項目を配列した。このように基本的な配列順序を決めた後、調査票の配列に多少の変化をもたせるため、「表現評価」と「イメージ」の第3因子の高負荷項目である「色彩の印象度」と「元気度」をランダムに移動させた。

6. 視聴実験を分けて実施したことについての考察
1) 2グループの回答を一括して解析することについて

主研究では、先述したように、被調査者を2グループに分け、各グループに対して2回ずつ視聴実験を行っており、かつCMの提示順序に順列と逆列の2条件を設定している。これからの解析でこの2グループを一括して解析できることを確認するために、テストCM1とテストCM2についての26項目の評定が2グループ間で差があるか否かについて、平均評定値の差の検

定を行った。その結果，表3-4と表3-5に示したように，テストCM1，2ともに，被調査者は異なるが提示順序が同じケース，すなわち「Aセットと Bセット」，「aセットとbセット」の間で，5％水準で有意差のある項目はほとんどなかった。つまり，グループ間で回答の偏りが有意にあるとは言えないと判断できたため，2グループの回答を一括して解析することにした。

2）提示順序の違いによる回答結果の違いについて

次に，テストCM1とテストCM2の評定が，1番目に視聴した場合と17番目に視聴した場合で差があるか否かについて，平均評定値の差の検定を行った。その結果，表3-4に示したように，テストCM1については，提示順序が異なるケース，すなわち「Aセットとaセット」，「Aセットとbセット」，「Bセットとaセット」および「Bセットとbセット」の間で5％水準で有意差のある項目はほとんどなかった。しかし，テストCM2については，表3-5に示したように「aセットとAセット」，「bセットとAセット」，「aセットとBセット」および「bセットとBセット」で，5％水準で有意差が認められた項目数は，各々26項目中のほぼ半数に達していた。このなかで

表3-4 テストCM1で被調査者または提示順序による有意差があった項目

AセットとBセット	
aセットとbセット	親近度
Aセットとaセット	
Aセットとbセット	インパクトの強度　（4.68→5.13）
Bセットとaセット	
Bセットとbセット	インパクトの強度　（5.15→4.68） 飽きの程度　（3.73→4.16）

(注)　空欄は該当する項目がない場合。
　　　（　）内の数字の左側は1番目に提示したときの平均値。
　　　（　）内の数字の右側は17番目に提示したときの平均値。
　　　飽きの程度は，平均評定値が低いほど評定が高い。

表 3-5 テスト CM 2 で被調査者または提示順序による有意差があった項目

AセットとBセット	静けさの程度 高級度
aセットとbセット	親近度
aセットとAセット	意外度　(3.92→3.16) インパクトの強度　(4.18→3.34) 静けさの程度　(4.41→3.83) 洗練度　(4.25→3.66) 高級度　(4.37→3.81) 面白さ度　(3.88→3.06) 新鮮度　(4.12→3.26) 色彩の印象度　(4.10→3.38) 飽きの程度　(4.13→4.62) ユニーク度　(3.78→3.27) 共感度　(4.18→3.51) 活力イメージ度　(4.06→3.60)
bセットとAセット	意外度　(4.10.→3.16) インパクトの強度　(4.00→3.34) 洗練度　(4.16→3.66) 高級度　(4.48→3.81) 面白さ度　(3.71→3.06) 新鮮度　(3.97→3.26) 色彩の印象度　(4.15→3.38) 分かりやすさの程度　(4.51→5.06) 魅力度　(4.25→3.80) ユニーク度　(4.00→3.27) 共感度　(4.11→3.51) 活力イメージ度　(4.04→3.60)
aセットとBセット	意外度　(3.92→3.13) インパクトの強度　(4.12→3.33) 面白さ度　(4.12→3.37) 新鮮度　(4.10→3.43) 色彩の印象度　(4.24→3.88) 飽きの程度　(4.14→4.69) 説得力の程度　(4.27→3.76) 信頼度　(4.43→4.03) 魅力度　(4.24→3.72) ユニーク度　(3.78→3.09) 共感度　(4.18→3.61) 健康イメージ度　(4.12→3.55)

	活力イメージ度 （4.06→3.31）
bセットとBセット	見た感じの好感度 （4.33→4.69）
	意外度 （4.10→3.13）
	インパクトの強度 （4.00→3.33）
	面白さ度 （3.71→2.72）
	新鮮度 （3.97→3.37）
	色彩の印象度 （4.15→3.43）
	分かりやすさの程度 （4.51→5.01）
	説得力の程度 （4.26→3.76）
	魅力度 （4.25→3.72）
	ユニーク度 （4.00→3.10）
	共感度 （4.11→3.61）
	健康イメージ度 （4.08→3.55）
	活力イメージ度 （4.04→3.31）

（注）　（　）内の数字の左側は1番目に提示したときの平均値。
　　　（　）内の数字の右側は17番目に提示したときの平均値。
　　　　飽きの程度は，平均評定値が低いほど評定が高い。

「意外度」，「インパクトの強度」，「面白さ度」，「新鮮度」，「色彩の印象度」，「ユニーク度」，「共感度」および「活力イメージ度」は，上述の4通りの組み合わせ全てにおいて有意差が認められ，いずれの項目も1番目に提示した時の平均評定値の方が17番目に提示した時より高かった。このなかの「意外度」，「インパクトの強度」および「面白さ度」の3項目は，予備的研究の「イメージ」領域の第1因子である**「インパクト」**の高負荷項目であった。つまり，テストCM2は，他の刺激（ここでは16本のCM）に接触した場合，しなかった場合と比較してインパクトの評定が低くなることが認められた。

　以上の結果から，提示順序の違いにより，多くの測定項目の評定値に差が生じるCMとほとんど差が生じないCMがあることが推察された。これを確認するために，実験CMのなかで提示順序が離れている4本のCM[110]について，2セット間[111]で各項目について平均評定値の差の検定を行ったと

---

[110]　グリコアーモンドチョコレート，シルベーヌ，デンロクチョコシリーズおよびクリーミーカフェ。

ころ，表3-6のような結果になった。
　5％水準で有意差の認められた項目数は，「グリコアーモンドチョコレート」では20項目もあり，「クリーミーカフェ」は11項目，「シルベーヌ」は6項目であったが，「デンロクチョコシリーズ」は3項目のみであった。すなわち，提示順序の違いにより，多くの測定項目の評定値に差が生じるCMとほとんど差が生じないCMがあることが確認できた。
　さらに，提示順序の違いにより，どのような項目の評定値に差が生じるかについて，4CMのなかの，①「グリコアーモンドチョコレート」と「シルベーヌ」[112]，②「デンロクチョコシリーズ」と「クリーミーカフェ」[113]の対ごとに比較した。
　5％水準で有意差が認められた項目数は，先述したように，「グリコアーモンドチョコレート」では20であり，「シルベーヌ」では6であった。そして，いずれの項目も16番目に提示した時の平均評定値の方が2番目に提示した時より高かった。つまり，これら2本のCMの評定は，実験のはじめの方で視聴するよりも，多くのCMに接触した後に視聴した方が高いことが認められた。しかし，有意差のある項目は2本のCMの間で一致していなかった。
　また，先述したように「デンロクチョコシリーズ」では，5％水準で有意差が認められた項目数は3であり，いずれの項目も15番目に提示した時の平均評定値の方が3番目に提示した時より高かった。他方，「クリーミーカフェ」は，5％水準で有意差が認められた項目数は11であり，そのなかで15番目に提示した時の平均評定値の方が3番目に提示した時より高かった項目数

---

[111] ①グリコアーモンドチョコレート　…Aセット（2番目）　対　aセット（16番目）
　　②シルベーヌ　　　　　　　　　　…Bセット（2番目）　対　bセット（16番目）
　　③デンロクチョコシリーズ　　　　…Aセット（3番目）　対　aセット（15番目）
　　④クリーミーカフェ　　　　　　　…Bセット（3番目）　対　bセット（15番目）
[112]「表現評価」第1クラスター（視聴覚印象が低いCMのクラスター）から選定したCM。
[113]「表現評価」第2クラスター（情緒的評価が低いCMのクラスター）から選定したCM。

表3-6 4本の実験CMにおいて提示順序の違いにより平均評定値に有意差のある項目

グリコアーモンドチョコレート	見た感じの好感度 (3.80→4.46) 説明の充分度 (3.39→3.96) メッセージのはっきり度 (3.33→4.20) 色彩の明度 (3.84→4.48) 意外度 (3.66→4.08) 温かさ度 (3.93→4.36) 自然度 (3.60→4.34) 静けさの程度 (3.66→4.16) 洗練度 (3.68→4.16) 高級度 (3.44→4.02) 新鮮度 (3.40→3.98) 色彩の印象度 (3.42→4.32) 分かりやすさの程度 (3.53→4.04) 飽きの程度 (4.56→3.96) 説得力の程度 (3.35→3.92) 信頼度 (3.72→4.36) 魅力度 (3.52→4.24) 共感度 (3.35→4.24) 健康イメージ度 (3.71→4.16) 活力イメージ度 (3.70→4.22)
シルベーヌ	意外度 (3.51→4.04) 面白さ度 (2.83→3.53) 元気度 (2.76→3.26) ユニーク度 (3.39→3.84) 健康イメージ度 (2.99→3.77) 活力イメージ度 (2.93→3.53)
デンロクチョコシリーズ	自然度 (3.18→3.98) 洗練度 (3.44→3.82) 高級度 (3.13→3.52)
クリーミーカフェ	動きの好感度 (4.10→3.69) インパクトの強度 (5.20→4.50) 温かさ度 (3.75→4.12) 自然度 (2.97→3.75) 高級度 (2.75→3.61) 面白さ度 (4.49→3.88) 元気度 (4.40→3.85) 分かりやすさの程度 (4.67→4.04) 親近度 (4.42→3.76) 魅力度 (3.45→3.93) ユニーク度 (5.09→4.43)

(注) ( ) 内の数字の左側は2番目または3番目に提示した時の平均値。
( ) 内の数字の右側は15番目または16番目に提示した時の平均値。
飽きの程度は，平均評定値が低いほど評定が高い。

は4であり，3番目に提示した時の平均評定値の方が15番目に提示した時より高かった項目数は7であった。そして，有意差のある項目は2本のCMの間で一致していなかった。

　以上の結果から，提示順序の違いにより多くの項目の評定値に差が生じるCMと生じないCMがあることが示された。しかし，本研究の結果からは，提示順序の違いによって，どのようなタイプのCMの場合どのような項目の評定値に差が生じるのかということについて，体系的な結論を得るには至らなかった。このことは今後の検討課題であるものの，CMの提示順序に順逆の2条件を設定して視聴実験を行う方法は，順序効果による評定値の影響を少なくするために意味があったといえよう。

3）分析方法

　第2部でも述べたように，解析の基礎データには，各CMについての被調査者ごとの評定値行列を全CMについて連結した「被調査者×CM×項目」の枠組みで示す「個別評定値行列」と，各CMに対する各項目の評定値の平均を求め，その「CM×項目」の枠組みで示す「平均評定値行列」がある。本研究では，双方の基礎データを用いて，以下のような解析を行った。

① 「視聴印象」20項目[114]の個別評定値行列の項目間相関行列に共通性の推定値を1とした繰り返しのない主因子法による因子分析を施して「視聴印象」の多次元的特性を抽出した。

② ①で抽出した因子構造の信頼性を確認するために，8セット（「A+b」，「a+B」，「A+a」，「A」，「a」，「B+b」，「B」，「b」セット）のそれぞれについて，「視聴印象」20項目の個別評定値行列の項目間相関行列に①と同様に因子分析をして，「視聴印象」の多次元的特性を抽出した。そして，8セットそれぞれの5因子と「A+a+B+bセットの視聴印象次元」で一致性係数を求めた[115]。

③ 30本の個別CMについても，「視聴印象」20項目の「被調査者×項目」の枠組み

---

114) 後述するように，「視聴印象」21項目から共通性の低かった1項目を削除したため，20項目になっている。

で示す評定値行列をデータとし，項目間相関行列に①と同様に因子分析をして「視聴印象」の多次元的特性を抽出した。そして，個別 CM それぞれの5因子と「A+a+B+b セットの視聴印象次元」で一致性係数を求めた。

④本研究で抽出された「視聴印象」5次元が多くの分析結果にも共通に認められる頑健な次元であるか否かを検討するために，①で求めた各次元を，予備的研究および先行諸研究で抽出されている「視聴印象」次元と比較した。

⑤「視聴印象」20項目の平均評定値行列の項目間相関行列に共通性の推定値を1とした繰り返しのない主因子法による因子分析をした。そして，各 CM について「視聴印象」各因子の因子得点を求め，これを「視聴印象」の測定値とし，因子ごとに測定値が正である高特性 CM と負である低特性 CM に分けた。さらに，各因子での高特性 CM と低特性 CM の表現内容を描写して，その表現内容が「視聴印象」の測定値が意味する特徴に対応しているか否かを検討した。

Ⅲ．結果と考察

1．「視聴印象」次元の抽出（「A+a+B+b」セットの因子解）

ここでは，表3-1に示した4セットを連結して作った「A+a+B+b」セットについて分析した。実際には，表3-3に示した「視聴印象」21項目の個別評定値行列の項目間相関行列に共通性の推定値を1とした繰り返しのない主因子法による因子分析を施して，「視聴印象」次元を抽出した。しかし，「飽きの程度」の共通性が0.349と低かったため，この項目を削除して再度分析を行うことにした。

20×20の項目間相関行列から抽出する因子数は Scree Test を参考に検討すると，「5」が適当であることが分かった。そこで，「5」の因子数による因子分析を行い，バリマックス回転を施したところ，表3-7に示したような

---

[115] 本研究では，「視聴印象」の因子構造の信頼性を検証するにあたって，広告心理学の領域で定評のある研究である佐々木（1987）が用いた手法を採用した。なお，一致性係数は次式によって算出した。ここで，a_{jX}, a_{jY} は因子 X，Y に関する項目 j の因子負荷量を，また，n は項目数を示している。

$$C_{XY} = \frac{\sum_{j=1}^{n} a_{jX} \cdot a_{jY}}{\sqrt{\sum_{j=1}^{n} a_{jX}^2 \cdot \sum_{j=1}^{n} a_{jY}^2}}$$

表3-7　20項目による「視聴印象」の因子分析結果（バリマックス回転後）

	CM評価項目	第1因子	第2因子	第3因子	第4因子	第5因子	共通性
06	意外度	<u>0.798</u>	0.080	0.122	0.050	0.071	0.666
23	ユニーク度	<u>0.773</u>	0.195	0.084	0.248	-0.048	0.706
07	インパクトの強度	<u>0.766</u>	0.223	0.289	0.101	-0.052	0.734
13	面白さ度	<u>0.763</u>	0.184	0.191	0.201	0.016	0.693
14	新鮮度	<u>0.688</u>	0.162	0.226	0.192	0.304	0.680
03	説明の充分度	0.153	<u>0.862</u>	0.169	0.049	0.143	0.817
04	メッセージのはっきり度	0.164	<u>0.861</u>	0.189	0.081	0.112	0.822
17	分かりやすさの程度	0.197	<u>0.760</u>	0.312	0.213	0.028	0.761
20	説得力の程度	0.258	<u>0.633</u>	0.110	0.321	0.259	0.649
08	温かさ度	0.198	0.216	<u>0.747</u>	0.183	0.074	0.682
05	色彩の明度	0.241	0.304	<u>0.707</u>	0.115	-0.020	0.664
09	自然度	0.069	0.096	<u>0.600</u>	0.330	0.367	0.618
15	色彩の印象度	0.449	0.243	<u>0.534</u>	0.103	0.067	0.561
16	元気度	0.387	0.153	<u>0.521</u>	0.453	-0.363	0.781
25	健康イメージ度	0.209	0.184	0.218	<u>0.856</u>	0.025	0.858
26	活力イメージ度	0.273	0.218	0.263	<u>0.813</u>	-0.088	0.859
12	高級度	0.108	0.181	0.156	0.005	<u>0.806</u>	0.718
11	洗練度	0.281	0.175	0.205	0.085	<u>0.721</u>	0.678
10	静けさの程度	-0.238	0.019	-0.232	-0.177	<u>0.720</u>	0.660
18	親近度	0.347	0.425	0.455	0.330	-0.003	0.617
	2乗和	3.872	3.172	2.786	2.220	2.176	(14.226)
	寄与率（%）	19.358	15.860	13.928	11.098	10.881	(71.125)
	α 係数	0.879	0.881	0.809	0.889	0.666	

(注)　因子負荷量0.500以上にアンダーラインを施した。
　　　項目の前の番号は調査票の配列順序を示している。

結果になったため，以下のように解釈した。

① 第1因子：「**刺激**」

　第1因子に正の高い負荷量（高負荷は絶対値0.500以上でとらえる。以下同様）を示した項目は，「意外性がある（逆方向は「ありふれている」；以下，カッコ内は負の方向の意味を示す）」，「ユニークな（ユニークでない）」，「インパクトが強い（弱い）」，「面白い（つまらない）」，および「新鮮な（マンネリな）」であった。これらはCMが「刺激」的か否かに関連する項目である。

② 第2因子：「伝達」

　第2因子に正の高い負荷量を示した項目は，「説明が充分である（不足している）」，「メッセージがはっきりしている（あいまいである）」，「分かりやすい（分かりにくい）」および「説得力がある（ない）」であった。これらはCMメッセージの「伝達」の仕方に対する評価である。

③ 第3因子：「感覚」

　第3因子に正の高い負荷量を示した項目は，「温かい（冷たい）」，「色彩が明るい（暗い）」，「自然な（人工的な）」，「色彩が印象に残る（残らない）」および「元気な（元気がない）」であった。これらはCMを視聴した時の「感覚」に関連する項目である。

④ 第4因子：「効用」

　第4因子に正の高い負荷を示した項目は，「健康イメージが出ている（出ていない）」および「活力イメージが出ている（出ていない）」であった。これらはCMに「健康」や「活力」などのような「効用」イメージが出ているか否かに関連する項目である。

⑤ 第5因子：「品格」

　第5因子に正の高い負荷量を示した項目は，「高級な（低級な）」，「洗練されている（あかぬけない）」および「静かな（にぎやかな）」であり，これらはCMに「品格」があるか否かに関連する項目である。

　次に，各因子の項目の内的整合性を検討するために，因子ごとにα係数を計算すると，表5の最下段に示したような値になった。第1～4因子は全て0.800以上であり，Gable & Wolf (1993) の基準を充たしていた。また，第5因子も0.666と低くないことから，内的整合性は確認されたと考えてよいであろう。

2.「視聴印象」5次元の信頼性の検証

1)「A+a+B+b」セットの因子解と他の8セットの因子解の比較

表3-7に示した「視聴印象」の因子構造の信頼性を検証するために,「A+a+B+b」セット以外の8セット,つまり①全CMを対象にすることになる2セット(「A+b」セット,「a+B」セット),②AセットのCMのみを対象にする3セット(「A+a」セット,「A」セット,「a」セット),③BセットのCMのみを対象にする3セット(「B+b」セット,「B」セット,「b」セット)のそれぞれについて,「視聴印象」20項目の個別評定値行列の項目間相関行列に共通性の推定値を1とした繰り返しのない主因子法による因子分析をして,5因子を抽出し,さらにバリマックス回転を施した。

8セットそれぞれの5因子解はここでは割愛するが,それらの結果と表3-7に示した「A+a+B+b」セットの「視聴印象」5次元(以下,「A+a+B+bセットの視聴印象次元」と表記する)の結果を比較すると解釈的にはほぼ対応するものであった。

しかし,8セットの「視聴印象」次元を「A+a+B+bセットの視聴印象次元」と比較するには,解釈面の類似性のみでは主観的バイアスが入ることもあるため,数量的基準も導入する方がよい。そこで,8セットそれぞれの5因子と「A+a+B+bセットの視聴印象次元」で一致性係数(佐々木,1988,p.102)を求めたところ,表3-8のような結果になった。

表3-8に示したように,8セット全てにおいて,5因子中1因子の一致性係数だけが0.950以上という顕著に高い値を示しており,その対応関係は明確であって,5因子構造の信頼性を認めることができた。

2)「A+a+B+b」セットの因子解と個別CMの因子解の比較

次に,個々のCMにおいても「A+a+B+b」セットと同様の「視聴印象」5因子が抽出されるか否かについて検討した。30本の個別CMの「視聴印象」の分析では,各CMについて「視聴印象」20項目の「被調査者×項目」

表3-8 8セットの「視聴印象」次元と「A+a+B+b セットの視聴印象次元」の一致性係数による対応関係

		A+a+B+b セット				
		第1因子	第2因子	第3因子	第4因子	第5因子
A+aセット	第1因子	<u>0.999</u>	0.527	0.617	0.571	0.197
	第3因子	0.529	<u>0.999</u>	0.588	0.529	0.331
	第2因子	0.599	0.594	<u>0.997</u>	0.656	0.233
	第4因子	0.540	0.489	0.662	<u>0.995</u>	0.117
	第5因子	0.126	0.275	0.100	0.028	<u>0.991</u>
B+bセット	第1因子	<u>0.998</u>	0.517	0.608	0.539	0.040
	第2因子	0.513	<u>0.999</u>	0.592	0.458	0.215
	第3因子	0.651	0.603	<u>0.994</u>	0.595	0.049
	第5因子	0.569	0.497	0.617	<u>0.995</u>	−0.095
	第4因子	0.106	0.268	0.175	−0.015	<u>0.992</u>
A+bセット	第1因子	<u>0.998</u>	0.503	0.627	0.590	0.167
	第2因子	0.516	<u>0.999</u>	0.588	0.545	0.299
	第3因子	0.615	0.586	<u>0.999</u>	0.671	0.147
	第4因子	0.541	0.476	0.649	<u>0.993</u>	0.033
	第5因子	0.153	0.276	0.129	0.023	<u>0.997</u>
a+Bセット	第1因子	<u>0.997</u>	0.538	0.594	0.531	0.053
	第2因子	0.526	<u>0.999</u>	0.593	0.448	0.252
	第3因子	0.632	0.600	<u>0.998</u>	0.597	0.140
	第5因子	0.569	0.498	0.611	<u>0.992</u>	−0.019
	第4因子	0.062	0.270	0.150	−0.007	<u>0.995</u>
Aセット	第1因子	<u>0.997</u>	0.518	0.614	0.597	0.223
	第3因子	0.505	<u>0.998</u>	0.588	0.554	0.333
	第2因子	0.580	0.590	<u>0.994</u>	0.664	0.240
	第4因子	0.521	0.483	0.674	<u>0.987</u>	0.127
	第5因子	0.138	0.263	0.089	0.029	<u>0.987</u>
aセット	第1因子	<u>0.994</u>	0.539	0.599	0.542	0.151
	第2因子	0.571	<u>0.996</u>	0.575	0.489	0.334
	第3因子	0.641	0.589	<u>0.996</u>	0.618	0.225
	第5因子	0.564	0.482	0.646	<u>0.991</u>	0.101
	第4因子	0.097	0.291	0.126	0.033	<u>0.991</u>

Bセット	第1因子	<u>0.994</u>	0.533	0.600	0.527	0.008
	第2因子	0.493	<u>0.996</u>	0.600	0.431	0.211
	第3因子	0.616	0.606	<u>0.993</u>	0.604	0.113
	第5因子	0.567	0.505	0.580	<u>0.988</u>	−0.076
	第4因子	0.036	0.256	0.147	−0.038	<u>0.986</u>
bセット	第1因子	<u>0.992</u>	0.499	0.592	0.582	0.125
	第2因子	0.526	<u>0.997</u>	0.551	0.524	0.270
	第4因子	0.691	0.608	<u>0.967</u>	0.654	0.051
	第5因子	0.568	0.485	0.613	<u>0.991</u>	−0.055
	第3因子	0.156	0.281	0.184	0.002	<u>0.988</u>

(注) 一致性係数が0.900以上にアンダーラインを施した。

の枠組みで示す評定値行列をデータとし，項目間相関行列に共通性の推定値を1とした繰り返しのない主因子法による因子分析をして5因子を抽出し，さらにバリマックス回転を施した。そして，各因子と「A+a+B+bセットの視聴印象次元」との間で一致性係数を求めて，0.800以上の値を取り出したところ，表3-9に表示したような結果になった。

ここで「高い整合性」を，A+a+B+bセットの各次元に対して「0.800以上の係数が5因子のうちの1因子だけにあるケース」[116]と規定すると，各CMでこの基準に適う次元の数は以下のように，5次元から2次元までの幅があった。

5次元：グリコアーモンドチョコレート，ネスカフェ，AYA，カレーマルシェ，ZIZE，バドワイザー，トルテチョコレート，焼きもろこし，ジョージアレンジカフェ（以上9CM）

4次元：柿の種，ヨーグレージュ，ポカリスエットステビア，プリモア，ケフラン，ポンポコタヌキ，クリーミーカフェ，ラーマソフト，アセロラドリンク，

---

[116] 例えば，ヨーグレージュでは，
A+a+B+bセットの第1因子はヨーグレージュの第2因子に対応，
A+a+B+bセットの第2因子はヨーグレージュの第3因子に対応，
A+a+B+bセットの第3因子はヨーグレージュの第1因子に対応，
A+a+B+bセットの第4因子はヨーグレージュの第1因子に対応している。
つまり4次元で対応していることになる。

表3-9 個別CMの「視聴印象」次元と「A+a+B+bセットの

		A+a+B+bセット				
		第1因子「刺激」	第2因子「伝達」	第3因子「感覚」	第4因子「効用」	第5因子「品格」
グリコアーモンドチョコレート	第1因子	0.960				
	第2因子				0.885	
	第3因子		0.960			
	第4因子			0.839		
	第5因子					0.905
デンロクチョコシリーズ	第1因子					
	第2因子	0.960				
	第3因子		0.980			
	第4因子			0.869		
	第5因子					
柿の種	第1因子				0.880	
	第2因子					
	第3因子		0.975			
	第4因子	0.862				
	第5因子			0.829		
ロッテアーモンドチョコレート	第1因子	0.827				
	第2因子			0.835		
	第3因子		0.952			
	第4因子					
	第5因子					
ヨーグレージュ	第1因子			0.887	0.855	
	第2因子	0.968				
	第3因子		0.971			
	第4因子					
	第5因子					
ソリットバーチーズケーキ	第1因子	0.984				
	第2因子		0.846	0.816		
	第3因子			0.802	0.923	
	第4因子		0.866			
	第5因子					0.910
ブライト	第1因子			0.810	0.843	
	第2因子		0.974			
	第3因子	0.960				
	第4因子	0.801		0.811		
	第5因子					

視聴印象次元」の一致性係数による対応関係

		A+a+B+b セット				
		第1因子「刺激」	第2因子「伝達」	第3因子「感覚」	第4因子「効用」	第5因子「品格」
シルベーヌ	第1因子	0.890				
	第2因子		0.917			
	第3因子					0.907
	第4因子					
	第5因子					
クリーミーカフェ	第1因子			0.888	0.863	
	第2因子	0.828				
	第3因子	0.932				
	第4因子		0.961			
	第5因子					0.871
オリゴCC	第1因子	0.951				
	第2因子				0.886	
	第3因子			0.941		
	第4因子					
	第5因子					
ZIZE	第1因子		0.986			
	第2因子	0.985				
	第3因子				0.934	
	第4因子			0.867		
	第5因子					0.922
バドワイザー	第1因子		0.961			
	第2因子	0.860				
	第3因子			0.900		
	第4因子				0.939	
	第5因子					0.800
トルテチョコレート	第1因子	0.894				
	第2因子			0.886		
	第3因子		0.964			
	第4因子				0.873	
	第5因子					0.825
ラーマソフト	第1因子	0.963				
	第2因子		0.941			
	第3因子			0.918		
	第4因子				0.821	
	第5因子					

ネスカフェ	第1因子	0.980				
	第2因子		0.982			
	第3因子			0.925		
	第4因子				0.906	
	第5因子					0.946
ポカリスエットステビア	第1因子		0.966			
	第2因子	0.857			0.838	
	第3因子			0.889		
	第4因子					
	第5因子					
プリモア	第1因子		0.820			
	第2因子			0.875	0.883	
	第3因子	0.938				
	第4因子					0.816
	第5因子		0.873			
ケフラン	第1因子		0.967			
	第2因子			0.809		
	第3因子					
	第4因子				0.925	
	第5因子	0.868				
AYA	第1因子	0.961				
	第2因子		0.950			
	第3因子					0.864
	第4因子				0.922	
	第5因子			0.840		
トマトブリッツ	第1因子	0.820				
	第2因子		0.964			
	第3因子			0.817	0.895	
	第4因子	0.822				
	第5因子					
カレーマルシェ	第1因子	0.934				
	第2因子		0.971			
	第3因子			0.942		
	第4因子				0.948	
	第5因子					0.894
ポンポコタヌキ	第1因子	0.877				
	第2因子			0.900		
	第3因子				0.844	
	第4因子		0.907			
	第5因子					

（注） 一致性係数0.800以上の値を記入した。

商品	因子	1	2	3	4	5
焼きもろこし	第1因子	0.947				
	第2因子		0.948			
	第3因子				0.871	
	第4因子					0.930
	第5因子			0.815		
ジョージアレンジカフェ	第1因子		0.921			
	第2因子	0.953				
	第3因子			0.878		
	第4因子					0.884
	第5因子				0.888	
アセロラドリンク	第1因子	0.932				
	第2因子		0.950			
	第3因子				0.920	
	第4因子			0.820		
	第5因子					
WINDY	第1因子				0.893	
	第2因子		0.933			
	第3因子	0.935				
	第4因子					
	第5因子					
クリームバー	第1因子		0.926			
	第2因子	0.950				
	第3因子				0.954	
	第4因子					0.907
	第5因子					
フレッシュ	第1因子		0.903			
	第2因子	0.938				
	第3因子				0.916	
	第4因子					
	第5因子					0.911
オロナミンC	第1因子	0.891				
	第2因子				0.895	
	第3因子			0.965		
	第4因子		0.978			
	第5因子					
コロコロパンダウサギ	第1因子	0.863				
	第2因子		0.977			
	第3因子			0.806		
	第4因子					
	第5因子				0.913	

クリームバー，フレッシュ，オロナミンC，コロコロパンダウサギ（以上13CM）
3次元：デンクロチョコシリーズ，ロッテアーモンドチョコレート，ソリットバーチーズケーキ，トマトプリッツ，シルベーヌ，オリゴCC，WINDY（以上7CM）
2次元：ブライト（1CM）

この結果から，30本中22本のCMが，「A＋a＋B＋bセットの視聴印象次元」と4次元以上で「高い整合性」を示していることが認められた。

他方，「A＋a＋B＋bセットの視聴印象次元」ごとに「高い整合性」を示す因子が一つだけあるCMの本数は，以下のようになっている。

刺激：27本
伝達：28本
感覚：23本
効用：27本
品格：15本

つまり，「A＋a＋B＋bセットの視聴印象次元」のうちで，「**刺激**」，「**伝達**」，「**効用**」は9割以上のCMで，また「**感覚**」も7割以上のCMにみられる因子であり，「**品格**」は5割のCMにみられる結果であった。

さらに高い基準として，A＋a＋B＋bセットの各次元に対して0.800以上の係数が5因子のうちの1因子だけにあり，かつ個別CMの各因子に対して0.800以上の係数が，A＋a＋B＋bセットの5次元のうち1次元だけあるケースを「1対1対応関係」と規定した[117]。すると，各CMでこの基準に適う次元の数は以下のように，5次元から1次元までの幅があった。

5次元：グリコアーモンドチョコレート，ネスカフェ，AYA，カレーマルシェ，ZIZE，バドワイザー，トルテチョコレート，焼きもろこし，ジョージア

---

[117] 例えば，ヨーグレージュでは，
　ヨーグレージュの第1因子はA＋a＋B＋bセットの第3と第4因子の両方に対応，
　ヨーグレージュの第2因子はA＋a＋B＋bセットの第1因子にのみ対応，
　ヨーグレージュの第3因子はA＋a＋B＋bセットの第2因子にのみ対応している。
　つまり2次元で対応していることになる。

レンジカフェ（以上9CM）
4次元：柿の種，ケフラン，ポンポコタヌキ，ラーマソフト，アセロラドリンク，クリームバー，フレッシュ，オロナミンC，コロコロパンダウサギ（以上9CM）
3次元：デンクロチョコシリーズ，ロッテアーモンドチョコレート，シルベーヌ，オリゴCC，WINDY（以上5CM）
2次元：ヨーグレージュ，ポカリスエットステビア，プリモア，クリーミーカフェ，ソリットバーチーズケーキ，（以上5CM）
1次元：ブライト，トマトプリッツ（以上2CM）

つまり，30本中18本のCMが，「A＋a＋B＋bセットの視聴印象次元」と4次元以上で「1対1対応関係」を示していることが認められた。

以上の一連の結果は，本分析で抽出された「視聴印象」の5次元の信頼性を再確認させるものである。

3．抽出された「視聴印象」5次元と先行諸研究で抽出されている「視聴印象」次元との比較

主研究で抽出された「視聴印象」5次元が，多くの研究結果にも共通に認められる頑健な次元であるか否かを検討することにした。そこで，主研究で抽出された「視聴印象」各次元と，「予備的研究で抽出された次元」および「先行諸研究で抽出されている次元」とを，付表4を参考にして比較した。

第1因子「刺激」の高負荷項目（ここでは因子負荷量が0.500以上とする。以下同様）は，予備的研究の「インパクト」[118]の高負荷項目から選定した2項目（意外度，インパクトの強度），および先行諸研究から選定した3項目（ユニーク度，面白さ度[119]，新鮮度）の合計5項目であった。つまり，予備的研究の「インパクト」の高負荷2項目がまとまって抽出されたことから，主研究の

---

[118] 先行諸研究にみられる「視聴印象」の共通次元に対応している。
[119] 面白さ度は，予備的研究で「インパクト」の高負荷項目（ただし，因子負荷量が高い順の2番目までには入っていない）でもあった。

「刺激」と予備的研究の「**インパクト**」は対応しているといえよう。さらに，「**刺激**」は，先行諸研究で抽出されている次元のなかの，ビデオリサーチ (1985) の「印象度」，ビデオリサーチ (1997) の「インパクト」，岸 (1991) の「知覚・情緒効果」，阿部ら (1985) の「顕著性」，青木ら (1990) の「新奇性」，富永ら (1996) の「インパクト」など多くの先行諸研究と項目レベルで対応していた。

　第2因子「**伝達**」の高負荷項目は，予備的研究の「**商品説明**」[120] の高負荷項目から選定した2項目（説明の充分度，メッセージのはっきり度），および先行諸研究から選定した2項目（分かりやすさの程度，説得力の程度）の合計4項目であった。つまり，予備的研究の「**商品説明**」の高負荷項目がまとまって抽出されたことから，主研究の「**伝達**」と予備的研究の「**商品説明**」は対応しているといえよう。さらに，「**伝達**」は，先行諸研究で抽出されている次元のなかの，佐々木 (1986) の「説明」，ビデオリサーチ (1985) の「説得力」，ビデオリサーチ (1997) の「理解・説得力」，稲葉 (1991) の「説得性」，岸 (1991) の「理解・信憑性」，青木ら (1990) の「説得性」，富永ら (1996) の「分かりやすさ」など多くの先行諸研究と項目レベルで対応していた。

　第3因子「**感覚**」の高負荷項目は，予備的研究の「**親近感**」[121] の高負荷項目から選定した2項目（温かさ度，自然度），予備的研究の「**視聴覚印象**」の高負荷項目から選定した2項目（色彩の印象度，色彩の明度），および予備的研究の「**活気**」の高負荷項目から選定した1項目（元気度）の合計5項目であった。つまり，予備的研究の「**親近感**」，「**視聴覚印象**」および「**活気**」の高負荷項目が混合して一つの次元を構成していたが，先行諸研究にみられる次元には対応していなかった。したがって，他の研究との対応づけはできないものの，「**感覚**」は，本分析で被調査者とCMの組合せを替えた8セット全ての因子解で抽出されたこと，また，個別CMの因子解でも7割以上のCM

---

[120] 先行諸研究にみられる「視聴印象」の共通次元に対応している。
[121] 先行諸研究にみられる「視聴印象」の共通次元に対応している。

で抽出されたことを考えると,「視聴印象」次元として頑健であると考えられよう。

第4因子「**効用**」の高負荷項目は,予備的研究の「**商品の効用イメージ**」の高負荷項目から選定した2項目(健康イメージ,活力イメージ)であった。つまり,主研究の「**効用**」と予備的研究の「**商品の効用イメージ**」は対応しているといえよう。なお,「**効用**」の高負荷2項目は,予備的研究で食品CMの「視聴印象」を測定するのに必要な項目として選定したものであるが,先行諸研究[122]には,「**効用**」と類似の構造を示す次元はなかった。しかし,「**効用**」は,本分析で被調査者とCMの組合せを替えた8セット全ての因子解で抽出されたこと,また,個別CMの因子解では9割のCMで抽出されたことを考えると,頑健な「視聴印象」次元と判断できよう。

第5因子「**品格**」の高負荷項目は,予備的研究の「**洗練度**」[123]の高負荷項目から選定した2項目(洗練度,高級度)と予備的研究の「**活気**」の高負荷項目から選定した1項目(静けさの程度)の合計3項目であった。つまり,予備的研究の「**活気**」の高負荷項目が入っているものの,「**洗練度**」の高負荷2項目がまとまって抽出されていることから,主研究の「**品格**」と予備的研究の「**洗練度**」は対応しているといえよう。さらに,「**品格**」は先行諸研究で抽出されている次元のなかの,稲葉(1991)の「優美感」および青木ら(1990)の「情緒性」と項目レベルで対応していた。

以上の結果をまとめると,「**刺激**」「**伝達**」および「**品格**」の3次元は,予備的研究で抽出された「視聴印象」次元のみならず,先行諸研究にみられる次元とも対応していた。また,「**効用**」は,「視聴印象」次元として頑健であると判断できた。他方,「**感覚**」は,予備的研究の「表現評価」の領域で抽

---

122) 本研究でレヴューしたわが国の先行諸研究のなかで,食品CMの「視聴印象」を測定しているのは,富永ら(1996)の1研究であるが,富永らの測定項目には,健康イメージ度および活力イメージ度のような食品独自の「視聴印象」項目が含まれていない。
123) 予備的研究で,頑健な「視聴印象」次元と判断したもの。

出された「視聴覚印象」および「イメージ」の領域で抽出された「親近感」と「活気」が混合している次元である。わが国の多くの先行諸研究では，「視聴印象」を「表現評価」と「イメージ」の領域に分けて分析しているため，「感覚」のような表現評価とイメージが混合している因子は抽出されていない。したがって，他の研究との対応づけはできないものの，「感覚」は，被調査者とCMの組合せを替えた8セット全ての因子解で抽出されたこと，また，個別CMの因子解でも過半数以上のCMで抽出されたことから，「視聴印象」次元として頑健であると考えられよう。

4．「視聴印象」5次元の測定値とCMの具体的な表現内容との対応

　「視聴印象」各次元の測定値を構成し，それにもとづいて区分した高特性CMと低特性CMの具体的な表現内容が，各測定値が意味する特徴に対応しているか否かを考察した。ここで，「高特性CM」と「低特性CM」の規定には，以下の二つの方法が考えられる。

　（方法1）代表的なセット（例えば，「A＋a＋B＋b」セット）の個別評定値行列の項目間相関行列を因子分析して，各因子の高負荷項目に対する全被調査者の平均評定値を「視聴印象」の測定値とする。そして，各次元での平均評定値の高いCMを「高特性CM」，低いCMを「低特性CM」とする。

　（方法2）平均評定値行列の項目間相関行列を因子分析して，各因子得点を求め，その値を「視聴印象」の測定値とする。そして，各次元での因子得点が高いCMを「高特性CM」，低いCMを「低特性CM」とする。

　ここで，表3-7に示した「A＋a＋B＋b」セットの因子分析結果を見ると，「色彩の印象度」，「元気度」および「親近度」などのように，二つの因子に0.425〜0.534の負荷量を示す項目がある一方で，「説明の充分度」のように一つの因子にのみ高負荷（0.862）を示す項目もあった。つまり，本研究において，各因子での高特性CMと低特性CMを規定する場合，各項目の各因子に対する負荷量が反映される「方法2」が適切と判断されたため，この方

法を採用した。

まず,「視聴印象」20項目の平均評定値行列の項目間相関行列に共通性の推定値を1とした繰り返しのない主因子法による因子分析を施して5因子を抽出し,さらにバリマックス回転をした[124]。

そして,各CMについて「視聴印象」各因子の因子得点を求め,これを「視聴印象」の測定値とし,因子ごとに測定値が正である高特性CMと負である低特性CMに分けた。そのなかで,測定値が1.000以上の高特性CMと－1.000以下の低特性CMは,表3-10に示したようになっていた。

次に,各因子での高特性CMと低特性CMのうち,極端な位置にある2本ずつの具体的な表現内容を描写して,その表現内容が「視聴印象」の測定値が意味する特徴に対応しているか否かを検討した。

1）第1因子（刺激）

(1)高特性（刺激の強い）CM

①ソリットバーチーズケーキ

内容は前述 (p.158) の通り。

チョコレートのなかに何かが入っている商品は多く,そのような商品のCMも多く放映されている。しかし,このCMの内容は他のチョコレートのCMと異なり,強い口調の会話があるため,刺激が強く感じられたと推察される。また,「手がこんだこと」が製法と所持品隠しの両方にかけられていて,言葉遊びも面白さの効果をもたらしていると思われる。

②焼きもろこし

内容は前述 (p.148) の通り。

最初から最後まで,商品を取ったり取り返したりしながら口論をしている。口論をしているので刺激が強いのかもしれない。また商品のうばい合いと会話のや

---

[124] 本文中には記載しないが,「視聴印象」次元の信頼性と頑健性が確認されたここまでの分析が,個別評定値行列をデータとした因子分析であったため,ここで求めた平均評定値行列をデータとした5因子解と個別評定値行列（「A＋a＋B＋b」セット）をデータとした5因子解との一致性を確認した。具体的には,対応している各因子間で一致性係数を求めたところ,いずれも0.900以上を示しており,その対応関係は明確であった。

表 3-10 「視聴印象」各次元での高・低特性の CM

因子得点	第1因子「刺激」	第2因子「伝達」	第3因子「感覚」	第4因子「効用」	第5因子「品格」
高プラス（高特性）CM					
2.000以上	ソリットバーチーズケーキ		コロコロパンダウサギ	オロナミンC	AYA
1.999〜1.500	焼きもろこし	ジョージアレンジカフェWINDY	ポンポコタヌキ	プリモア	クリームバーシルベーヌ
1.499〜1.000	ポンポコタヌキ　オリゴCC	AYA　オロナミンC	トルテチョコレート　カレーマルシェ	アセロラドリンク　ロッテアーモンドチョコレート　トマトプリッツ	フレッシュケフラン　バドワイザー　ZIZE
高マイナス（低特性）CM					
-1.000〜-1.499	ジョージアレンジカフェ　ケフラン	ポカリスエット　ステビア　ブライト　グリコアーモンドチョコレート	クリーミーカフェ　ポカリスエット　ステビア	ジョージアレンジカフェ　シルベーヌ　クリーミーカフェ	ラーマソフト　デンロクチョコシリーズ
-1.500〜-1.999	ネスカフェ　ラーマソフト		柿の種		コロコロパンダウサギ　クリーミーカフェ
-2.000以下		オリゴCC　ZIZE	ヨーグレージュ		

りとりが平行している面白さからも，刺激が強く感じられるのであろう．

(2)低特性（刺激の弱い）CM

③ラーマソフト

　内容な前述（p.157）の通り

　ごく普通の女性が淡々とした表現をしており，全体を通して静かでおとなしいCMである．

④ネスカフェ

　内容は前述（p.147）の通り．

　静かな大人っぽいCMであるが，新奇な表現もなく，落ちついた描写があるだけである．

以上のように，「視聴印象」第1因子の高特性CMは，強い口調の会話があり刺激の強いものであった．他方，低特性CMは静かで落ち着いており

刺激の弱いものであった。つまり，具体的な表現内容は「視聴印象」の測定値から解釈される特徴にほぼ対応していた。

2）第2因子（伝達）

(1)高特性（伝達内容が分かりやすい）CM

⑤ジョージアレンジカフェ

内容は前述（p.155）の通り。

商品についての説明が，最初から最後までナレーションや文字スーパーを多用して丁寧に行われているため，伝達の評価が高いのであろう。

⑥WINDY

内容は前述（p.156）の通り。

ポテト自身がビスケットになるまでを丁寧に説明するという形式をとっているため，伝達の評価が高いのであろう。本来しゃべらない存在がセリフを発していることで，メッセージ性がより感じられるのであろう。

(2)低特性（伝達内容が分かりにくい）CM

⑦ZIZE

内容は前述（p.153）の通り。

「マルチ発酵飲料」という聞き慣れない言葉が出てくるが，その説明がないため，伝達の評価が低いのであろう。「可能性」，「美しい」などの語も抽象的で漠然としている。また，映像も半透明で意図が分かりにくい。

⑧オリゴCC

内容は前述（p.146）の通り。

「ビフィズス活性飲料」というあまり聞き慣れない言葉が出てくるが，その説明がないため，伝達の評価が低いのであろう。場面や登場人物もマンガのような描き方で，ユーモラスではあるが，商品自体の説明とは関係が見出しにくい。「元気」ということを言ってはいるが，笑いに包んで伝えようとしているため，正面からの訴求ではない。

以上の結果から，「視聴印象」第2因子の測定値から解釈される特徴は，第2因子での高特性CMと低特性CMの具体的な表現内容に対応していた。

210　第3部　主研究

3）第3因子（感覚）
(1)高特性（感覚の評価が高い）CM
⑨コロコロパンダウサギ
　内容は前述（p.154）の通り。
　キャラクターはかわいらしく，温かさ・素朴さを感じさせる。また背景の色彩も明るいため，感覚の評価が高いのであろう。
⑩ポンポコタヌキ
　内容は前述（p.154）の通り。
　山を背景にタヌキが踊っているシーンが，ほのぼのとした温かさや自然さを感じさせる。また，背景の色彩も明るいため，感覚の評価が高いのかもしれない。

(2)低特性（感覚の評価が低い）CM
⑪ヨーグレージュ
　内容は前述（p.148）の通り。
　背景は室内で，色彩はモノトーンであり，登場人物が冷たい感じの外国人であるため，感覚の評価が低いのであろう。
⑫柿の種
　内容は前述（p.146）の通り。
　背景の色彩がモノトーンであり，登場人物が地味な感じの中年男性であるため，感覚の評価が低いのであろう。

以上の結果から，「視聴印象」第3因子の測定値から解釈される特徴は，第3因子での高特性CMと低特性CMの具体的な表現内容に対応していた。

4）第4因子（効用）
(1)高特性（効用イメージが出ている）CM
⑬オロナミンC
　ジャイアンツの選手達が公式試合（東京ドームのなか）で活躍している様子がしばらくの間映る。そして，そのなかの6人の選手が商品を飲むシーンになり，「強くて明るい元気もの」，「元気はつらつオロナミンC」という文字スーパーとナレーションが入る。次に，「元気はつらつオロナミンC」という文字スーパーとナレーションとともに，冷えて水滴がビンについている商品が映し出される。

スポーツ選手がグランドで活躍するシーンが多いため，効用イメージが高いのであろう。

⑭**プリモア**

内容は前述（p.147）の通り。

スポーツ選手と子供達が元気に走っているシーンが多いため，効用イメージが高いのであろう。

(2)**低特性（効用イメージが出ていない）CM**

⑮**クリーミーカフェ**

内容は前述（p.151）の通り。

天国の祖父に説教をされるという奇抜な設定が目立ち，しかもキャラクターの動きがほとんどないため，効用イメージが低いのであろう。

⑯**シルベーヌ**

内容は前述（p.150）の通り。

落ち着いた感じの品の良い女性が画面に映るが，動きのあるシーンが少ないため，上品さとひきかえに効用イメージが低いのであろう。

以上の結果から，「視聴印象」第4因子の測定値から解釈される特徴は，第4因子での高特性CMと低特性CMの具体的な表現内容に対応していた。

5）**第5因子（品格）**

(1)**高特性（品格のある）CM**

⑰**AYA**

内容は前述（p.149）の通り。

ソプラノの歌や，毛筆で書いたような文字スーパーなど，和風を加味した上品な趣味が取り入れられている。また，CMメッセージの語尾に「〜ました」，「〜です」など丁寧な表現が使われているため，品格のあるCMに感じられるのであろう。

⑱**クリームバー**

ピアノの音楽が流れるなか，「生クリームを生クリームでみがいた，生クリームのアイス」というナレーションとともに，液体の生クリームのなかからピアノの鍵のようにアイスクリームが次々に浮かび上がる映像が映り，「さわやかさがいいわね」，「なめらかさがいいわね」という文字スーパーとともに，液状の生ク

リームのなかから複数のアイスクリームバーが浮き上がるシーンが映る。次に，女性が商品を手に持っているシーンが映り，「ロッテクリームバー新発売」というナレーションとともに，「ロッテ」，「クリームバー新発売」および「100円」という文字スーパーと商品が映る。

ピアノの音楽が流れたり，アイスクリームバーの形をピアノの鍵に例えたりすることで，クラシックな高級感が暗示されており，また文字スーパーに「～いいわね」という女性語の丁寧な表現が使われているため，品格のあるCMに感じられるのであろう。

(2) **低特性（品格のない）CM**

⑲ **クリーミーカフェ**

内容は前述（p.151）の通り。

登場人物は全て庶民的であり，キャラクターの言葉も語尾が「だよ」のようなくだけた表現であるため，品格のないCMに感じられるのであろう。

⑳ **コロコロパンダウサギ**

内容は前述（p.154）の通り。

キャラクターはかわいらしく，温かさ・素朴さを感じさせるものであり，品格というより親しみやすい感じが強い。また，キャラクターの言葉も語尾が「だよ」のようなくだけた表現であるため，品格のないCMに感じられるのであろう。

以上の結果から，「視聴印象」第5因子の測定値から解釈される特徴は，第5因子での高特性CMと低特性CMの具体的な表現内容に対応していた。

6）本項のまとめ

本項では，「視聴印象」各次元での高特性CMと低特性CMの具体的な表現内容を描写して，その表現内容と「視聴印象」の測定値から解釈される特徴との関連を考察した。その結果，両者は対応していたことから，「視聴印象」各次元の測定値は妥当性のあるものと判断された。

IV. 本章のまとめ

本章では，30本の食品CMの「視聴印象」を全被調査者が回答したデー

タ（「A＋a＋B＋b」セットの個別評定値行列）の項目間相関行列を因子分析して，「刺激」，「伝達」，「感覚」，「効用」および「品格」の「視聴印象」5因子を抽出した。そして，その因子構造の信頼性を検証するために，①被調査者とCMの組合せを変えた8セットのデータ，すなわち，a) 全CMを対象にしているセット（「A＋b」セット，「a＋B」セット），b) AセットのCMのみを対象にしているセット（「A＋a」セット，「A」セット，「a」セット），c) BセットのCMのみを対象にしているセット（「B＋b」セット，「B」セット，「b」セット）の個別評定値行列，および，②30本の個別CMの評定値行列のそれぞれに関して，項目間相関行列を因子分析して，同様の因子が抽出されるか否かについて検討した。その結果，この5因子は，①8セット全てのデータにおいても，また，②多くの個別CMのデータにおいても，共通に抽出されたことから，因子構造の信頼性が確認できた。

　次に，この5因子を「予備的研究で抽出された次元」および「先行諸研究で抽出されている次元」と比較して，「視聴印象」次元として頑健であることを確認した。

　さらに，「視聴印象」各次元での高特性CMと低特性CMの具体的な表現内容を描写して，その表現内容と「視聴印象」の測定値から解釈される特徴との関連を考察した。その結果，両者はほぼ対応していたことから，「視聴印象」各次元の測定値は妥当性のあるものと判断された。

　1回のみの調査から「視聴印象」5特性を抽出したが，上述のように，この5特性は，①因子構造の信頼性，②「視聴印象」次元としての頑健性，および③測定値の妥当性などが確認できた。そこで，この5特性を，第3章で行う「表現・制作的要素」と「Aad」の関連に及ぼす「視聴印象」の媒介機能の分析に用いることにした。

第2章 「表現・制作的要素」の多次元的特性[125]

I. 本章の目的

「表現・制作的要素」と「Aad」の関連に及ぼす「視聴印象」の媒介機能を実証的に検討する前段として，本章では，「表現・制作的要素」の多次元的特性を抽出することにした。

II. 調査方法

1. 測定項目の設定

「表現・制作的要素」の測定項目には，第1部でレヴューした先行諸研究のなかで，「表現・制作的要素」を包括的かつ体系的に示しているStewart & Furse（1986）の尺度を援用することにした。

具体的には，①Stewart & Furseの「表現・制作的要素」の24因子解[126]で，各因子に0.500以上の高負荷を示した項目を採用する，さらに，②彼らの研究において広告効果に最も影響力のある項目であった「ブランド差別化メッセージ」を採用する，という方法で，表3-11に示した59項目を選定した。

次に，①例えば「保守的，または，伝統的なCMである」，「ユーモラスなCMである」などのような，「視聴印象」の測定項目（7項目）を削除する，②第1章で用いたのと同じ30本のCMを評価して，「どのCMにも該当しない項目」（8項目），「全てのCMに該当する項目」（1項目）を削除する，という手続きにより，59項目を43項目に縮減した。

---

125) この章における分析方法および分析結果は，浅川（2002）で公表したものである。
126) 因子名は，表1-15に示してある。

表 3-11 Stewart & Furse (1986) による24因子とそれぞれの高負荷項目および本研究での取り扱い

因子	高負荷項目	備考（本研究での取り扱い）
①妥当な背景	舞台背景がある	採用項目
	舞台背景が室内やその他の人工的施設（例えば、台所、オフィス、飛行機の中等）である	採用項目
	舞台背景が製品用途もしくは購買状況に直接関係している	採用項目
②製品ベネフィット	製品利用結果についての情報（例えば、「健康な気分になれます」）がある	標準偏差により削除された項目
	CMの主要メッセージが、製品効果（例えば、「息がフレッシュ」）もしくは利用法に関する情報である	標準偏差により削除された項目
	製品利用の結果の実演（例えば、「これを加えたらおいしくなった」）がある	標準偏差により削除された項目
	一つの問題を提起した上で、当該製品がその問題の解決にいかに役立つかということを示している	標準偏差により削除された項目
③確認までの時間	製品カテゴリーが確認されるまでの秒数	相関係数により削除された項目
	ブランド名が確認されるまでの秒数	採用項目
	製品もしくはパッケージが紹介されるまでの秒数	採用項目
	最初の5秒間に主要メッセージを提示している	採用項目
④製品属性・成分	原材料・成分についての情報がある	採用項目
	CMの主要メッセージが、製品の製造方法もしくは成分に関する情報である	採用項目
	健康・栄養についての情報がある	採用項目
⑤配役	画面に表れるキャラクターの数	採用項目
	単なる背景としての人物（例えば、通行人）がいる	採用項目
	舞台背景が屋外である	採用項目
⑥スチール・ストーリーボード・アニメーション	主役のキャラクターがアニメである	採用項目
	スチール写真を使用している	どのCMにも該当しない項目

⑦ブランド認定要素の紹介に投入された時間量	主役の俳優が一般人を演じて、主要メッセージを伝えている	採用項目
	CM全体、または主要部分がアニメ化されている	標準偏差により削除された項目
	CMメッセージの音声は、画面外の人物（アナウンサー）の声だけである	採用項目
	CMメッセージの音声はキャラクターの言葉である	採用項目
	パッケージが画面に出ている秒数	採用項目
	ブランド名またはロゴが画面に出ている秒数	採用項目
	実際の製品が画面に出ている秒数	採用項目
	CMの長さ	標準偏差により削除された項目
⑧出だしのインパクト	最初の5秒間で、サスペンス、疑問、驚きなど他に何か注目を集められるような方法で盛り上げている	相関係数により削除された項目
	保守的、または、伝統的なCMである	視聴印象の測定項目
	近代的、または、現代的なCMである	視聴印象の測定項目
	根拠を示さずに、製品を「最高」「一段と良い」などと宣伝している	採用項目
⑨利用者の満足	製品利用者の満足、ブランド嗜好、製品の使用時間の長さに関する情報（例えば、［いつも食べている］）がある	標準偏差により削除された項目
	製品利用者が広告製品についての満足感もしくはその利用結果について述べている	どのCMにも該当しない項目
⑩感情トーン	リラックスした、または、快適なCMである	視聴印象の測定項目
	暖かく、気づかいの細やかなCMである	視聴印象の測定項目
⑪ユーモア	ユーモラスなCMである	視聴印象の測定項目
	キュートな、または、かわいいCMである	視聴印象の測定項目
⑫音声記憶助成手法	歌の歌詞が製品メッセージを伝えている	採用項目
	歌詞のなかに、音楽的でない調や他の記憶促進手法が組み入れられている	標準偏差により削除された項目

⑬企業確認	製造メーカーもしくは販売業者が明示されている	標準偏差により削除された項目
	製品が二種類のブランド名を持っている	採用項目
	ブランド名（商品名）が製品メッセージを伝えている	採用項目
⑭利用のデモンストレーション	製品利用には関係ないが、製品性能と関係のある背景がある	どのCMにも該当しない項目
	製品利用の実演（例えば、商品を食べたり調理したりするシーン）がある	採用項目
⑮スクリーンに登場するキャラクター	CMメッセージの主要部分に関連する役を演じるキャラクターが映っているが、主要メッセージを直接伝える主役はいない	採用項目
⑯連続性	CMが、出だし、中盤、エンディングのある一つのストーリーになっている	採用項目
	二つ以上の物語が、それぞれ独立に語られ、連続したストーリー展開はないが、同様のメッセージを伝えている	どのCMにも該当しない項目
⑰深刻トーン・グラフィックの提示	陰気な、または、深刻なCMである	視聴印象の測定項目
	CMの一部に、グラフィックなディスプレーや図表を用いている	どのCMにも該当しない項目
⑱終了直前でのブランド名の提示	終了3秒以内にブランド名が繰り返される	標準偏差により削除された項目
	CMの最後付近にブランド名、パッケージもしくはその他の製品を視覚的に見分けられる要素がある	全てのCMに該当する項目
⑲間接比較	競合ブランドの名前は出ないが、広告製品と競合製品との比較が行われている	どのCMにも該当しない項目
	競合製品や広告製品の旧型との直接比較がある	どのCMにも該当しない項目
⑳製品の外観やパッケージなどが主要メッセージ	特定の製品属性や利用上の利点よりも、製品の外観やパッケージが主要メッセージを伝える	採用項目
㉑利用上の便利さ	製品の入手、準備、利用、廃棄などの容易さに関する情報がある	標準偏差により削除された項目

第2章　219

		採用項目
㉒ファンタジー	現実的な画像のかわりに、アニメまたは他の視覚的手法が使われている	採用項目
㉓調査	調査結果（例えば、「調査対象者の3分の2が好んだ」）がある	どのCMにも該当しない項目
㉔文字スーパー	製品の特徴もしくはCMメッセージの一部を強調するために、文字スーパーがある	採用項目
（追加）	ブランド差別化メッセージがある	採用項目

(注)
・Stewart & Furse (1986) で用いたCMは30秒のものが多かったが、本研究で用いたCMは15秒のものが多かったため、「最初の10秒間」を「最初の5秒間」に変更している。ただし、30秒のCMについては、「最初の10秒間」のまま変更せずに評定した。
・Stewart & Furse (1986) では、「CMメッセージの音声を画面外のアナウンサーによるかそれともキャラクターによるか」の1項目であったものを、「CMメッセージの音声は画面外の人物（アナウンサー）の声だけである」、「CMメッセージの音声はキャラクターの言葉である」に2分割している。

2．評定方法

上述の縮減プロセスを経て残された43項目は，客観的な内容判定ができるものであるため，著者が30本のCMを評定した。なお，Stewart & Furse (1986) の研究では，回答カテゴリーは主に「ある」，「ない」の2段階評定であったが，本研究では，「ある」という場合に程度の差があることを考慮し，「ややある」を加えた3段階で評定した。

3．解析に用いた項目

43項目による3段階評定値（「ある」は「3」，「ややある」は「2」，「ない」は「1」）にもとづく30本のCMの平均値と標準偏差を求め，さらに，項目間の相関係数を求めた。そして，①標準偏差が特に小さい項目は評定値のCM間較差が小さいことを意味しているので，その値が0.500未満である11項目を削除することにした。また，②項目間相関の高い項目は評定情報の重なりが大きいと考えられるため，絶対値で0.800以上の相関係数を示した2対のうち標準偏差の小さい方を削除した。以上の手続きにより計13項目が削除され，以下の分析では，表3-11の備考に「採用項目」と示してある30項目を用いることとなった。

Ⅲ．結果と考察

1．「表現・制作的要素」次元の抽出

30項目の「CM×項目」の枠組みで示す評定値行列の項目間相関行列に，共通性の推定値を1とした繰り返しのない主因子法による因子分析を施して，「表現・制作的要素」次元を抽出した。30×30の項目間相関行列から抽出する因子の数は，Scree Testを参考にすると，「7」であると考えられた。そこで「7」の因子数による因子分析を行い，バリマックス回転を施したところ，表3-12に示したような結果になったため，表から以下のように解釈した。

① 第1因子:「メッセージ伝達者」

　第1因子に正の高い負荷量（高負荷は絶対値0.500以上でとらえる。以下同様）を示した項目は,「CMメッセージの音声はキャラクターの言葉である」,「CMメッセージの主要部分に関連する役を演じるキャラクターが映っているが,主要メッセージを直接伝える主役はいない」,「画面に表れるキャラクターの数が多い」,「主役の俳優が一般人を演じて,主要メッセージを伝えている」であり,負の高い負荷量を示す項目は「CMメッセージの音声は,画面外の人物（アナウンサー）の声だけである」,「実際の製品が画面に出ている秒数が長い」であった。これらは主に「メッセージ伝達者」に関連する項目である。

② 第2因子:「製品利用の実演」

　第2因子に正の高い負荷量を示した項目は,「製品利用の実演がある」であり,負の高い負荷量を示した項目は「特定の製品属性や利用上の利点よりも,製品の外観やパッケージが主要なメッセージである」,「主役のキャラクターがアニメである」,「現実的な画像のかわりに,アニメまたは他の視覚的手法が使われている」,「製品もしくはパッケージが紹介されるまでの秒数が長い」であった。これらは主に「製品の利用の実演」に関連する項目である。

③ 第3因子:「実質的メッセージの提示」

　第3因子に正の高い負荷量を示す項目は,「原材料・成分についての情報がある」,「CMの主要メッセージが,製品の製造方法もしくは成分に関する情報である」,「最初の5秒間に主要メッセージを提示している」であった。これらは主に「実質的メッセージの提示」に関連する項目である。

④ 第4因子:「メッセージ量」

　第4因子に正の高い負荷量を示す項目は,「歌の歌詞が製品メッセージを伝えている」,「パッケージが画面に出ている秒数が長い」,「ブランド名またはロゴが画面に出ている秒数が長い」であり,負の高い負荷量を示す項目は「単なる背景としての人物（例えば,通行人）がいる」であった。これらは主

表 3-12 表現・制作的要素の因子分析結果（バリマックス回転後）

表現・制作的要素の項目	第1因子	第2因子	第3因子	第4因子	第5因子	第6因子	第7因子	共通性
CMメッセージの音声は，画面外の人物（アナウンサー）の声だけである	-0.881	0.209	0.180	-0.214	-0.006	0.056	-0.021	0.902
CMメッセージの音声はキャラクターの言葉である	0.843	0.287	-0.022	-0.082	-0.091	-0.098	0.029	0.819
CMメッセージの主要部分に関連する役を演じるキャラクターが映っているが，主要メッセージを直接伝える主役ではない	0.774	0.082	0.241	0.059	0.156	-0.162	0.298	0.807
画面に表れるキャラクターの数が多い	0.720	0.139	-0.350	-0.181	-0.196	-0.068	0.064	0.740
主役の俳優が一般人を演じて，主要メッセージを伝えている	0.601	0.087	0.138	-0.199	0.487	0.147	0.427	0.869
実際の製品が画面に出ている秒数が長い	-0.552	0.168	-0.067	0.473	0.326	-0.020	0.261	0.736
特定の製品属性や利用上の利点よりも，製品の外観やパッケージが主要なメッセージである	0.006	-0.773	-0.397	0.187	0.079	-0.119	-0.035	0.812
主役のキャラクターがアニメである	-0.192	-0.710	-0.098	-0.024	-0.021	-0.078	0.153	0.581
現実的な画像のかわりに，アニメまたは他の視覚的手法が使われている	0.106	-0.695	0.254	0.177	0.208	0.045	0.042	0.638
製品利用の実演がある	0.281	0.642	-0.188	0.279	0.341	0.041	0.146	0.744
製品もしくはパッケージが紹介されるまでの秒数が長い	0.046	-0.626	0.062	-0.352	0.429	0.186	0.172	0.770
原材料・成分についての情報がある	-0.054	0.117	0.884	-0.002	-0.032	0.039	-0.190	0.837
CMの主要メッセージが，製品製造の方法もしくは成分に関する	-0.027	-0.075	0.870	0.100	-0.089	0.086	0.174	0.820
最初の5秒間に主要メッセージを提示している	-0.043	-0.169	0.556	0.338	0.429	-0.047	0.104	0.650
歌の歌詞が製品メッセージを伝えている	0.057	-0.363	-0.116	0.705	-0.152	-0.047	-0.118	0.684
パッケージが画面に出ている秒数が長い	-0.090	0.373	-0.046	0.670	-0.001	0.171	0.013	0.628
ブランド名または口ゴが画面に出ている秒数が長い	0.074	0.113	0.257	0.646	-0.161	0.037	0.071	0.535
単なる背景としての人物（例えば，通行人）がいる	0.260	0.298	-0.288	-0.551	0.201	-0.040	0.054	0.588
根拠を示さずに，製品名を「最高」「一段と良い」などと宣伝している	0.139	0.026	0.041	0.072	-0.761	-0.133	0.190	0.659
ブランド名が確認されるまでの秒数が長い	-0.015	-0.211	-0.067	-0.210	0.673	-0.148	0.202	0.609
舞台背景がある	0.064	0.253	-0.191	0.017	0.119	0.850	0.036	0.843
舞台背景が屋外である	-0.326	0.087	0.164	0.119	-0.379	0.667	0.292	0.829

項目								
健康・栄養についての情報がある	-0.217	0.030	0.221	0.378	0.179	$\underline{0.657}$	0.041	0.705
製品の特徴もしくはCMメッセージの一部を強調するために，文字スーパーがある	-0.055	-0.252	0.196	-0.115	-0.005	$\underline{0.555}$	-0.056	0.429
製品が二種類のブランド名を持っている	-0.195	0.204	0.217	-0.045	-0.063	-0.049	$\underline{-0.678}$	0.594
ブランド名（商品名）が製品メッセージを伝えている	0.124	0.196	-0.181	-0.326	0.008	0.401	$\underline{-0.589}$	0.700
ブランド差別化メッセージがある	0.137	0.171	$\underline{0.466}$	-0.110	-0.197	0.219	$\underline{0.564}$	0.682
CMが，出だし，中盤，エンディングのある一つのストーリーになっている	0.443	0.029	0.125	-0.336	0.041	0.144	$\underline{0.556}$	0.658
舞台背景が製品用途もしくは購買状況に直接関係している	0.046	0.438	-0.189	0.117	-0.307	0.375	-0.226	0.530
舞台背景が室内やその他の人工的施設である	0.321	0.240	-0.463	-0.144	0.474	0.061	-0.356	0.751
2乗和	4.044	3.540	3.241	2.899	2.631	2.493	2.300	(21.148)
寄与率（%）	13.479	11.789	10.804	9.663	8.769	8.311	7.667	(70.493)

（注）因子負荷量0.500以上にアンダーラインを施した。

に「メッセージ量」に関連する項目である。
⑤ 第5因子：「ブランド名が分かるまでの時間」

　第5因子に正の高い負荷量を示す項目は，「ブランド名が確認されるまでの秒数が長い」であり，負の高い負荷量を示す項目は「根拠を示さずに，製品を"最高", "一段と良い"などと宣伝している」であった。これらは主に「ブランド名が分かるまでの時間」に関する項目である。
⑥ 第6因子：「風物背景と健康・栄養情報」

　第6因子に正の高い負荷量を示した項目は，「舞台背景がある」，「舞台背景が屋外である」，「健康・栄養についての情報がある」，「製品の特徴もしくはCMメッセージの一部を強調するために，文字スーパーがある」であった。これらは主に「風物背景と健康・栄養情報」に関連する項目である。
⑦ 第7因子：「ブランド差別化メッセージの明示」

　第7因子に正の高い負荷量を示した項目は，「ブランド差別化メッセージがある」，「CMが，出だし，中盤，エンディングのある一つのストーリーになっている」であり，負の高い負荷量を示した項目は，「製品が二種類のブランド名[127]を持っている」，「ブランド名（商品名）が製品メッセージを伝えている」であった。これらは主に「ブランド差別化メッセージの明示」に関連する項目である。

2．抽出された「表現・制作的要素」7次元と「先行諸研究で抽出されている次元」との比較

　第1部で述べたように，CMの「表現・制作要素」の次元として，McEwen & Leavitt（1976）は表1-14に示した12次元を，Stewart & Furse（1986）は表1-15に示した24次元を，また八巻（1987）は表1-18に示した5次元を抽出している。

---

[127] 例えば，トヨタ・クラウンのように二種類のブランド名があること。

表 3-13　先行研究と本研究で抽出された次元

本研究	Stewart & Furse (1986)	McEwen & Leavitt (1976)	八巻 (1987)
メッセージ伝達者	⑥スチール・ストーリーボード・アニメーション ⑮スクリーンに登場するキャラクター	①製品と人物の統合 ②語り手との一体感	
製品利用の実演	⑳製品の外観やパッケージなどが主要メッセージ ㉒ファンタジー ⑭利用のデモンストレーション	③人物による実演 ⑨アニメーション	
実質的メッセージの提示	④製品属性・成分		
メッセージ量	⑦ブランド認定要素の紹介に投入された時間量 ⑫音声記憶助成手法		
ブランド名がわかるまでの時間	⑧出だしのインパクト		
風物背景と健康・栄養情報	①妥当な背景 ㉔文字スーパー		③撮影場所
ブランド差別化メッセージの明示	⑬企業確認 ⑯連続性		④訴求点

(注)　各因子名の前の丸付き数字は，表 1-15, 表 1-14 および表 1-18 に示した因子番号に対応している。

　本項では，前項（1.）で抽出した 7 次元をそれらの研究で抽出されている次元と比較することにした。なお，各研究において，因子解釈は各研究者が独自に行っているため，命名は異なっていても内容が類似している因子もある。そこで，本研究で抽出した 7 次元に類似している因子を選び出すと，表 3-13 のようにまとめることができる。

　本研究は，Stewart & Furse（1986）の測定尺度を援用したが，本研究で抽出された次元は，全て Stewart & Furse が抽出した次元に対応していた。

　他方，McEwen & Leavitt（1976）や八巻（1987）が抽出している因子とは部分的に類似したものが得られただけであった。表 1-14 に示した McEwen & Leavitt による 12 因子については，佐々木・浅川（2000, p.14）はこれらを

3領域に区分し，⑥は「伝達内容」に，⑤，⑦，⑧，⑫は「題材処理」に，①～③，④，⑨～⑪は「提示技法」にそれぞれ関連するものとしていたが，そのうちで①，②，③，⑨の「提示技法」に関する4因子だけが本研究で抽出した因子（次元）と類似したものであった。「題材処理」に関しては，本研究において「削除された項目」に含まれているものが多かったところに，こうした違いが生じた原因の一端があるものと考えられる。また八巻による5因子構造との違いは，評価項目の内容の差異にもとづくところが大きいものと推察される。

3.「表現・制作的要素」7次元での測定値とCMの具体的な表現内容との対応

次に，本章で抽出した「表現・制作的要素」7次元の測定値が，CMの具体的な表現内容に対応できているか否かを検討することにした。

30本のCMについて，「表現・制作的要素」7因子の因子得点を求め，これを「表現・制作的要素」の測定値として，因子ごとに，測定値が正である高特性CMと負である低特性CMに分けた。そのなかで，測定値が1.000以上の高特性CMと-1.000以下の低特性CMは，表3-14に示したようになっている。次に，各因子での高特性CMと低特性CMのうち，2本ずつの具体的な表現内容を描写して，描写した表現内容と「表現・制作的要素」の測定値から解釈される特徴が対応できているか否かを検討した。

1）第1因子（メッセージ伝達者）
(1)高特性（メッセージ伝達者がキャラクター）CM
①オリゴCC
  内容は前述（p.146）の通り。
②クリーミーカフェ
  内容は前述（p.151）の通り。

表 3-14 「表現・制作的要素」各次元での高・低特性の CM

因子\因子得点		第1因子「メッセージ伝達者」	第2因子「製品利用の実演」	第3因子「実質的メッセージの提示」	第4因子「メッセージ量」	第5因子「ブランド名が分かるまでの時間」	第6因子「風物背景と健康・栄養情報」	第7因子「ブランド差別化メッセージの明示」
高プラス（高特性）CM	2.000以上	オリゴCC					アセロラドリンク	
	1.999〜1.500	クリーミーカフェ トルテチョコレート		AYA クリームバー	ヨーグレージュ ZIZE ポンポコタヌキ トマトブリッツ	オリゴCC ソリットバー チーズケーキ	ケフラン	ブライト ZIZE
	1.499〜1.000	ソリットバー チーズケーキ フレッシュ	ポカリスエット ステビア 焼きもろこし	WINDY フレッシュ ソリットバー チーズケーキ クリーミーカフェ	トルテチョコレート フレッシュ	柿の種	オリゴCC	ソリットバー チーズケーキ WINDY ケフラン クリーミーカフェ
高マイナス（低特性）CM	-1.000〜-1.499	シルベーヌ ケフラン デンロクチョコシリーズ ZIZE WINDY	WINDY クリームバー	ブライト ラーマソフト 焼きもろこし オロナミンC コロコロパンダウサギ	ラーマソフト クリームバー バドワイザー ブライト ロッテアーモンドチョコレート	カレーマルシェ フレッシュ ネスカフェ	シルベーヌ トルテチョコレート	ラーマソフト デンロクチョコシリーズ
	-1.500〜-1.999	ポカリスエット ステビア		ポンポコタヌキ	オロナミンC		デンロクチョコシリーズ	アセロラドリンク トマトブリッツ ジョージアレンジカフェ ヨーグレージュ グリコアーモンドチョコレート
	-2.000以下		ポンポコタヌキ コロコロパンダウサギ			プリモア バドワイザー	フレッシュ	ロッテアーモンドチョコレート

双方ともメッセージ伝達者はキャラクター（登場人物）である。特に，前者は漫画風に脚色された対話であり，登場人物が目立っている。

(2)**低特性（メッセージ伝達者がアナウンサー）CM**

　③ポカリスエットステビア

　　内容は前述（pp.154〜155）の通り。

　④WINDY

　　内容は前述（p.156）の通り。

　　どちらのCMも，メッセージを伝達しているのは，アナウンサーである。

　以上のように，「表現・制作的要素」第1因子の測定値から解釈される特徴は，第1因子での高特性CMと低特性CMの具体的な表現内容に対応していた。

2）第2因子（製品利用の実演）

(1)**高特性（製品利用の実演がある）CM**

　⑤ポカリスエットステビア

　　内容は前述（pp.154〜155）の通り。

　⑥焼きもろこし

　　内容は前述（p.148）の通り。

　　どちらも製品を飲食するシーンがある。

(2)**低特性（製品利用の実演がない）CM**

　⑦コロコロパンダウサギ

　　内容は前述（p.154）の通り。

　⑧ポンポコタヌキ

　　内容は前述（p.154）の通り。

　　双方とも，CMのなかでキャラクターが踊ったり行進をしたりしている。そして，製品を飲食するシーンはない。

　以上のように，「表現・制作的要素」第2因子の測定値から解釈される特徴は，第2因子での高特性CMと低特性CMの具体的な表現内容に対応していた。

3) 第3因子 (実質的メッセージの提示)

(1) 高特性 (成分についての情報がある) CM

⑨AYA

　内容は前述 (p.149) の通り。

⑩クリームバー

　内容は前述 (p.211) の通り。

　どちらも CM の大半が白い液体がアイスクリームに固まるまでの画像である。素材であるミルクやクリームをはっきりと強調して見せている。

(2) 低特性 (成分についての情報がない) CM

⑪ポンポコタヌキ

　内容は前述 (p.154) の通り。

⑫コロコロパンダウサギ

　内容は前述 (p.154) の通り。

　どちらの CM も製品の成分について即物的な描写をしていない。

以上のように,「表現・制作的要素」第3因子の測定値から解釈される特徴は, 第3因子での高特性 CM と低特性 CM の具体的な表現内容に対応していた。

4) 第4因子 (メッセージ量)

(1) 高特性 (メッセージ量が多い) CM

⑬ヨーグレージュ

　内容は前述 (p.148) の通り。

⑭ZIZE

　内容は前述 (p.153) の通り。

　双方とも CM ソングや文字スーパーでメッセージを訴求しており, メッセージ量が多い。

(2) 低特性 (メッセージ量が少ない) CM

⑮オロナミンC

　内容は前述 (p.210) の通り。

⑯ロッテアーモンドチョコレート

230　第3部　主研究

内容は前述（p.153）の通り。
　オロナミンCは，CMの大半がジャイアンツの公式戦野球の風景であり，ロッテアーモンドチョコレートは，CMの大半がロックのコンサートの風景である。双方とも人気のあるタレントやスポーツ選手を登用しているが，製品に関する直接的なメッセージは少ない。
　以上のように，「表現・制作的要素」第4因子の測定値から解釈される特徴は，第4因子での高特性CMと低特性CMの具体的な表現内容に対応していた。

5）第5因子（ブランド名が分かるまでの時間）

(1) 高特性（ブランド名が分かるまでの時間が長い）CM

⑰オリゴCC
　内容は前述（p.146）の通り。
⑱ソリットバーチーズケーキ
　内容は前述（p.158）の通り。
　オリゴCCは，CMの最後に，「はっするオリゴCC」というCMソングが流れて「ビフィズス活性飲料オリゴCC」という文字スーパーが映るまでは，ブランド名を示していない。また，ソリットバーチーズケーキも，CMの最後に「森永ソリットバーチーズケーキ」というセリフを登場人物が言うまでは，ブランド名を示していない。

(2) 低特性（ブランド名が分かるまでの時間が短い）CM

⑲バドワイザー
　内容は前述（p.149）の通り。
⑳プリモア
　内容は前述（p.147）の通り。
　バドワイザーは，CMのはじめの方で，商品の缶ビール（缶にブランド名が書かれている）を開けるシーンが映っている。また，プリモアはCMのはじめに「プリプリプリモア最高」というCMソングが流れている。
　以上のように，「表現・制作的要素」第5因子の測定値から解釈される特徴は，第5因子での高特性CMと低特性CMの具体的な表現内容に対応し

6）第6因子（風物背景と健康・栄養情報）

(1) 高特性（風物背景と健康・栄養情報がある）CM

㉑アセロラドリンク

「アセロラはニチレイ」という歌とともに，女性のゴルフ選手がゴルフコースでゴルフをしているシーンが映り，打ったゴルフボールがホールインワンする。すると，そのホール（穴）のなかにいたモグラの頭にボールが当たってしまい，モグラは穴から顔を出す。それと同時にホールのなかに入ったボールが外に押し出されてしまう。そして，「レモン約3個分の天然の赤いビタミンC」と書いてある商品が映り，その後，ゴルフ選手が商品を手に持って笑っているシーンと「私の陽気を分けてあげたい」という文字スーパーが映り，「レモン約3個分の天然の赤いビタミンC。ニチレイ，アセロラドリンク」というナレーションとともに商品が映る。最後に「ニチレイ」の商標が映る。

㉒ケフラン

内容は前述（p.155）の通り。

両方とも健康・栄養に関する情報がある。また，健康イメージを訴求するためか，緑豊かな屋外の背景が使用されている。

(2) 低特性（風物背景と健康・栄養情報がない）CM

㉓フレッシュ

内容は前述（p.152）の通り。

㉔デンロクチョコシリーズ

内容は前述（p.151）の通り。

両方とも健康や栄養に関する情報はない。また，どちらも合成画面による空間で，風物背景はない。

以上のように，「表現・制作的要素」第6因子の測定値から解釈される特徴は，第6因子での高特性CMと低特性CMの具体的な表現内容に対応していた。

7）第7因子（ブランド差別化メッセージの明示）

(1) 高特性（ブランド差別化メッセージが明示されている）CM

㉕ブライト

　内容は前述（p.156）の通り。

㉖ZIZE

　内容は前述（p.153）の通り。

　ブライトは，コーヒー用粉ミルクであるが，CMのなかで「あっさり」ということを訴求して，他の類似商品との差を印象づけている。また，ZIZEは当時新発売の商品であり，「もうすぐ（この商品が発売になれば）あなたは美しい」というブランド差別化メッセージが示されている。

(2) 低特性（ブランド差別化メッセージが明示されていない）CM

㉗ロッテアーモンドチョコレート

　内容は前述（p.153）の通り。

㉘グリコアーモンドチョコレート

　4人の男性歌手グループの一人が「Don't you know when I was a lonely boy」と歌いながら靴を磨いているシーン，別の一人が電車のなかで，商品を片手に持って「When you come to my life」と歌っているシーン，別の一人が「I'm so happy」と歌いながら車を運転しているシーン，別の一人が「So I sing a song」と歌いながら屋外で立っているシーンが，次々に映る。そして「カリッ」という効果音とともに，真黒な画面に赤い字で「ALMOND」という文字スーパーが入り，次に商品が映る。そして，「一人一人，一粒一粒。グリコアーモンドチョコレート」というナレーションとともに，電車のなかで立っていた一人が今度は電車の座席に腰かけ，かばんから商品を3箱取り出すシーン，靴を磨いていた一人がチョコレートを食べながら微笑んでいるシーン，および商品（パッケージにはアーモンドチョコレートと素材のアーモンドの絵が描かれている）が次々に映る。最後に「グリコ」の商標が映る。

　上記の二つの商品は，かなり前から販売されており，すでにブランドが多くの消費者に認知されているためか，製品に対する詳しい説明やブランドの差別化メッセージが明瞭に示されていない。

以上のように，「表現・制作的要素」第7因子の測定値から解釈される特徴は，第7因子での高特性CMと低特性CMの具体的な表現内容に対応し

ていた。

8) 本項のまとめ

本項では,「表現・制作的要素」各次元での高特性 CM と低特性 CM の具体的な表現内容を描写して,描写した表現内容と「表現・制作的要素」の測定値から解釈される特徴との関連を考察した。その結果,両者は対応していたことから,「表現・制作的要素」7次元の測定値は妥当性のあるものと判断された。

Ⅳ. 本章のまとめ

「表現・制作的要素」と「Aad」の関連に及ぼす「視聴印象」の媒介機能を分析する前段として,「表現・制作的要素」の多次元的特性を抽出した。すなわち,食品 CM 30本のそれぞれについて,Stewart & Furse (1986) の測定尺度を援用して作成した「表現・制作的要素」に関する43項目の内容が該当しているか否かを,著者が3段階評定した。そして,その「CM×項目」の枠組みで示す評定値行列の項目間相関行列を因子分析して,表3-12に示した「メッセージ伝達者」,「製品利用の実演」,「メッセージ量」,「ブランド名が分かるまでの時間」,「実質的メッセージの提示」[*],「風物背景と健康・栄養情報」[*]および「ブランド差別化メッセージの明示」[*]の7因子を抽出した。([*]のある3因子は「伝達内容」に関する特性,[*]のない4因子は「表現形式」に関する特性である。)

上述したように,本研究では,Stewart & Furse (1986) の測定尺度を援用したが,ここで抽出した7特性は,全て Stewart & Furse (1986) が抽出した「表現・制作的要素」次元に対応していた。また,7次元での高特性 CM と低特性 CM の具体的な表現内容を描写して,描写した表現内容と「表現・制作的要素」の測定値から解釈される特徴との関連を考察した。その結果,両者は対応していたことから,「表現・制作的要素」7特性の測定値の

妥当性が確認できた。

　以上のように，本章で抽出した7特性は，①全て Stewart & Furse（1986）が抽出した次元に対応しており，かつ，②測定値の妥当性が確認できた。そこで，この7特性を，次章（第3章）で行う，「表現・制作的要素」と「Aad」の関連に及ぼす「視聴印象」の媒介機能の分析に用いることにした。

第3章 「表現・制作的要素」と「Aad」の関連に及ぼす「視聴印象」の媒介機能の分析[128]

I. 本章の目的

第1章の分析によって，CMの「視聴印象」には「**刺激**」，「**伝達**」，「**感覚**」，「**効用**」，「**品格**」の5特性があることが示された。

また，第2章の分析により，CMの「表現・制作的要素」には「**メッセージ伝達者**」，「**製品利用の実演**」，「**メッセージ量**」，「**ブランド名が分かるまでの時間**」，「**実質的メッセージの提示**」[*]，「**風物背景と健康・栄養情報**」[*]，「**ブランド差別化メッセージの明示**」[*]の7特性があることが示された（[*]のあるものは「伝達内容」に関する特性，[*]のないものは「表現形式」に関する特性，である）。

本章では，第1章および第2章で得られた結果を用いて，本研究の第1目的である，「表現・制作的要素」7特性と「Aad」の関連に及ぼす「視聴印象」5特性の媒介機能について，実証的に明らかにすることにした。

II. 本章の分析方法

第1章および第2章と同一のデータを用いて，下図に示したように1.～4.に分けて分析を行った。

---

[128] この章における分析方法および分析結果の一部分は，浅川（2008）で公表したものである。なお，本研究では，「表現形式」を「特性レベル」でとらえたが，浅川（2009a）では，「表現形式」をタレント，CMソング，舞台背景のような「項目レベル」でとらえた。そして，「表現形式」によって，「視聴印象」と「Aad」の評価が異なり，それによって，購買意欲の生じる程度も異なってくることを実証的に明らかにしている。

〈直接的な関連の分析〉
1. 「表現・制作的要素」特性が「Aad」に直接的に及ぼす影響を分析する（重回帰分析）
2. 「表現・制作的要素」特性が「視聴印象」特性に及ぼす影響を分析する（平均値の差の検定）
3. 「視聴印象」特性が「Aad」に及ぼす影響を分析する（重回帰分析）

↓

〈間接的な関連の分析〉
4. 「表現・制作的要素」特性と「Aad」の関連に及ぼす「視聴印象」特性の媒介機能を分析する（パス解析）

Ⅲ.「表現・制作的要素」特性が「Aad」に直接的に及ぼす影響

1. 解析方法

「Aad」を従属変数として，第2章で抽出した「表現・制作的要素」7特性の因子得点を独立変数とする，強制投入法による重回帰分析を行った。なお，「Aad」は，各CMに対する全被調査者の表3-3に示した5項目の平均評定値を用いた。

2. 結果と考察

重回帰分析の結果，表3-15に示したように，決定係数（R^2）は0.394であり，「Aad」は「表現・制作的要素」7特性によって説明される部分は小さかった。つまり，「表現・制作的要素」は全体として「Aad」に直接的に影響を及ぼすことがあまり認められなかった。

ただし，「表現・制作的要素」各特性の標準回帰係数をみると，「製品利用の実演」が5％水準で有意であり，「Aad」に負に影響していた。製品利用の実演があると「Aad」の評定が低くなるというこの結果は，Ogilvy（1983）〔松岡訳，1985，p.112〕や Franzen（1994）〔八巻・嶋村・丸岡訳，1986，p.239〕などの先行諸研究の知見（製品利用の実演はプラスのCM効果がある）と異なっている。この結果から，食品以外の製品分野のCMでは，製品利用の実演

表 3-15 「表現・制作的要素」特性が「Aad」に及ぼす影響の重回帰分析結果

「表現・制作的要素」特性	標準回帰係数
メッセージ伝達者	−0.067
製品利用の実演	−0.415*
実質的メッセージの提示	0.059
メッセージ量	−0.128
ブランド名が分かるまでの時間	−0.246
風物背景と健康・栄養情報	−0.322
ブランド差別化メッセージの明示	−0.182
R	0.628
R^2	0.394

(注) *は5％水準で有意な標準回帰係数。

は効果的なのかもしれないが，食品 CM では，飲食するシーンのような製品利用の実演は，マイナスの CM 効果をもたらすことが推察された。

Ⅳ. 「表現・制作的要素」特性が「視聴印象」特性に及ぼす影響

1. 解析方法

「表現・制作的要素」7次元それぞれでの高特性 CM 群[129]と低特性 CM 群[130]との間で，「視聴印象」5特性の評定の差を検定した。なお，「視聴印象」各特性の評定には，表 3-7 で各因子に示した負荷量が高いものから順に2項目を採用した。そして，高特性 CM 群と低特性 CM 群との間で2項目とも平均評定値の差が5％水準で有意に高い場合を「視聴印象」特性の評定が「高い」，低い場合を「視聴印象」特性の評定が「低い」，と考えることにした。

---

[129] 表 3-14 で「表現・制作的要素」7次元のそれぞれでの因子得点が1.000以上の CM。
[130] 表 3-14 で「表現・制作的要素」7次元のそれぞれでの因子得点が−1.000以下の CM。

2. 結果と考察

「表現・制作的要素」7次元それぞれでの高特性CM群と低特性CM群との間で,「視聴印象」5特性の評定の差を検定したところ,表3-16に示したような結果になった。

この表を視覚的に分かりやすく表現すると,表3-17のようになる。これらの表をもとに,「表現・制作的要素」7次元のそれぞれでの高特性CM群と低特性CM群で,「視聴印象」5特性の評定の差を検討することにした。その際,各特性をあらわす2項目がともに同じ方向を示したもの(表3-17で○や●で表したもの)に着目すると,次のような結果であった。

1)「表現・制作的要素」第1因子高・低特性CM群

第1因子高特性(メッセージ伝達者がキャラクターである)CM群は,低特性(メッセージ伝達者がアナウンサーである)CM群と比較して,「**品格**」の評定は低かったものの,「**刺激**」,「**伝達**」および「**感覚**」の評定が高かった。

2)「表現・制作的要素」第2因子高・低特性CM群

第2因子高特性(製品利用の実演がある)CM群は,低特性(製品利用の実演がない)CM群と比較して,「**伝達**」,「**感覚**」および「**品格**」の評定が低かった。

3)「表現・制作的要素」第3因子高・低特性CM群

第3因子高特性(実質的メッセージの提示がある)CM群は,低特性(実質的メッセージの提示がない)CM群と比較して,「**効用**」の評定は低かったものの,「**伝達**」および「**品格**」の評定は高かった。

4)「表現・制作的要素」第4因子高・低特性CM群

第4因子高特性(メッセージ量が多い)CM群は,低特性(メッセージ量が少

表 3-16 [表現・制作的要素] 各次元での高特性 CM 群と低特性 CM 群にみられる [視聴印象] 特性の評定の比較 (1)

		第1因子「メッセージ伝達者」		第2因子「製品利用の実演」		第3因子「実質的メッセージの提示」		第4因子「メッセージ量」		第5因子「ブランド名がわかるまでの時間」		第6因子「風物背景と健康・栄養情報」		第7因子「ブランド差別化メッセージの明示」	
		高特性	低特性	高特性	低特性	高特性	低特性	高特性	低特性	高特性	低特性	高特性	低特性	高特性	低特性
n (人数×CM数)		639	776	259	520	769	778	773	780	382	649	389	516	770	1039
刺激	意外度	(4.55)	3.98	4.39	(4.62)					(4.74)	3.93			(4.37)	4.04
	ユニーク度	(4.70)	3.82							(4.81)	3.97			(4.30)	4.00
伝達	説明の充分度	(4.45)	4.14	3.86	(4.86)	(5.00)	4.19			4.14	(4.33)	4.01	(4.54)		
	メッセージのはっきり度	(4.56)	4.26	4.05	(4.95)	(5.02)	4.38					4.08	(4.66)		
感覚	暖かさ度	(4.43)	4.28	3.93	(5.03)	4.38	(4.73)	(4.50)	4.32	4.16	(4.53)			(4.51)	4.33
	色彩の明度	(4.81)	4.57	4.35	(5.20)	(4.85)	4.70			4.43	(4.74)				
効用	健康イメージ度					3.91	(4.32)	4.05	(4.30)			(4.50)	3.79	3.89	(4.11)
	活力イメージ度	(4.02)	3.72	4.04	(4.27)	3.92	(4.45)	4.09	(4.45)			(4.20)	3.84	3.88	(4.16)
品格	高級度	3.83	(4.27)	3.61	(3.97)	(4.41)	3.52	(4.15)	3.99	3.46	(4.31)	3.70	(4.44)	(3.91)	3.78
	洗練度	4.00	(4.20)	4.06	(4.26)	(4.40)	3.92			3.85	(4.23)	3.90	(4.30)	(4.01)	3.88

(注) 高特性 CM 群と低特性 CM 群で5%水準で有意差のある場合のみ平均値を記入した。平均値の高い方を○で囲んだ。
n の数は、人数×CM 数であるが、CM によって無回答の人数が異なるため、CM 数が同じでも若干の違いがある。

表3-17 [表現・制作要素] 各次元での高特性CM群と低特性CM群にみられる [視聴印象] 特性の評定の比較(2)

		表現・制作的要素												
		第1因子「メッセージ伝達者」		第2因子「製品利用の実演」		第3因子「実質的メッセージの提示」		第4因子「メッセージ量」		第5因子「ブランド名が分かるまでの時間」		第6因子「風物背景と健康・栄養情報」		第7因子「ブランド差別化メッセージの明示」	
		メッセージ伝達者がキャラクタである CM群	メッセージ伝達者がキャラクタでない CM群	製品利用の実演があるCM群	製品利用の実演がないCM群	実質的メッセージの提示があるCM群	実質的メッセージの提示がないCM群	メッセージ量が多いCM群	メッセージ量が少ないCM群	ブランド名が分かるまでの時間が長いCM群	ブランド名が分かるまでの時間が短いCM群	風物背景が屋外で健康・栄養情報があるCM群	風物背景が室内で健康・栄養情報がないCM群	ブランド差別化メッセージがあるCM群	ブランド差別化メッセージがないCM群
		高特性	低特性	高特性	低特性	高特性	低特性	高特性	低特性	高特性	低特性	高特性	低特性	高特性	低特性
視聴印象	「刺激」	○	●	▲	△		●		▲	○	●	●		○	●
	「伝達」	○	●	●	○	○		△	○	▲	△		○		
	「感覚」	○	▲	●	○	×	×			●					▲
	「効用」	△	▲	△	△	●	○	△	○	●	○	○		△	○
	「品格」	●	○	●	○	●	●	▲	▲	●	○	●	●	○	●

(注) ○は、2項目ともに有意に高いケース。●は、2項目ともに有意に低いケース。
×は、項目によって有意差の方向が異なるケース。▲は、1項目が有意に高いケース。
△は、1項目が有意に低いケース。
空欄は、2項目とも有意差がないケース。

ない）CM 群と比較して，「**効用**」の評定が低かった。

5）「表現・制作的要素」第5因子高・低特性 CM 群

第5因子高特性（ブランド名が分かるまでの時間が長い）CM 群は，低特性（ブランド名が分かるまでの時間が短い）CM 群と比較して，「**刺激**」の評定が高かったが，「**感覚**」および「**品格**」の評定は低かった。

6）「表現・制作的要素」第6因子高・低特性 CM 群

第6因子高特性（風物背景が屋外で，健康・栄養についての情報がある）CM 群は，低特性（風物背景が室内で，健康・栄養についての情報がない）CM 群と比較して，「**効用**」の評定は高かったものの，「**伝達**」および「**品格**」の評定は低かった。

7）「表現・制作的要素」第7因子高・低特性 CM 群

第7因子高特性（ブランド差別化メッセージがある）CM 群は，低特性（ブランド差別化メッセージがない）CM 群と比較して，「**効用**」の評定は低かったが，「**刺激**」および「**品格**」の評定は高かった。

以上の結果から，一部の「表現・制作的要素」特性が，多様な「視聴印象」特性を生じさせること（表現・制作的要素特性→視聴印象特性）が推察された。

V．「視聴印象」特性が「Aad」に及ぼす影響

1．解析方法

「Aad」を従属変数として，「視聴印象」5因子（「平均評定値行列」の項目間相関行列を因子分析して抽出した因子）の因子得点を独立変数とする，強制投入法による重回帰分析を行った。なお，「Aad」は，Ⅲ．の分析と同一の値[131]を用いた。

表3-18 「視聴印象」特性が「Aad」に及ぼす影響の重回帰分析結果

「視聴印象」特性	標準回帰係数
刺激	0.288*
伝達	0.671*
効用	0.303*
感覚	0.467*
品格	0.315*
R	0.971
R^2	0.943

(注) *は5％水準で有意な標準回帰係数。

2．結果と考察

重回帰分析の結果，表3-18に示したように，決定係数（R^2）は0.943であり，「Aad」は「視聴印象」5特性によってよく説明されていた。さらに，「視聴印象」各特性の標準回帰係数をみると，5特性全てが5％水準で有意であり，「Aad」に正に影響していた。そして，そのなかでも「**伝達**」および「**感覚**」次元の標準回帰係数が大きかった。

VI．「表現・制作的要素」と「Aad」の関連に及ぼす「視聴印象」の媒介機能

1．解析方法

上述したIII.～V.で得られた知見を整理すると，III.では，「Aad」は「表現・制作的要素」特性によって直接的に説明される部分が小さいことが明らかになった。またIV.では，「表現・制作的要素」の各特性が，多様な「視聴印象」特性を生じさせること（表現・制作的要素→視聴印象）が推察された。

---

131) 各CMに対する全被調査者の表3-3に示した5項目の平均評定値。

さらにV.では,「Aad」は「視聴印象」特性によってよく説明されており(視聴印象→Aad),そのなかでも「**伝達**」および「**感覚**」の説明力が高いことが明らかになった。

以上の結果から,「表現・制作的要素」特性と「Aad」の関連には,直接的な関連はほとんどないが,「視聴印象」特性の媒介機能を考慮すれば,間接的な関連が生まれることが推察される。そこで本節では,「表現・制作的要素」7特性のそれぞれで,「視聴印象」の媒介機能についての仮説を設定し,各仮説をパス解析によって検証することにした。

2. 仮説の設定
1) 基本仮説の設定

第2章で抽出した「表現・制作的要素」7特性のなかには,「伝達内容」に関する3特性も含まれている。第1部第1章Ⅱ.で述べたように,本研究の「Aad」形成のとらえ方では,「表現形式→視聴印象→Aad」および「伝達内容→広告の情報的価値→視聴印象→Aad」という二つの反応プロセスを設定している。特に,「伝達内容」と「Aad」との関係については,「広告の情報的価値」という概念を組み入れており,これを考慮しない「伝達内容→視聴印象→Aad」という反応プロセスを本研究では設定していない。

したがって,本章の分析には,「伝達内容」に関する「表現・制作的要素」を除いて分析する方法もあり得るが,以下の仮説を設定し,7特性全てについて分析することにした。

　基本仮説A 「表現・制作的要素」の「表現形式」に関する4特性と「Aad」の関連には,「視聴印象」の媒介機能が認められる。
　基本仮説B 「伝達内容→視聴印象→Aad」という反応プロセスモデルにおいては,「表現・制作的要素」の「伝達内容」に関する3特性と「Aad」の関連には,「視聴印象」の媒介機能が認められない。

2）「表現・制作的要素」7特性ごとの仮説の設定

第1部で先行諸研究をレヴューしたが，クリエーターの経験則は，下図に示したように，「表現・制作的要素」と「Aad」または「購買意欲」との直接的な関連について述べているものが多かった。

　　　　表現・制作的要素 ──→ Aad または購買意欲

一方，Stewart & Furse（1986）の実証分析は，下図に示したように，「表現・制作的要素」と「再生，理解および説得」の関連について検討していた。

　　　　表現・制作的要素 ──→ 再生，理解および説得

しかし，第1部で述べたように，先行諸研究のなかには「表現・制作的要素」と「Aad」の関連に及ぼす「視聴印象」の媒介機能を考慮している研究はなかった。そこで本研究では，下図に示したように，「表現・制作的要素」の各特性が多様な「視聴印象」特性を生じさせ，さらに，それぞれの「視聴印象」特性が「Aad」に影響を及ぼすという，「視聴印象」の媒介機能を考慮した仮説を設定することにした。

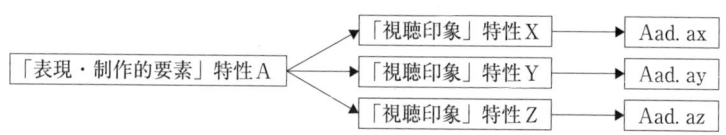

具体的には，先行諸研究の知見，およびⅢ.～Ⅴ.の分析結果[132]を応用して，「表現・制作的要素」7特性のそれぞれで，「視聴印象」の媒介機能についての仮説を以下に示すように設定した。

仮説①　Ogilvy（1983）〔松岡訳，1985，p.112〕は，「CMメッセージの音声は，

---

[132] Ⅲ.は「表現・制作的要素」特性が「Aad」に直接的に及ぼす影響の分析結果。Ⅳ.は「表現・制作的要素」特性が「視聴印象」特性に及ぼす影響の分析結果。Ⅴ.は「視聴印象」特性が「Aad」に及ぼす影響の分析結果。

画面内のキャラクターの方がよい」と述べている。この知見とⅣ.の分析結果を参考にし，「CM メッセージの伝達者がキャラクターである CM は，アナウンサーである CM と比べて相対的に「**品格**」の評定は低いが，「**刺激**」，「**伝達**」および「**感覚**」の評定が高い。このうち，表3-18 から「**品格**」よりも「**伝達**」および「**感覚**」の方が「Aad」に及ぼす影響が大きいため，「Aad」の評定が高い」という仮説を設定した。（仮説部分に傍線をつけた。以下同様）

仮説② Ogilvy（1983）〔松岡訳，1985，p.105〕は，「製品の性能を実証して見せるコマーシャルは平均以上の説明力を持つ」と述べている。また，Franzen（1994）〔八巻・嶋村・丸岡訳，1986，p.239〕も，デモンストレーションの有効性を指摘している。さらに，Stewart & Furse（1986）による実証分析の結果でも，再生，理解および説得などの広告効果測度（以下，広告効果の3測度と表記する）全てに対して正の効果をもたらす項目の一つに「製品利用のデモンストレーション」がある。しかし，Ⅲ.の分析結果では，「製品利用の実演」は「Aad」にマイナスの効果があることが認められた。この知見および，Ⅳ.の分析結果を参考にし，「製品利用の実演がある CM は，ない CM と比べて相対的に「**伝達**」，「**感覚**」および「**品格**」の評定が低く，「Aad」の評定が低い」という仮説を設定した。

仮説③ Stewart & Furse（1986）による実証分析の結果では，広告効果の3測度の全てに対して負の効果をもたらす項目の一つに，「原材料・成分についての情報」がある。しかし，Ⅳ.の分析結果では，実質的メッセージの提示がある CM は，「**効用**」の評定は低かったものの，「**伝達**」および「**品格**」の評定が高かった。そこで，「実質的メッセージの提示（原材料・成分についての情報）がある CM は，ない CM と比べて相対的に「**効用**」の評定は低いが，「**伝達**」および「**品格**」の評定が高い。このうち，表3-18 から「**効用**」よりも「**伝達**」の方が「Aad」に及ぼす影響が大きいため，「Aad」の評定が高い」という仮説を設定した。

仮説④ Ogilvy（1983）〔松岡訳，1985，p.112〕は，「音声で伝えると同時に，文字スーパーを使用するとよい」と述べている。この経験則は，「メッセージ量が多いほうがよい」と言い換えることができよう。しかし，Ⅳ.の分析結果では，メッセージ量の多い CM は，「**効用**」の評定が低かった。そこで，「メッセージ量の多い CM は，少ない CM と比べて相対的に「**効用**」の評定が低く，「Aad」の評定が低い」という仮説を設定した。

仮説⑤ Ogilvy（1983）〔松岡訳，1985，pp.109〜110〕は，「最初の10秒以内にブランド名を出す方がよい」と述べている。この知見およびⅣ.の分析結果を参考

にし,「ブランド名が分かるまでの時間が短いCMは,長いCMと比べて相対的に「**刺激**」の評定は低いが,「**感覚**」および「**品格**」の評定が高い。このうち「**刺激**」よりも「**感覚**」の方が「Aad」に及ぼす影響が大きいため,「Aad」の評定が高い」という仮説を設定した。

仮説⑥ Stewart & Furse (1986) による実証分析の結果では,広告効果の3測度の全てに対して負の効果をもたらす項目の一つに,「健康・栄養についての情報」がある。この知見とⅣ.の分析結果を参考にし,「風物背景が屋外で健康・栄養についての情報があるCMは,風物背景が室内で健康・栄養についての情報がないCMと比べて相対的に「**効用**」の評定が高いが,「**伝達**」および「**品格**」の評定が低い。このうち,表3-18から「**効用**」よりも「**伝達**」の方が「Aad」に及ぼす影響が大きいため,「Aad」の評定は低い」という仮説を設定した。

仮説⑦ Stewart & Furse (1986) による実証分析の結果では,広告効果の3測度の全てに対して正の効果をもたらす項目の一つに,「ブランド差別化メッセージ」がある。他方,Ⅳ.の分析結果では,「ブランド差別化メッセージのあるCMは,ないCMと比べて相対的に「**効用**」の評定が低いが,「**刺激**」および「**品格**」の評定が高かった。しかし,表3-18を見ると,「**効用**」と「**刺激**」または「**効用**」と「**品格**」との間で「Aad」に及ぼす影響に差があるとは言えない。したがって,「**ブランド差別化メッセージ**」と「Aad」の関連に「視聴印象」の媒介機能を考慮した仮説を設定できなかった。そこで,「**ブランド差別化メッセージ**」のあるCMは,ないCMと比べて相対的にAadの評価は高い」という,「視聴印象」の媒介機能を考慮しない仮説を設定した。

3.結果と考察

1)モデルの適合度

「表現・制作的要素」各特性と「Aad」の関連に及ぼす「視聴印象」5特性の媒介機能のモデルを図3-4〜図3-10のように作成し,各モデルの妥当性をパス解析により検証した。なお,モデルの適合度指標としてはχ^2値[133],GFI,AGFI[134],CFI[135],およびRMSEA[136]を用いた。

---

[133] データと完全に適合している状態は0,適合が悪いと無限大に大きくなる。χ^2と自由度を用いて算出した有意確率が,$p>0.05$であれば,データと適合しているとみなす。ただし,標本数が多い場合,有意になりやすい。

図3-4～図3-10に示したモデルの適合度指標をみると、いずれのケースでも全ての指標で高い適合度を示した。そこで、図3-4～図3-10の分析結果をもとに、①「表現・制作的要素」が「Aad」に直接的に及ぼす影響、および②「視聴印象」によって媒介される「表現・制作的要素」と「Aad」の関連とを比較検討することによって、基本仮説AとBを検証した。ちなみに、基本仮説Aは仮説①②④⑤を通して、また、基本仮説Bは仮説③⑥⑦を通して、それぞれ検証することになる。

2）仮説の検証
(1)仮説①の検証

図3-4に示したように「メッセージ伝達者」から「Aad」へのパス係数（-0.07）は、5％水準で有意でなかった。つまり、「メッセージ伝達者」が「Aad」に直接的に及ぼす影響は認められなかった。

他方、「メッセージ伝達者」と「Aad」の関連に及ぼす「視聴印象」の媒介機能について考えると、「メッセージ伝達者」から「視聴印象」5特性へのパス係数のなかで、「刺激」へのパス係数のみが5％水準で正に有意であった。つまり、「メッセージ伝達者がキャラクターであるCMは、アナウンサーであるCMに比べて、相対的に刺激の評定が高い」という部分が検証された。また、「視聴印象」各特性から「Aad」へのパス係数は、全て5％

---

134) GFI（Goodness of Fit Index）とは、モデルがデータを何パーセント説明したかというモデルの説明力の目安である。GFIの値の上限は、1.0であり、この値が1.0に近いほど適合のよいモデルと判断される。ただし、統計モデルは母数の数を増やして複雑なモデルを構成するとモデルの見かけ上の説明力が上昇するという一般的な傾向があるため、GFIの値が単に高いだけでは適合の良いモデルとは判断できない。そこでGFIの説明力から不安定度を引いた指数がAGFI（Adjusted Goodness of Fit Index）である。AGFIの値も1.0が上限であり、1.0に近いほど適合の良いモデルと判断される（豊田，2003，pp.122～123；狩野，1996）。
135) CFI（Comparative Fit Index）は、独立モデルと分析モデル双方の自由度を考慮した上で乖離度の比較を行う指標。0.0～1.0の間の値をとり、1.0に近いほど適合がよいと判断されている。
136) RMSEA（Root Mean Square Error of Approximation）は、モデルの分布と真の分布との乖離を1自由度あたりの量として表現した指標。0.05以下であれば当てはまりがよく、0.1以上であれば当てはまりが悪いと判断される（豊田，2000，p.177）。

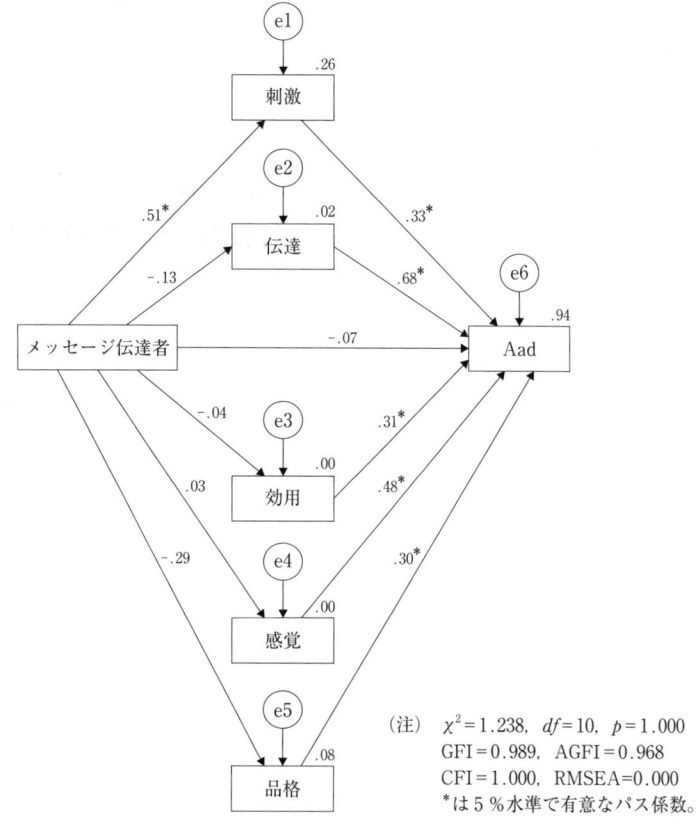

図3-4 「メッセージ伝達者」と「Aad」の関連に及ぼす「視聴印象」の媒介機能

水準で正に有意であった。

「メッセージ伝達者」から「刺激」へのパス係数は0.51であり、また「刺激」から「Aad」へのパス係数は0.33である。したがって、「刺激」によって媒介される「メッセージ伝達者」と「Aad」の間のパス係数は0.51×0.33≒0.17である。この値は、上述した「メッセージの伝達者」から「Aad」へのパス係数（-0.07）より、大きい値である。これは、「メッセージ伝達者」と「Aad」の関連に及ぼす「刺激」の媒介機能があることを示している。す

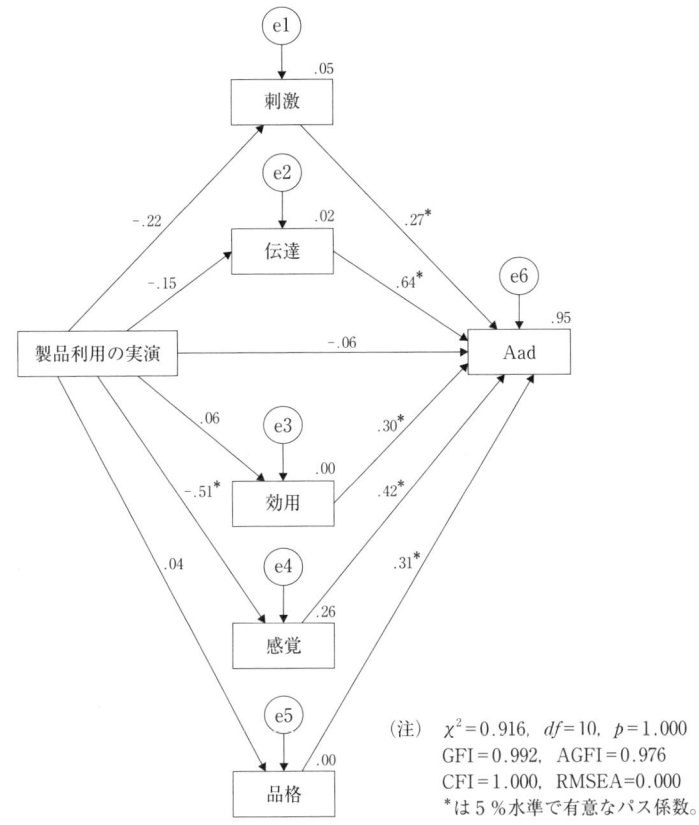

図3-5 「製品利用の実演」と「Aad」の関連に及ぼす「視聴印象」の媒介機能

なわち,当初の仮説の一部分ではあるものの,メッセージ伝達者がキャラクターであるCMは「**刺激**」の評定を高くし,それを通して「Aad」の評定が高くなることが検証された。

(2) **仮説②の検証**

図3-5に示したように,「**製品利用の実演**」から「Aad」へのパス係数(-0.06)は,5％水準で有意でなかった。つまり,「**製品利用の実演**」が「Aad」に直接的に及ぼす影響は認められなかった。

他方,「**製品利用の実演**」と「Aad」の関連に及ぼす「**視聴印象**」の媒介機能について考えると,「**製品利用の実演**」から「**視聴印象**」5特性へのパス係数のなかで「**感覚**」へのパス係数のみが5％水準で負に有意であった。つまり,「製品利用の実演がある CM は,ない CM に比べて,相対的に**感覚**の評定が低い」という部分が検証された。また,「視聴印象」各特性から「Aad」へのパス係数は全て5％水準で正に有意であった。

「**製品利用の実演**」から「**感覚**」へのパス係数は -0.51 であり,また「**感覚**」から「Aad」へのパス係数は 0.42 である。つまり「**感覚**」によって媒介される「**製品利用の実演**」と「Aad」の間のパス係数は $-0.51 \times 0.42 \fallingdotseq -0.21$ である。この値は上述した「**製品利用の実演**」から「Aad」へのパス係数(-0.06)に比べて,大きい負の値である。これは「**製品利用の実演**」と「Aad」の関連に及ぼす「**感覚**」の媒介機能があることを示している。すなわち,当初の仮説の一部分ではあるものの,製品利用の実演がある CM は「**感覚**」の評定を低くし,それを通して「Aad」の評定が低くなることが検証された。

(3)仮説③の検証

図3-6に示したように,「**実質的メッセージの提示**」から「Aad」へのパス係数は -0.17 であり,5％水準で負に有意であった。つまり,「**実質的メッセージの提示**」が「Aad」に直接的に負の影響を及ぼすことが認められた。

次に,「**実質的メッセージの提示**」と「Aad」の関連に及ぼす「**視聴印象**」の媒介機能について考えると,「**実質的メッセージの提示**」から「**視聴印象**」5特性へのパス係数のなかで,5％水準で有意な係数はなかった。つまり,「**実質的メッセージの提示**」と「Aad」の関連に及ぼす「**視聴印象**」特性の媒介機能は明白には認められなかった。

以上の結果から,「**実質的メッセージの提示**」は,「**視聴印象**」の媒介を受けずに直接的に「Aad」に影響を及ぼすことが推察された。

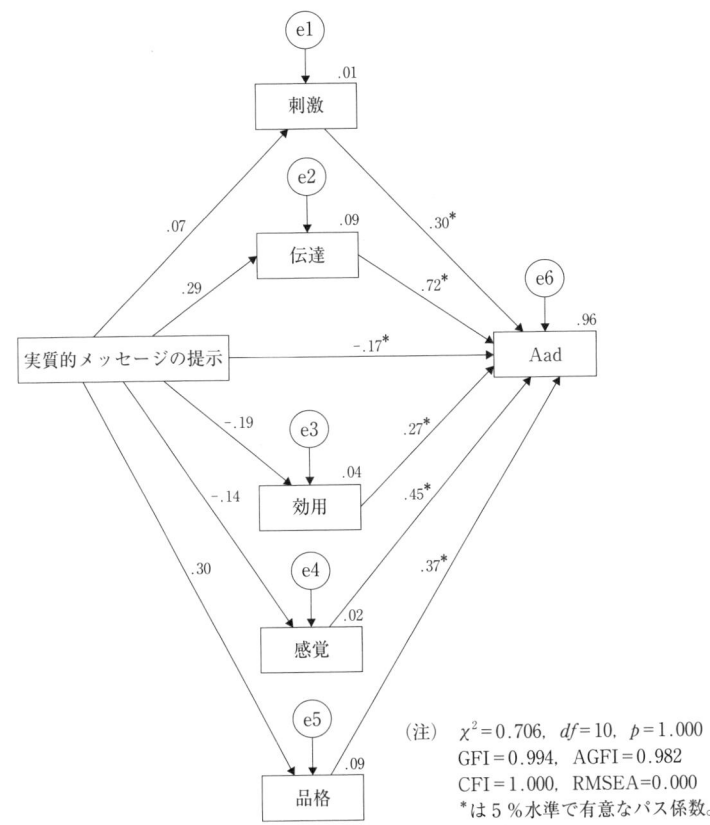

図3-6 「実質的メッセージの提示」と「Aad」の関連に及ぼす「視聴印象」の媒介機能

(4)仮説④の検証

図3-7に示したように,「**メッセージ量**」から「Aad」へのパス係数 (-0.02) は,5％水準で有意でなかった。つまり,「**メッセージ量**」が「Aad」に直接的に及ぼす影響は認められなかった。

また,「**メッセージ量**」と「Aad」の関連に及ぼす「視聴印象」の媒介機能について考えてみると,「**メッセージ量**」から「視聴印象」5特性へのパス係数は,いずれも5％水準で有意でなかった。つまり,「**メッセージ量**」

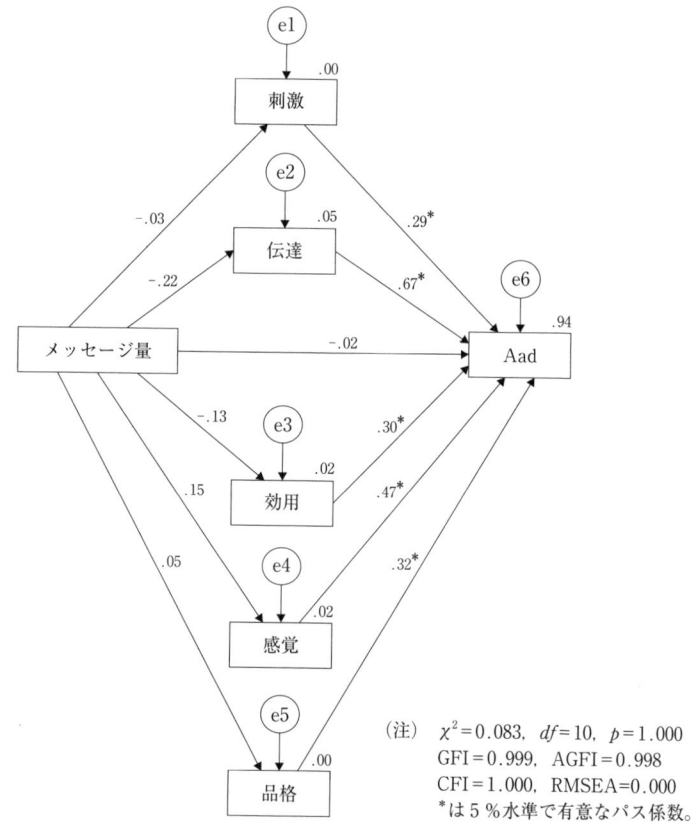

図3-7 「メッセージ量」と「Aad」の関連に及ぼす「視聴印象」の媒介機能

と「Aad」の関連に及ぼす「視聴印象」特性の媒介機能があることは認められなかった。

(5) 仮説⑤の検証

図3-8に示したように,「ブランド名が分かるまでの時間」から「Aad」へのパス係数は−0.06であり,5%水準で有意でなかった。つまり,「**ブランド名が分かるまでの時間**」が「Aad」に直接的に及ぼす影響は認められなかった。

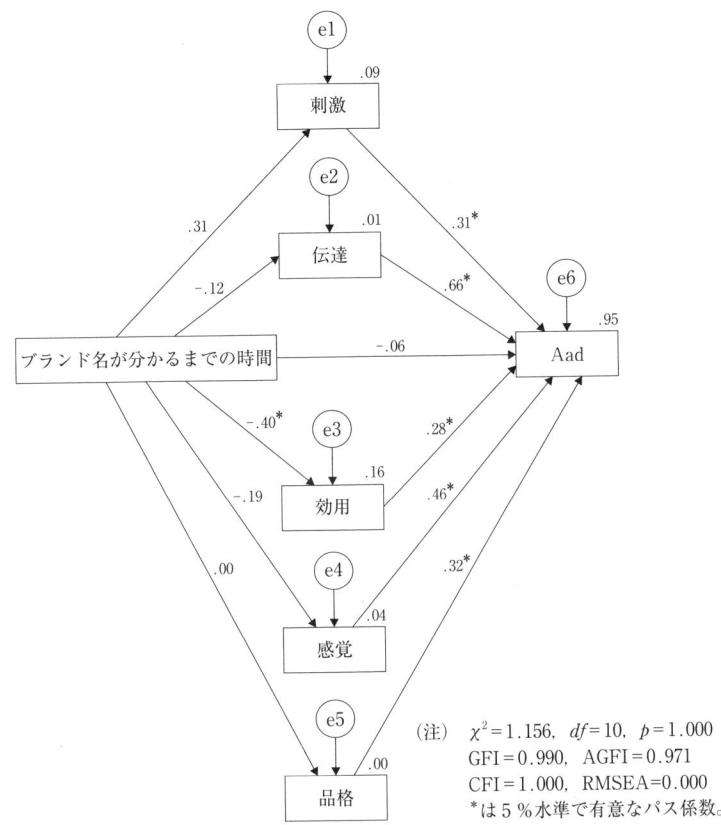

図3-8 「ブランド名が分かるまでの時間」と「Aad」の関連に及ぼす「視聴印象」の媒介機能

次に,「ブランド名が分かるまでの時間」と「Aad」の関連に及ぼす「視聴印象」の媒介機能について考えてみると,「ブランド名が分かるまでの時間」から「視聴印象」5特性へのパス係数のなかで,「**刺激**」へのパス係数が正に大きかった。つまり, 仮説⑤における「表現・制作的要素」と「視聴印象」との関連では,「ブランド名が分かるまでの時間が短いCMは, 長いCMと比べて相対的に**刺激**の評定が低い」という部分を支持する傾向が示さ

れた。しかし、そのパス係数は5％水準で有意でなかった。他方、「効用」へのパス係数が負に大きかったが、このパス係数は5％水準で有意であった。つまり、仮説に設定しなかったが、「ブランド名が分かるまでの時間が短い CM は、長い CM と比べて相対的に**効用**が高い」ことが示された。また、「視聴印象」各特性から「Aad」へのパス係数は全て5％水準で正に有意であった。

「ブランド名が分かるまでの時間」から「効用」へのパス係数は -0.40 であり、また「効用」から「Aad」へのパス係数は0.28である。つまり、「効用」によって媒介される「ブランド名が分かるまでの時間」と「Aad」の間のパス係数は $-0.40 \times 0.28 ≒ -0.11$ である。この -0.11 は、上述した「ブランド名が分かるまでの時間」から「Aad」へのパス係数（-0.06）を考えると、大きい負の値である。これは、「ブランド名が分かるまでの時間」と「Aad」の関連に及ぼす「効用」の媒介機能を示している。すなわち、当初の仮説とは異なるものの、ブランド名が分かるまでの時間が短い CM は「効用」の評定が高く、「Aad」の評定が高いことが認められた。

(6) 仮説⑥の検証

図3-9に示したように、「風物背景と健康・栄養情報」から「Aad」へのパス係数（-0.04）は、5％水準で有意でなかった。つまり、「風物背景と健康・栄養情報」が「Aad」に直接的に及ぼす影響は認められなかった。

また、「風物背景と健康・栄養情報」と「Aad」の関連に及ぼす「視聴印象」の媒介機能について考えると、「風物背景と健康・栄養情報」から「視聴印象」5特性へのパス係数のなかで、5％水準で有意なものはなかった。つまり「風物背景と健康・栄養情報」と「Aad」の関連に「視聴印象」特性の媒介機能があることは認められなかった。

(7) 仮説⑦の検証

図3-10に示したように、「ブランド差別化メッセージの明示」から「Aad」へのパス係数は -0.10 であり、5％水準で負に有意であった。つまり、「ブ

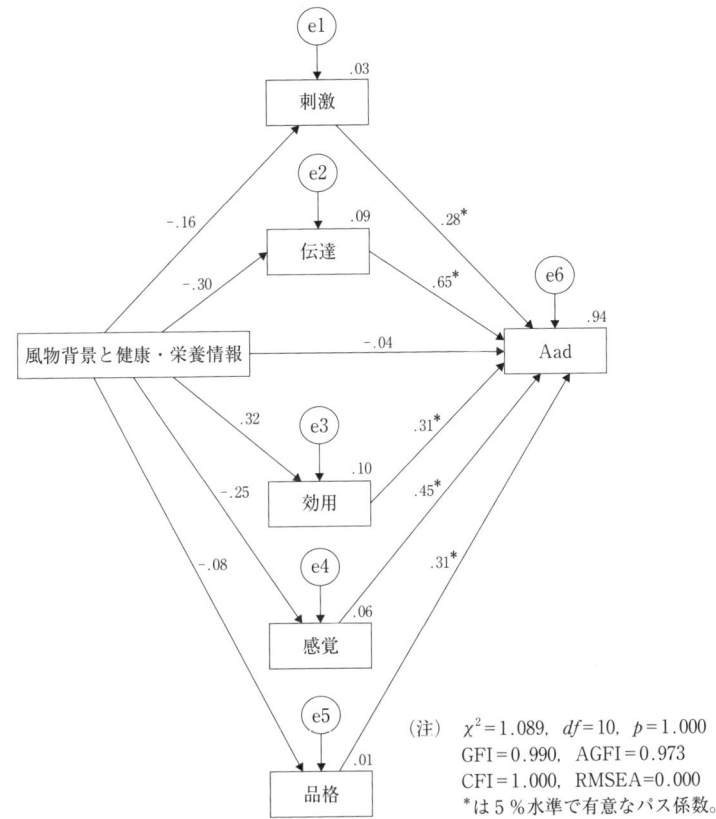

図3-9 「風物背景と健康・栄養情報」と「Aad」の関連に及ぼす「視聴印象」の媒介機能

ランド差別化メッセージの明示」が「Aad」に直接的に影響を及ぼすことが認められた。

そこで，仮説に設定していないものの，確認のため，「ブランド差別化メッセージの明示」と「Aad」の関連に及ぼす「視聴印象」の媒介機能について検討した。その結果，「ブランド差別化メッセージの明示」から「視聴印象」5特性へのパス係数のなかで，5％水準で有意な係数はなかった。つま

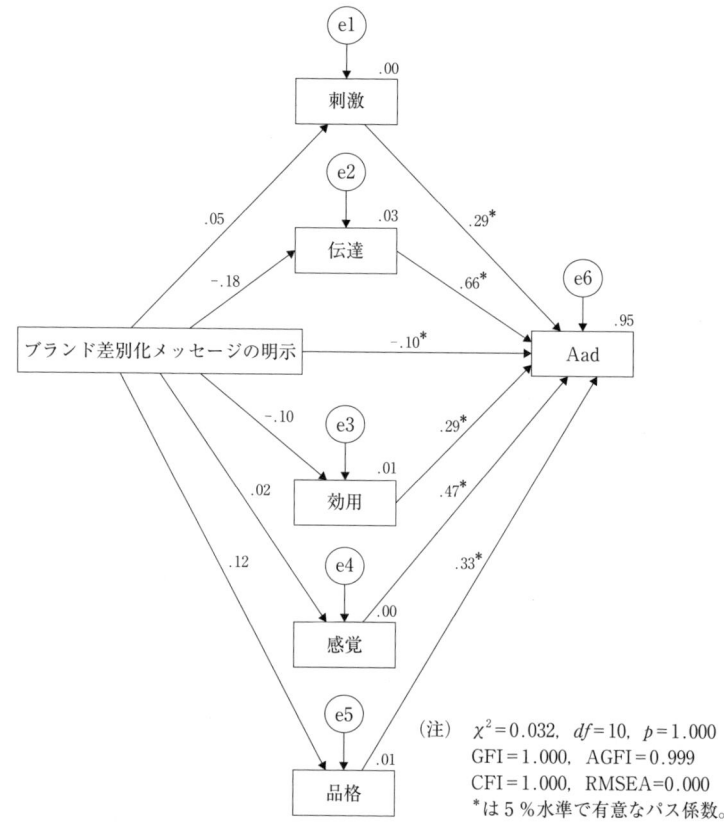

図3-10 「ブランド差別化メッセージの明示」と「Aad」の関連に及ぼす「視聴印象」の媒介機能

り「ブランド差別化メッセージの明示」と「Aad」の関連に「視聴印象」特性の媒介機能は認められなかった。

以上の結果から，仮説に示した通り，「ブランド差別化メッセージの明示」は，「視聴印象」の媒介を受けずに直接的に「Aad」に影響を及ぼすことが推察された。

Ⅶ．本章のまとめ

本章では，第1目的を検証するために，「表現・制作的要素」特性と「Aad」の関連に及ぼす「視聴印象」特性の媒介機能について実証的に検討した。

具体的には，クリエーターの経験則や Stewart & Furse（1986）の実証分析にみられる知見，およびⅢ．～Ⅴ．の分析結果を応用して，「表現・制作的要素」特性と「Aad」の関連に及ぼす「視聴印象」の媒介機能について，「表現・制作的要素」の7特性ごとに仮説を設定した。そして，それらの仮説をパス解析によって検証した結果，以下の①～③に示した，「表現・制作的要素」特性と「Aad」の関連に及ぼす「視聴印象」特性の媒介機能が明らかになった。

① メッセージ伝達者 $\xrightarrow{0.51}$ 刺激[137] $\xrightarrow{0.33}$ Aad

（──→は，パス係数がプラスのケース。┄┄▶は，マイナスのケース。以下同様）

② 製品利用の実演 $\xdashrightarrow{-0.51}$ 感覚 $\xrightarrow{0.42}$ Aad

③ ブランド名が分かるまでの時間 $\xdashrightarrow{-0.40}$ 効用 $\xrightarrow{0.28}$ Aad

序論で述べたように，「表現・制作的要素」特性と「Aad」の関連に及ぼす「視聴印象」の媒介機能を，実証的に検討している先行諸研究は見当たらなかった。他方，「表現・制作的要素」項目と「Aad」との直接的な関連については，八巻（1987）が実証的に検討しているものの，関連のある項目は少なかった。本研究でも，「表現・制作的要素」と「Aad」との直接的な関連のみを検討した場合，表3-15に示したように，「表現・制作的要素」7特

---

[137] どのような「表現形式」が「刺激」を生じさせるのかを明らかにすることは，広告研究にとって重要である。本研究では，「表現形式」を次元でとらえているが，他方，浅川・岡野（2010）では，「表現形式」を項目レベルでとらえて，それについて実証分析を行っている。

性中,「**製品利用の実演**」のみで「Aad」に対する影響が認められたものの,他の特性については,関連が認められなかった。つまり,「表現形式」に関する3特性と「伝達内容」に関する他の3特性については,関連を見い出せなかった。そこで,両者の間に「視聴印象」特性の媒介機能を考慮したところ,先に示した①〜③のような関連が認められた。

つまり,「表現・制作的要素」と「Aad」の関連を考える場合,それらの間の直接的な関連はほとんど想定できず,「視聴印象」の「**刺激**」「**感覚**」「**効用**」などの媒介機能を考慮できることが示唆された。

さらに,「視聴印象」の媒介機能を確認できた「表現・制作的要素」は,全て「表現形式」に関するものであったことから,基本仮説Aは検証できたと考えうる。他方,「伝達内容」に関する「表現・制作的要素」と「Aad」の関連には,「視聴印象」の媒介機能は認められなかったことから,基本仮説Bも検証できたと考えてよいであろう。

第4章 「伝達内容」と「Aad」の関連に及ぼす
「広告の情報的価値」と「視聴印象」の媒介機能の分析

I. 本章の目的

　本節では，CMの反応プロセスモデルのなかの「広告における主張（訴求内容）」の部分に，「食品選択基準」を当てはめるきっかけとなった離島でのフィールドワークによる調査結果を簡単にレヴューした後に，本章の目的を述べたい。

　調査を行った離島は，テレビやラジオのような電気通信系メディアからの情報には内地と大差なく接触できるが，商品の市場が未整備であるという，特殊な生活環境であった[138]。浅川・大澤（1997）は，そのような生活環境における人々の「生活情報接触と食品の購買行動」について，面接調査および参与観察によって検討した[139]。その結果，離島の人々は食品の「新鮮さ」や「手に入れやすさ」のような選択基準を，内地の人々が重視する「味」や「価格」などよりも重視していることが明らかになった。そして，食品の購買行動に影響を与える情報は，マスメディアを通して接触する情報ではなく，「生活物資を運搬している村営連絡船が運航しているか否か」や「魚や海苔を大量にとった島民の情報」のような，いかにして「新鮮な」食品を「手に入れるか」に関連する情報であった。そこから，情報の「伝達内容」に含ま

---

[138] 浅川・軽部・大澤（1994）において，消費生活の利便性の面から東京都の64地域（この研究を実施した当時は64地域であった）を分類した。具体的には，官庁統計を用いて，衣食住に関するサービス業店数および小売店数など諸指標の類似度を手掛かりとして64地域をクラスター分析した。その結果，5クラスターに分類されたが，このクラスタリングは，千代田区を核とした同心円状に層化されていた。つまり，千代田区とその周辺は，消費生活の利便性が高いクラスターに属していた。他方，伊豆諸島・小笠原諸島などの離島は，消費生活の利便性が最も低いクラスターに属していた。

[139] 離島の消費者行動に関しては，浅川（2013），浅川（1999），浅川・大澤（1998），浅川・大澤（1997），浅川・馬場・大澤（1994），Asakawa（2000）などに示してある。

れる「食品選択基準」を受け手が重視している場合は，その情報が受け手の購買行動に影響を及ぼすが，重視していない場合は影響を及ぼさないことが推察された。

本章では，この知見を応用して，本研究の第2目的である「伝達内容」と「Aad」の関連に及ぼす「広告の情報的価値」と「視聴印象」の媒介機能について実証的に明らかにすることにした。具体的には，CMの反応プロセスモデルのなかの「広告における主張」の部分に「食品選択基準」を当てはめて，「伝達内容」と「Aad」の関連に及ぼす「広告の情報的価値」の媒介機能について，以下の仮説を設定して，それを検証した。

仮説:「広告の情報的価値」が高い場合[140]は，低い場合に比べて，「Aad」を測定する項目の評定が高い。

そして，この仮説を検証した後に，「広告の情報的価値」と「Aad」の関連に及ぼす「視聴印象」の媒介機能について検討することにした。

II.「食品選択基準」次元の抽出

1.「食品選択基準」次元を抽出する意義

食品CMの「伝達内容」に含まれる「食品選択基準」を受け手が重視しているか否かによって「Aad」の評定が異なることを検討する場合，考え得る全ての「食品選択基準」項目について分析するよりも，「食品選択基準」次元を明らかにして，各次元を代表する項目について検討する方が，体系的で理解しやすい。

そこで本研究では，被調査者の「食品選択基準」について，先行諸研究のなかで信頼性が確認されている測定尺度を援用して調査を行い，得られた「被調査者×項目」の評定値行列の項目間相関行列を因子分析して「食品選択基準」次元を抽出し，各次元を代表する項目を選定することにした。

---

[140] CMの「伝達内容」に含まれている「食品選択基準」を重視している受け手が視聴する場合。

2．先行諸研究にみられる「食品選択基準」の測定尺度

わが国の研究で，消費者の「食品選択基準」を多次元的特性でとらえているものとして，矢崎（1980）および高増・足立（2004）があげられる。矢崎（1980）は，「食品選択基準」を測定する14項目[141]を設定して，調査を行い，得られた「被調査者×項目」の評定値行列の項目間相関行列を因子分析して4因子[142]を抽出している。他方，高増・足立（2004）は，「食品選択基準」を測定する13項目を先行諸研究を参考にして選定し，514名の被調査者を対象に調査を行い，得られた「被調査者×項目」の評定値行列の項目間相関行列を因子分析して，①食品購買知識による評価，②媒体による評価，③現物による評価，および④見た目による評価の4因子を抽出している。ただし，上述の2研究でそれぞれ用いられた「食品選択基準」の測定尺度は，信頼性が確認されていない。

一方，海外の研究ではあるが，尺度の信頼性が確認されている分析として，Steptoe, Pollard & Wardle（1995）の研究があげられる。Steptoe et al.（1995）は，「食品選択基準」の測定尺度を作成するために，「食品選択基準」を測定する68項目を先行諸研究を参考にして選定し，830名の被調査者を対象に郵送調査を行い，358名から回答を得た。そして，「被調査者×項目」の評定値行列の項目間相関行列を因子分析して，9因子を抽出して，①分散を大きくゆがめる項目，②どの因子にも高負荷を示さない項目，および③各因子の高負荷項目のなかで因子負荷量の絶対値が上位6番目以下の項目を削除する方法により，68項目を36項目に縮減した。

次に，縮減した36項目からなる9次元構造の信頼性を確認するために，被調査者を変えて調査を行った。まず，1041名の被調査者を対象に郵送調査を

---

[141] 選定理由は記載されていない。
[142] 4因子については，因子分析結果を示した表が掲載されているものの，解釈を記述していない。表から，第1因子は否定的判断（価格が高い・不安など）の因子，第3因子は簡便性の因子と解釈できそうである。しかし，第2因子および第4因子は解釈が困難である。

行い，(1041名のうち) 回答を得た358名分のデータで確認的因子分析を行い，9次元構造の信頼性を確認した。さらに，その358名の被調査者を対象に，郵送による再調査を2～3週間後に行い，245名から回答を得たデータを同様に分析し，再び9因子を抽出した。そして，その2回の調査によってそれぞれ抽出された9因子の対応する因子間の相関は全て0.7以上であったことから，この尺度の信頼性が確認できたと考えている。

そこで本研究では，「食品選択基準」の測定尺度として信頼性が確認されており，かつ，多くの研究[143]で利用されている Steptoe et al. (1995) の尺度を和訳して用いることにした。

3．調査方法

CMの視聴実験は，第3部第1章で述べたように，156名の被調査者を2グループに分け，各グループに対して2回ずつ行った。その際，視聴実験の前に，表3-19に示した36項目で構成される「食品選択基準」について4段階評定(「かなり重要である」は「4」，「やや重要である」は「3」，「あまり重要でない」は「2」，「全然重要でない」は「1」)してもらった[144]。すなわち，各被調査者に「食品選択基準」についての調査を2回ずつ行ったが，主な分析には，1回目のデータを用いた。2回目のデータは，1回目のデータで抽出した「食品選択基準」次元の信頼性を確認する時のみ用いた。

---

[143] 以下に示した先行研究では，Steptoe et al. (1995) の尺度を用いている。; Steptoe & Wardle (1999); Lindeman & Väänänen (2000); Lindeman & Sirelius (2001); Eertmans, Victoir, Vansant & Bergh (2005); Eertmans, Victoir, Notelaers, Vansant & Bergh (2006); Scheibehenne, Mieslera & Todd (2007); Kornelis, Herpen, Lans & Aramyan (2010); Januszewska Pieniak & Verbeke (2011); Roos, Lehto, & Ray (2012)

[144] Steptoe et al. (1995) が4段階評定を採用しているため，本研究でも同様の評定を採用した。

4．結果と考察

1）探索的因子分析の結果

156名の被調査者が「食品選択基準」の36項目を4段階評定した「被調査者×項目」の評定値行列の項目間相関行列に，探索的因子分析を施した。

36×36の項目間相関行列から抽出する因子数はScree Testを参考に検討すると，「5」が適当であることが分かった。そこで，「5」の因子数による因子分析を行い，バリマックス回転を施したところ，表3-19に示したような結果になったため，以下のように解釈した。

① 第1因子：「ムード」

第1因子に正の高い負荷量を示した項目（高負荷は絶対値0.500以上でとらえる。以下同様）は，「それを食べると，良い気分になること」，「それを食べると，ストレス解消に役立つこと」，「それを食べると，リラックスできること」，「それを食べると，元気が出ること」，「香りがよいこと」，「それを食べると，厄介な日常生活を忘れさせてくれること」，「歯ごたえのよいこと」および「親しみがあること」であった。これらは，主にその商品を食べたときの「ムード」に関連する項目である。

② 第2因子：「**安全性**」

第2因子に正の高い負荷量を示した項目は，「人工的な成分を含んでいないこと」，「自然成分でできていること」，「原産国がはっきりと書かれていること」，「添加物が入っていないこと」，「環境を考慮した包装をしていること」，「ビタミンやミネラルを豊富に含んでいること」および「健康のためによいこと」であった。これらは主に「安全性」に関連する項目である。

③ 第3因子：「**簡便性**」

第3因子に正の高い負荷量を示した項目は，「準備や支度が簡単なこと」，「簡単に調理できること」および「食べる支度に時間がかからないこと」であった。これらは主に「簡便性」に関連する項目である。

④ 第4因子：「**ダイエット**」

第4因子に正の高い負荷量を示した項目は,「カロリーが低いこと」,「低脂肪であること」および「ダイエットに役立つこと」であった。これらは主に「ダイエット」に関連する項目である。

⑤　第5因子:「**安価・手に入れやすさ**」

第5因子に正の高い負荷量を示した項目は,「安いこと」および「いつも食べているものであること」であった。これらは主に「安価・手に入れやすさ」に関連する項目である。

2)「食品選択基準」次元の信頼性の確認（2回目のデータを用いた因子分析)

表3-19に示した「食品選択基準」5次元の信頼性を検証するために,2回目のデータについて1回目のデータと同様に5因子解を求め,バリマックス回転を施したところ,表3-20のような結果になった。この解釈結果は,表3-20の表頭に因子名を示すのみとし詳述しないが,表3-19に示した1回目のデータの「食品選択基準」5次元の解釈とほぼ対応していた。

しかし,双方を比較するには,解釈面の類似性のみでは不充分であるため,表3-19と表3-20に示した因子分析結果で,対応する各因子の一致性係数を算出した。その結果,表3-21に示したように,5因子のうち4因子で,解釈が対応している因子との一致性係数が0.700以上を示していた。また,残り1因子でも0.600以上を示したことから,その対応関係は明確であった。つまり,本研究で抽出した「食品選択基準」5次元の信頼性が確認できた。

そこで,次節以降では「食品選択基準」各次元を代表する項目について,
　①高得点CM群と低得点CM群の「視聴印象」および「Aad」の評定の差異
　②「広告の情報的価値」が高い場合と低い場合にみられる「Aad」の評定の差異
を検討することにした。

表 3-19 「食品選択基準」の因子分析結果（1回目のデータ，バリマックス回転後）

「食品選択基準」の測定項目	第1因子「ムード」	第2因子「安全性」	第3因子「簡便性」	第4因子「ダイエット」	第5因子「安価・手に入れやすさ」	共通性
31 それを食べると，良い気分になること	0.722	0.074	0.181	0.081	−0.216	0.613
16 それを食べると，ストレス解消に役立つこと	0.708	0.083	0.223	0.065	0.023	0.563
26 それを食べると，リラックスできること	0.687	0.221	0.175	0.064	−0.189	0.591
13 それを食べると，元気が出ること	0.683	0.201	−0.016	0.042	−0.070	0.514
14 香りがよいこと	0.682	0.031	−0.135	−0.071	0.180	0.521
34 それを食べると，厄介な日常生活を忘れさせてくれること	0.621	0.195	0.191	−0.100	0.076	0.476
18 歯ごたえのよいこと	0.543	0.218	0.076	−0.061	0.117	0.366
08 親しみがあること	0.522	0.154	−0.172	0.225	0.183	0.410
23 人工的な成分を含んでいないこと	0.056	0.728	−0.194	0.129	0.067	0.592
05 自然成分でできていること	0.041	0.727	−0.017	0.189	−0.022	0.567
32 原産国がはっきりと書かれていること	0.146	0.703	0.009	−0.138	0.205	0.577
02 添加物が入っていないこと	−0.117	0.701	−0.030	0.014	0.005	0.506
19 環境を考慮した包装をしていること	0.338	0.598	0.006	0.006	0.194	0.510
22 ビタミンやミネラルを豊富に含んでいること	0.262	0.540	0.193	0.171	−0.323	0.531
29 健康のためによいこと	0.261	0.500	0.383	0.203	−0.275	0.582
01 準備や支度が簡単なこと	−0.096	−0.147	0.785	0.014	0.083	0.655
15 簡単に調理できること	0.186	−0.065	0.738	0.023	0.258	0.651
28 食べる支度に時間がかからないこと	0.152	0.021	0.724	0.027	0.091	0.557
03 カロリーが低いこと	−0.093	0.031	−0.048	0.855	0.067	0.748
07 低脂肪であること	0.003	0.234	0.013	0.813	0.093	0.724
17 ダイエットに役立つこと	0.232	−0.016	0.198	0.707	0.032	0.595
36 安いこと	0.078	−0.049	0.363	0.235	0.621	0.582
33 いつも食べているものであること	0.216	0.248	−0.002	−0.197	0.570	0.472
04 味がよいこと	0.265	−0.069	−0.055	0.122	0.133	0.110
06 価格が高くないこと	−0.056	−0.056	0.238	0.256	0.494	0.372
09 繊維を多く含んでいること	0.330	0.418	−0.003	0.494	−0.156	0.552

10	栄養に富んでいること	0.334	0.416	0.198	0.337	-0.272	0.511
11	手に入りやすいこと	0.471	-0.016	0.115	0.216	0.245	0.342
12	価格に見合う価値があること	0.438	0.013	0.257	0.022	0.069	0.263
20	政治的に良い評価をしている国の産物であること	0.419	0.442	0.023	0.019	-0.051	0.375
21	子供のときに食べたような食品であること	0.369	0.451	-0.076	-0.123	0.325	0.466
24	それを食べると,眠気(ねむけ)がなくなり敏感になること	0.494	0.080	0.046	0.022	0.024	0.253
25	見た目のよいこと	0.462	0.029	0.069	0.079	0.387	0.374
27	タンパク質を豊富に含んでいること	0.484	0.458	0.050	0.207	-0.226	0.541
30	肌,歯,髪,爪などによいこと	0.306	0.258	0.443	0.187	-0.316	0.491
35	近所のお店で買えること	0.346	0.205	0.381	-0.019	0.441	0.502
	2乗和	5.777	4.382	2.822	2.802	2.272	(18.054)
	寄与率(%)	16.047	12.172	7.839	7.783	6.311	(50.150)

(注) 因子負荷量0.500以上にアンダーラインを施した。
項目の前の番号は調査票の配列順序を示している。

表3-20 「食品選択基準」の因子分析結果(2回目のデータ,バリマックス回転後)

「食品選択基準」の測定項目		第1因子「ムード」	第2因子「安全性」	第3因子「安価・手に入れやすさ」	第4因子「ダイエット」	第5因子「簡便性」	共通性
16	それを食べると,ストレス解消に役立つこと	<u>0.767</u>	0.103	0.075	0.103	0.237	0.671
31	それを食べると,良い気分になること	<u>0.733</u>	0.127	0.098	0.071	0.087	0.576
13	それを食べると,元気が出ること	<u>0.698</u>	0.154	0.152	0.028	-0.087	0.542
26	それを食べると,リラックスできること	<u>0.692</u>	0.156	-0.052	0.170	0.075	0.541
14	香りがよいこと	<u>0.684</u>	-0.029	0.155	-0.094	0.176	0.532
34	それを食べると,厄介な日常生活を忘れさせてくれること	<u>0.621</u>	0.238	0.050	0.042	0.144	0.467
24	それを食べると,眠気(ねむけ)がなくなり敏感になること	<u>0.536</u>	0.140	-0.003	0.113	-0.002	0.320
25	見た目のよいこと	<u>0.518</u>	-0.017	0.130	0.004	0.197	0.324
23	人工的な成分を含んでいないこと	-0.011	<u>0.822</u>	0.163	0.000	-0.086	0.710

05	自然成分でできていること	0.109	0.762	−0.038	0.222	−0.028	0.644
02	添加物が入っていないこと	−0.028	0.756	−0.042	−0.015	−0.052	0.577
32	原産国がはっきりと書かれていること	0.147	0.732	−0.005	−0.203	0.178	0.631
22	ビタミンやミネラルを豊富に含んでいること	0.151	0.672	0.174	0.285	−0.193	0.623
29	健康のためによいこと	0.292	0.574	0.009	0.158	0.096	0.449
27	タンパク質を豊富に含んでいること	0.339	0.564	0.014	0.204	0.100	0.485
09	繊維を多く含んでいること	0.315	0.557	0.087	0.447	−0.054	0.621
10	栄養に富んでいること	0.315	0.555	0.125	0.324	−0.110	0.540
36	安いこと	0.030	−0.059	0.808	−0.016	0.254	0.722
06	価格が高くないこと	−0.051	0.004	0.798	0.065	0.157	0.668
11	手に入りやすいこと	0.353	0.048	0.551	0.203	0.068	0.477
12	価格に見合う価値があること	0.180	0.077	0.545	0.037	−0.242	0.395
03	カロリーが低いこと	0.047	0.155	0.071	0.816	0.069	0.701
17	ダイエットに役立つこと	0.213	−0.003	0.066	0.736	0.190	0.628
07	低脂肪であること	0.001	0.284	0.132	0.725	0.126	0.640
15	簡単に調理できること	0.170	−0.072	0.150	0.070	0.809	0.716
01	準備や支度が簡単なこと	0.147	−0.036	0.150	0.180	0.729	0.609
28	食べる支度に時間がかからないこと	0.191	−0.034	0.106	0.071	0.723	0.576
04	味がよいこと	0.105	0.114	0.495	0.081	0.128	0.292
08	親しみがあること	0.468	0.295	0.198	0.113	0.175	0.389
18	歯ごたえのよいこと	0.483	0.258	0.157	−0.132	0.187	0.377
19	環境を考慮した包装をしていること	0.401	0.499	0.327	−0.048	−0.062	0.523
20	政治的に良い評価をしている国の産物であること	0.474	0.405	0.039	0.072	−0.187	0.431
21	子供のときに食べたような食品であること	0.359	0.396	0.141	−0.273	0.116	0.393
30	肌，歯，髪，爪などによいこと	0.383	0.450	−0.151	0.200	0.373	0.551
33	いつも食べているものであること	0.270	0.357	0.259	−0.317	0.175	0.399
35	近所のお店で買えること	0.216	0.233	0.483	−0.164	0.452	0.566
2乗和		5.496	5.480	2.902	2.722	2.706	(19.306)
寄与率（％）		15.267	15.222	8.060	7.561	7.516	(53.627)

（注） 因子負荷量0.500以上にアンダーラインを施した。
　　　項目の前の番号は調査票の配列順序を示している。

表3-21　1回目のデータによる「食品選択基準」5次元と2回目のデータによる「食品選択基準」5次元との一致性係数

1回目＼2回目	第1因子	第2因子	第3因子	第4因子	第5因子
第1因子	<u>0.975</u>	0.490	0.429	0.202	0.294
第2因子	0.483	<u>0.978</u>	0.182	0.196	0.021
第3因子	0.359	0.140	0.390	0.250	<u>0.799</u>
第4因子	0.226	0.351	0.310	<u>0.943</u>	0.152
第5因子	0.107	−0.040	0.680	−0.235	0.427

(注)　一致性係数0.700以上にアンダーラインを施した。

III.「食品選択基準」各次元を代表する項目での高得点CMと低得点CMの判定

本節では，以下に示す手法でCMの内容分析を行い，さらに「食品選択基準」各次元を代表する項目を決め，その項目での高得点CMと低得点CMを判定した。

1．CMの内容分析の方法について

30本のCM[145]について，著者が，「伝達内容」のなかに表3-19に示した「食品選択基準」36項目のうち，いずれかの因子に高負荷を示した23項目の内容が含まれているか否かを4段階評定(「言語および言語以外の方法で訴求している」は「4」,「言語のみで訴求している」は「3」,「言語以外の方法のみで訴求している」は「2」,「訴求していない」は「1」)した。

2．結果と考察

「食品選択基準」各次元を代表する項目を選定するために，まず23項目の

---

[145] 第1章で用いたのと同じCM。

なかから，以下の項目を削除した．
　①30本のCMの「伝達内容」のなかに含まれていない（言語または言語以外の方法で訴求していない）項目
　②被調査者の評定の分散が小さかった項目．すなわち，全被調査者の80％以上が肯定的な（かなり重要である，やや重要である）または否定的な（あまり重要でない，全然重要でない）評定をした項目

　以上の手続きによって，削除された項目および採用された項目を表3-22に示した．「食品選択基準」5次元のなかで，「**安価・手に入れやすさ**」次元では全項目が削除された．また，「**安全性**」，「**簡便性**」および「**ダイエット**」の3次元では，1項目ずつ採用された．なお，これらの3項目は，表3-22の備考に示したように，各因子に対する因子負荷量が0.700以上であったことから，これらを各次元を代表する項目と考えることにした．他方，「**ムード**」次元では，6項目も採用されたため，因子負荷量が最も高い「それを食べると，良い気分になること」をこの次元を代表する項目と考えることにした．

　そして，「食品選択基準」各次元を代表する項目の4段階評定値を「食品選択基準」の測定値とし，30本のCMについて，各項目ごとに，測定値が「2」以上の高得点CM（言語または言語以外の方法で訴求しているCM）と「1」である低得点CM（訴求していないCM）に分けたところ，表3-23のようになった．表から，各項目での高得点CMが少ないことが認められる．特に，各項目について言語で訴求しているCM（測定値が「3」以上のCM）の数は，「**安全性**」次元を代表する項目では4本あるものの，他の3次元を代表する項目ではそれぞれ1本以下であった．

　つまり，主研究の視聴実験に用いた30本のCMにおいては，「**ムード**」，「**簡便性**」および「**ダイエット**」などの「食品選択基準」を明確に訴求しているCMが少ないことが認められた．

表 3-22 「食品選択基準」5 次元それぞれでの高負荷項目および本章での取り扱い

次元	高負荷項目	備考（本章での取り扱い）
第1因子 「ムード」	親しみがあること	採用項目 (0.522)
	それを食べると，元気が出ること	採用項目 (0.683)
	香りがよいこと	該当 CM がないため削除
	それを食べると，ストレス解消に役立つこと	採用項目 (0.708)
	歯ごたえのよいこと	採用項目 (0.543)
	それを食べると，リラックスできること	採用項目 (0.687)
	それを食べると，良い気分になること	採用項目 (0.722)
	それを食べると，厄介な日常生活を忘れさせてくれること	該当 CM がないため削除
第2因子 「安全性」	添加物が入っていないこと	該当 CM がないため削除
	自然成分でできていること	採用項目 (0.727)
	環境を考慮した包装をしていること	該当 CM がないため削除
	ビタミンやミネラルを豊富に含んでいること	被調査者の評定の分散が小さいため削除
	人工的な成分を含んでいないこと	該当 CM がないため削除
	健康のためによいこと	被調査者の評定の分散が小さいため削除
	原産国がはっきりと書かれていること	該当 CM がないため削除
第3因子 「簡便性」	準備や支度が簡単なこと	被調査者の評定の分散が小さいため削除
	簡単に調理できること	被調査者の評定の分散が小さいため削除
	食べる支度に時間がかからないこと	採用項目 (0.724)
第4因子 「ダイエット」	カロリーが低いこと	被調査者の評定の分散が小さいため削除
	低脂肪であること	被調査者の評定の分散が小さいため削除
	ダイエットに役立つこと	採用項目 (0.707)
第5因子 「安価・手に入れやすさ」	いつも食べているものであること	被調査者の評定の分散が小さいため削除
	安いこと	被調査者の評定の分散が小さいため削除

(注) 備考の ( ) 内の数は，「食品選択基準」各因子に対する因子負荷量（表 3-19 参照）。
　　　 印は各次元を代表する項目。

表3-23 「食品選択基準」各次元を代表する項目での高得点CMおよび低得点CM

測定値	因子	第1因子「ムード」	第2因子「安全性」	第3因子「簡便性」	第4因子「ダイエット」
高得点CM	4		ヨーグレージュ ケフラン WINDY	ジョージアレンジカフェ	
	3	アセロラドリンク	アセロラドリンク		
	2	グリコアーモンドチョコレート ヨーグレージュ ブライト ネスカフェ	トマトブリッツ	プリモア カレーマルシェ	ポカリスエットステビア
低得点CM	1	デンロクチョコシリーズ 柿の種 ロッテアーモンドチョコレート ソリットバーチーズケーキ ポカリスエットステビア プリモア ケフラン AYA トマトブリッツ カレーマルシェ ポンポコタヌキ シルベーヌ クリーミーカフェ オリゴCC ZIZE バドワイザー トルテチョコレート ラーマソフト 焼きもろこし ジョージアレンジカフェ WINDY クリームバー フレッシュ オロナミンC コロコロパンダウサギ	グリコアーモンドチョコレート デンロクチョコシリーズ 柿の種 ロッテアーモンドチョコレート ソリットバーチーズケーキ ブライト ネスカフェ ポカリスエットステビア プリモア AYA カレーマルシェ シルベーヌ オリゴCC ZIZE クリーミーカフェ バドワイザー トルテチョコレート ラーマソフト 焼きもろこし ジョージアレンジカフェ クリームバー フレッシュ オロナミンC コロコロパンダウサギ	グリコアーモンドチョコレート デンロクチョコシリーズ 柿の種 ロッテアーモンドチョコレート ヨーグレージュ ソリットバーチーズケーキ ブライト ネスカフェ ポカリスエットステビア ケフラン AYA トマトブリッツ ポンポコタヌキ シルベーヌ クリーミーカフェ オリゴCC ZIZE バドワイザー トルテチョコレート ラーマソフト 焼きもろこし アセロラドリンク WINDY クリームバー フレッシュ オロナミンC コロコロパンダウサギ	グリコアーモンドチョコレート デンロクチョコシリーズ 柿の種 ロッテアーモンドチョコレート ヨーグレージュ ソリットバーチーズケーキ ブライト ネスカフェ プリモア ケフラン AYA トマトブリッツ カレーマルシェ ポンポコタヌキ シルベーヌ クリーミーカフェ オリゴCC ZIZE バドワイザー トルテチョコレート ラーマソフト 焼きもろこし ジョージアレンジカフェ アセロラドリンク WINDY クリームバー フレッシュ オロナミンC コロコロパンダウサギ

(注) 各次元を代表する項目として，以下の4項目を採用した．
「ムード」：それを食べると，良い気分になること
「安全性と健康・栄養」：自然成分でできていること
「簡便性」：食べる支度に時間がかからないこと
「ダイエット」：ダイエットに役立つこと

Ⅳ.「食品選択基準」各次元を代表する項目での高得点 CM 群と低得点 CM 群にみられる「視聴印象」および「Aad」の評定の差異

前節（Ⅲ.）で分けた「食品選択基準」各次元を代表する項目での高得点 CM 群と低得点 CM 群との間で,「視聴印象」および「Aad」の評定の差を検定したところ, 表 3-24 に示したような結果になった。

表 3-24 に示したように,「**安全性**」次元では,「視聴印象」の評定が有意に高い項目数は高得点 CM 群と低得点 CM 群で同じであり,「Aad」の評定では高得点 CM 群と低得点 CM 群で有意差のある項目がなかった。また,「**簡便性**」次元では, 低得点 CM 群の方が「視聴印象」および「Aad」の評定が高い傾向にあったものの, 顕著な差はなかった。他方,「**ムード**」および「**ダイエット**」次元では, 高得点 CM 群と低得点 CM 群で多くの項目で差が認められ, いずれも高得点 CM 群の方が「視聴印象」および「Aad」の評定が低い傾向にあった。

主研究の視聴実験に用いた30本の CM についての話ではあるが,「食品選択基準」を訴求している CM は,「伝達内容」に主眼を置いており,「表現形式」に力を入れているものが少ないため,「視聴印象」および「Aad」の評定が低い傾向にあると推察された。

Ⅴ.「広告の情報的価値」が高い場合と低い場合にみられる「Aad」の評定の差異

本節では,「食品選択基準」各次元を代表する項目での高得点 CM に対する, その項目での高得点被調査者[146]と低得点被調査者[147]の間で「Aad」を測定する項目の評定を比較した。その結果, 表 3-25 に示したような結果になった。

[146) その項目についての4段階評定値が「3」以上の被調査者。
[147) その項目についての4段階評定値が「2」以下の被調査者。

第4章　273

表 3-24 「食品選択基準」各次元を代表する項目での高得点 CM 群と低得点 CM 群にみられる「視聴印象」および「Aad」の評定の差異

		「食品選択基準」							
		第1因子「ムード」		第2因子「安全性」		第3因子「簡便性」		第4因子「ダイエット」	
		高得点	低得点	高得点	低得点	高得点	低得点	高得点	低得点
人数 (n)		(n=5CM×156人=780)	(n=25CM×156人=3900)	(n=5CM×156人=780)	(n=25CM×156人=3900)	(n=3CM×156人=468)	(n=27CM×156人=4212)	(n=1CM×156人=156)	(n=29CM×156人=4524)
視聴印象	「刺激」 意外度	4.00	(4.22)			3.94	(4.21)	3.83	(4.20)
	ユニーク度	4.01	(4.26)	4.08	(4.25)	3.93	(4.25)	3.60	(4.24)
	インパクトの強度	4.17	(4.52)	4.28	(4.50)	4.15	(4.50)	3.66	(4.49)
	面白さ度	3.55	(3.86)	3.68	(3.84)	3.61	(3.83)	3.07	(3.84)
	新鮮度	3.70	(4.04)			3.84	(4.00)	3.60	(4.00)
	「伝達」 説明の充分度	4.01	(4.37)	(4.50)	4.27			3.79	(4.33)
	メッセージのはっきり度	4.03	(4.51)					3.95	(4.45)
	分かりやすさの程度	3.94	(4.46)					3.67	(4.40)
	説得力の程度	3.76	(4.11)					3.59	(4.07)
	「感覚」 暖かさ度	4.00	(4.50)			(4.77)	4.38	3.34	(4.46)
	色彩の明度	3.96	(4.71)	(4.70)	4.56			4.17	(4.60)
	自然度	3.92	(4.17)	(4.40)	4.07	(4.52)	4.08	3.71	(4.14)
	色彩の印象度	3.83	(4.28)			4.05	(4.22)	3.77	(4.22)
	元気度	3.96	(4.40)			(4.61)	4.30	3.31	(4.36)
	「効用」 健康イメージ度	3.89	(4.18)	(4.44)	4.07	(4.38)	4.10		
	活力イメージ度	3.83	(4.21)	(4.34)	4.11	(4.40)	4.12	3.65	(4.17)
	「品格」 高級度	3.85	(4.04)	3.90	(4.03)	(4.18)	3.99		
	洗練度	3.92	(4.14)	4.01	(4.12)	4.07	(4.11)		
	静けさの程度							(4.75)	3.78
	その他 親近度	3.94	(4.39)					3.56	(4.34)
	飽きの程度	(4.29)	4.14					(4.38)	4.16
Aad	見た感じの好感度	4.13	(4.63)					4.16	(4.56)
	動きの好感度	4.23	(4.59)			4.67	4.51	3.85	(4.55)
	信頼度	3.93	(4.18)					3.77	(4.15)
	魅力度	3.79	(4.18)			4.00	(4.13)	3.84	(4.12)
	共感度	3.69	(4.04)					3.69	(3.99)
	平均値	3.82	(4.46)			4.17	(4.37)	3.96	(4.36)

(注)　各次元を代表する項目として，以下の4項目を採用した。
「ムード」：それを食べると，良い気分になること
「安全性」：自然成分でできていること
「簡便性」：食べる支度に時間がかからないこと
「ダイエット」：ダイエットに役立つこと
高得点 CM と低得点 CM で5％水準で有意差のある場合のみ，平均値を記入した。
平均値の高い方を◯で囲んだ。
「飽きの程度」は否定的なほど評価値が高い。

表に示したように，ほとんどのケースで有意差が認められなかった。つまり，仮説を検証できなかったが，ここで「仮説が妥当でない」と結論づける前に，検証できなかった理由として，①，②に示すことを考察した。

① 表3-23に示したように，視聴実験に用いた30本のCMは，「伝達内容」のなかで「食品選択基準」を言語ではっきりと訴求しているものが少なかった。

② 表3-24に示したように，視聴実験に用いた30本のCMにおいては，「伝達内容」（食品選択基準）をはっきりと訴求しているCMは，「視聴印象」および「Aad」の評価が低い傾向にあった。この理由として，これらのCMは「伝達内容」に主眼を置いており，「表現形式」に力を入れているものが少なかったことが考えられる。

VI. 本章のまとめ

「伝達内容」と「Aad」の関連に及ぼす「広告の情報的価値」の媒介機能について検討した。具体的には，以下の仮説を設定して，それを検証した。

仮説：「広告の情報的価値」が高い場合は，低い場合に比べて，「Aad」を測定する項目の評定が高い。

この仮説を検証する場合，考え得る全ての「食品選択基準」項目について分析するよりも，「食品選択基準」の次元を明らかにして各次元を代表する項目について考える方が，体系的で理解しやすい。そこで，信頼性が確認されているSteptoe et al.（1995）の「食品選択基準」の測定尺度を和訳した36項目について，第3部第1章に示した視聴実験の前に，同じ被調査者に4段階評定してもらい，得られた評定値の項目間相関行列を因子分析した。その結果，「**ムード**」，「**安全性**」，「**簡便性**」，「**ダイエット**」および「**安価・手に入れやすさ**」という「食品選択基準」5次元が抽出された。

そして，各「食品選択基準」次元を代表する項目での高得点CMに対する，その項目での高得点被調査者と低得点被調査者の間で「Aad」を測定する項目の評定値を比較した。しかし，ほとんどのケースで5％水準での有意差が認められなかった。

表 3-25 「食品選択基準」各次元を代表する項目での高得点 CM に対する，その項目での高得点被調査者と低得点被調査者の間にみられる「Aad」の評定の比較

		第1因子「ムード」									
		高得点	低得点	高得点	低得点	高得点	低得点	高得点	低得点	高得点	低得点
	人数（n）	85	53	85	53	87	52	86	52	87	52
	商品名	アセロラドリンク		グリコアーモンドチョコレート		ヨーグレージュ		ブライト		ネスカフェ	
Aad	見た感じの好感度										
	動きの好感度	④.89	4.47	④.53	3.98						
	信頼度										
	魅力度					③.91	3.44				
	共感度										

		第2因子「安全性」									
		高得点	低得点	高得点	低得点	高得点	低得点	高得点	低得点	高得点	低得点
	人数（n）	97	41	96	41	97	39	97	39	97	41
	商品名	ヨーグレージュ		ケフラン		WINDY		アセロラドリンク		トマトプリッツ	
Aad	見た感じの好感度					⑤.27	4.82				
	動きの好感度										
	信頼度										
	魅力度										
	共感度										

		第3因子「簡便性」						第4因子「ダイエット」	
		高得点	低得点	高得点	低得点	高得点	低得点	高得点	低得点
	人数（n）	92	46	94	44	94	45	99	40
	商品名	ジョージアレンジカフェ		プリモア		カレーマルシェ		ポカリスエットステビア	
Aad	見た感じの好感度			④.80	4.32				
	動きの好感度								
	信頼度								
	魅力度			③.94	3.57				
	共感度								

（注） 各次元を代表する項目として，以下の4項目を採用した。
「ムード」：それを食べると，良い気分になること
「安全性と健康・栄養」：自然成分でできていること
「簡便性」：食べる支度に時間がかからないこと
「ダイエット」：ダイエットに役立つこと
高得点と低得点で5％水準で有意差のある場合のみ平均値を記入した。
平均値の高い方を○で囲んだ。

本研究では，この結果から，仮説が妥当でなかったと結論づけることをせず，視聴実験に用いた CM は，第1目的を達成するためには最適な実験刺激であったが，第2目的を達成するには不適切であったと推察した。具体的には，視聴実験に用いた30本の CM は，「伝達内容」のなかで「食品選択基準」をはっきりと言語で訴求しているものが少なかったこと，および「食品選択基準」をはっきりと訴求している CM には「表現形式」に力を入れているものが少なかったことなどが，仮説を検証できなかった理由と考えた。

　そこで，第4部では，これらの点について条件を整えたうえで確認的実験を行った結果について報告したい。

第4部　「広告の情報的価値」の媒介機能に関する確認的実験

序章　分析の枠組み

　第4部は，「広告の情報的価値」の媒介機能に関する確認的実験に関する以下の4章から構成される。

　第1章では，「食品選択基準」の多次元的特性を，被調査者数を464名に増やしたデータで再度抽出した。さらに，20～40代男女720名の被調査者に再調査を実施して，得られた次元の信頼性を再確認した。

　第2章では，全日本シーエム放送連盟のCM FESTIVAL入賞作品（以下，ACC入賞作品と略記する）のうち，食品CMについて，「伝達内容」の特性を明らかにした。

　第3章では，「伝達内容→広告の情報的価値→視聴印象→Aad」の反応プロセスについて検証した。

　第4章では，「広告の情報的価値」が高い場合には，低い場合に比べて，広告の当該伝達内容への注目度が高いか否かついて，アイ・トラッキングによる検討をした。

第1章　確認的実験に用いる「食品選択基準」の測定項目の選定に向けての分析：「食品選択基準」の多次元的特性[148]

Ⅰ．本章の目的

　第3部第4章では，156名の女子大学生を対象に質問紙調査を行い，「食品選択基準」5次元を抽出した。本章では，確認的実験を実施する前段として，異なる被調査者のデータでも同様の因子が抽出されるか否かを検討することにした。

Ⅱ．探索的因子分析

1．調査方法

　18〜20歳の女子大学生349名，男子大学生115名の計464名を対象に Steptoe et al.（1995）の36項目を和訳した調査票に回答してもらうアンケート調査を実施した。被調査者には，各項目について，4段階評定（「かなり重要である」は「4」，「やや重要である」は「3」，「あまり重要でない」は「2」，「全然重要でない」は「1」）をしてもらった。

2．結果と考察

　「464名×36項目」の評定値行列の項目間相関行列に因子分析を施すことにした。まず，最適な因子数を決めるにあたって，カイザー・ガットマン基準[149]および Scree 基準[150]を用いて分析を行ったところ，以下のようになっ

---

[148] この章における分析方法および分析結果は，Asakawa & Okano（2013）で公表した一部分である。
[149] 相関行列の固有値が「1」より大きなものの個数を因子数とする。
[150] 相関行列の固有値の大きさの変化がなだらかになる直前の固有値番号を因子数とする。

た。

　36×36の項目間相関行列から抽出する因子の最適数は，カイザー・ガットマン基準では「10」であったため，「10」の因子数で，共通性の推定値として重相関係数の2乗を用いて反復推定を行う主因子法により初期解を求めた。そして，その解にプロマックス回転を施したところ，2因子が1項目のみで1因子を形成していたため，「10」は過大因子数であると判断した。

　次に，Scree Testを行うと，因子数は「4」であったため，「4」の因子数で上と同様に，主因子法を用い，プロマックス回転を施したところ，①**ムード**，②**安全性**，③**ダイエット**，および④**簡便性と価格**の因子が抽出された。4因子の場合，一つの因子（④**簡便性と価格**の因子）には二つの概念が含まれていたこと，また第3部第4章で，156名の女子大学生を対象に同様の調査を行い，5因子を抽出していたことを考え，本研究では5因子を抽出することにした。

　その結果，表4-1に示したように，①**ムード**，②**安全性**，③**ダイエット**，④**簡便性**，および⑤**価格**の5因子が抽出された。そして，この5因子は第3部第4章で抽出した5因子にほぼ適合していた。さらに，各因子のCronbachのα係数は全て0.7以上であり，Gable & Wolf（1993）の基準を充たしていたことから，各因子の内的整合性が確認できたため，これを最適解と考えることにした。

Ⅲ．確認的因子分析

　前節（Ⅱ．）で求めた5因子解の信頼性を確認するために，別の被調査者を対象にして，同じ調査項目・回答カテゴリーを用いた調査を実施した。

1．調査方法

　720名（20代男性・女性120名ずつ，30代男性・女性120名ずつ，40代男性・女性120名ずつ）を対象に，NTTコム　オンライン・マーケティング・ソリューショ

表 4-1 「食品選択基準」の因子分析結果（プロマックス回転後）

「食品選択基準」の測定項目	第1因子「ムード」	第2因子「安全性」	第3因子「ダイエット」	第4因子「簡便性」	第5因子「価格」	共通性
それを食べると，良い気分になること	.825	-.141	.088	-.098	-.058	.539
それを食べると，リラックスできること	.757	-.016	.041	-.092	.005	.539
それを食べると，ストレス解消に役立つこと	.746	-.117	.121	.082	-.120	.560
それを食べると，元気が出ること	.721	.044	-.122	-.012	-.053	.503
それを食べると，厄介な日常生活を忘れさせてくれること	.671	-.065	.087	-.077	.015	.484
香りがよいこと	.574	.116	-.030	.012	-.100	.470
見た目のよいこと	.434	-.125	.056	.049	.071	.344
それを食べると，眠気（ねむけ）がなくなり敏感になること	.418	.065	-.034	-.010	.101	.390
添加物が入っていないこと	-.271	.759	.061	-.023	-.032	.497
人工的な成分を含んでいないこと	-.047	.752	-.019	-.043	-.003	.516
自然成分でできていること	-.141	.739	.117	-.080	-.020	.532
原産国がはっきりと書かれていること	.005	.595	-.130	.051	-.046	.412
ビタミンやミネラルを豊富に含んでいること	.211	.536	.012	-.051	.024	.477
栄養に富んでいること	.097	.508	.015	.060	-.044	.466
政治的に良い評価をしている国の産物であること	.113	.492	-.132	.024	-.070	.353
環境を考慮した包装をしていること	.205	.471	-.001	-.120	.068	.420
繊維を多く含んでいること	.001	.465	.272	.080	-.086	.453
タンパク質を豊富に含んでいること	.240	.429	-.005	.046	.009	.408
カロリーが低いこと	-.058	.026	.846	-.050	.079	.630
ダイエットに役立つこと	.197	-.124	.774	.053	-.026	.540
低脂肪であること	-.048	.175	.665	.078	.058	.583
簡単に調理できること	.034	-.037	.048	.874	-.076	.564
準備や支度が簡単なこと	-.155	-.001	.051	.807	-.021	.479
食べる支度に時間がかからないこと	.046	-.018	-.014	.615	.098	.497
安いこと	-.034	-.125	.067	-.017	.898	.551
価格が高くないこと	-.069	-.004	.092	-.048	.762	.485
近所のお店で買えること	.171	-.003	-.097	.184	.434	.443
味がよいこと	.168	.005	.067	-.039	-.002	.151
親しみがあること	.226	.258	-.109	.063	.050	.394
手に入りやすいこと	.271	.149	-.181	.161	.165	.426
価格に見合う価値があること	.257	.130	-.148	.008	.219	.324
歯ごたえのよいこと	.309	.207	-.050	-.032	-.025	.285
子供のときに食べたような食品であること	.345	.135	.021	.099	-.006	.315
健康のためによいこと	.116	.336	.182	.033	-.137	.463
肌，歯，髪，爪などによいこと	.375	.233	.226	.000	.012	.503
いつも食べているものであること	.300	.038	-.083	.049	.149	.381
2乗和	6.569	6.009	3.194	3.390	3.218	
寄与率（％）	23.489	9.801	5.969	5.050	3.928	(51.935)

因子間相関	第1因子	第2因子	第3因子	第4因子	第5因子
第1因子	1.000	.520	.191	.426	.398
第2因子	.520	1.000	.420	.173	.167
第3因子	.191	.420	1.000	-.025	.071
第4因子	.426	.173	-.025	1.000	.528
第5因子	.398	.167	.071	.528	1.000

（注）因子負荷量0.400以上にアンダーラインを施した。

ン株式会社のWeb調査を利用して行った。

2．結果と考察

まず，表4-1に示した因子分析結果において，各因子に0.600以上の高負荷を示した項目を各因子の構成要素と考えて，5因子モデルを作成した。

当初，5因子間に共分散のないモデル（図4-1のモデルで右側に示した共分散を一切考慮しないモデル）を設定したが，確認的因子分析を行った結果，モデルの適合度が低かった。Steptoe et al.（1995）も，抽出した因子間には有意な相関があることを指摘していることも考え，本研究でも5因子間の共分散を加えて，図4-1のようにモデルを修正した。

このモデルが，実際のデータの標本共分散行列を説明できているか否かを確認するために，モデル評価のための指標である χ^2 値，GFI，AGFI，CFIおよびRMSEAなどを求めた。その結果，χ^2 検定からは，モデルが適合していないことが示されたが（$\chi^2=374.566$, $df=94$, $p=0.001$），GFIは0.938，AGFIは0.910，CFIは0.947であり，RMSEAは0.064であった。Hox & Bechger（2007）が指摘しているように，標本数が多い場合，χ^2 検定はモデルの当てはまりがよくても棄却されることを考慮する必要がある。Hu & Bentler（1999）によればCFIが0.900より大きければモデルの適合度が高い。また，MacCallum, Browne & Sugawara（1996）は，RMSEAが0.080以下ならば適合度が高いことを指摘している。図4-1のモデルは，これらの基準を充たしていることから，モデルの適合度は高いと判断できた。しかし，「**安全性**」と「**簡便性**」，「**安全性**」と「**価格**」，「**ダイエット**」と「**簡便性**」の共分散が5％の水準で有意ではなかったため，これらの共分散を外して図4-2のようにモデルを修正して再度分析を行った。

その結果，χ^2 検定では，モデル不適合が示されたものの（$\chi^2=424.309$, $df=97$, $p=0.001$），GFIは0.931，AGFIは0.903，CFIは0.938，RMSEAは0.069であり，モデルの適合度は高かった。つまり，図4-1と図4-2のいず

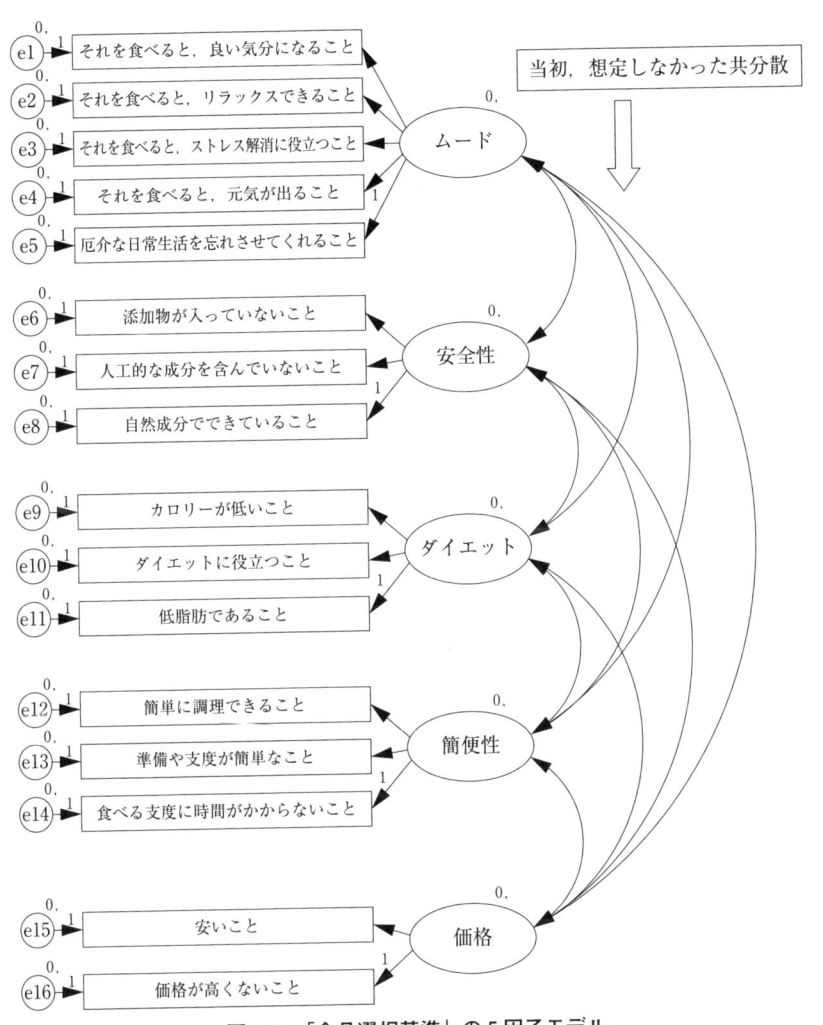

図 4-1 「食品選択基準」の 5 因子モデル

れのモデルもデータの標本共分散行列をよく説明していることになる。そこで，いずれのモデルを採用するかを決めるために尤度比検定を行ったところ，統計的に有意差はなかった（$\chi^2=0.464$, $df=1$, $p>0.05$）ため，自由度が高い後者のモデルを採用することにした。

なお，Cronbach の α 係数は，ムード（0.848），安全性（0.861），簡便性（0.824），ダイエット（0.839），価格（0.739）であり，Gable & Wolf（1993）の基準を充たしていたことから，各因子の内的整合性も確認できた。

以上の結果から，Ⅱ．で探索的因子分析によって抽出された「食品選択基準」5因子は，第3部第4章Ⅱ．で抽出された5次元にほぼ対応しており，かつ，確認的因子分析によってその信頼性も検証できたことになる[151]。

Ⅳ．本章のまとめ

本章では，確認的実験を実施する前段として，被調査者の数を増やしたデータを用いて再度「食品選択基準」の多次元的特性を抽出して，その信頼性を確認した。

464名の大学生を対象に Steptoe et al.（1995）の36項目を和訳にした調査票に回答してもらうアンケート調査を実施して，得られたデータの項目間相関行列を因子分析したところ，主研究とほぼ同様に，「**ムード**」，「**安全性**」，「**ダイエット**」，「**簡便性**」および「**価格**」の5次元が抽出された。

次に，720名（20代男性・女性120名ずつ，30代男性・女性120名ずつ，40代男性・女性120名ずつ）を対象に同じ項目を用いたアンケート調査を行い，得られたデータに確認的因子分析を施したところ，上述の5次元の信頼性を確認できたため，確認的実験の分析にもこの5次元を用いることにした。

---

[151] この5因子構造は，以下の各層（20代男性・女性120名ずつ，30代男性・女性120名ずつ，40代男性・女性120名ずつ）の分析においても確認できている。これに関しては，Asakawa & Okano（2013）で詳述している。

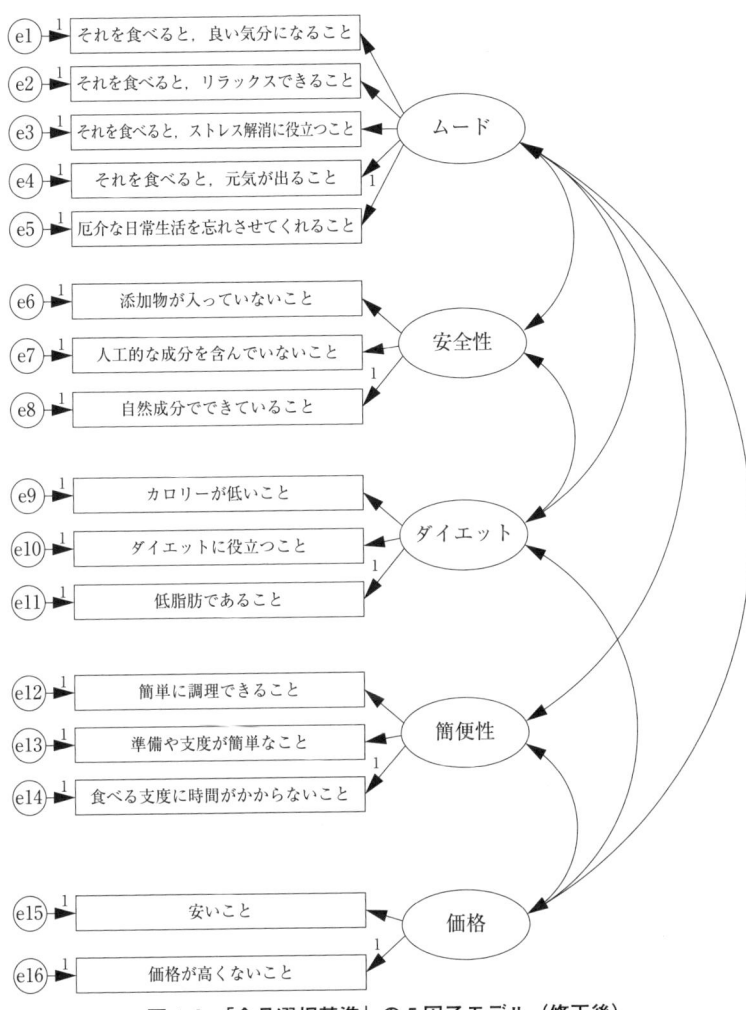

図 4-2 「食品選択基準」の 5 因子モデル（修正後）

第 2 章　確認的実験に用いる CM の選定に向けての分析：ACC 入賞作品の食品 CM が訴求している「食品選択基準」[152]

Ⅰ．本章の目的

　先述したように，主研究において第 2 目的を達成できなかった理由として，用いた CM が，「表現形式」に力を入れているものが少なかったこと，および「食品選択基準」をはっきりと訴求していなかったことの 2 点を推察している。そこで第 4 部では，それらを改善した実験刺激を用いて，確認的実験を行うことにしたが，本章では，新たに CM を選定する前段として，ACC 入賞作品を「表現形式」に力を入れている CM と考え，その食品 CM が訴求している「食品選択基準」について分析することにした。

Ⅱ．分析方法

1．分析データ

　CM の「伝達内容」は，音声のみならず文字スーパーによっても伝達されるが，本研究で使用する ACC 年鑑では，文字スーパーに関するデータは，各 CM につき 4 コマしか掲載がない。他方，音声については全ての情報が掲載されているため，本研究では主に音声データを分析し，文字スーパーについては音声データの分析結果を解析するうえでの資料とすることにした。

　1999～2008 年の 10 年間の ACC 入賞作品のうち，食品・飲料の全 CM（2008 年 66 本，2007 年 59 本，2006 年 54 本，2005 年 51 本，2004 年 74 本，2003 年 95 本，2002 年 74 本，2001 年 70 本，2000 年 55 本，1999 年 56 本の計 654 本）を分析対象とした。そして，

---

[152] この章における分析方法および分析結果は，浅川・岡野（2012）で公表したものである。

これら654本のCMの音声データ（キャラクターの発した音声およびナレーション）と文字スーパーをACC CM年鑑からテキストデータとして入力した。

2．データ処理

音声と文字スーパーのテキストデータに，以下の①〜④の処理を行った。さらに，音声データについてのみ，⑤の処理も行った。

①「IBM SPSS Text Analytics for Surveys 3.0J」によって，「主要語」抽出を行った。なお，ここでいう「主要語」とは，「文節から『て・に・を・は』などの機能語を除いたもので，それ自体が意味を持つ語」である。
②単一では解釈できない語，助詞などは不要語とみなし削除した。
③同義語や同類語を併合した[153]。
④抽出された主要語の頻度分布を求めた。
⑤④で求めた頻度をデータとしてコレスポンデンス分析を行った。

Ⅲ．結果と考察

1．主要語の頻度分布

文字スーパーおよび音声データにおける出現頻度10以上の主要語は，それぞれ表4-2と表4-3のような分布になっていた。

表4-3に示した音声に表れた主要語49語を見ると，頻度40以上の主要語は10語あった。それらは，一人称（私・俺・僕ら・自分）と二人称（あなた・君・おまえ）の名詞，「最高・すばらしい・すごい・素敵・よい・好き」および「楽しい・うれしい・幸せ」のような肯定的な評価・感情・イメージ，「飲む」「食べる」のような食品の摂取を意味する動詞，「女性・お嬢さん・奥さん・お母さん・女の子」のような女性を表す名詞と，「男・お父さん・夫」のような男性を表す名詞などが多く，「食品選択基準」に関連のある主要語は，「新発売・新登場・NEW・デビュー」（全体の12.7％）と「おいしい・うまい」[154]（全体の10.4％）の2語のみであると判断された。

なお，音声データで頻度10までに範囲を広げても，主要語49語中「食品選

表 4-2　文字スーパーに表れた主要語（頻度10以上）

項目	頻度	構成比（％）
新発売・新登場・NEW	107	16.4
ミネラルその他（鉄・カルシウム・マグネシウム・食物繊維）	48	7.3
カロリー・ダイエット・零的熱量・砂糖ゼロ・脂質ゼロ	29	4.4
おいしい・味	28	4.3
無果汁	27	4.1
健康・ヘルシー・体内環境正常化	23	3.5
価格	17	2.6
肯定的総合評価（好き・大好きなど）	14	2.1
塩分・塩味・食塩	14	2.1
簡便性（10秒メシ・煮込み3分など）	10	1.5

（注）「お酒は二十歳をすぎてから」のような注意書き，およびURLは除いてある。

択基準」に関連するものは12語（表4-3で網かけをしてある語）だけであり，少なかった。ちなみに，文字スーパーに表れた主要語でも「食品選択基準」を訴求しているCMは少なかった。具体的には，表4-2に示した頻度10以上の主要語10語のうち，「食品選択基準」に関連するものは，「肯定的総合評価」以外の9語であり，それらを訴求しているCMの割合は1.5～16.4％であった。

---

153) 主要語の統合にあたっては，表4-2の「簡便性」のようにカテゴリー名をつけたり，「おいしい・味」のように類義語を併記したものもある。そのため「主要語カテゴリー」とでも言ったほうが正確であろうが用語として冗長であるため，本研究では，以下，「主要語」と表記している。
154) 表4-2に示した文字スーパーに表れた主要語でも，4.3％のCMでしか「おいしさ」を訴求していなかった。「おいしさ」は，重要な「食品選択基準」であるにもかかわらず言語での訴求が少ない理由として，例えばおいしそうな映像を見せるというような「表現形式」で訴求する傾向にあるためと考えられる。

表4-3 音声に表れた主要語（頻度10以上）

	項目	頻度	構成比（%）
頻度 40以上	私・俺・僕ら・自分	141	21.6
	肯定的総合評価（最高・すばらしい・すごい・素敵・よい・好きなど）	123	18.8
	あなた・君・おまえ	114	17.4
	新発売・新登場・NEW・デビューなど	83	12.7
	おいしい・うまい	68	10.4
	飲む	59	9.0
	食べる	56	8.6
	女性・お嬢さん・奥さん・お母さん・女の子	53	8.1
	楽しい・うれしい・幸せ	52	8.0
	男・お父さん・夫	47	7.2
	国内の地域（京都・北海道・鹿児島など）	37	5.7
	今日・今年	34	5.2
	日本・日本人	34	5.2
	身体語（お腹・口など）	34	5.2
	大豆・野菜・果汁など	33	5.0
	ダイエット・カロリー・砂糖ゼロ・脂質ゼロなど	31	4.7
	ありがとう	28	4.3
	きれい	25	3.8
	課長・社長・部長・ボス	22	3.4
	子供	21	3.2
	スッキリ	21	3.2
	否定的総合評価（嫌い・悪い）	20	3.1
	がんばる	20	3.1
	夏・夏の香り・夏休み	20	3.1
	色・黒	19	2.9
	味（甘い・甘酸っぱい・酸っぱいなど）	19	2.9
	ゴクッ	18	2.8
	仕事	18	2.8
	＊＊先生	17	2.6

ご飯・食事	16	2.4
天然素材・100%	16	2.4
健康・ヘルシー・セルフメンテナンス	15	2.3
バランス	15	2.3
外国	15	2.3
若い	15	2.3
水	15	2.3
恋・恋人	15	2.3
ビタミン・ミネラル・その他	14	2.1
本格・本場・ピュアブラウンなど	14	2.1
世界	14	2.1
願う	14	2.1
脂肪・血糖値	13	2.0
お願い	12	1.8
人気	11	1.7
価格	11	1.7
惑星	11	1.7
ろくでもない	11	1.7
元気	11	1.7
贅沢	10	1.5

(注) ▒▒▒ は,「食品選択基準」に関連のある主要語。その他の「食品選択基準」次元にかかわる内容として,簡便性(宅配・speed・10秒メシなど)は頻度「9」,安全性は頻度「8」,塩分・塩味・食塩は頻度「5」,糖分は頻度「5」,まろやかは頻度「5」,香ばしいは頻度「4」,リラックス(ストレス発散・癒し)は頻度「4」であった。

2. ACC賞入賞作品に使われている主要語のコレスポンデンス分析

本項では,音声データを用いて,ACC賞入賞食品CMにはどのような主要語が使われているのかを明らかにするために,表4-3に示した主要語の頻度データにコレスポンデンス分析を施した。

1）分析データの整理

654本のなかには，同一ブランドの異なるCMが入賞しているケースがいくつかあったが，その場合，a) 新しいCMを採用する，b) 同時期に同一ブランドのCMが入賞していた場合，高い評価の方のCMを採用する，という手法により，CM数を203本に絞った。さらに，表4-3に示した56語（表に示した49語に，表下の注に示した7語を加えたもの）のいずれの語も含んでいない25本のCMを削除して，残った178本を分析に用いることにした。

2）分析結果

（56語）×（178本）の行列を作成して，主要語間の関係を探索的に調べるためにコレスポンデンス分析を行い，さらに，得られた成分スコアについてWard法によるクラスター分析を行った。その結果，「贅沢」は1語のみで一つのクラスターを作成したため分析から除き，（55語）×（178本）の行列を用いて再度コレスポンデンス分析を行ったところ，図4-3のような結果になった。次いで，得られた成分スコアにWard法によるクラスター分析を行うと，図4-3に囲いをつけた4クラスターに分類されたため，これらを解釈した。

第1クラスターは，「仕事・課長・先生」のような仕事や勉強に関連のある主要語と，「リラックス・スッキリ」のようなくつろぎに関連のある主要語と，「楽しい・最高」のような評価が含まれていたことから「ストレス解消・くつろぎ」と解釈した。なお，このクラスターは，第1章で抽出した「食品選択基準」5次元のうちの「ムード」次元にほぼ該当すると考えられる。

第2クラスターは，「脂肪，血糖値・糖分・塩分・バランス」などが含まれていることから「成人病予防」と解釈した。

第3クラスターは，「ダイエット・恋・きれい・がんばる」などの「ダイエット」に関連のある主要語と，「香ばしい・味・おいしい」などの「おい

第 2 章　295

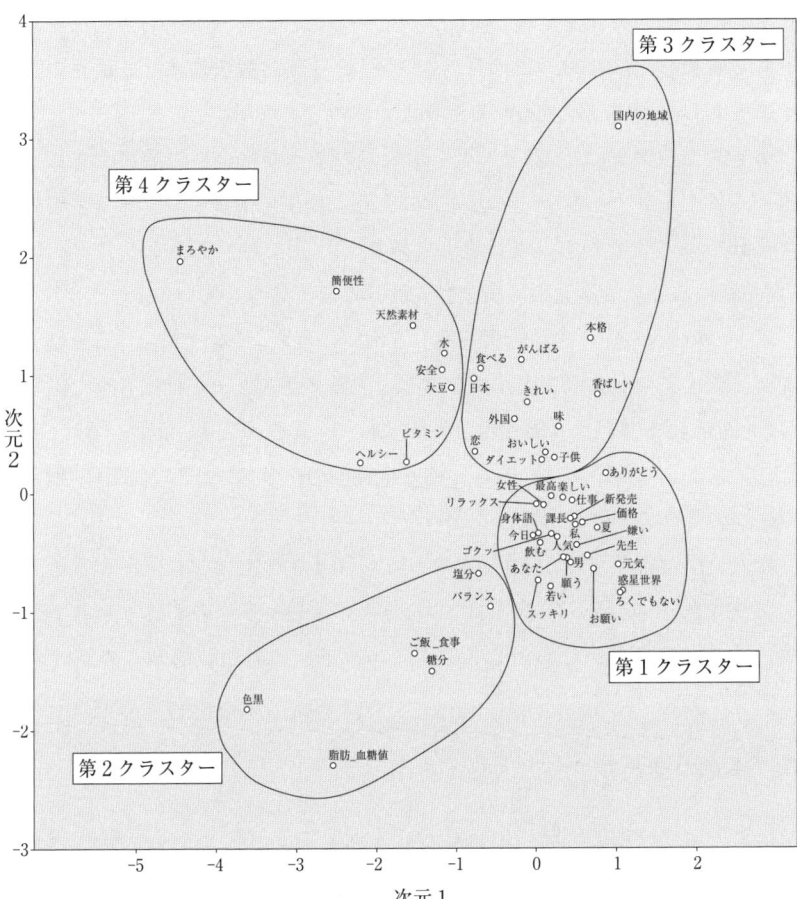

(注) 例えば,「私・俺・僕ら・自分」のようにいくつかの類義語を併記した主要語については,その全てを図示することを原則としたが,図が見にくくなってしまうケースでは,先頭にある語のみを図示した。

図 4-3　ACC 賞入賞作品に使われている主要語のコレスポンデンス分析結果

しさ」に関連のある主要語で構成されていることから「おいしさとダイエット」と解釈した。なお，このクラスターは，「食品選択基準」5次元の「**ダイエット**」次元にほぼ該当すると考えてよいであろう。

　第4クラスターは，「安全・天然素材」のような安全性に関連のある主要語と「ビタミン・ヘルシー・大豆」のような健康・栄養に関連する主要語が含まれていることから「安全性」と解釈した。なお，このクラスターは，「食品選択基準」5次元の「**安全性**」次元にほぼ該当している。

　以上の結果から，「食品選択基準」5次元のうち，「**ムード**」，「**安全性**」および「**ダイエット**」の3次元にほぼ該当するクラスターが抽出された。しかし，「価格」（頻度11），「簡便性（宅配・Speed・10秒メシ）」（頻度9）は，それぞれ「ストレス解消・くつろぎ」，「安全性」のクラスターに含まれ，独立して一つのクラスターを形成しなかった。

　なお，図は割愛するが，178本のCMを図4-3の上にプロットすると，第1クラスター「ストレス解消・くつろぎ」に，最も多くのCMが属しており，次に第3クラスター「おいしさとダイエット」にも比較的多くのCMが属していた。

Ⅳ．本章のまとめ

　本章では，確認的実験に用いるCMを選定する前段として，ACC入賞作品の食品CMが訴求している「食品選択基準」について明らかにした。具体的には，1999〜2008年の10年間のACC年鑑を用いて，入賞作品のなかの食品CMの文字スーパーおよび音声データをテキストデータとして入力した。そして，それらのデータに，テキスト・マイニングを施して，主要語を抽出し，頻度分布を求めた。さらに，音声データの主要語の頻度をデータとしてコレスポンデンス分析を行った。

　その結果，ACC入賞作品の食品CMが訴求している「食品選択基準」は，①ストレス解消・くつろぎ（第1章で抽出したムード次元にほぼ該当），②安全

性（**安全性**次元にほぼ該当），③おいしさとダイエット（**ダイエット**次元にほぼ該当），④成人病予防の4タイプに分類できることが分かった。

　そこで，上述の結果のうち第1章の分析結果と共通性のある，①**ムード**，②**安全性**，③**ダイエット**のいずれかを言語ではっきりと訴求しているCMを1本ずつ，計3本を確認的実験に用いるCMとして選定することにした。

第3章 「伝達内容→広告の情報的価値→視聴印象→Aad」という反応プロセスについての検証[155]

I．本章の目的

本章では，①ムード，②安全性，③ダイエットのいずれかを言語ではっきりと訴求しているCMを用いて，「伝達内容→広告の情報的価値→視聴印象→Aad」の反応プロセスについて実証的に検証することにした。

II．調査方法

1．視聴実験に用いたCM

第2章の分析に用いた654本のCMを著者が1本ずつ視聴して，表4-1に示した「ムード」，「安全性」，「ダイエット」いずれかの因子の高負荷項目を訴求しているCMを3本選定した（表4-4に示した）。

2．CMの提示順序

3本のCMは，提示順序による影響を避けるために，表4-4に示したように順逆法で配列した。また，実験の初めにテストCMを視聴してもらった。

3．被調査者

K大学の女子学生141名，B大学の女子学生116名，男子学生115名，およびB短期大学の女子学生92名の4グループ，計464名を被調査者とした。

---

[155] この章における分析方法および分析結果は，浅川・岡野（2014）を基にしている。ただし，浅川・岡野（2014）では「Aad」を「CM好感度」1項目で測定したが，本書の体系性を考えて，「Aad」の測定項目を複数項目に変更して再分析した。なお，この章の実験・分析は，日本学術振興会の科学研究費（20530399）の助成を受けて実施した。

表 4-4 実験の実施状況と CM 提示順序

被調査者	B短期大学の学生92名と K大学の女子学生141名の 合計233名	B大学の女子学生116名と 男子学生115名の 合計231名
CMセット 提示順序	Aセット	Bセット
1	テストCM	テストCM
2	生茶（ムード訴求）	雪国まいたけ（安全性訴求）
3	ウーロン茶（ダイエット訴求）	ウーロン茶（ダイエット訴求）
4	雪国まいたけ（安全性訴求）	生茶（ムード訴求）

（注）　テストCM：ウィダーインゼリー

4．視聴実験の実施方法

　グループごとに一室に集められた被調査者に，食品を選択する際，表4-6に示した「食品選択基準」に関する3項目を重視するか否かについて，第1章と同様に，4段階評定をしてもらった。

　次に，提示用に録画・編集しておいた（テストCMを含む）4本のCMを連続的に視聴してもらった後，さらに各CMを1本ずつ提示して，そのなかに表4-6に示した「食品選択基準」に関する3項目の内容が含まれていると感じるか否か（3項目），「視聴印象」（図4-4に示した10項目），および「Aad」（見た感じの好感度，動きの好感度，信頼性，魅力性，共感度，の5項目）の合計18項目について評定してもらう視聴実験を行った。なお，「伝達内容」のなかに「食品選択基準」に関する3項目の内容が含まれていると感じるか否かについての回答方法は，「含まれている」と感じる回答カテゴリーに高い値を与える3段階評定をしてもらった[156]。また，「視聴印象」と「Aad」は，予

---

[156] 例えば，「ダイエット」の場合，CMの「伝達内容」のなかで，この飲料はダイエットに役立つことを訴求していると「思う」は「3」，「どちらともいえない」は「2」，「思わない」は「1」とした。

5. 4グループの回答を一括して解析できることの確認

先述したように，本研究では4グループ計464名の被調査者を対象に視聴実験を行った。これからの解析で，この4グループを一括して解析できることを確認するために，テストCMである「ウィダーインゼリー」についての18項目の評定が4グループ間で差があるか否かを，Bonferroniの方法による多重比較によって検討した。その結果，表4-5に示したように「見た感じの好感度」，「動きの好感度」および「色彩の明度」の3項目において，2グループ間で5％水準の有意差を示すケースがあったものの，それ以外の15項目ではグループ間で有意差が認められなかった。つまり，グループ間で回答の偏りはほとんどないと判断できたため，本研究では4グループの回答を一括して解析することにした。

表4-5 テストCMの評定で4グループ間に有意差が認められた項目

	グループ	度数	平均値	標準偏差
見た感じの好感度	B短期大学	90	5.31	0.92
	B大学女子	116	5.59 *	0.97
	K大学女子	141	5.57	0.89
	B大学男子	114	5.72	0.92
動きの好感度	B短期大学	91	5.98	0.86
	B大学女子	116	6.40 *	0.94
	K大学女子	141	6.28	0.79
	B大学男子	115	6.22	0.88
色彩の明度	B短期大学	91	4.33	1.12
	B大学女子	116	4.91 *	1.22
	K大学女子	141	4.62	1.33
	B大学男子	115	4.69	1.12

(注) *はBonferroniの方法による多重比較で5％水準で有意差が認められたケース。

6. 分析に用いるデータの選定

本研究の被調査者が、想定したとおりに、3本のCMの「伝達内容」のなかに「食品選択基準」各項目が含まれていると受け止めているか否かについて確認した。具体的には、各CMの「伝達内容」のなかに「食品選択基準」各項目の内容が含まれていると感じているか否かの3段階評定について、全被調査者の平均値を算出した。その結果、表4-6に示したように、いずれのケースでも平均値が2.89以上と高かったため、ほぼ全員の被調査者が、実験デザインの想定どおりに受け止めていることが認められた。

なお、これ以降の分析には、表4-6に示した各CMにおいて、「伝達内容」のなかに「食品選択基準」の当該項目が含まれていると感じた（3段階評定値が「3」の）被調査者のデータのみを用いることにした。

III. 結果と考察

1. 「伝達内容」と「Aad」の関連に及ぼす「広告の情報的価値」の媒介機能

被調査者を、各CMの「伝達内容」に含まれている「食品選択基準」の評定が肯定的である（4段階評定で「3」以上の）「重視群」と、否定的である（「2」以下の）「非重視群」の2群に分けた[157]。そして、「食品選択基準」各項目での高得点CMに対する「Aad」の評定が、その項目の重視群の方が非

表4-6 「食品選択基準」各項目での高得点CM

商品名	「伝達内容」に含まれている「食品選択基準」項目	平均値	標準偏差
生茶	それを食べる（飲む）と、リラックスできること （ムード次元の高負荷項目）	2.89	0.37
雪国まいたけ	人工的な成分を含んでいないこと （安全性次元の高負荷項目）	2.90	0.38
ウーロン茶	ダイエットに役立つこと （ダイエット次元の高負荷項目）	2.92	0.31

（注）平均値は小数点2桁目を四捨五入した。

重視群より高いか否かを検証した。

表4-6に示した「食品選択基準」各項目での高得点CMについて、重視群と非重視群の間で「Aad」の評定の差を検討したところ、表4-7に示したように、3ケース全てにおいて、重視群の評定が非重視群と比べて統計的に有意に高い項目が多かった。以上のことから、「広告の情報的価値」が高い場合は、低い場合に比べて、「Aad」を測定する項目の評定が高いことを実証的に検証できた。

表4-7 「食品選択基準」各項目での重視群と非重視群にみられる「Aad」の評定の比較

		ムード次元		安全性次元		ダイエット次元	
		それを食べる（飲む）と、リラックスできること		人工的な成分を含んでいないこと		ダイエットに役立つこと	
		重視群	非重視群	重視群	非重視群	重視群	非重視群
人数（n）		279	145	276	148	268	165
商品名		生茶		雪国まいたけ		ウーロン茶	
Aad	見た感じの好感度	⑤.87	5.71				
	動きの好感度			④.26	4.03	④.72*	4.45
	信頼度					④.79*	4.50
	魅力度	⑤.07*	4.76	④.57*	4.16		
	共感度			④.61*	4.10	④.68*	4.39

(注) 重視群と非重視群で10％水準で有意差のある場合のみ、平均値を記入した。
　　　平均値の高い方を○で囲んだ。
　　　○印の横に*がついている項目は、重視群と非重視群で5％水準で有意差のあるケース。

---

157)「重視群」は、広告の情報的価値が高いケース。「非重視群」は、広告の情報的価値が低いケース。

2．「広告の情報的価値」と「Aad」の関連に及ぼす「視聴印象」の媒介機能

前項の分析結果から，「伝達内容→広告の情報的価値→Aad」という反応プロセスが推測された。そこで本項では，この反応プロセスの「広告の情報的価値→Aad」の関連を「視聴印象」が媒介するか否か，すなわち「広告の情報的価値→視聴印象→Aad」という反応プロセスを想定できるか否かについて検討することにした。具体的には，以下の二つの分析を行った。

①「視聴印象」と「Aad」の関連をCMごとに明らかにする。
②「広告の情報的価値」の高い場合（各CMの「伝達内容」に含まれている「食品選択基準」の重視群）と低い場合（非重視群）の間にみられる，「視聴印象」評価の相違について検討する。

1）「視聴印象」5特性が「Aad」に影響を及ぼすモデル

「視聴印象」5特性が「Aad」に影響を及ぼすモデルを図4-4のように作成した。図に示した「視聴印象」各特性の構成要素は，主研究で行った「視聴印象」の因子分析結果（表3-7）において，各特性に高い因子負荷量を示した項目のうち，負荷量が高い順に2項目ずつを採用した。「Aad」の測定項目としては，見た感じの好感度・動きの好感度・信頼度・魅力度・共感度の5項目の平均評定値を採用した。

2）CMごとにみられる「視聴印象」と「Aad」の関連

3CMにおける「視聴印象」と「Aad」の関連を明らかにするために，図4-4に示したモデルで，3CM間でパスの位置と因子負荷量を固定した多母集団の同時分析を行った。その結果，GFI＝0.958，AGFI＝0.925，CFI＝0.948，RMSEA＝0.038であり，モデルの適合度は高く，構成されたモデルは標本共分散行列をよく説明していると判断できた[158]。

そこでCMごとに「視聴印象」5特性と「Aad」の間のパス係数を検討したところ，表4-8のようになっていた。つまり，「視聴印象」5特性の全て

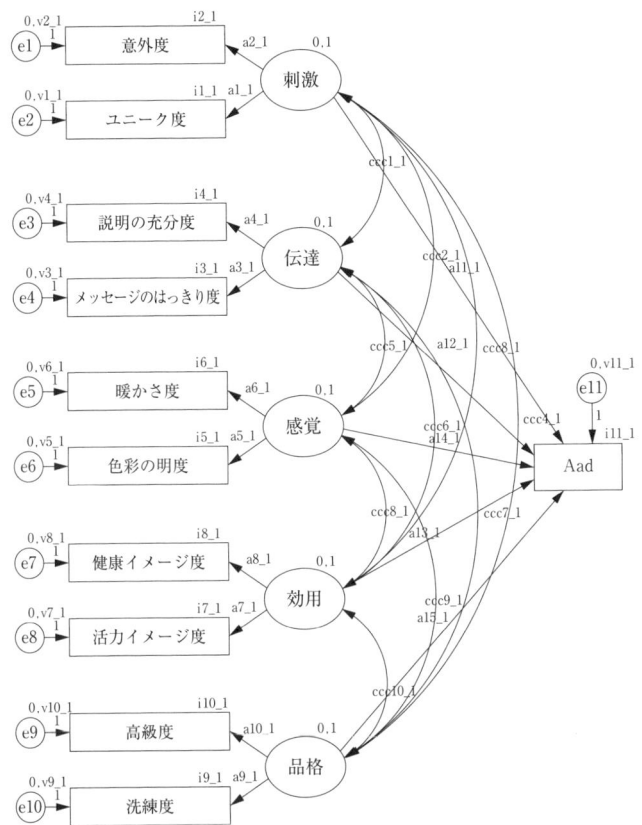

図 4-4 「視聴印象」5 特性が「Aad」に影響を及ぼすモデル

が「Aad」にプラスの影響を及ぼしており,そのなかでも「**感覚**」のパス係数が比較的大きいことが共通して認められたことになる。

---

158) χ^2 については,標本サイズが大きいため有意となっていたが($\chi^2 = 324.202$, $df = 110$, $p = 0.000$),$\chi^2/df \leq 3$ という基準からみれば(Iacobucci, 2010),$\chi^2/df = 2.947$ であるため適合していると考えられた。

306　第4部 「広告の情報的価値」の媒介機能に関する確認的実験

表4-8　3CMの多母集団の同時分析結果

	刺激→Aad	伝達→Aad	感覚→Aad	効用→Aad	品格→Aad
生茶	0.189	0.252	0.369	0.139	0.121
雪国まいたけ	0.159	0.219	0.453	0.087	0.127
ウーロン茶	0.157	0.238	0.378	0.102	0.131

(注)　パス係数は5％水準ですべて有意であった。

3）「広告の情報的価値」の高い場合（各CMの「伝達内容」に含まれている「食品選択基準」の重視群）と低い場合（非重視群）の間にみられる，「視聴印象」評価の相違

表4-6に示した「食品選択基準」（それを食べる（飲む）とリラックスできること，人工的な成分を含んでいないこと，ダイエットに役立つこと）について，重視群と非重視群の間で，等値制約するレベルが異なる以下の四つのモデルを作成して，多母集団の同時分析を行った。

　　a）　2群でパスの位置が一致していると仮定したモデル（配置不変）
　　b）　a）の他に因子負荷量が等しいと仮定したモデル（測定不変）
　　c）　b）の他に因子負荷量と因子間の相関の値が等しいと仮定したモデル（強因子不変）
　　d）　c）の他にモデルの測定部の残差変数の分散共分散行列が等しいと仮定したモデル

(1)「それを食べる（飲む）とリラックスできること」を訴求しているCM（生茶）のケース

「それを食べる（飲む）とリラックスできること」に関する4モデルの適合度は，付表6に示したようになった。

次に，モデルa）〜d）のうちいずれのモデルがデータを最適に説明しているかについて検討するために，モデル間の尤度比検定を行ったところ，モデルa）とb）の間（$\chi^2_{\text{diff}} = 13.995$, $df = 10$, $p = 0.173$），モデルb）とc）の間（$\chi^2_{\text{diff}} = 26.444$, $df = 25$, $p = 0.384$），モデルc）とd）の間（$\chi^2_{\text{diff}} = 47.697$, $df = 36$,

表 4-9 重視群の因子平均推定値:「それを食べる(飲む)とリラックスできること」を訴求している生茶のCMのケース

因子名	推定値	標準誤差	検定統計量	p値
刺激	0.371	0.124	2.988	<u>0.003</u>
伝達	0.154	0.096	1.610	0.107
感覚	0.177	0.089	1.991	<u>0.046</u>
効用	−0.025	0.114	−0.216	0.829
品格	0.330	0.102	3.228	<u>0.001</u>

(注) 非重視群の因子平均を0に固定している。
p値が0.05以下の値にアンダーラインを施した。

$p=0.092$)のいずれの間にも有意差が認められなかった。つまり,一番厳しい制約を課しているモデル d) を採用できると考えられる。さらに,付表6のAIC(Akaike, 1974)[159]の値を見ると,モデル d) の値が一番低いことから,モデル d) を最適と判断した。付表6で,モデル d) の他の指標を見ると,GFI=0.948,AGFI=0.929,CFI=0.973,RMSEA=0.029であり,高い適合度を示していた[160]。

豊田(2007, p.140)によれば,因子平均を比較する場合,モデル b) 以上に厳しい制約のモデルを採用できることが望ましい。ここではモデル d) を採用できたため,非重視群の因子平均をゼロに固定し,重視群の因子平均を推定したところ,表4-9のような結果になり,重視群は非重視群よりも「**刺激**」,「**感覚**」および「**品格**」特性の評価が高いことが認められた。

表4-8を見ると,生茶のCMは,上記の「視聴印象」3特性が「Aad」にプラスの影響を及ぼしている。したがって,重視群は,非重視群と比べて,

---

[159] AIC(Akaike's Information Criterion;赤池情報量規準)は,尤度で定義された統計モデルのよさを測るために使用され,値が小さいほどよいモデルであると判定する(豊田,2000, p.176)。ただし標本数が多くなると母数の数の多い(自由度が小さい)モデルをよいモデルであると判定する性質がある。
[160] χ^2 は標本サイズの影響で有意となったが,$\chi^2/df=1.342$で3以下という基準を満たしていた。

「刺激」「感覚」「品格」特性の評価が高いことが，（表4-7に示したように）「見た感じの好感度」や「魅力度」のような「Aad」の測定項目の高評価につながっていると推察される。

生茶のCMは，テンポのよいCMソングが流れるなか，和服で外出していたタレントが家に戻り，畳の上で，体を締め付けていた和服や足袋を脱ぎ捨てた後，日向ぼっこをしながら生茶をリラックスした表情で飲むCMである。重視群は，非重視群と比べて，和服を脱ぎ捨てるシーンやテンポのよいCMソングに刺激を，タレントがリラックスした表情で日向ぼっこをしているシーンに心温かさを，和服や畳のような和風の「表現・制作的要素」に品格を感じて，その結果，「Aad」の評価が高くなったことが推察される。

(2)「人工的な成分を含んでいないこと」を訴求しているCM（雪国まいたけ）のケース

「人工的な成分を含んでいないこと」の重視群と非重視群の間で，生茶と同様の分析を行ったところ，各モデルの適合度は付表6に示したようになった。

次に，モデルの間の尤度比検定を行ったところ，モデルa)とb)の間（$\chi^2_{\text{diff}}=13.679$, $df=10$, $p=0.188$），モデルb)とc)の間（$\chi^2_{\text{diff}}=28.346$, $df=25$, $p=0.292$），モデルc)とd)の間（$\chi^2_{\text{diff}}=42.827$, $df=36$, $p=0.202$）のいずれの間にも有意差が認められなかった。さらに，付表6のAICの値を見ると，モデルd)の値が一番低いことから，モデルd)を最適と判断した。なお，付表6に示したモデルd)の他の指標を見ると，GFI＝0.932，AGFI＝0.906，CFI＝0.940，RMSEA＝0.040であり，高い適合度を示していた[161]。

つまり，このケースでも，最も厳しいモデルの妥当性が検証されたため，非重視群の因子平均をゼロに固定し，重視群の因子平均を推定した。その結果は表4-10のようになり，重視群は非重視群よりも「**感覚**」特性の評価が

---

[161] χ^2は標本サイズの影響で有意となったが，$\chi^2/df=1.656$で3以下という基準を満たしていた。

表 4-10 重視群の因子平均推定値：「人工的な成分を含んでいないこと」を訴求している CM のケース

因子名	推定値	標準誤差	検定統計量	p 値
刺激	0.189	0.117	1.620	0.105
伝達	0.009	0.084	0.103	0.918
感覚	0.244	0.082	2.960	<u>0.003</u>
効用	0.080	0.107	0.749	0.454
品格	0.094	0.119	0.788	0.431

(注) 非重視群の因子平均を 0 に固定してた。
p 値が 0.05 以下の値にアンダーラインを施した。

高いことが認められた。

　表 4-8 を見ると，雪国まいたけの CM では，「**感覚**」特性が「Aad」に比較的大きな影響を及ぼしている。つまり，重視群は，非重視群と比べて「**感覚**」次元の評価が高いため，（表 4-7 で示したように）「動きの好感度」「魅力度」「共感度」のような「Aad」の測定項目の評価が高くなっていることが推察される。

　雪国まいたけの CM は，静かな音楽が流れるなか，荒廃が進みつつある自然風景が全面に映し出され，「化学的な成分は使わない」「環境に配慮する」といったことを主に文字スーパーで訴求している CM である。重視群は，その広告表現に心温かさを感じたのかもしれない。

(3)「ダイエットに役立つこと」を訴求している CM（ウーロン茶）のケース

　「ダイエットに役立つこと」の重視群と非重視群の間で，先の分析と同様の分析を行ったところ，各モデルの適合度は付表 6 に示したようになった。

　次に，モデルの間の尤度比検定を行ったところ，モデル a) と b) の間（$\chi^2_{\text{diff}} = 13.679$, $df = 10$, $p = 0.188$），モデル b) と c) の間（$\chi^2_{\text{diff}} = 28.346$, $df = 25$, $p = 0.292$），モデル c) と d) の間（$\chi^2_{\text{diff}} = 42.827$, $df = 36$, $p = 0.202$）のいずれの間にも有意差が認められなかった。さらに，付表 6 を見ると，モデル d) のAIC の値が一番低いことから，モデル d) を最適と判断した。なお，付表 6

表 4-11 　重視群の因子平均推定値：「ダイエットに役立つこと」を訴求している CM のケース

因子名	推定値	標準誤差	検定統計量	p 値
刺激	0.135	0.121	1.113	0.266
伝達	0.002	0.112	0.014	0.989
感覚	0.087	0.085	1.023	0.306
効用	−0.068	0.089	−0.769	0.442
品格	0.05	0.109	0.462	0.644

（注）　非重視群の因子平均を 0 に固定した。

に示したモデル d) の他の指標を見ると，GFI＝0.932，AGFI＝0.906，CFI＝0.944，RMSEA＝0.043であり，高い適合度を示していた[162]。

つまり，このケースでも，最も厳しいモデルの妥当性が検証されたため，非重視群の因子平均をゼロに固定し，重視群の因子平均を推定したところ，表 4-11 のような結果になった。

このケースでは，2 群間で「視聴印象」評価に統計的な有意差はなかった。一方，表 4-7 に示したように「動きの好感度」「信頼度」「共感度」などの「Aad」測定項目の評定が有意に高いことから，「広告の情報的価値」が「視聴印象」の媒介を経ずに「Aad」の評定に影響を及ぼしたことが推察される[163]。

Ⅳ．本章のまとめ

本章では，主研究（第 3 部第 4 章）で検証できなかった仮説，すなわち，「広告の情報的価値」が高い場合は，低い場合に比べて，「Aad」を測定する項目の評定が高いことを，実証的に明らかにできた。

さらに，「広告の情報的価値」と「Aad」の関連に及ぼす「視聴印象」の

---

[162] χ^2 は標本サイズの影響で有意となったが，χ^2/df＝1.767で 3 以下という基準を満たしていた。
[163] 「視聴印象」の媒介を経ないため，この CM の記述は省略する。

媒介機能について明らかにするために，図4-4のようなモデルを作成して，表4-6に示した「食品選択基準」項目についての重視群と非重視群で，制約するレベルが異なる四つのモデルについて多母集団の同時分析を行った。その結果，全てのケースで最も厳しい制約を課したモデルが採用できた。次に，重視群と非重視群で「視聴印象」の因子平均を比較したところ，3ケースのうち2ケースでは，「広告の情報的価値」が高い場合は低い場合と比べて何らかの「視聴印象」次元の評価が高かった。つまり，「広告の情報的価値が高い→何らかの視聴印象の評価が高くなる」という反応プロセスが想定されたことになる。他方，1ケースでは，2群で「Aad」の評価は有意差があるにもかかわらず，「視聴印象」評価には有意差がなかった。

つまり，「伝達内容」が「Aad」に至るまでの反応プロセスとして，以下に示す2通りのケースがあることが推察された。

①「広告の情報的価値→何らかの視聴印象の評価が高くなる→Aadの評価が高くなる」という，「視聴印象」の媒介を受ける反応プロセス
②「広告の情報的価値→Aadの評価が高くなる」という，「視聴印象」の媒介を受けない反応プロセス

以上の結果をまとめると，本研究の第2目的である「伝達内容」と「Aad」の関連に及ぼす「広告の情報的価値」および「視聴印象」の媒介機能は，図4-5のように表現できる。

この図と序論（p.9）に示した図との相違は，「広告の情報的価値→Aad」という「視聴印象」の媒介を受けない反応プロセスを追加した点である。

ただし，どのような場合に「広告の情報的価値」と「Aad」の関連を「視聴印象」が媒介し，どのような場合に媒介しないのか（つまり上述の①と②の違い），そして「視聴印象」が媒介しない場合は「理解」「信念・評価」のような他の要因が媒介するのか（伝達内容→広告の情報的価値→理解→信念・評価→Aad）については，明らかにできていない。これが明らかになれば，CMを制作するうえでの基礎資料になるであろう。例えば，ダイエットを訴求し

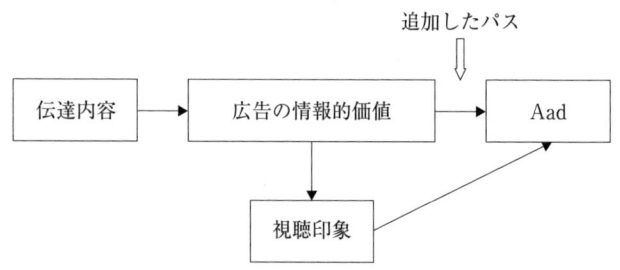

図 4-5 「伝達内容」と「Aad」の間の二つの反応プロセス

ている CM を「それを食べる（飲む）とダイエットに役立つこと」を重視している消費者に視聴してもらう際には，「表現形式」に力を入れて，「視聴印象」をよくすることよりも，いかにダイエットに役立つことを伝達するかが広告効果を高めるために重要になる．また，リラックスを訴求している CM を「それを食べる（飲む）とリラックスできること」を重視している消費者に視聴してもらうときには，「**刺激**」「**感覚**」および「**品格**」などの「視聴印象」の媒介を受けるので，「表現形式」を工夫して，刺激的で気品があって，かつ，心温かさを感じさせる CM を制作することがポイントになる，というようなことを提案できる．今後，より多数の CM を用いて確認的実験を行い，上述の内容を体系化することが残された課題である．

第4章　広告の情報的価値が伝達内容への注目に及ぼす影響[164]

I．本章の目的

　本章では，「広告の情報的価値」が高い場合には，低い場合と比べて広告の「伝達内容」への注目度が高いか否かについて検討することにした。

　消費者が広告のどこに注目するかという課題に対して，従来，アンケートやインタビューなどの言語報告に基づく研究方法が多く用いられてきた。しかし，コンテンツを視聴したときの認知的反応プロセスの全容を解明するためには，意識的・言語的プロセスだけでは不充分であると考えられるようになり，生理的な手法を用いることで無意識的なプロセスも解明しようとする研究が盛んになってきている（小山，2011）。生理的な手法としては，機能的磁気共鳴画像（fMRI），光トポグラフィー（NIRS），陽電子放射断層撮影（PET），アイ・トラッキングなどが比較的新しいところである。他方，脳波（EEG），皮膚電気反応（GSR）などは以前から用いられてきた方法である。これらのうちで，アイ・トラッキングは，機器の大きさや価格の面でマーケティング調査の実務レベルでの導入がしやすい（岡野，2012）。そのうえ，Wedel & Pieters（2008, p.3）が指摘したように，眼球運動は，視覚的注意のプロセスを測定するよい指標であるため，マーケティング調査での実用化が進んでいる。そこで，本研究でも，冒頭で述べた目的を達成するために，アイ・トラッキングを用いることにした。

　なお，本書において，生理的な研究手法を用いるのは本章が初めてであるため，研究方法・結果を記述する前に，II．でアイ・トラッキングの基本的

---

[164] この章の内容（補足を除く）は，浅川・岡野（2016）で発表したものである。また，この章の実験・分析は，日本学術振興会の科学研究費（23530540）の助成を受けて行った。

な考え方について簡潔に述べたい。さらに，Ⅲ．では本章の課題に関連のある先行諸研究のうちアイ・トラッキングを用いた研究についてレヴューしたい。

Ⅱ．アイ・トラッキングについて

　人は外界の詳細な情報を得るために，視線を移動させて網膜の中心（中心窩）で対象を捉えるが，このような状態を「注視」(fixation) という。そして，人の眼球運動は，視点が一定時間（通常0.1～0.5秒）一定の範囲にとどまっている「注視」と，次の注視まで視点が高速で移動する「サッカード」(saccade) との二つの要素で成り立っている (Holmqvist, Nystrom, Andersson, Dewhurst & Jarodzka, 2011, p. 21)。主要な視覚情報は，注視時に取得されるため，注視は「注意」の重要な指標となっている (Bojko, 2013; Wedel & Pieters, 2008)。

　広告の研究でアイ・トラッキングを用いるときには，広告のどのような部分に被調査者が注意を向けているかを測るために，「AOI」(Area of Interest；興味領域) を設定して[165]，そこがどの程度注視されたかを検討することが多い。たとえば，AOI 内の要素を注視した回数，また，AOI を最初に注視するまでにかかった時間，継続して AOI 内に視線がとどまった時間などが，しばしば注意の指標として用いられる。ちなみに，Field & Cox (2008) は，広告への注視時間が長くて，最初に注視するまでの時間が短い場合，広告の影響を受けやすいという実験結果を報告している。

---

[165]「AOI（Area of Interest）」とは，研究者がデータ収集に興味・関心 (interest) をもって指定する，刺激のなかの領域である (Holmqvist et al., 2011, p. 187)。研究目的に応じて，刺激のなかに（たとえば本研究の場合は CM の動画のなかに）分析対象とするエリアを指定する作業を，「AOI を設定する」という。

Ⅲ.「消費者の食品選択基準が広告に対する注目に及ぼす影響」を明らかにするためにアイ・トラッキングを用いた先行諸研究のレヴュー[166]

このタイプの先行諸研究では,店内で商品への視覚的な注目を集めることが,消費者の購買行動につながるという考えに基づき,商品パッケージへの注目についての研究が多い。たとえば,Visschers, Hess & Siegrist (2010) は,商品パッケージの栄養情報への注目度が消費者の「食品選択基準」によって異なることをアイ・トラッキングによって調査している。具体的には,選択基準を健康重視か味重視かに実験的に操作した2群の被調査者(32名)に対し,5種類のシリアルから1種類を選ばせる課題を与え,そのときの視線の動きを調査した。その結果,健康重視の場合は,味重視の場合に比べて,栄養成分情報をより長く,またより高頻度で注視していることを明らかにしている。

Bialkova & van Trijp (2011) は,商品パッケージの栄養情報への注目度が,消費者の「食品選択基準」によって異なるか否かを調べるために,被調査者にヨーグルト商品のパッケージを見せて選択させるアイ・トラッキング実験を行っている。その際,「最も健康的な商品を選んでください」と「あなたの好みによって商品を選んでください」の2種類の教示のうちのどちらか一方を与えることで,購入目的(動機づけ)を操作した。そして,パッケージの a) 栄養成分のラベル,b) ブランド名,c) サブ・ブランド名,d) 味(ラズベリー味/ストロベリー味)のいずれかの表記とその写真へのアイ・トラッ

---

[166] 本節では,消費者の「食品選択基準」が広告に対する注目に及ぼす影響を検討した先行研究のみをレヴューするが,消費者の思考スタイルおよび消費者の動機づけと処理能力によっても,広告に対する注目度が異なることを示した研究も行われている(Ares, Besio, Gimenez & Deliza, 2010;榎本・芳賀,2008;Behe, Bae, Huddleston & Sage, 2015など)。また,極端なケースとして,Field & Cox (2008) は,飲食物への嗜癖が視覚的注意に影響を及ぼすことについて検証している。

キングを行ったところ,健康的な食品を選択する傾向の消費者は,そうでない消費者に比べて,栄養成分のラベルへの視線の停留時間が長く,注視回数も多いことが示された。

また,van Herpen & van Trijp (2011) も,消費者の「食品選択基準」によって,商品パッケージにある栄養情報ラベルへの注視の仕方が異なることを,アイ・トラッキングを用いた実験によって示している。具体的には,被調査者に朝食用シリアルのパッケージを見せて,視線の動きを測定する実験を行った。その際,「食品選択基準」を「味」・「健康(不特定の健康目的)」・「塩分控えめ(特定の健康目的)」の3条件,パッケージ上の栄養成分表示ラベルをa) ロゴ表示:総合的に見て,このシリアルが健康に良いか否かのチェックマーク,b) 3色信号機形式表示:シリアルに含まれている栄養成分4種(砂糖,脂肪,飽和脂肪,塩分)のそれぞれの含有量を交通信号の形式で表示,c) 表形式の表示:栄養成分4種の含有量(グラム)を表の形式で表示,の3条件で操作し,各条件の影響を調べた。その結果,各条件での視線の停留時間の比較から,塩分控えめを重視している場合にロゴ表示への注目が最高となることが分かったと報告している。

以上の研究では,「健康」と「味」を「食品選択基準」として取り上げているが,「食品選択基準」はこの二つだけではない。浅川・岡野 (2013a) は,「食品選択基準」をより包括的に捉えた Steptoe et al. (1995) の尺度を用い,その「食品選択基準」に含まれる各要素の重視度によって,特定保健用食品(以下,トクホと表記する)のパッケージ上にある情報への注目度が異なるか否か,および商品の選択行動や選択理由に違いがあるか否か,について明らかにするために,32名の学生を対象に,アイ・トラッキング実験を行った。その結果,「ダイエットに役立つこと」を重視している者は,重視していない者と比べて,トクホのコーラのラベルに書いてあるカロリー表示に注目する傾向にあったことを指摘している。

ここでレヴューしたいずれの研究でも,消費者の「食品選択基準」とパッ

ケージ情報との間に一致性があるか否かによって，パッケージ情報への注目度が異なることを明らかにしている。ただし，パッケージのような静止画像から構成されるコンテンツではなく，CMのような動画コンテンツでも同様の結果が得られるか否かについての研究は行われていない。そういったことからも，本研究で，CMでも同様の結果が得られるか否かについて実証的に検討することが必要である。

Ⅳ．仮説の設定

本章の課題である，「広告の情報的価値」が高い場合には，低い場合と比べて広告の「伝達内容」への注目度が高いことについて実証的に明らかにするために，以下のような仮説を設定した。

> 仮説：CMが訴求している「食品選択基準」を重視している受け手は，重視していない受け手に比べて，「伝達内容」への注視時間・停留時間[167]が長く，注視回数・停留回数[168]が多い。

Ⅴ．調査方法

1．実験に用いたCM

この実験では，ACC賞に入賞した作品か否かは考慮せず，ビデオリサーチコムハウス社のCMデータアーカイブに入っている食品CMを著者が視聴して，「食品選択基準」をナレーションのみならず文字情報でもはっきりと訴求している次の2CMを選定した。

a）「天然成分でできていること」を訴求している「素材力」
b）「カロリーが低いこと」を訴求している「三ツ矢サイダー・オールゼロ」

---

[167] 青木・伊藤・木下（2008）によれば，広告にどれだけ注意したかを測る指標。
[168] 青木ら（2008）によれば，広告からの情報獲得量に対応する指標。

2. 実験の実施方法

事前に「食品選択基準」に関する予備調査を実施したうえで選定した32名の大学生に，1名ずつアイ・トラッキング装置の前に座ってもらい，2本のCMを，画面に1本ずつ提示して，その視線データを記録した。アイ・トラッキングには，刺激を24インチ・モニター（1920×1200）上に表示するだけで視線を計測できる「非接触型」の装置 Tobii T60XL を用いた。

さらに，実験終了後に，「天然成分でできていること」「カロリーが低いこと」などの「食品選択基準」を重視しているか否かについて4段階評定してもらった[169]。

VI. 結果と考察

1.「天然成分でできていること」を訴求しているCM（素材力）のケース

「天然成分でできていること」を重視する群（4段階評定で「4」または「3」と回答した群16名）と重視しない群（4段階評定で「2」または「1」と回答した群14名）の間で，CM画面のなかでそれらの「食品選択基準」を視覚的に訴求している文字情報への注目度が異なるか否かを比較した。

1) ヒートマップ

「素材力」のCMは，実家に家族を連れて帰省した娘と母親が台所で一緒に味噌汁を作っている。娘の「母さんの味噌汁ってなんかホッとするんだよね」という言葉とともに，母親の横顔が画面の中央に映り，画面の左側に「昔のおだしはみんな無添加でした」という文字情報が出る。次に「忘れていたのはこのおいしさかもしれない。化学調味料と食塩を無添加」というナレーションとともに図4-6に示した画面が映る。そして，出来上がった味噌汁を居間にいる家族のところに運んでゆくシーンの後に「リケンの素材力，

---

[169]「かなり重視する」は「4」，「やや重視する」は「3」，「あまり重視していない」は「2」，「全然重視していない」は「1」とした。

| 元の画像 | 「天然成分でできていること」の重視群 | 「天然成分でできていること」の非重視群 |

（画像使用許諾：理研ビタミン株式会社経営企画部広報・IR室）

(注) 本研究では，被調査者の注視回数を合計したもの。一般に，注視回数の多い箇所は赤く，少なくなるにつれて黄色，緑色に表示される。色のない部分は（誰からも）注視されなかった所である。本書は白黒印刷であるため，赤色はダークグレー，黄色および緑色はライトグレーになっている。

図 4-6　「素材力」のヒートマップ

「本かつおだし」というナレーションとともに3種類の商品（こんぶだし，本かつおだし，いりこだし）のパッケージが前面に映し出されるCMである。かつおだしが「無添加」であることを強調する文字情報への2群の注視回数のヒートマップは，図4-6のようになった。

ヒートマップからは「天然成分でできていること」の重視群は，非重視群と比べて，「無添加」に注視点が比較的集中していることが分かる。

2）注視と停留

ヒートマップでは，2群で差が認められたが，それが統計的に有意か否かを調べることにした。具体的には，ヒートマップ上，2群間で，差が認められた箇所「無添加」をAOIに設定して，a) 合計注視時間[170]，b) 合計注視回数[171]，c) 合計停留時間[172]，d) 合計停留回数[173]を算出して，平均値の差

---

170) 被調査者ごとの，それぞれのAOIにおける注視ごとの停留時間の合計。
171) AOIにおける注視回数の合計。
172) AOIの中に停留した（注視がAOIの中に入ってから出るまでの）時間の合計。
173) AOIの中に停留した回数の合計。

表 4-12 平均値の差の検定結果（「天然成分でできていること」を訴求しているCMのケース）

指標	天然成分でできていること	人数	t値	自由度	p値	平均値
合計注視時間	重視群	16	-3.346	28	<u>0.002</u>	0.47
	非重視群	14				0.29
合計注視回数	重視群	16	-1.833	28	0.077	2.50
	非重視群	14				1.86
合計停留時間	重視群	16	-1.906	28	0.067	0.52
	非重視群	14				0.37
合計停留回数	重視群	16	-2.229	28	<u>0.034</u>	1.88
	非重視群	14				1.29

（注）p値が0.05以下の値にアンダーラインを施した。

の検定を行ったところ表4-12に示した結果になった。

「天然成分でできていること」の重視群は，非重視群より「無添加」という文字情報への合計注視時間が有意に長く，合計停留回数が有意に多かった[174]。つまり，CMが訴求している「食品選択基準」を重視している受け手は，重視していない受け手と比べて，CMの当該「伝達内容」により注目することが，統計的にも検証できた。

2．「カロリーが低いこと」を訴求しているCM（三ツ矢サイダー・オールゼロ）のケース

次に，「カロリーが低いこと」の重視群と非重視群の間で，CM画面のなかでそれらの「食品選択基準」を視覚的に訴求している文字情報について注目度が異なるか否かを比較した。

---

[174] 5％水準では，合計注視時間と合計停留回数の2指標のみが有意であった。10％水準にすると，4指標すべてが有意であった。

1）ヒートマップ

「三ツ矢サイダー・オールゼロ」のCMは，真夏の空の下，タレント（メジャーリーガーの田中将大）が，自転車の後ろに大きな箱と女性を乗せて坂道をこぎ登っている。大きな箱には，商品と氷が大量に入っている。その重さにタレントが苦渋しているのを見た女性が「降りようか」と言うが，タレントは振り返って「大丈夫です」と返答する。そこで，「もっとおいしくなってオールゼロ」というナレーションとともに，商品の液体の画像を背景に，図4-7に示した「カロリーゼロ，糖類ゼロ，保存料ゼロ」という文字情報が映る。そして，タレントと女性を背景に，「もっとおいしくなってオールゼロ」という文字情報が入る。最後に，「三ツ矢サイダー・オールゼロ」というナレーションとともに，青空を背景に商品が映し出される。

このCMの主たるメッセージである「カロリーゼロ，糖類ゼロ，保存料ゼロ」への2群の注視回数のヒートマップは，図4-7のようになった。図を見ると，「カロリーが低いこと」の重視群は非重視群に比べて「糖類ゼロ」の部分に注視点が集中していた。

2）注視と停留

前項と同様に，2群間で，ヒートマップ上で差が認められた箇所をAOIに設定して，a) 合計注視時間，b) 合計注視回数，c) 合計停留時間，d) 合

元の画像　　　　　「カロリーが低いこと」の　　　　「カロリーが低いこと」の
　　　　　　　　　　　　重視群　　　　　　　　　　　　非重視群

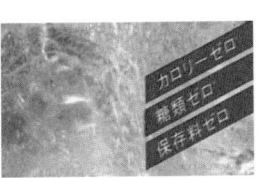  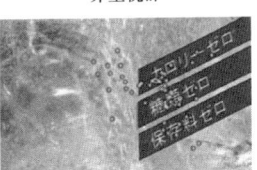

（画像使用許諾：アサヒグループホールディングス㈱広報部門）

図4-7　「三ツ矢サイダー・オールゼロ」のヒートマップ

表 4-13 平均値の差の検定結果（「カロリーが低いこと」を訴求しているCMのケース）

指標	カロリーが低いこと	人数	t 値	自由度	p 値	平均値
合計注視時間	重視群	22	−2.252	29	0.032	0.34
	非重視群	9				0.21
合計注視回数	重視群	22	−2.317	29	0.028	1.95
	非重視群	9				1.22
合計停留時間	重視群	22	−3.18	26.895	0.004	0.40
	非重視群	9				0.22
合計停留回数	重視群	21	−2.169	20	0.042	1.19
	非重視群	9				1.00

（注） p 値が0.05以下の値にアンダーラインを施した。
Leveneの検定で，等分散を仮定でなかったケース（Welchの検定を行ったケース）の自由度は，等分散を仮定できたケース（スチューデントの t 検定を行ったケース）の自由度と異なっている。

計停留回数を算出して，平均値の差の検定をおこなったところ，表4-13に示した結果になった。

「カロリーが低いこと」の重視群は，非重視群より，「糖類ゼロ」の文字情報への合計注視時間・合計停留時間が統計的に有意に長く，合計注視回数・合計停留回数が有意に多かった。以上の結果から，「カロリーが低いこと」を訴求しているCMのケースでも，訴求している「食品選択基準」を重視している受け手は，重視していない受け手に比べて，CMの当該「伝達内容」への注目度が高い傾向が認められた。

Ⅶ．本章のまとめ

本章では，「CMが訴求している食品選択基準を重視している受け手は，重視していない受け手に比べて，当該伝達内容への注視時間・停留時間が長く，注視回数・停留回数が多い」という仮説を設定して，それをアイ・トラッキング実験によって検証した。

一般にアイ・トラッキング実験では，被調査者数が比較的少ないことが多いため，個人差を調べた研究は少ない（Wedel & Pieters, p.25）。本研究でも被調査者数が少なかったため，t検定で有意差が出にくかったことも考えられるが，そのような状況にもかかわらず，統計的有意差を示した項目があったことから，仮説を検証できたと言えよう。

　Duchowski（2007, pp.261〜262）は，アイ・トラッキングは，「伝達内容」をどのように提示すれば消費者に効率的かつ直接的にインパクトを与えることができるかを知るために有効である，と述べている。本研究では，複数の「表現・制作的要素」のなかで，いずれの被調査者からも注目されない要素と，ある特定の選択基準を重視する者からは相対的に高く注目される要素があることが示された。この結果は，広告を制作する際に，どのような選択基準をもった消費者にどのように伝達内容を提示するのが効果的であるかについて，示唆を与えるものであろう。

補足　Web サイトを用いたアイ・トラッキング実験[175]

　本章で検証した仮説は，実験刺激として Web サイトを用いるとより明らかになることを，補足として加えたい。

　CM の場合，「伝達内容についての文字情報」以外に，音楽やアナウンスのような音声情報による影響があるが，音声情報をコントロールできれば，2群の間により大きな差がみられることが推測される。本研究では，広告として CM を取り上げているため，あくまでも補助的に，CM よりも視覚的情報探索がより積極的に行われると考えられる広告である Web サイト[176]を用いてアイ・トラッキング実験を行った結果について，簡単に報告したい。

---

175) この実験・分析は，日本学術振興会の科学研究費（25380569）の助成を受けて行った。
176) Web サイトの「視聴印象」については，浅川・岡野（2013b）および浅川・岡野（2011）で実証的に検討している。

1. 調査方法

1）実験時期と被調査者

2014年11月4日～12月19日の間に46名（解析に用いた人数は42名），2015年11月19日～12月22日の間に35名（解析に用いた人数34名）の合計81名を対象に実験を行った。ただし，5名の視線データはとれなかったため，解析には76名分のデータを用いた。

2）実験に用いた Web サイト

以下に示した3本の Web サイトを実験刺激として用いた。
- 「カロリーが低いこと」を訴求している「ティーズ・ティー」
- 「体脂肪を減らすこと」を訴求している「特茶」
- 「ダイエットに役立つこと」を訴求している「カルピス・ダイエット」

3）実験の実施方法

1名ずつ，非接触型のアイ・トラッキング装置の前に座ってもらい，「Web サイトの閲覧後，どの商品を買いたくなったかを教えてもらう」という教示を与えて，3本の Web サイトのファーストページのみを10秒間，普段と同じように自由に見てもらった。そして，Web サイトごとに，視線データを記録した。

次に，食品選択時に，「カロリーが低いこと」「体脂肪を減らすこと」「ダイエットに役立つこと」などを重視するか否かについて4段階評定してもらった。

2. 結果と考察

1）ヒートマップ

食品選択時に，①「カロリーが低いこと」，②「体脂肪を減らすこと」，③「ダイエットに役立つこと」を重視する群（4段階評定で「4」または「3」と

回答した群）と重視しない群（4段階評定で「2」または「1」と回答した群）の間で，Webサイト画面のなかでそれらの「食品選択基準」を視覚的に訴求している文字情報についての注目度が異なるか否かを比較した。

　ヒートマップは割愛するが，①「カロリーが低いこと」の重視群は，ティーズ・ティーの「甘さすっきり・カロリーオフ」の文字情報を，②「体脂肪を減らすこと」の重視群は，特茶の「減らせ脂肪」の文字情報を，③「ダイエットに役立つこと」の重視群は，カルピス・ダイエットの「カルピス・ダイエット カロリー60％オフ」の文字情報を集中的に注視していたのに対し，非重視群は注視点が拡散する傾向が認められた。

2）注視と停留

　2群で，ヒートマップ上で差が認められた箇所をAOIに設定して，a) 合計注視時間，b) 合計注視回数，c) 合計停留時間，d) 合計停留回数を算出して，平均値の差の検定を行ったところ表4-14に示した結果になった。

　ここで明らかになったことは，「ティーズ・ティー」「特茶」「カルピス・ダイエット」の3ケースすべてで，重視群は非重視群よりも，合計注視時間や合計停留時間が有意に長く，合計注視回数や合計停留回数が有意に多い，ということである。

表 4-14 平均値の差の検定結果（「カロリーが低いこと」・「体脂肪を減らすこと」・「ダイエットに役立つこと」を訴求している Web サイトのケース）

伝達内容		指標	カロリーが低いこと	人数	t値	自由度	p値	平均値
ティーズ・ティー	甘さすっきり・カロリーオフ	合計注視時間	重視群	50	−2.966	71.009	0.040	0.1634
			非重視群	28				0.0529
		合計注視回数	重視群	50	−0.675	75.541	0.011	0.9000
			非重視群	28				0.3571
		合計停留時間	重視群	50	−2.460	75.951	0.016	0.1718
			非重視群	28				0.0654
		合計停留回数	重視群	50	−2.622	75.854	0.011	0.6800
			非重視群	28				0.2857
伝達内容		指標	体脂肪を減らすこと	人数	t値	自由度	p値	平均値
特茶	減らせ脂肪	合計注視時間	重視群	40	−2.127	75	0.037	0.2755
			非重視群	37				0.1682
		合計注視回数	重視群	40	−2.057	75	0.047	1.5500
			非重視群	37				1.0541
		合計停留時間	重視群	40	−1.965	75	0.050	0.2880
			非重視群	37				0.1832
		合計停留回数	重視群	40	−1.377	70.866	0.010	1.2750
			非重視群	37				0.7838
伝達内容		指標	ダイエットに役立つこと	人数	t値	自由度	p値	平均値
カルピス・ダイエット	カルピス・ダイエット カロリー60％オフ	合計注視時間	重視群	33	−2.035	44.624	0.048	0.1330
			非重視群	43				0.0402
		合計注視回数	重視群	33	−2.246	42.455	0.030	0.7576
			非重視群	43				0.2093
		合計停留時間	重視群	33	−2.193	42.788	0.034	0.1570
			非重視群	43				0.0423
		合計停留回数	重視群	33	−2.647	42.579	0.011	0.5150
			非重視群	43				0.1400

（注） p値が0.05以下の値にアンダーラインを施した。

第5部 総 括

第1章　本研究の概要

Ⅰ．研究目的

　広告効果は，広告活動の，経済・社会・文化に対する影響としてとらえることができる一方で，受け手の心理的・行動的な個人的反応として把握されることも多い。本研究は，後者のミクロ的視点のうち，広告のコミュニケーション機能に着目した分析である。

　広告の心理的効果を高めるためには，消費者の「Aad」を好意的にし，購買意欲を促進することが重要である。そしてその心理的効果における「Aad」の機能については，「①視聴印象→②Aad→③Ab」という反応プロセスを想定し，①～③の関連を実証的に分析したいくつかの研究が既に行われてきた。しかし，これらの研究は，分析の出発点を「広告表現」ではなくて「視聴印象」に置いており，多くの場合，「どのような広告表現がAadに影響を及ぼすか」という点についての実証的な検討は行われていなかった。

　そこで，本研究では，「CMでは，どのような広告表現がAadに影響を及ぼすか」を明らかにすることを基本的な研究目的とした。この課題について，従来の広告表現研究の多くは，広告表現と「Aad」の直接的な関連に着目してきたが，そのなかにあって，広告表現と「Aad」の間接的な関連に着目しているのが，佐々木（1994）とMacKenzie & Lutz（1989）である。

　本研究では，基本的な研究目的を達成するために，上述の二つの考え方を援用し，以下に示す二つの目的を設定した。

第1目的：
　「表現形式」と「Aad」の間には，直接的な関連（表現形式→Aad）のみならず，「表現形式」の各要素が多様な「視聴印象」を生じさせ，さらに，それぞれの「視聴印象」が「Aad」に影響を及ぼす（表現形式→視聴印象→Aad）

という反応プロセスを想定するのが妥当である。しかし，このような「視聴印象」の媒介機能についての実証的研究はほとんど行われていなかった。そこで本研究では，「表現形式」と「Aad」の関連に及ぼす「視聴印象」の媒介機能を実証的に検討することを第1目的とした。

第2目的：

「伝達内容」と「Aad」の間にも，直接的な関連（伝達内容→Aad）のみならず，「広告の情報的価値」や「視聴印象」の媒介機能を考えるのが妥当である。

ところで，「生活情報と食品の購買行動」について浅川・大澤（1997）が行った研究では，情報の「伝達内容」に含まれる「食品選択基準」を受け手が重視していない場合は，その情報は受け手にとって価値がないが，重視している場合は価値があることが認められた。この結果をCMへの反応プロセスに応用すれば，CMの「伝達内容」が「Aad」に影響を及ぼすか否かは，CMの「伝達内容」に含まれる「食品選択基準」を受け手が重視しているか否かによって異なると考えられる。

また，MacKenzie & Lutz（1989）のモデルでは，「伝達内容」が「Aad」に及ぼす影響について「伝達内容→広告における主張と受け手の信念の一致度（広告の情報的価値）→広告の信憑性（視聴印象）→Aad」という反応プロセスを想定している。本研究では，このモデルを援用することにしたが，上述した浅川・大澤（1997）の研究結果を応用して，「広告における主張」の部分に「食品選択基準」を当てはめることにした。すなわち，「伝達内容」が「Aad」に影響を及ぼすプロセスを，「伝達内容→広告における食品選択基準を示す主張と受け手のその基準についての信念との一致度→視聴印象→Aad」とした。つまり，「伝達内容」と「Aad」の関連に及ぼす「広告の情報的価値」および「視聴印象」の媒介機能を実証的に検討することを第2目的とした。

Ⅱ. 研究方法

本研究では，前項（Ⅰ.）に示した二つの目的を検証するために，①先行諸研究のレヴュー，②予備的研究，③主研究および④確認的実験を行った。

Ⅲ. 研究結果

1．問題意識と先行諸研究のレヴュー

はじめに，「受容内容分析」に関する先行諸研究をレヴューし，CM効果を検討する際，「視聴印象」と「Aad」に注目する意味を検討した。また，本研究の目的を達成するためには，「表現・制作的要素」，「視聴印象」および「Aad」のそれぞれの測定尺度が必要なため，それらに関する先行諸研究をレヴューした。その結果，わが国では，「視聴印象」を測定する標準的尺度を提案した先行研究がほとんどない，および，「Aad」の定義と測定項目は研究者によって異なる，といった課題が残っていることが認められた。そこで予備的研究を行い「視聴印象」および「Aad」の測定項目を構成することにした。他方，「表現・制作的要素」の測定尺度については，Stewart & Furse（1986）の尺度が包括的かつ体系的なものであったため，その尺度を援用することにした。

2．予備的研究の結果
1）主研究に用いる「視聴印象」の測定項目

予備的研究では，食品CM 131本について，「視聴印象」，「Aad」および「購買意欲」に関する47項目について7段階評定をしてもらう視聴実験を，28名の女子大学生を被調査者にして行った。

47項目を，「表現評価（18項目）」，「イメージ（21項目）」および「総合評価（8項目）」の3領域に分けて，それぞれで，「平均評定値行列」にもとづく項目間相関行列に因子分析を施した。その結果，「表現評価」の領域では

「情緒的評価」,「商品説明」,「視聴覚印象」の3因子が,「イメージ」の領域では「インパクト」,「親近感」,「活気」,「洗練度」の4因子が,さらに「総合評価」の領域では「購買意欲」,「商品の効用イメージ」の2因子がそれぞれ抽出された。そこで,これらの9因子のうち,「**情緒的評価**」[177]と「**購買意欲**」を除く7因子それぞれでの高負荷項目から,負荷量が高い順に2項目ずつ,計14項目を「視聴印象」の測定項目として選定した。なお,主研究では,この14項目の他に,多くの先行諸研究で用いられている7項目を加えた計21項目で「視聴印象」を測定した。

2）主研究に用いる「Aad」の測定項目

食品CMの「Aad」の測定には,食品CM独自の測定項目が必要であると考え,予備的研究では「総合評価」のなかに食品CM独自の測定項目を採用した。そして,「CM好感度」がこれらの項目と一緒になり一つの因子を形成した場合,当該因子を「Aad」を表す因子と考えることにしていた。しかし,食品CM独自の測定項目は,「CM好感度」とは別の因子(「**商品の効用イメージ**」)を形成し,「CM好感度」は「**購買意欲**」に高負荷を示した。

そこで,「CM好感度」と「表現評価とイメージの2領域から抽出した7因子」の相関分析を行ったところ,「**情緒的評価**」が「CM好感度」と特に相関が高かったため,「**情緒的評価**」を「Aad」を表す因子と考えることにした。そして,この高負荷2項目を「Aad」の測定項目とした。なお,主研究では,この2項目の他に,多くの先行諸研究で用いられている3項目を加えた計5項目で「Aad」を測定した。

3）主研究に用いるCM

3領域ごとの各因子解の因子得点をデータとして,131本のCMのクラス

---

[177] ②で述べるように「Aad」の測定項目とした。

ター分析（Ward法による）を行い，5クラスターに区分した。3領域で，合計15クラスターが構成されるが，各クラスターから2本ずつの30本のCM（2本×15クラスター＝30本）を選定した[178]。

3．主研究の結果
1）「視聴印象」の多次元的特性

本研究の目的である広告表現と「Aad」の関連に及ぼす「視聴印象」の媒介機能を分析するためには，「視聴印象」の測定尺度が必要である。しかし，わが国では，信頼性と妥当性が検証されている尺度が見当たらなかったため，「視聴印象」の多次元的特性を抽出することにした。すなわち，予備的研究の成果をふまえて，食品CM 30本に対して，「視聴印象（21項目）」および「Aad（5項目）」に関する26項目について7段階評定をしてもらう視聴実験を，156名の女子大学生を被調査者にして行った。

「視聴印象」[179]については，各CMの被調査者ごとの評定値を全CMについて連結した「個別評定値行列」の項目間相関行列を因子分析して，**「刺激」**，**「伝達」**，**「感覚」**，**「効用」**，**「品格」**の5因子を抽出した。

そして，その因子構造の信頼性を検証するために，①被調査者とCMの組合せを変えた8セットのデータ，および②個別CMのデータからも，同様の因子が抽出されるか否かについて検討した。その結果，この5因子は，①8セット全てと，②多くの個別CMのデータにおいて，共通に抽出された。さらに，この5次元を「予備的研究で抽出された次元」および「先行諸研究で抽出されている次元」と比較して，「視聴印象」次元として頑健であることを確認した。また，「視聴印象」5次元での高特性CMと低特性CMの具

---

[178] 実際には，重複しているCMが2本，入手できないCMが4本あったため，本文中に述べた方法で新たに6CMを選定している。
[179] 21項目のうち，共通性の推定値が小さかった「飽きの程度」を除いた20項目を用いて因子分析を行った。

体的な表現内容を描写して，描写した表現内容と「視聴印象」の測定値から解釈される特徴との関連を考察した。その結果，両者は対応していたことから，「視聴印象」5特性の測定値の妥当性が確認できた。

以上の結果から，この5特性は，①因子構造の信頼性，②「視聴印象」次元としての頑健性，および③測定値の妥当性，が確認できたため，本研究の目的である「視聴印象」の媒介機能の分析に用いることにした。

2）「表現・制作的要素」の多次元的特性

本研究の第1目的である「表現形式」と「Aad」の関連に及ぼす「視聴印象」の媒介機能を分析する前段として，「表現・制作的要素」の多次元的特性を抽出した。すなわち，食品CM 30本のそれぞれについて，Stewart & Furse（1986）の測定尺度を援用して作成した「表現・制作的要素」に関する43項目の内容が該当しているか否かを，著者自身が3段階評定した。そして，その評定値の項目間相関行列を因子分析して，「メッセージ伝達者」，「製品利用の実演」，「メッセージ量」，「ブランド名が分かるまでの時間」，「実質的メッセージの提示」*，「風物背景と健康・栄養情報」*および「ブランド差別化メッセージの明示」*の7因子を抽出した（*のある3因子は「伝達内容」に関する特性，*のない4因子は「表現形式」に関する特性である）。

上述したように，本研究では，Stewart & Furse（1986）の測定尺度を援用したが，ここで抽出した7特性は，全てStewart & Furse（1986）が抽出した「表現・制作的要素」次元に対応していた。また，7次元での高特性CMと低特性CMの具体的な表現内容を描写して，描写した表現内容と「表現・制作的要素」の測定値から解釈される特徴との関連を考察した。その結果，両者は対応していたことから，「表現・制作的要素」7特性の測定値の妥当性が確認できた。そこで，この7特性を，本研究の第1目的である「表現形式」と「Aad」の関連に及ぼす「視聴印象」の媒介機能の分析に用いることにした。

3)「表現・制作的要素」特性と「Aad」の関連に及ぼす「視聴印象」特性の媒介機能

本研究の第1目的である,「表現形式」と「Aad」の関連に及ぼす「視聴印象」の媒介機能について検討した。

第2章で抽出した「表現・制作的要素」7特性のなかには,「表現形式」のみならず「伝達内容」に関する3特性も含まれている。本研究では,「伝達内容→広告の情報的価値→視聴印象→Aad」という反応プロセスを設定しているが,「広告の情報的価値」を組み入れない「伝達内容→視聴印象→Aad」という反応プロセスは設定していない。したがって,「伝達内容」に関する「表現・制作的要素」を除いて分析する方法もあり得るが,以下の仮説を設定し,7特性全てについて分析することにした。

 基本仮説A 「表現・制作的要素」の「表現形式」に関する4特性と「Aad」の関連には,「視聴印象」の媒介機能が認められる。

 基本仮説B 「伝達内容→視聴印象→Aad」という反応プロセスモデルにおいては,「表現・制作的要素」の「伝達内容」に関する3特性と「Aad」の関連には,「視聴印象」の媒介機能が認められない。

分析は,下図に示したように1.～4.に分けて行った。

〈平均値の差の検定または重回帰分析〉
1. 「表現・制作的要素」特性が「Aad」に直接的に及ぼす影響を分析する(重回帰分析)
2. 「表現・制作的要素」特性が「視聴印象」特性に及ぼす影響を分析する(平均値の差の検定)
3. 「視聴印象」特性が「Aad」に及ぼす影響を分析する(重回帰分析)

↓

〈パス解析〉
4. 「表現・制作的要素」特性と「Aad」の関連に及ぼす「視聴印象」特性の媒介機能を分析する

---

(1)「表現・制作的要素」が「Aad」に直接的に及ぼす影響(表現・制作的要素→Aad):「Aad」を従属変数として,「表現・制作的要素」7因子の因子得

点を独立変数とする，強制投入法による重回帰分析を行った。その結果，「**製品利用の実演**」のみが「Aad」に直接的な影響が認められたものの，他の特性については，関連が認められなかった。

(2)「**表現・制作的要素**」が「**視聴印象**」に及ぼす影響（表現・制作的要素→視聴印象）：「表現・制作的要素」7次元それぞれでの高特性CM群と低特性CM群との間で，「視聴印象」5特性の評定値の差を検定した。その結果，7次元全てにおいて，高特性CM群と低特性CM群との間で何らかの「視聴印象」特性の評定に5％水準での有意差が認められた[180]。つまり，「表現・制作的要素」の各特性が，多様な特性の「視聴印象」を生じさせること（表現・制作的要素→視聴印象）が推察された。

(3)「**視聴印象**」が「Aad」に及ぼす影響（視聴印象→Aad）：「Aad」を従属変数とし，「視聴印象」5因子の因子得点を独立変数とする，強制投入法による重回帰分析を行った。その結果，「Aad」は「視聴印象」特性によってよく説明されており，そのなかでも，「**伝達**」および「**感覚**」の2特性の説明力が高いことが明らかになった。

(4)「**表現・制作的要素**」と「Aad」の関連に及ぼす「**視聴印象**」の媒介機能：(1)～(3)の分析結果から，「表現・制作的要素」特性と「Aad」の間は，直接的な関連がほとんどないが，そこに「視聴印象」特性の媒介機能を考慮すれば，関連づけられることが推察された。そこで，広告制作者（クリエーター）の経験則やStewart & Furse (1986) の実証分析にみられる知見，および上述の分析結果を応用して，「表現・制作的要素」特性と「Aad」の関連に及ぼす「視聴印象」の媒介機能について，「表現・制作的要素」の7特性ごとに仮説を検討した。

そして，各特性についてパス解析によって検証した結果，以下の①～③に

---

[180] 例えば，第1因子高特性（メッセージ伝達者がキャラクターである）CM群は，低特性（メッセージ伝達者がアナウンサーである）CM群と比較して，「**品格**」の評定は低かったものの，「**刺激**」，「**伝達**」および「**感覚**」の評定が高かったなど。

示したような「表現・制作的要素」特性と「Aad」の関連に及ぼす「視聴印象」特性の媒介機能が明らかになった（ここで，───▶は，パス係数がプラスのケース。┈┈▶は，パス係数がマイナスのケース）。

① メッセージ伝達者 —0.50→ 刺激 —0.33→ Aad

② 製品利用の実演 ┈−0.51┈▶ 感覚 —0.42→ Aad

③ ブランド名が分かるまでの時間 ┈−0.40┈▶ 効用 —0.28→ Aad

(5)まとめ：「表現・制作的要素」と「Aad」との直接的な関連を検討した場合，先述したように，「表現・制作的要素」7特性中，**「製品利用の実演」**のみで「Aad」に対する影響が認められたものの，他の6特性については，関連が認められなかった。つまり，「表現形式」に関する3特性と「伝達内容」に関する他の3特性については，関連を見い出せなかった。そこで，両者の間に「視聴印象」特性の媒介機能を考慮したところ，先に示した①～③のような関連が認められた。

つまり，「表現・制作的要素」と「Aad」の関連を考える場合，それらの間の直接的な関連はほとんど想定できず，「視聴印象」の「**刺激**」「**感覚**」「**効用**」などの媒介機能を考慮できることが示唆された。

さらに，「視聴印象」の媒介機能を確認できた「表現・制作的要素」は，全て「表現形式」に関するものであったことから，基本仮説Aは検証できたと考えうる。他方，「伝達内容」に関する「表現・制作的要素」と「Aad」の関連には，「視聴印象」の媒介機能は認められなかったことから，基本仮説Bも検証できたと考えてよいであろう。

4）「伝達内容」と「Aad」の関連に及ぼす「広告の情報的価値」および「視聴印象」の媒介機能

本研究の第2目的である，「伝達内容」と「Aad」の関連に及ぼす「広告

の情報的価値」および「視聴印象」の媒介機能について検討した。まず，「広告の情報的価値」の媒介機能について，以下の仮説を設定して，それを検証した[181]。

　　仮説：「広告の情報的価値」が高い場合は，低い場合に比べて，「Aad」を測定する項目の評定が高い。

　この仮説を検証する場合，考え得る全ての「食品選択基準」項目について分析するよりも，「食品選択基準」の次元を明らかにして各次元を代表する項目について考える方が，体系的で理解しやすい。そこで，信頼性が確認されている Steptoe et al. (1995) の「食品選択基準」の測定尺度を和訳した36項目について，第3部第1章に示した視聴実験の前に，同じ被調査者に4段階評定してもらい，得られた評定値の項目間相関行列を因子分析した。その結果，「**ムード**」，「**安全性**」，「**簡便性**」，「**ダイエット**」および「**安価・手に入れやすさ**」という「食品選択基準」5次元が抽出された。

　そして，各「食品選択基準」次元を代表する項目での高得点CMに対する，その項目での高得点被調査者と低得点被調査者の間で「Aad」を測定する項目の評定値を比較した。しかし，ほとんどのケースで5％水準での有意差が認められなかった。

　本研究では，この結果をもって，仮説が妥当でなかったと結論づけることをせず，視聴実験に用いたCMは，第1目的を達成するためには最適な実験刺激であったが，第2目的を達成するには不適切であったと推察した。

　具体的には，視聴実験に採用した30本のCMは，「伝達内容」のなかで「食品選択基準」をはっきりと言語で訴求しているものが少なかったこと，および「食品選択基準」をはっきりと訴求しているCMには「表現形式」に力を入れているものが少なかったことなどが，仮説を検証できなかった理由と考えられた。

[181) この仮説を検証した後に，「広告の情報的価値」と「Aad」の関連に及ぼす「視聴印象」の媒介機能について検討することにしていた。

4. 「広告の情報的価値」の媒介機能に関する確認的実験

1) 確認的実験に用いる「食品選択基準」項目の選定に向けての分析：「食品選択基準」の多次元的特性

確認的実験を実施する前段として，被調査者の数を増やしたデータを用いて再度「食品選択基準」の多次元的特性を抽出して，その信頼性を確認した。

464名の大学生を対象に Steptoe et al. (1995) の36項目を和訳にした調査票に回答してもらうアンケート調査を実施して，得られたデータの項目間相関行列を因子分析したところ，主研究とほぼ同様に，「**ムード**」，「**安全性**」，「**簡便性**」，「**ダイエット**」および「**価格**」の5次元が抽出された。

次に，720名（20代男性・女性120名ずつ，30代男性・女性120名ずつ，40代男性・女性120名ずつ）を対象に同じ項目を用いたアンケート調査を行い，得られたデータに確認的因子分析を施したところ，上述の5次元の信頼性を確認できたため，確認的実験の分析にもこの5次元を用いることにした。

2) 確認的実験に用いるCMの選定に向けての分析：ACC入賞作品の食品CMが訴求している「食品選択基準」の分析

確認的実験に用いるCMを選定する前段として，ACC入賞作品の食品CMが訴求している「食品選択基準」について明らかにした。具体的には，1999～2008年の10年間のACC年鑑を利用して，入賞作品のなかの食品CMの音声データをテキストデータとして入力した。そして，そのデータに，テキスト・マイニングを施して，主要語を抽出して，その頻度分布を求めた。さらに，頻度のデータをもとにコレスポンデンス分析を行った。

その結果，ACC入賞作品の食品CMが訴求している「食品選択基準」は，①ストレス解消・くつろぎ（1）で抽出したムード次元にほぼ該当），②安全性（安全性次元にほぼ該当），③おいしさとダイエット（ダイエット次元にほぼ該当），④成人病予防，の4タイプに分類できることが分かった。

そこで，上述の結果のうち1）の分析結果と共通性のある，①**ムード**，②

安全性,③ダイエットのいずれかを言語ではっきりと訴求しているCMを1本ずつ,計3本を確認的実験に用いるCMとして選定することにした。

3)「伝達内容→広告の情報的価値→視聴印象→Aad」という反応プロセスについての検証

1)と同じ464名の被調査者に,3本のCMを映写してそれぞれについて,「視聴印象(20項目)」および「Aad(5項目)」に関する25項目について7段階評定をしてもらう視聴実験を行った。

最初に,①ムード,②**安全性**,③ダイエット各次元を代表する項目での高得点CMに対するその項目での高得点被調査者と低得点被調査者の間で「Aad」を測定する項目の評定値を比較した。その結果,高得点被調査者の方が「Aad」の評価が高い傾向にあったことから,「伝達内容→広告の情報的価値→Aad」という反応プロセスが推察された。

次に,上記の反応プロセスのなかの「広告の情報的価値」と「Aad」の間を「視聴印象」が媒介するか否かについて,多母集団の同時分析によって検討した。その結果,「広告の情報的価値→視聴印象→Aad」という反応プロセスが基本的には検証できた。ただし,「広告の情報的価値→Aad」という,「視聴印象」の媒介を受けない反応プロセスもあることが推察された。

4)広告の情報的価値が当該伝達内容への注目に及ぼす影響

安全性あるいはダイエットを訴求している2CMを32名の大学生に提示して,その視線データを記録した。そして,得られた視線データを分析したところ,情報的価値が高い場合は,低い場合と比べて,「伝達内容」への注目度が高いことが認められた[182]。

---

[182] 注目度の指標である,注視および停留時間が長く,注視および停留回数が多かった。

第2章　広告表現の研究に対する本研究の意義

「どのような広告表現がAadに影響を及ぼすか」という課題について従来の広告表現研究では，両者の直接的な関連に着目する傾向にあった。例えば，広告制作者（クリエーター）であるOgilvy（1983）〔松岡訳，1985〕は，勘や豊富な経験に基づいて，「製品の性能を実証して見せるコマーシャルは平均以上の説明力を持つ」，「音声で伝えると同時に，文字スーパーを使用するとよい」，「最初の10秒以内にブランド名を出す方がよい」などのような知見を示している。ただし，この分野において，両者の間接的な関連に関する研究はほとんどなされてこなかった。

そこで本研究では，広告表現と「Aad」の間の間接的な関連を，実証分析により明らかにした。まず，広告表現のうち「表現形式」と「Aad」の間に，「視聴印象」の媒介機能という新しい概念を導入し，第3部第3章で述べたように，両者の関連を実証的に示した。その結果，「表現形式」と「Aad」との直接的な関連のみを検討していた場合には見出せなかったであろう関連を明らかにできた。例えば，メッセージ伝達者がキャラクターであるCMは「**刺激**」の評定を高くし，それを通して「Aad」の評定が高くなることが検証されたが，この関係は「視聴印象」の媒介機能を考慮したために見出されたものであった。

次に，「伝達内容」と「Aad」の関連に及ぼす「広告の情報的価値」および「視聴印象」の媒介機能を，第4部第3章で述べた通り実証的に確認できた。さらに，「広告の情報的価値」が高い場合は，低い場合に比べて，「伝達内容」への注目度が高いことについても，アイ・トラッキング実験によって明らかにできた。

以上の結果は，CMを構成する「表現形式」と「伝達内容」を駆使して，消費者のCMに対する好感度やそれにもとづく購買意欲に影響を与えるCM

効果モデルを作成するために，また，実際の CM 制作にも有効な基礎情報を提供することになるであろう。

第3章　広告効果論における本研究の意義

1．信頼性と妥当性のある「視聴印象」特性を抽出したことについて

「視聴印象」は，コミュニケーション機能としての広告効果を検討するための重要な概念であるにもかかわらず，わが国の先行諸研究では，「視聴印象」を測定するための，信頼性と妥当性が検証されている尺度が見当たらなかった。

そこで本研究では，先行諸研究のレヴューと予備的研究を行ったうえで，それらの結果を参考に「視聴印象」の測定項目を設定した。そして，第3部第1章で述べた通り，「視聴印象」5特性を抽出し，これらの特性の①因子構造の信頼性，②「視聴印象」次元としての頑健性，および，③測定値の妥当性を確認した。

本研究で確認された「視聴印象」特性は，「Aad」形成プロセスの中心的要因として，広告に対する消費者の反応プロセス全体の構造を体系的に明らかにするために有効であろう。そして，各特性が頑健であるところから，食品以外の商品群にも共通性を持つことが期待できる。

2．「Aad」形成モデルを実証的に分析したことについて

「Aad」形成については，佐々木（1994）や MacKenzie & Lutz（1989）が，包括的かつ体系的なモデルを提示している。ただし，それらのモデルの各経路を実験や調査を通して個別に明らかにするような実証的な研究は未だ充分ではなかった。

本研究では，上記の二つの先行研究を援用して，広告表現が「Aad」に影響を及ぼす反応プロセスモデルを設定し，それを実証的に検討した。実際には，①「表現形式」が「Aad」に至るまで（表現形式→視聴印象→Aad）と，②「伝達内容」が「Aad」に至るまで（伝達内容→広告の情報的価値→視聴印象

→Aad）の，二つの反応プロセスモデルを検討した。その結果，双方とも，基本的には検証できた。ただし，②では，「広告の情報的価値→Aad」という，「視聴印象」の媒介を受けない，当初のモデルからは想定外のプロセスもあることが推察された。

どのような場合に「広告の情報的価値」と「Aad」の関連を「視聴印象」が媒介し，どのような場合には媒介しないのか，そして「視聴印象」が媒介しない場合は「理解」「信念・評価」のような他の要因が媒介するのか（伝達内容→広告の情報的価値→理解→信念・評価→Aad）について体系的に示すことが今後の課題になるものの，モデルの一部とは言え，実証的に検証できたことには意義がある。

3．個々の受け手の諸特性に合ったCMを配信する必要性を提案したことについて

ここ数年，テレビ番組を視聴する手段が多様化してきたのに伴い，個人情報を使って狙いを定めた受け手にCMを視聴してもらうケースもでてきている。このような状況の中でCM効果を高めるためには，受け手のデモグラフィック要因のみならず，CMの「伝達内容」や「表現形式」が個々の受け手の諸特性に合っているか否かによって広告効果が異なることを考慮する必要がでてきている。

本研究では，第4部第3章で述べた通り，「伝達内容」が「Aad」に至るまでの反応プロセスモデルのうち，「伝達内容（例えば，CMで，「健康のためによい」ことを訴求している）→広告の情報的価値（CMが訴求している「健康のためによい」という「食品選択基準」を受け手がどの程度重視しているか）→視聴印象→Aad」という反応系列を実証的に明らかにした。また，第4部第4章で述べた通り，「CMが訴求している食品選択基準を重視している受け手は，重視していない受け手に比べて，当該伝達内容への注目度が高い」ことをアイ・トラッキング実験によって検証した。つまり，「伝達内容」が受け手の

諸特性（本研究ではそのなかでも「食品選択基準」）に合っているか否かによって，広告効果が異なることを明らかにできた。

　以上のことから，今後，一つの商品について，想定される受け手の諸特性と整合性の高いいくつかのCMを制作して，それぞれの受け手に合ったCMを配信することも重要になるであろう。このように実証分析の結果から，受け手に合ったCMを配信する必要性を提案できたことも，本研究の一つの意義と考えている。

4．その他の成果：「食品選択基準」5次元の抽出

　本研究では，第2目的を達成するための手段として，「食品選択基準」5次元を抽出して，その信頼性を確認した。副次的な成果ではあるが，この5次元は，食品のCM効果研究のみならず，消費者の食品の購買行動全般を研究するためにも活用できる。

　例えば，Asakawa & Okano（2013）では，この5次元を用いて，食品選択時にどの次元を重視するかには，性差・年齢差があることを明らかにしている。「食品選択基準」は，性差・年齢差のようなデモグラフィック要因のみならず，他の消費者特性によっても，さらに，食品群によっても，異なることが予想される。本研究で抽出した5次元は，今後，このような内容の研究を行う際の分析手段として用いることができよう。

5．今後の課題

　本研究で得られた結果は，主に大学生の食品CMに対する評価に基づくものである。したがって，今後，食品以外の製品分野のCMで検証すること，および大学生以外の被調査者で検証すること[183]が，残された課題である。

183）飽戸（2003）は，地球温暖化に関する広告の評価についての実証分析の結果から，広告自体を作品として楽しむ自己充足的な広告の評価は，被調査者の年齢や階層などの属性による差が見られないことを報告している。

また，主研究のテストCMの分析結果において，提示順序の違いにより，「視聴印象」および「Aad」の測定項目の評定値に差が生じるCMと生じないCMがあることが偶然的に見い出された[184]。本研究の課題とは異なるため，提示順序の違いによって，どのようなタイプのCMの場合にどのような項目の評定値に差が生じるのかということについては，検討していないが，これが明らかになった場合，実験計画上や実際のCMを放映する場合に留意してもよいポイントになるであろう。

　以上のように課題は残るものの，本書は，「どのような広告表現がAadに影響を及ぼすか」について体系的かつ包括的に解明するための基礎資料を提供するものと考えている。

---

[184] 例えば，Hovland & Mandell（1957）は，メッセージの初頭効果と新近性効果について研究を行っている。また，広告の提示順序が「ブランド選好」に影響を及ぼすことについては，Brunel & Nelson（2003）およびLoginova（2009）などが実証的に明らかにしている。しかし，広告の提示順序が「視聴印象」に及ぼす影響についての研究は見当たらなかった。

引 用 文 献

[A]

Aaker, D. A., & Stayman, D. M. (1990). Measuring audience perceptions of commercials and relating them to ad impact. *Journal of Advertising Research, 30* (4), 7-17.

Akaike, H. (1974). A new look at the statistical model identification. *IEEE Transactions on Automatic Control, 19*(6), 716-723.

Allen, C. T., Machleit, K. A., & Marine, S. S. (1988). On assessing the emotionality of advertising via Izard's differential emotions scale. *Advances in Consumer Research, 15*, 226-231.

Ares, G., Besio, M., Gimenez, A., & Deliza, R. (2010). Relationship between involvement and functional milk desserts intention to purchase. Influence on attitude towards packaging characteristics. *Appetite, 55*(2), 298-304.

Asakawa, M., & Okano, M. (2004). A semiotic analysis of TV commercials: The case of the Dentsu television advertising awards, soft drink division. *The Annual Reports of Studies of Bunkyo University Women's College, 47*, 27-37.

Asakawa, M., & Okano, M. (2013). Japanese consumer's food selection criteria and gender based differences. *Behaviormetrika, 40*(1), 41-55.

Asakawa, M. (2000). Women's attitude to clothes: A comparison between the main island of Japan and the remote islands of Japan. *The Annual Reports of Studies of Bunkyo University Women's College, 44*, 45-59.

青木洋貴・伊藤謙治・木下昌之（2008）．印刷広告閲読における視覚的注意に与えるスタイル要素の影響分析．人間工学，44(1), 22-36.

青木幸弘・斉藤通貴・杉本徹雄・守口剛（1988）．関与概念と消費者情報処理：概念構成，尺度構成，測定の妥当性．日本商業学会年報，157-162.

青木幸弘・恩蔵直人・杉本徹雄（1990）．広告情報処理に対する関与効果の実証的分析．吉田秀雄記念事業財団第23次助成研究集要旨，75-87.

青木幸弘（1991）．広告情報処理に対する関与効果の研究．日経広告研究所報，136, 60-68.

浅川雅美（1999）．離島における衣服の購買行動の共分散構造分析による検討．文教大学女子短期大学部研究紀要，43, 71-82.

浅川雅美 (2002). テレビ CM の表現・制作的要素の実証研究：食品 CM の特性に関する多次元分析から. 広告科学, 43, 33-51.
浅川雅美 (2008). CM 表現と Aad を関連づける「視聴印象」の媒介機能について. 日経広告研究所報, 237, 51-64.
浅川雅美 (2009a). 広告表現が購買意欲に及ぼす影響：同一ブランド3CM の分析. 文教大学生活科学研究所紀要『生活科学』, 30, 13-22.
浅川雅美 (2009b). テレビ CM の「視聴印象」の多次元的特性の分析. 行動計量学, 36, 47-61.
浅川雅美 (2013). 離島の消費者の「食選択基準」：青ヶ島のケース. 島嶼研究（日本島嶼学会誌）, 13, 51-68.
浅川雅美・岡野雅雄 (2005). テレビ CM に対する視聴者反応の分析：自由回答文のテキスト・マイニング. 文教大学女子短期大学部研究紀要, 48, 1-7.
浅川雅美・岡野雅雄 (2008). 与那国島の観光パンフレットの訴求内容分析. 文教大学湘南総合研究所紀要, 12, 139-147.
浅川雅美・岡野雅雄 (2009a). 離島の観光パンフレットに対する反応の分析：与那国島の場合. 島嶼研究, 9, 23-31.
浅川雅美・岡野雅雄 (2009b). テレビ CM に登場するタレントに対する態度を決定する要因の分析：自由記述のテキスト・マイニング. 広告科学, 50, 91-98.
浅川雅美・岡野雅雄 (2010).「刺激」特性を生じさせるテレビ CM の表現・制作的要素. 広告科学, 53, 31-47.
浅川雅美・岡野雅雄 (2011). Web サイトに対する「視聴印象」の分析. 広告科学, 54, 50-64.
浅川雅美・岡野雅雄 (2012).「食品選択基準」の視点からみた食品・飲料 CM の訴求語分析. 広告科学, 55・56, 13-24.
浅川雅美・岡野雅雄 (2013a). 特定保健用食品の選択行動：パッケージへの視線分析を中心として. 日経広告研究所報, 271, 8-15.
浅川雅美・岡野雅雄 (2013b). Web サイトに対する「視聴印象」の多次元的特性の分析. 広告科学, 59, 33-43.
浅川雅美・岡野雅雄 (2014). 食品広告の訴求内容と視聴者の選択基準の一致度が広告に対する態度に及ぼす影響. 広告科学, 60, 1-15.
浅川雅美・岡野雅雄 (2016). 食品広告の情報的価値が広告に対する注目に及ぼす影響：アイ・トラッキングによる分析. 広告科学, 62, 1-12.
浅川雅美・馬場優子・大澤清二 (1994). 離島における伝統食の変容. 日本家政学会

誌, 45(11), 1045-1053.

浅川雅美・軽部光男・大澤清二 (1994). 消費生活環境の地域格差とその評価. 日本家政学会誌, 45(2), 171-178.

浅川雅美・大澤清二 (1997). 離島における生活情報受容と食品の購買行動. 日本家政学会誌, 48(4), 343-351.

浅川雅美・大澤清二 (1998). 離島における衣服の購買行動の特性. 日本家政学会誌, 49(6), 719-725.

朝倉利景監修, 仁科貞文 (1980). 広告心理：消費者心理と広告計画. 電通.

阿部周造・田中正郎・中村耕治 (1985). 広告評価と銘柄評価. マーケティングサイエンス, 26, 9-19.

飽戸弘 (2003).「新しい広告」の理論：AIDMA を超える新しい広告研究を求めて. 日経広告研究所報, 208, 2-7.

飽戸弘 (2006a).「新しい広告効果」の理論：経過と基本図式. 日経広告研究所報, 226, 2-9.

飽戸弘 (2006b).「新しい広告効果」の理論：新聞広告とテレビ CM の比較を中心に. 日経広告研究所報, 229, 2-9.

[B]

Batra, R., & Ray, M. L. (1986). Affective responses mediating acceptance of advertising. *Journal of Consumer Research, 13*(2), 234-249.

Barry, E. T. (1987). The development of the hierarchy of effects: An historical perspective. *Current issues & Research in Advertising, 9*(2), 251-295.

Behe, B. K., Bae, M., Huddleston, P., & Sage, L. (2015). The effect of involvement on visual attention and product choice. *Journal of Retailing and Consumer Services, 24*, 10-21.

Bettman, J. (1979). *An information processing theory of consumer memory*. MA: Addison-Wesley Publishing Co.

Bialkova, S., & van Trijp, H. (2011). An efficient methodology for assessing attention to and effect of nutrition information front of pack. *Food Quality and Preference, 22*(6), 592-601.

Biel, A. L., & Bridgwater, C. A. (1990). Attributes of likable television commercials. *Journal of Advertising Research, 30*(3), 38-44.

Book, A. C., & Cary, N. D. (1970). *The television commercial: Creativity and craft-*

manship. NY: Decker Communications.

Borden, N. H. (1942). *The economic effects of advertising.* Chicago: Richard D. Irwin, Inc.

Bovée, C. L., & Arens, W. F. (1982). *Contemporary advertising.* Boston: Richard D. Irwin, Inc.

Burton, S., & Lichtenstein, D. R. (1988). The effect of ad claims and ad context on attitude toward the advertisement. *Journal of Advertising, 17*(1), 3-11.

Bojko, A. (2013). *Eye tracking the user experience: A practical guide to research.* NY: Rosenfeld Media.

Brown, S. P., & Stayman D. M. (1992). Antecedents and consequences of attitude toward the Ad: A meta-analysis. *Journal of Consumer Research, 19*(1), 34-51.

Brunel, F. F., & Nelson, M. R. (2003). Message order effects and gender differences in advertising persuasion. *Journal of Advertising Research, 43*(3), 330-342.

[C]

Colley, R. H. (1961). *Defining advertising goals for measured advertising results.* NY: Association of National Advertisers.

[D]

Dichter, E. (1964). *Handbook of consumer motivation.* New York: McGraw-Hill.

Duchowski, A. T. (2007). *Eye tracking methodology: Theory and practice* (3rd ed.). NY: Springer.

電通 (1978). テレビCMの表現分析. 季刊 Marketing 研究, 3, 1-10.

[E]

Edell, J. A., & Burke, M. C. (1987). The power of feelings in understanding advertising effects. *Journal of Consumer Research, 14*(December), 421-433.

Eertmans, A., Victoir, A., Vansant, G., & van den Bergh, O. (2005). Food-related personality traits, food choice motives and food intake: Mediator and moderator relationships. *Food Quality and Preferences, 16*(8), 714-726.

Eertmans, A., Victoir, A., Notelaers, G., Vansant, G., & van den Bergh, O. (2006). The food choice questionnaire: Factorial invariant over western urban populations. *Food Quality and Preferences, 17*(5), 344-352.

Engel J. F., Kollat D. T., & Blackwell R. D. (1968). *A model of consumer motivation and behavior. Research in consumer behavior.* NY: Holt, Rinehart, and Winston.

榎本隆司・芳賀繁 (2008). 広告への視線配分の研究：広告情報処理ルートからの検討. 産業・組織心理学会第24回大会発表論文集, 24, 113-116.

[F]

Franzen, G. (1994). *Advertising effectiveness: Findings from empirical research.* UK: NTC Publications Ltd. ［八巻俊雄・嶋村和恵・丸岡吉人（訳）(1996). 広告効果：データと理論からの再検証. 日経広告研究所.］

Frazer, C. F. (1983). Creative strategy: A management perspective. *Journal of Advertising, 12*(4), 36-41.

Field, M., & Cox, W. M. (2008). Attentional bias in addictive behaviors: A review of its development, causes, and consequences. *Drug and Alcohol Dependence, 97*(1-2), 1-20.

[G]

Gable, R. K., & Wolf, M. (1993). *Instrument development in the affective domain: Measuring attitudes and values in corporate and school settings* (2nd ed.). Norwell, MA: Kluwer Academic.

[H]

Hefzallah, I. M., & Maloney, W. P. (1979). Are there only six kinds of TV commercials. *Journal of Advertising Research, 19*(4), 57-62.

Hepner, H. W. (1941). *Psychology applied to life and work.* NY: Prentice Hall.

Hirschman, E. C., & Holbrook, M. B. (1982). Hedonic consumption: emerging concepts, methods and propositions. *The Journal of Marketing, 46*(3), 92-101.

Hilliard, R. (1976). *Writing for TV and radio* (3rd ed.). NY: Hastings House.

Holbrook, M. B., & Batra, R. (1987). Assessing the role of emotions as mediators of consumer responses to advertising. *Journal of Consumer Research, 14*(3), 404-420.

Holbrook, M. B., & Westwood R. A. (1989). The role of emotion in advertising revisited: Testing a typology of emotional responses. In P. Cafferata, & A. M. Tybout

(Eds.) *Cognitive and affective responses to advertising* (pp. 353-371). MA: Lexington Books.

Holbrook, M. B., & Hirschman, E. C. (1982). The experiential aspects of consumption: Consumer fantasies, feelings, and fun. *Journal of consumer research, 9*(2), 132-140.

Holmqvist, K., Nystrom, M. Andersson, R., Dewhurst, R., & Jarodzka, H. (2011). *Eye tracking: A comprehensive guide to methods and measures.* Oxford, UK: University Press.

Hovland, C. I., & Mandell, W. (1957). Is there a law of primacy in persuasion. In C. I. Hovland, (Ed.), *The order of presentation in persuasion* (pp. 1-22). New Haven, CT: Yale University Press.

Howard J., & Sheth J. (1969). *The theory of buyer behavior.* New York: John Wiley.

Hox, J. J., & Bechger, T. M. (2007). An introduction to structural equation modeling. *Family Science Review, 11*, 354-373.

Hu, L. T., & Bentler, P. M. (1999). Cutoff criteria for fit indexes in covariance structure analysis: Conventional criteria versus new alternatives. *Structural Equation Modeling, 6*(1), 1-55.

林英夫（1986）．Ⅱ研究方法：大学生対象のテレビCM評価実験．広告科学，13, 97-118.

服部環・海保博之（1996）．Q＆A心理データ解析．福村出版．

一杉哲也（1965）．日本経済の発展と広告費との相関．電通広告論誌，40, 2-8.

疋田聡（2000a）．日本における広告効果研究の系譜(1)：総論・研究方法と概要．日経広告研究所報，190, 18-22.

疋田聡（2000b）．日本における広告効果研究の系譜(2)：計量モデル開発等．日経広告研究所報，191, 57-61.

広瀬盛一・朴亨烈（2006）．媒体態度が広告への態度に及ぼす影響：メディアとメッセージの関係を探る．日経広告研究所報，226, 27-34.

広瀬盛一訳（2000）．広告はどのように機能しているのか：私たちが本当に知っていることは何なのか．マーケティングジャーナル，76, 63-72.

[I]

Izard, C. E. (1977). *Human emotions.* NY: Plenum Press.

Iacobucci, D. (2010). Structural equations modeling: Fit Indices, sample size, and advanced topics. *Journal of Consumer Psychology, 20*, 90-98.

池上和男・疋田聡・高田稔・吉田英輔・那須幸男・亀井昭宏 (1979). TV CM の子供に及ぼす影響：広告と規制の視点より. マーケティングサイエンス, 14, 97-106.

石崎徹 (2000). 日本における広告効果研究の系譜(2)：売り上げ／市場シェア. 日経広告研究所報, 191, 48-53.

稲葉哲郎 (1991). 広告音楽が広告への態度に及ぼす効果. 吉田秀雄記念事業財団第24次助成研究集要旨, 173-186.

稲葉哲郎 (1992). 広告音楽が消費者の広告情報処理過程に及ぼす効果. 吉田秀雄記念事業財団第25次助成研究集要旨, 165-173.

今西鉄之助 (1996). 広告表現要素を何によって測るか：テレビ CM 表現効果指標に関する考察. 日経広告研究所報, 168, 21-25.

今西鉄之助 (1999). 効く広告表現：人気 CM にみる共通要素. マネジメント社.

[J]

Januszewska, R., Pieniak, Z., & Verbeke, W. (2011). Food choice questionnaire revisited in four countries. Does it still measure the same. *Appetite, 57*(1), 94-98.

[K]

Kotler, P. (1988). *Marketing Management: Analysis, Planning, Implementation, and Control* (6th ed.). NJ: Prentice Hall, Inc.

Kornelis, M., Herpen, E. V., Lans, I., & Aramyan, L. (2010). Using non-food information to identify food-choice segment membership. *Food Quality and Preference, 21*(5), 512-520.

Krugman, H. E. (1965). The impact of television advertising: Learning without involvement. *Pubulic Opinion Quarterly, 29*(3), 349-356.

Krugman, H. E. (1966). The measurement of advertising involvement. *Public Opinion Quarterly, 30*(4), 583-596.

梶裕輔 (2001). 広告の迷走：企業価値を高める広告クリエイティブを求めて. 宣伝会議.

狩野裕 (1996). 共分散構造分析とソフトウェア：統計的推測の法則(2). BASIC 数学, 29(7), 32-38.

亀井昭宏・中川秀和 (2006). 新聞広告における「新しい広告効果」. 日経広告研究所報, 228, 2-9.

岸志津江 (1990). 広告への感情的反応と広告効果過程. 吉田秀雄記念事業財団第23次助成研究集要旨, 115-130.

岸志津江 (1991). TV コマーシャルへの感情的反応と効果測定. 日経広告研究所, 138, 4-9.

岸志津江 (1993). 広告効果測定における心理学の応用：情報処理アプローチと感情研究の接点を中心にして. 小嶋外弘・林英夫・小林貞夫（編）広告の心理学 (pp. 284-311). 日経広告研究所.

岸志津江 (1994). 広告表現による認知的反応と感情的反応の特徴. 広告科学, 29, 67-73.

岸志津江 (2004). 広告研究における消費者理解(上). 日経広告研究所報, 215, 2-9.

岸志津江 (2012). 消費者行動研究における感情の位置づけ(1)：感情と認知の相互関係. 東京経済大学会誌, 27, 73-89.

木村立夫・北出修平・小林太三郎・清水猛・八巻俊雄 (1979). 地域別広告投下量と社会指標の関係分析. 広告科学, 5, 114-130.

小山昇治 (2011). 従来の調査方法の限界と生体反応による広告調査の可能性. AD STUDIES, 38, 28-35.

[L]

Laskey, H. A., Day, E., & Crask, M. R. (1989). Typology of main message strategies for television commercials. *Journal of Advertising, 18*(1), 36-41.

Laskey, H. A., Fox, R. J., & Crask, M. R. (1994). Investigating the impact of executional style on television commercial effectiveness. *Journal of Advertising Research, 34*(6), 9-16.

Lavidge, R. J., & Steiner, G. A. (1961). A model for predictive measurements of advertising effectiveness. *Journal of Marketing, 25*(October), 59-62.

Leavitt, C. (1970). A multidimensional set of rating scales for television commercials. *Journal of Applied Psychology, 54*(5), 427-429.

Lindeman M., & Väänänen, M. (2000). Measurement of ethical food choice motives. *Appetite, 34*(1), 55-59.

Lindeman, M., & Sirelius, M. (2001). Food choice ideologies: The modern manifestations of normative and humanist views of the world. *Appetite, 37*(3), 175-184.

Loginova, O. (2009). Exposure order effects and advertising competition. *Journal of Economic Behavior & Organization, 71*(2), 528-538.

Lutz, R. J., MacKenzie, S. B., & Belch, G. E. (1983). Attitude toward the ad as a mediator of advertising effectiveness: Determinants and consequences. *Advances in Consumer Research, 10*, 532-539.

Lutz, R. J. (1985). Affective and cognitive antecedents of attitude toward the ad: A conceptual framework. In L. F. Alwitt., & A. A. Mitchell, (Eds.), *Psychological Process and Advertising Effects: Theory, research, and application* (pp. 45-63). NJ: Lawrence Erlbaum Associates Publishers.

[M]

Mandler, G. (1984). *Mind and body: Psychology of emotions and stress.* NY: Norton.

McEwen, W. J., & Leavitt, C. (1976). A way to describe TV commercials. *Journal of Advertising Research, 16*(6), 35-39.

McGuire, W. J. (1968). Personality and attitude change: An information processing theory. In A. G. Greenwald, T. C. Brock., & T. M. Ostrom (Eds.), *Psychological foundations of attitude* (pp. 147-170). NY: Academic Press.

MacCallum, R. C., Browne, M. W., & Sugawara, H., M. (1996). Power analysis and determination of sample size for covariance structure modeling. *Psychological Methods, 1*, 130-149.

MacKenzie, S. B., & Lutz, R. J. (1989). An empirical examination of the structural antecedents of attitude toward the ad in an advertising pretesting context. *Journal of Marketing, 53*(2), 48-65.

Mitchell, A. A., & Olson, J. C. (1981). Are product attribute beliefs the only mediator of advertising effects on brand attitude. *Journal of Marketing Research, 18*(3), 318-332.

松尾太加志・中村知靖 (2003). 誰も教えてくれなかった因子分析. 北大路書房.

宮原義友 (2000). 日本における広告効果研究の系譜(3)：広告のマクロ的効果. 日経広告研究所報, 192, 35-44.

宮原義友 (2001). 研究論文からみた広告効果研究の動向. 日経広告研究所報, 195, 2-7.

[N]

Naples, M. J. (1979). *Effective frequency: The relationship between frequency and advertising effectiveness.* NY: Association of National Advertisers.

Nelson, R. P. (1973). *The design of advertising* (2nd ed.). Dubuque: William Brown.

Nicosia, F. M. (1966). *Consumer decision processes: Marketing and advertising implications.* N. J: Prentice-Hall.

長島英樹・木戸茂(2007).購買に影響を与える情報源.日経広告研究所報,232,65-72.

日経広告研究所編(1991).広告白書.日本経済新聞社.

日経広告研究所編(2002).広告白書.日本経済新聞社.

仁科貞文(1979).広告と効果:テレビCMの表現と効果.広告科学,5,45-50.

仁科貞文・望月裕(2006).テレビCMにおける「新しい広告効果」.日経広告研究所報,227,2-9.

仁科貞文(2011).広告効果モデルの総合化の試み(小林保彦教授退任記念号).青山経営論集,46(3),111-124.

NTTコミュニケーション科学研究所監修,池原悟・宮崎正弘・白井諭・横尾昭男・中岩浩巳・小倉健太郎・大山芳史・林良彦編(1997).日本語語彙大系.岩波書店.

野澤智行(2000).タレント・キャラクターがテレビCM認知および評価に及ぼす影響.広告科学,40,93-99.

[O]

Ogilvy, D. (1983). *Ogilvy on Advertising.* NY: Vintage Press. [松岡茂雄(訳)(1985).売る広告.誠文堂新光社.]

岡野雅雄(2012).コンテンツ評価のための生体反応調査:アイ・トラッキングの利用,IT NEWS LETTER(文教大学大学院情報学研究科),8(3),1-2.

岡野雅雄・浅川雅美(2003).記号論による広告表現分析ビールとウィスキーのCMの場合.文教大学『言語と文化』(『日本語学論説資料』第40号第5分冊言語学・コミュニケーション篇(書籍版・CD-ROM版),論説資料保存会に再録),15,1-18(1-6).

岡野雅雄・浅川雅美(2005).テレビCMの視聴反応についてのテキスト・マイニング:制約なしと制約付きの自由記述の分析.文教大学生活科学研究所紀要『生活科学』,27,35-41.

Okano, M. & Asakawa, M. (2003). A semiotic analysis of printed advertisement the case of works in the international advertising festival: Alcohol division. *Infor-*

mation and Communication Studies, 29, 1-14.

[P]

Petty, R. E., & Cacioppo, J. T. (1986). *Communication and persuasion: Central and peripheral routes to attitude change.* NY: Springer-Verlag.

Peter, J. P., & Churchill Jr, G. A. (1986). Relationships among research design choices and psychometric properties of rating scales: A meta-analysis. *Journal of Marketing Research, 23*(1), 1-10.

Plutchik, R. (1980) *Emotion: A psychoevolutionary synthesis.* NY: Harper & Row Publishers.

[R]

Ray, M. L. (1973). Marketing Communication and the Hierarchy of Effects. In P. Clarke, (Ed.). *New models for mass communication research* (pp. 146-175). Sage Publications.

Roman, K., & Maas, J. (1992). *The new how to advertise.* NY: St. Martin's Press. ［八巻俊雄（監訳）(1996). 売れる広告効くメッセージ. 日経広告研究所.］

Roos, E., Lehto, R., & Ray, C. (2012). Parental family food choice motives and children's food intake. *Food Quality and Preference, 12*(1), 85-91.

[S]

Scheibehenne, B., Mieslera, L., & Todd, P. M. (2007). Fast and frugal food choices: Uncovering individual decision heuristics. *Appetite, 49*(3), 578-589.

Schlinger, M. J. (1979). A profile of responses to commercials. *Journal of Advertising Research, 19*(2), 37-46.

Scott, W. D. (1903). *The theory of advertising: A simple exposition of the principles of psychology in their relation to successful advertising.* Boston: Small, Maynard & Co.

Shimp, T. A. (1976). Methods of commercial presentation employed by national television advertisers. *Journal of Advertising, 5*(4), 30-36.

Shimp, T. A. (1981). Attitude toward the ad as a mediator of consumer brand choice. *Journal of Advertising, 10*(2), 9-15.

Stewart, D. W., & Furse, D. H. (1986). *Effective television advertising: A study of*

1000 commercials. MA: Lexington Books.［堀建司郎（訳）(1988). 成功するテレビ広告：1000のケースを科学的に分析. 日経広告研究所.］

Stewart, D. W., & Koslow, S. (1989). Executional factors and advertising effectiveness: A replication. *Journal of Advertising, 18*(3), 21-32.

Strong, E. K. (1925). Theories of selling. *Journal of Applied Psychology, 9*, 75-86.

Steptoe, A., Pollard, T. M., & Wardle, J. (1995). Development of a measure of the motives underlying the selection of food: Food choice questionnaire. *Appetite, 25*(3), 267-284.

Steptoe, A., & Wardle, J. (1999). Motivational factors as mediators of socioeconomic variations in dietary intake patterns. *Psychology and Health, 14*(3), 391-402.

佐々木土師二 (1983a). 広告表現分析における生活文化的視点へのアプローチ. 日本広告学会関西部会発表資料. (電通関西支社, 1983.6.3)

佐々木土師二 (1983b). 広告表現にみる生活文化への働きかけ：食品・飲料の新聞広告の分析. 広告科学, 9, 170-189.

佐々木土師二 (1986). 大学生におけるテレビCM評価次元の因子分析的検討. 広告科学, 13, 119-131.

佐々木土師二 (1987). テレビCMの視聴実験による表現評価次元の分析. 広告科学, 15, 98-120.

佐々木土師二 (1988). 購買態度の構造分析. 関西大学出版部.

佐々木土師二 (1991). 広告心理学の展開. 関西大学社会学部紀要, 22(2), 75-107.

佐々木土師二 (1994). 広告心理学の歴史と展望. 日本社会心理学会第38回公開シンポジウム配布資料. (青山学院大学, 1994.6.17)

佐々木土師二・浅川雅美 (2000). テレビ・コマーシャルの視聴印象の多次元的特性の分析. 関西大学社会学部紀要, 32(1), 1-87.

佐々木土師二・浅川雅美 (2001). テレビ・コマーシャルの類型化：食品CM 131本に関する実証的分析を中心に. 関西大学社会学部紀要, 32(3), 119-179.

繁桝算男・柳井晴夫・森敏昭 (2004). Q&Aで知る統計データ解析. サイエンス社.

嶋村和恵 (1989). 広告への態度形成の影響要因について. 日経広告研究所, 127, 58-65.

嶋村和恵・広瀬盛一 (2000). 日本における広告効果研究の系譜(3)：コミュニケーション. 日経広告研究所, 192, 45-51.

杉本徹雄 (2013). 消費者意思決定モデルにおける動機づけメカニズム. 上智経済論集, 58, 299-305.

[T]

高増雅子・足立己幸（2004）．小学生における食品購買行動の食物選択力形成に及ぼす影響．日本家庭科教育学会誌，47(3)，236-247．

竹内淑恵（1996）．広告効果とブランド価値：消費財におけるTV広告の機能と効果．吉田秀雄記念事業財団第29次助成研究集要旨，167-179．

竹村和久（1994）．感情と消費者行動．消費者行動研究，1(2)，13-28．

富永純一・濱岡豊・呉昌昊・片平秀貴（1995）．広告のコミュニケーション効果の統合モデル：CFテスト／追跡調査データによる実証．東京大学ディスカッションペーパー．

富永純一・濱岡豊・呉昌昊・片平秀貴（1996）．CFテストでこれだけのことが分かる：CFテスト／追跡調査データの統合分析．季刊マーケティングジャーナル，60，54-62．

豊田秀樹（2000）．共分散構造分析：入門編．朝倉書店．

豊田秀樹（2003）．共分散構造分析：疑問編．朝倉書店．

豊田秀樹（2007）．共分散構造分析 Amos 編：構造方程式モデリング．東京図書．

辻岡美延・東村高良（1975）．確認的因子分析における検査尺度構成：因子分析における因子数の決定．関西大学社会学部紀要，6(1)，35-45．

土山誠一郎（2000）．日本における広告効果研究の系譜(2)：イメージとブランドエクイティ．日経広告研究所報，191，53-57．

[U]

植条則夫（2002）．広告コピー概論．宣伝会議．

[V]

Vakratsas, D., & Ambler, T. (1999). How advertising works: What do we really know. *The Journal of Marketing, 63*(1), 26-43.

van Herpen, E., & van Trijp, H. (2011). Front-of-pack nutrition labels: Their effect on attention and choices when consumers have varying goals and time constraints. *Appetite, 57*(1), 148-160.

Visschers. V. H., Hess, R., & Siegrist, M. (2010). Health motivation and product design determine consumers' visual attention to nutrition information on food products. *Public Health Nutrition, 13*(7), 1099-1106.

ビデオリサーチ（1985）．84年テレビ広告の動向：テレビCM白書．ビデオリサーチ，

53-69.

ビデオリサーチ（1997）．1997年上半期好評 CM の御紹介．ビデオリサーチ・ダイジェスト，7-18.

[W]

Wells, W. D. (1964). EQ, Son of EQ, and the reaction profile. *Journal of Marketing, 28*(4), 45-52.

Wells, W. D., Leavitt, C., & McConville, M. (1971). A reaction profile for TV commercials. *Journal of Advertising Research, 11*(6), 11-17.

Wedel, M., & Pieters, R. (2008). Eye Tracking for Visual Marketing. *Foundations and Trends in Marketing, 11*(4), 231-320.

[Y]

八巻俊雄（1987）．テレビ CM の内容分析と効果（下）．日経広告研究所報，115，30-39.

矢崎美智子（1980）．食品選択肢の構造．学習院女子短期大学紀要，18，137-149.

[Z]

Zeitlin, D. M., & Westwood, R. A. (1986). Measuring emotional response. *Journal of Advertising Research, 26*(5), 34-44.

Zinkhan, G. M., & Burton, S. (1989). An examination of three multidimensional profiles for assessing consumer reaction to advertisements. *Journal of Advertising, 18*(4), 6-14.

全日本シーエム放送連盟（1999）．ACC CM 年鑑1999．宣伝会議．
全日本シーエム放送連盟（2000）．ACC CM 年鑑2000．宣伝会議．
全日本シーエム放送連盟（2001）．ACC CM 年鑑2001．宣伝会議．
全日本シーエム放送連盟（2002）．ACC CM 年鑑2002．宣伝会議．
全日本シーエム放送連盟（2003）．ACC CM 年鑑2003．宣伝会議．
全日本シーエム放送連盟（2005）．ACC CM 年鑑2004．宣伝会議．
全日本シーエム放送連盟（2006）．ACC CM 年鑑2005．宣伝会議．
全日本シーエム放送連盟（2006）．ACC CM 年鑑2006．宣伝会議．
全日本シーエム放送連盟（2007）．ACC CM 年鑑2007．宣伝会議．
全日本シーエム放送連盟（2008）．ACC CM 年鑑2008．宣伝会議．

付　表

付表1　「表現形式」と「伝達内容」にもとづくCM類型の説明
付表2　「伝達内容」にもとづくCM類型の説明
付表3　「表現形式」にもとづくCM類型の説明
付表4　本研究で抽出された「視聴印象」次元と先行諸研究で抽出されている「視聴印象」次元との比較
付表5　131本のCMに関する9次元の因子得点一覧表
付表6　等値制約するレベルが異なる4モデルの適合度

付表1　「表現形式」と「伝達内容」にもとづく CM 類型の説明

a．Book & Cary（1970）の13類型
　①ストーリー型（story line）　　　　　最初に緊張感があり，最後には，論理的解決を導くような型。
　②問題解決型（problem-solution）　　　製品を使用することによって厄介な問題が解決して，幸せな結果になる様子を描く型。
　③連続展開型（chronology）　　　　　　展開する一連のシーンを通してメッセージを伝え，視聴者を徐々に購買に導いていく型。
　④特別効果型（special effects）　　　　製品とその使用に関連するムードを作り出す型。
　⑤推奨型（testimonial）　　　　　　　　製品（のイメージ）に合う有名人と製品を適合させる型。
　⑥風刺型（satire）　　　　　　　　　　人間の欠点を指摘するような高度に洗練された機知を使う型。
　⑦語り手型（spokesman）　　　　　　　ラジオ CM に似ているが，製品やアナウンサーの動く画像が出る型。
　⑧実演型（demonstration）　　　　　　どのような製品であるかを受け手に示してその優位性を伝える型。
　⑨サスペンス型（suspense）　　　　　　サスペンスで始まり，慎重に盛り上げて，明快さと関連づけて終わる型。
　⑩生活場面型（slice of life）　　　　　問題解決型と本質的には変わりないが，技法上の程度と使い方が異なる型。
　⑪類推型（analogy）　　　　　　　　　例を使用して，それとの比較または掛かり合いで説明する型。
　⑫ファンタジー型（fantasy）　　　　　製品を幻想と関連づける型。
　⑬パーソナリティー型（personality）　語り手型の変化型で，アナウンサーがメッセージを伝えるよりも信頼されるように，俳優を使う型。

b．Hefzallah & Maloney（1979）の6類型
　①連合型（association）　　　　　　　　製品と過去あるいは現在の楽しい経験を結びつける型。
　②実演型（demonstration）　　　　　　製品の外観や機能を示す型。
　③情報型（informative）　　　　　　　品質を視聴者に印象づけるために，製品情報を提示する型。
　④物語型（plot）　　　　　　　　　　　製品を使用することによって問題が解決する様子を描く型。
　⑤演出型（staged）　　　　　　　　　　製品が使われている行為や製品に満足している人物を映し出す型。
　⑥推奨型（testimonial）　　　　　　　　有名人が製品を推奨する型。

c．朝倉・仁科（1980）の8類型
　①単独型と比較型　　　　　　　　　　　自社ブランドのみを訴求するのが単独型。

	自社ブランドを競合ブランドと比較するのが比較型
②断定型と理由づけ型	訴求点をストレートに述べるのが断定型。その結論に至るまでの理由をつけたものが理由づけ型。
③論理型と情緒型	事実を積み上げて訴求するのが論理型。もっぱら情緒に訴えて説得するのが情緒型。
④直接的訴求型と間接的訴求型	直接的に訴求するのが直接的訴求型。説得の意図をあからさまにせず，婉曲に働きかけを行なおうとするのが間接的訴求型。
⑤一面的訴求型と両面的訴求型	利点のみを述べるのが一面訴求型。利点と同時に欠点も述べることによって，広告主の誠実さや客観性イメージを高め，全体として好意を得ることを狙うのが両面訴求型。
⑥結論明示型と結論任せ型	結論を明示するのが結論明示型。ある程度の判断情報を提供し，最後の結論は消費者にまかせ，一見，消費者の自主的判断を尊重したような姿勢をとるのが結論任せ型。
⑦権威型と推奨型と実証型	効用を確信させるための手法として，説明者の専門性や公平性等の信頼感イメージを利用するのが権威型。実際の使用経験者の体験として証言させるのが推奨型。誰の言葉も借りずに広告の中で事実を示すのが実証型。
⑧呼びかけ型とまき込み型	消費者に向かって「あなたは……」と呼びかけるのが呼びかけ型。広告の中で一つのストーリーが進行し，そこに消費者をまき込むのがまき込み型。

d．Ogilvy（1983）［松岡訳，1985］の13類型
　平均以上の10類型

①ユーモア	面白おかしい型。
②スライス・オブ・ライフ	日常的な生活場面で製品の効用を示す型。
③証言	その製品の美点について証言する型。
④デモンストレーション	製品の性能を実証してみせる型。
⑤問題解決	問題を提起して製品がその問題をいかに解決するかを示す型。
⑥しゃべくり	製品の効用を誉め称えるだけの型。
⑦キャラクター	製品を売るのに「キャラクター」を数年間用いる型。
⑧リーズン・ホワイ	受け手に製品を買う合理的な理由を与える型。
⑨ニュース	ニュースを伝える型。
⑩エモーション（情緒）	情緒的コマーシャルの型。

平均以下の3類型
 ⑪有名人の証言 — 有名人に証言させる型。
 ⑫漫画 — 漫画で訴求する型。
 ⑬ミュージカル仕立て — CM全体がミュージカルのようになっている型。

e．Kotler（1988）の9類型
 ①生活場面型（slice of life） — 日常的な生活場面で製品を使用する人物を登場させる型。
 ②ライフスタイル型（lifestyle） — あるライフスタイルに製品が調和することを強調する型。
 ③ファンタジー型（fantasy） — 製品やその使用をめぐって，幻想的な雰囲気を作る型。
 ④ムードあるいはイメージ型（mood or image） — 製品のムードやイメージを作る型。
 ⑤ミュージカル型（musical） — 背景の音楽にあわせてキャラクターが製品を歌詞に入れて歌う型。
 ⑥パーソナリティ・シンボル型（personality symbol） — 製品を象徴する人物を，アニメや実像のキャラクターで作り出す型。
 ⑦専門技術型（technical expertise） — 製品づくりにおける企業の専門技術や経験を示す型。
 ⑧科学的証拠型（scientific evidence） — 他のブランドより優れていることを調査資料や科学的根拠によって示す型。
 ⑨推奨型（testimonial evidence） — 信頼性と好感度の高い人物に製品を推奨してもらう型。

f．Roman & Maas（1992）［八巻監訳，1996］の8類型
 ①実証型 — 製品の特徴を実証して見せる型。
 ②証言型 — そのブランドを使っているユーザーが証言する型。
 ③プレゼンター型 — ブランドを象徴するようなプレゼンター（有名人，タレントなど）を起用する型。
 ④生活描写型 — 問題が起こることでドラマが始まり，製品がその問題を解決する型。
 ⑤アニメーション型 — アニメ映画で訴求する型。
 ⑥比較広告型 — すでにマーケットを支配している先発ブランドと比較する型。
 ⑦セックスとユーモア型 — セックスとユーモアをポイントにする型。
 ⑧音楽型 — 音楽を使って見る人の感情に訴える型。

g．植条（2002）の10類型
 ①ストレート形式 — 製品に関する内容をストレートに訴える型。

②テスティモニアル形式	有名人やタレントを使用して，製品の説明をさせ，愛用しているところを見せながら推奨する型。
③実証・実演形式	製品を使って，その使用状況や内容を実際に証明する型。
④フィクション形式	製品内容，事実をまげることなく，非現実的なストーリーのもとに展開していく型。
⑤実生活形式	製品を実生活に根ざした時点でとらえ，製品に生命をふきこむ型。
⑥ドキュメンタリー形式	製品の使用状況をルポルタージュ風にとらえる型。
⑦イメージ形式	積極的に製品のイメージをつくり，それを販売上の武器にしていく型。
⑧シンボル転化形式	製品特徴や製品イメージなどをシンボルに転化する型。
⑨比較分類形式	競合製品との比較において自社製品の優秀性を訴える型。
⑩スペクタル形式	ありきたりの映像ではなく，奇抜な仕掛けを作り，強烈なインパクトを与える型。

(注) 各研究で記述している順に類型の番号をつけてある。

付表2 「伝達内容」にもとづくCM類型の説明

a．Frazer（1983）の7類型

① 製品カテゴリー訴求法（generic strategy）　　特定ブランドではなくて製品一般について訴求するストラテジー。

② 先取り訴求法（preemptive strategy）　　その製品群に共通の属性やベネフィットをいち早く主張し，競合者を「自社もそうだ」と追随させる立場にするストラテジー。

③ ユニークさの主張法（unique selling proposition strategy）　　ブランド独自の特性やベネフィットにもとづいて物理的差別性を主張するストラテジー。

④ ブランド・イメージ法（brand image strategy）　　製品そのものに付帯する要因にもとづく優位性や差異性を主張するストラテジー。

⑤ ポジショニング法（positioning strategy）　　一つのポジションを当該製品に与えるストラテジー。

⑥ 共鳴法（resonance strategy）　　特定の消費者の現実的あるいは想像的な経験によく似た状況・環境・感情などを提示するストラテジー。

⑦ 変則・情緒法（anomalous/affective strategy）　　「変わったこと」をするストラテジー。

b．Laskey, Day & Crask（1989）の9類型

「情報性広告」の類型化

① 比較型（comparative）　　他ブランドと比較する型。

② ユニークさの主張型（unique selling proposition）　　客観的に証明できるような製品属性やベネフィットに含まれる独自性について明瞭な訴求を行う型。

③ 先取り型（preemptive）　　競合者を「自社もそうだ」と追随させる立場に追いやるため，その製品群に共通のベネフィットをいち早く主張する型。

④ 誇張型（hyperbole）　　誇張や言い過ぎを含んだ主張で，客観的に証明できない型。

⑤ 一般情報型（generic-informational）　　特定ブランドではなくて製品一般について訴求し，そのメッセージが情報的な型。

「変換性広告」の類型化

⑥ 使用者イメージ型（user image）　　ブランドそのものより，ブランド使用者の特性やその人の活動・興味・仕事・ライフスタイルなどに焦点が当てられている型。

⑦ ブランド・イメージ型（brand image）　　品質・地位・権威などブランドのイメージを訴求する型。

⑧ 使用機会型（use occasion）　　ブランドの最適の使用場面などを訴求し，ブランドと使用状況との結びつきをつくる型。

⑨ 一般変換型（generic-transformational）　　特定ブランドではなくて製品一般について訴求し，そのメッセージが変換的な型。

（注）　各研究で記述している順に類型の番号をつけてある。

付表3 「表現形式」にもとづく CM 類型の説明

a．Nelson（1973）の66類型
　①ストーリー型（story）　　　　　　　製品を使用することによって，発生した問題が解決する様子を描く型。
　②生活場面型（slice of life）　　　　　コマーシャルの内容が一片のノンフィクションであることを印象づける型。
　③推奨型（testimonial）　　　　　　　有名人または一般人がその製品に好意的な点を述べ，勧める型。
　④アナウンサー型（announcer）　　　アナウンサーが製品を勧める直接的なアプローチをとる型。
　⑤実演型（demonstration）　　　　　製品の機能や外観を示す型。
　⑥歌とダンス型（song and dance）　　ミュージカル風の陽気さや雰囲気を取り入れた型。

b．Hilliard（1976）の6類型
　①直接的売り込み型（straight sell）　　製品について直接的な説明をする型。
　②推奨型（testimonial）　　　　　　　有名人による推奨型。
　③ユーモア型（humor）　　　　　　　ムードやフィーリングを重視するが，ユーモアの度合いが，穏やかなものからきつい風刺の効いたものまでの多様性がある型。
　④音楽型（music）　　　　　　　　　メッセージが音楽（歌）で表現される型。
　⑤ドラマ型（dramatization）　　　　　サスペンスではじまり，盛り上がったところで製品の属性を描く型。
　⑥その他の型（other formats）　　　　家族や子供を使って効果的にアピールする型。

c．朝倉・仁科（1980）の5類型
　①説明型　　　　　　　　　　　　　　説明者がブランドと共に登場して，正面きってブランドの特徴を説明する型。
　②実証型　　　　　　　　　　　　　　ブランドの効用を広告の中で実証してみせる型。
　③ドラマ型　　　　　　　　　　　　　ブランドの効用を中心としたドラマを用いる型。
　④ショー型　　　　　　　　　　　　　一つのショー番組に仕立てて，その中にブランド名，CMソング，CMキャラクターを登場させる型。
　⑤タレントイメージ型　　　　　　　　タレントの個性とブランドイメージをダブラセる型。

d．Bovée & Arens（1982）の6類型
　①直接告知型（straight announcement）アナウンサーがメッセージを直接的に述べる型。
　②デモンストレーション型（demonstration）　製品を実際に使用する型。
　③推奨型（testimonial）　　　　　　　製品に適した人物が推奨する型。
　④生活場面（問題解決）型（slice of life (problem solution)）　厄介な問題に直面している人物が製品を使ってそれを解決する様子を示す型。

⑤ライフスタイル型（lifestyle）	製品よりも使用者の特性やライフスタイルを前面に出す型。
⑥アニメーション型（animation）	漫画や人形のキャラクターやアニメーションによる実演型。

(注)　各研究で記述している順に類型の番号をつけてある。
　　　Shimp (1976) の類型については，本文中に記載した。

付表4　本研究で抽出された「視聴印象」次元と先行

研究者	佐々木 (1986)
抽出された次元	説明 ［不足－適切］ 合理的な説明の仕方が（1．もっと必要である－3．この程度でよい） 必要事項の説明は（1．不充分である－3．充分である） 言っている内容は（1．誤解しやすい－3．はっきりしている） 言いたい内容が（1．分からない－3．分かる） 内容 ［不信－公正］ 言っている内容に誇張が（1．目立つ－3．目立たない） 言っている内容の片寄りが（1．大きい－3．小さい） 言っている内容は（1．信じられない－3．信じられる） 言っている内容に疑問を（1．感じる－3．感じない）

諸研究で抽出されている「視聴印象」次元との比較

	ビデオリサーチ (1985)		ビデオリサーチ (1997)		稲葉 (1991)
興味	面白い *マンネリな *つまらない	面白・過剰感	面白い あきがこない *しつこい *あきる *品のない	躍動感	スポーティーな 陽気な 活動的な 軽快な カラッとした 明るい 生き生きとした にぎやかな 楽しい カラフルな エキサイティングな さわやかな リズム感のある 面白い ふざけた 新鮮な
過剰感	しつこい *あっさりしている				
親近性	親しみのある あきがこない 情緒のある *親しみがない *あきる *ムードがない	親近性・共感	親しみのある 共感できる 情緒のある *親しみがない *つまらない		
印象度	新鮮な 印象的な 心に残る *心に残らない *平凡な	インパクト	新鮮な 印象的な 心に残る *平凡な *心に残らない		
説得力	分かりやすい 説得力のある *分かりにくい *説得力のない	理解・説得力	分かりやすい 説得力のある 信頼感のある *説得力がない	説得性	説得力のある 役に立つ わかりやすい 納得できる 意味のある 心に訴えかけてくる 一見の価値がある 信頼できる 誠実な 迫力のある 引きつけられる 力強い 覚えやすい 印象に残る

表現
[不快-好適]
音とか色彩の出し方は（1．悪い-3．良い）
表現の仕方が（1．無神経である-3．よく考えられている）
表現の仕方が（1．退屈である-3．ひきつけれらる）
登場する人物や動物が（1．嫌い-3．好き）
登場する人物や動物の使い方が（1．不適当である-3．適当である）
見た感じは（1．不快である-3．良い感じである）
登場する人物や動物が（1．変わりばえしない-3．新鮮である）
表現の仕方が（1．わざとらしい-3．自然である）
表現の仕方が（1．馬鹿らしい-3．真面目である）

影響
[不穏-良好]
性的な不快感を（1．感じさせる-3．感じさせない）
この内容は教育的に見て（1．悪い影響がある-3．良い影響がある）
表現されている内容は社会的に見て（1．好ましくない-3．好ましい）
社会的に見て好ましくない考え方や価値観が（1．含まれている-3．含まれてない）
表現されている内容が人間差別に（1．結びつく-3．結びつかない）
子供の購買欲への刺激が（1．強すぎる-3．強すぎない）

その他
CMが特定人物の売名に（関係している-関係していない）
CMが商品やスポンサーに（結びつかない-ぴったりしている）

				優美感	上品な
					美しい
					洗練された
					清潔な
					高級な
					落ち着いた
					センスのよい
					やさしさのある
					穏やかな
					快い
					スッキリとした
					ソフトな
					ファッショナブルな
					時代の先端をいく
					夢のある
					都会的な

付表

研究者	抽出された次元		稲葉 (1992)	岸—広告評価 (1991)		岸—感情反応 (1991)	
	鮮明感		カラッとした スポーティーな 新鮮な 明るい 生き生きとした 軽快な 迫力のある 楽しい リズム感のある 陽気な			喜び	楽しくなる さわやかな気分 陽気になる うれしくなる
						ほのぼの・おだやか	心が休まる おちついた気持ち ゆったりとした気持ち ホロリとする 心あたたまる うっとりする
	刺激性		にぎやかな 活動的な 力強い エキサイティングな *ソフトな *落ち着いた *上品な *穏やかな	知覚・情緒効果	印象的だ 面白い 心に残る 新鮮さがある	好奇心	どうして 何かしら ドキドキワクワク
	説得性		納得できる 説得力のある 意味のある 時代の先端をいく 信頼できる 役に立つ *疑わしい *カラフルな	理解・信憑性	商品に合っている 分かりやすい 信頼できる		
				報知性	役に立つ情報 ニュース性がある 自分に合っている		

	岸—感情反応 (1994)		阿部ら (1985)
覚醒	嬉しくなる 元気が出る 楽しくなる 陽気になる さわやかな気分	娯楽性	ユニークさ 面白さ 目立つ
ほのぼの・ おだやか	心が休まる おちついた気持ち ゆったりとした気持ち ホロリとする 心あたたまる うっとりする	親近性	*目新しい 親しめる 分かりやすい
好奇心	何かしら どうして ドキドキワクワクする	顕著性	現代的 印象的 目立つ
		報知性	うそっぽくない 信じられる 役立つ

洗練性	都会的な 洗練された 美しい 面白い 高級な センスのよい *退屈な *飽きてしまう					
爽快感	快い 覚えやすい 誠実な スッキリした わかりやすい やさしさのある 心に訴えかけてくる *陳腐な *イライラする *困ってしまう					
				驚き	おどろく 元気が出る	
嫌悪感	気が重くなる 後悔する うんざりする バカらしい *清潔な *一見の価値がある			嫌悪	気が重くなる あきる イライラする バカみたい	

付　表　377

		適切性	ふさわしい かわいい	
		魅力性	魅力的 楽しい	
嫌悪	気が重くなる あきる イライラする バカみたい			

研究者		青木ら (1990)		富永ら (1996)	予備的
抽出された次元	娯楽性	面白い 親しみやすい 軽快な カラフルな 目新しい リズム感のある 陽気な 楽しい ふざけた 可愛らしい	面白さ	印象に残る 面白い ストーリ，アイデア	活気
			ブランド名	商品名が印象に残る 親しみを感じる	親近感
	新奇性	新鮮な 生き生きとした 覚えやすい 時代の先端をいく 刺激的な	インパクト	新鮮味がある 興味反応量（＋） *興味反応量（－） 音楽 情景	インパクト
	説得性	納得できる 正直な 説得力のある 判りやすい 意味のある 信頼できる 価値のある 役に立つ	分かりやすさ	分かりやすい 商品の特徴がよく分かる 商品の描写	商品説明
	訴求性	力強い 特色のある 訴えかけてくる エキサイティングな 迫力のある			

研究	主研究	
静けさの程度 元気度 テンポの速さ度 あっさり度 ドレッシー度		
温かさ度 自然度 親近度 田園度 レトロ度 愉快度	感覚 (第3因子)	温かさ度 色彩の明度 自然度 色彩の印象度 元気度
意外度 インパクトの強度 刺激度 面白さ度 愉快度	刺激 (第1因子)	意外度 ユニーク度 インパクトの強度 面白さ度 新鮮度
説明の充分度 メッセージのはっきり度 内容の誇張度 コメントの執拗度 商品イメージとの結合度	伝達 (第2因子)	説明の充分度 メッセージのはっきり度 分かりやすさの程度 説得力の程度

	情緒性	穏やかな 清潔な 高級な 美しい 快い 夢のある 上品な			洗練度
	魅力性	印象に残る センスの良い スッキリした 引きつけられる			情緒的評価
					視聴覚印象
					商品の効用イメージ
					購買意欲

(注) ＊印は逆転項目
　　稲葉（1992）では，「視聴印象」の類型を抽出している。

洗練度 高級度 さりげなさ度 子供っぽさ度 和風度	品格 (第5因子)	高級度 洗練度 静けさの程度
見た感じの好感度 動きの好感度 登場人物の好感度 登場人物と商品の一致 音楽の好感度 表現の真面目度 商品イメージとの結合 詩的，文学的度 表現方法の魅力度 性的不快感度		
色彩の印象度 色彩の明度 声の高度	感覚 (第3因子)	温かさ度 色彩の明度 自然度 色彩の印象度 元気度
健康イメージ 活力イメージ 美容イメージ	効用 (第4因子)	健康イメージ度 活力イメージ度
食べたい度 購買意欲 おいしさイメージ CM好感度		

付表5 131本のCMに関する9次元の因子得点一覧表

商品名	表現評価			イメージ				総合評価		9因子得点の平方和	備考
	第1因子	第2因子	第3因子	第1因子	第2因子	第3因子	第4因子	第1因子	第2因子		
冬物語	−0.127	0.350	−0.773	−0.395	−0.176	−0.400	0.025	−0.456	−0.851	2.016	
コスメタ	0.323	0.686	−0.484	−0.733	0.049	0.151	0.284	0.703	0.359	2.076	
果汁グミ	0.300	1.062	−0.058	−0.869	0.284	−0.177	−0.013	−0.333	−0.729	2.730	
バドワイザー	0.814	0.318	0.123	0.456	−0.303	0.126	1.237	0.352	0.214	2.794	
アーモンドボッキー	−0.137	−0.211	0.182	−1.031	0.455	0.018	0.509	1.052	−0.376	2.872	
ミルカチョコレート	−0.812	0.460	0.005	−0.948	−0.681	0.115	−0.399	0.011	−0.807	3.055	
スーボーコーン	0.009	0.420	1.180	−0.404	0.392	0.409	−0.309	0.593	−0.747	3.058	
ハイクリーム	0.381	0.995	−0.198	−0.106	0.080	−0.536	0.286	1.133	−0.475	3.070	
カンタアランチ	−0.130	0.274	−0.530	−0.905	−0.685	0.417	0.302	−1.074	0.185	3.113	
小枝チョコレート	−0.216	−0.185	−0.772	−0.862	0.540	0.175	−0.275	1.112	−0.371	3.192	
雪見だいふく	0.467	−0.553	−0.150	−0.221	0.013	−1.184	0.051	0.737	−0.843	3.254	
ハウスパーモンドカレー	0.714	−0.705	0.573	1.070	0.344	0.803	−0.001	0.032	0.404	3.407	テストCM
あっさり焼肉	−0.085	0.630	0.730	1.077	0.385	−0.216	−0.773	0.536	−0.535	3.465	
JIVE (1)	−0.622	0.300	−0.309	1.045	−0.528	−0.753	−0.069	−0.154	−1.040	3.619	
ITALIANジェラード	−0.639	0.925	0.053	−0.280	−0.740	0.587	0.333	1.120	−0.478	3.832	
紅茶チョコレート	0.479	0.006	−0.319	−1.139	0.804	−0.472	0.378	0.929	−0.607	3.871	テストCM
ワインスプリッツァ	0.103	−0.335	0.799	0.604	−0.444	0.972	0.866	0.677	−0.630	3.874	
明治ミルクココア	0.185	1.223	0.595	0.522	0.936	0.332	−0.117	0.838	0.153	3.882	
クリームバー	0.674	0.455	0.070	0.207	−0.592	−1.081	0.585	1.183	−0.143	3.992	
スーボーアイス	−0.490	0.374	0.904	−0.052	0.384	0.698	−0.807	0.947	−0.822	4.060	
グリコアーモンドチョコレート	−0.172	−0.836	−1.238	0.130	−0.022	−0.826	0.232	0.568	−0.860	4.076	
アセロラドリンク	0.109	0.610	0.627	0.309	0.694	0.132	−0.084	0.258	1.630	4.103	
もち紅茶	−1.268	−0.622	−0.072	−0.023	−0.685	0.925	−0.518	−0.116	−0.709	4.110	
イチゴチョコレート	0.078	0.609	1.210	0.222	0.159	0.817	0.334	1.210	0.188	4.194	
オーツシリアル	−0.254	−0.339	0.456	0.544	−0.510	0.219	0.125	0.355	1.750	4.196	
本生うどん	−0.242	0.326	−0.944	0.651	0.181	−1.138	−0.771	0.010	−0.914	4.237	
ポッカコーヒー	1.228	−0.628	−0.891	0.763	0.297	−0.478	0.631	−0.426	−0.299	4.265	
ポッカ缶コーンスープ	−0.432	0.037	−0.390	0.457	0.740	−1.251	−1.200	0.440	−0.213	4.340	
トンガリコーン	−0.261	−0.336	0.683	0.041	1.150	1.542	−0.023	0.126	0.083	4.374	
トールズ	−0.702	0.495	0.710	−0.413	−0.511	1.466	0.013	−0.299	0.696	4.396	
カレーマルシェ	0.488	−0.606	−0.507	−0.711	0.442	1.360	0.985	−0.048	−0.372	4.525	

ネオソフトハーフ	-0.393	1.390	0.644	0.595	-0.202	0.103	-0.058	0.158	1.290	4.599
JIVE (2)	-0.678	-0.010	-1.447	0.393	-0.366	-0.358	-0.364	-0.864	-1.002	4.852
真打うどん	-0.219	1.140	-0.198	-0.464	0.563	-0.179	-1.327	0.793	-0.727	4.871
スニッカーズ	-0.596	1.295	-0.368	-0.988	-0.364	0.457	-1.048	-0.605	0.014	4.950
ポカリスエットステビア	0.081	-0.306	-0.760	0.092	-1.381	-0.798	1.107	-0.186	0.711	4.995
JO	0.675	1.008	-1.172	-0.210	-0.549	-0.465	1.157	-0.226	-0.499	5.047
ソリッドバーチーズケーキ	0.508	0.099	0.025	1.266	-0.064	-0.001	0.181	1.692	-0.531	5.052
チートス	0.046	-1.496	0.818	0.812	-0.130	0.801	-0.268	0.495	-0.758	5.121
テディ	-0.099	1.054	-0.290	-1.371	0.541	1.276	-0.421	0.177	0.194	5.254
デザートルック	-0.607	-0.131	-0.779	-0.142	-0.185	-1.538	-0.868	-0.231	-1.051	5.321
スーフスパゲティー	0.524	-0.050	-0.598	-0.899	-1.153	0.416	1.424	0.407	0.443	5.334
カロリーメイト	-0.265	0.491	0.501	0.260	-1.013	-0.096	0.864	-1.625	0.572	5.379
トマトプリッツ	0.167	0.430	0.442	-0.797	-0.319	1.778	0.801	0.372	0.547	5.385
フレッシュ	0.076	0.788	0.122	-0.621	-0.518	-1.532	-0.127	0.984	-0.930	5.494
焼きもろこし	-0.681	-1.615	0.720	1.088	0.035	0.389	-0.339	0.243	-0.672	5.554
スパーマック	0.391	1.220	0.159	-0.023	-0.628	1.480	0.741	0.949	0.057	5.703
エバラ焼肉のたれ	-0.599	-0.156	0.636	1.332	0.464	0.676	-1.299	-0.719	-0.548	5.740
ガーナミルクチョコレート	0.498	0.172	1.126	0.271	0.073	1.914	0.525	0.381	-0.219	5.757
ジョージアレンジカフェ	1.069	0.791	-1.215	-0.087	-0.651	-0.653	1.080	0.417	-0.654	5.872
ケフラン	0.299	0.139	0.156	-0.911	0.937	-0.910	0.358	-1.244	1.371	6.225
ロッテアーモンドピッパー	0.594	1.060	1.116	1.447	0.535	0.700	0.352	0.817	-0.068	6.388
プリポテト	0.543	0.943	-0.445	-0.628	1.295	-1.242	0.081	1.198	-0.252	6.500
クリーフ	0.558	1.011	0.677	0.647	1.618	-1.229	0.387	0.111	0.081	6.508
WINDY	0.741	1.208	-0.649	-0.745	1.110	-0.119	0.014	1.513	0.000	6.519
エンゼルパイ	-1.043	-1.420	0.757	0.819	-0.355	0.663	-0.694	-0.906	-0.567	6.539
ジャイアントカプリコーン	-0.558	0.599	0.901	0.826	0.061	0.229	-1.458	-1.328	-0.719	6.627
DIOS	0.250	0.914	-0.571	0.195	-1.043	-0.563	1.306	0.848	-1.270	6.705
フレンチカフェ	-0.117	-0.454	-1.629	-0.673	-0.837	-0.940	0.817	-0.363	-1.063	6.840
もぎたてのとき	1.155	-0.349	0.141	0.789	0.638	-0.589	1.109	1.629	-0.318	6.840
ヨーグレージュ	-0.977	0.176	-1.201	0.057	2.018	0.052	0.452	0.227	0.419	6.939
リンツチョコレート	-0.093	-1.133	-0.362	0.215	-1.383	-1.350	0.380	0.631	-1.285	7.398
ファイブミニ	0.550	-0.976	-0.134	0.700	1.496	-1.640	-0.736	-0.524	-0.091	7.517
シルベーズ	0.935	-0.386	-0.837	-0.907	-0.524	-1.318	1.179	-0.114	-1.256	7.540
柿の種	-0.224	-0.349	-1.698	-0.276	0.359	-1.173	-1.249	-1.095	-0.477	7.622
ネスカフェ EX	1.600	0.143	-0.477	-0.507	0.762	-0.935	1.508	0.541	-0.751	7.648

ディズニーコーンソフレーク	0.689	0.562	0.748	−0.706	1.049	1.825	−0.051	−0.387	1.127	7.699
ピアヌーほー	1.379	1.112	−0.496	0.107	0.049	0.173	1.808	0.886	−0.499	7.732
TRAD	−1.071	−0.610	−0.471	−0.309	−2.085	−0.551	−0.059	0.241	−1.113	7.786
トルテ	0.536	−0.999	1.654	1.075	0.358	−0.247	0.266	1.468	−0.552	7.896
ロッテアーモンドチョコレート	−0.674	−1.260	0.008	−0.241	−0.771	2.059	0.207	0.308	0.977	8.024
ZIZE	0.015	−1.588	−0.253	0.140	−1.456	−1.191	0.924	−1.039	0.189	8.115
コンガリブレッド	−1.054	−0.397	−1.208	−0.166	−0.924	−1.405	−0.509	−1.198	−0.924	8.130
モルツ	1.296	0.506	−0.410	−0.091	1.964	−1.085	0.872	0.543	−0.096	8.213
ポカリスエット	0.022	−0.662	1.528	1.627	−0.994	0.312	0.659	0.122	1.179	8.345
ラガービール	1.661	−1.781	−0.107	0.658	0.205	−0.852	0.865	0.244	0.642	8.361
ピニール	−1.105	0.804	−0.246	−1.285	−0.894	−0.187	0.579	−0.635	1.869	8.646
季節のデザート	1.380	−0.922	−0.469	−0.766	1.488	−0.676	0.959	1.309	−0.241	8.926
メントス	1.998	−0.562	0.542	−0.028	0.797	0.961	1.310	0.676	0.794	8.967
プリモア	0.197	0.424	−0.466	−1.675	0.828	1.581	0.091	−0.274	1.574	8.986
ベビースターラーメン	−0.709	−0.259	−0.040	−0.857	0.672	1.622	−1.454	−1.481	−0.843	9.407
VIPWBERRY	0.137	1.241	−0.511	0.268	−0.839	−1.262	0.900	1.846	−1.064	9.535
ジャワカレー	1.819	−0.188	−0.108	0.524	1.160	0.250	1.513	1.433	0.432	9.566
AYA	0.541	1.539	−1.071	−0.790	−0.452	−1.257	1.256	1.405	−0.229	9.820
ディオファイバー	0.419	1.609	0.144	−0.445	0.340	−0.747	0.195	0.058	2.485	9.874
ピフィダスヨーグルト	−0.246	0.174	−2.243	−0.816	−0.223	−0.612	0.084	0.435	1.865	9.884
一番搾り	1.712	−0.342	0.466	1.320	1.908	−0.202	0.796	0.698	−0.297	9.896
あらびき (2)	0.245	−1.624	0.079	−1.997	1.586	0.677	−0.119	0.081	0.623	10.073
ハチミツレモン	−1.470	−0.414	−0.001	−0.110	0.963	0.540	−2.201	−0.447	1.231	10.122
ポッキー	1.749	−0.610	0.536	−0.712	1.667	−0.821	0.611	1.393	0.534	10.275
キットカット	1.013	−1.283	1.669	0.061	0.959	1.322	1.001	1.056	0.176	10.276
リケイン	1.009	−0.009	0.528	2.006	−0.636	0.596	1.145	−0.754	1.535	10.316
オロナミンC	1.390	0.236	0.720	−0.280	0.910	1.206	0.503	0.130	2.276	10.317
のりたま	−0.774	0.758	1.639	1.665	0.405	0.744	−1.494	−0.832	0.318	10.375
ショア	0.640	−0.325	0.686	−0.780	−0.793	1.289	1.424	0.539	2.100	10.614
ビフィール	−0.061	1.364	−0.600	−1.124	0.010	0.450	0.291	−0.785	2.516	10.724
ピーチツリーフィズ	0.802	−1.320	0.628	2.013	0.979	−1.208	−0.401	1.101	−0.588	10.970
スライスチーズ	1.833	−0.884	0.907	0.395	2.297	0.237	0.184	0.535	0.559	11.088
ネスカフェ	1.721	−0.542	−1.450	−1.070	−0.238	−1.236	1.485	0.229	−0.893	11.140
ドールジュース	1.211	1.363	0.415	1.277	−0.498	−0.014	1.394	1.919	0.701	11.490
らうめん	−1.841	0.295	0.879	1.092	−0.153	−0.330	−2.072	−1.093	−0.696	11.548

ウーロン茶	0.883	−1.025	−1.416	−0.450	0.710	−1.856	0.002	1.823	11.581
POSTWATER	−0.436	0.828	−0.328	0.492	−2.459	−0.245	−0.665	1.758	11.836
BLENDY	1.753	0.484	−0.988	0.171	1.828	−1.535	−0.175	−0.823	11.848
クリーミーカフェ	−2.056	0.021	−0.571	−0.592	−1.786	−1.347	−0.432	−1.288	11.879
ラーマソフト	−1.202	1.523	−1.581	−1.163	−1.087	−0.353	−0.864	−0.346	11.908
ハウスシチュー	1.482	0.578	−0.574	−0.647	2.177	−1.268	1.313	0.310	11.955
オリゴCC	−1.999	−1.538	0.852	0.337	0.148	1.448	−1.199	−0.048	12.048
味の市	−1.766	0.600	0.226	−1.193	−1.074	−1.395	−0.755	−0.880	12.512
ボンボコヌキ	1.225	−0.435	1.037	1.264	−0.328	−1.488	0.417	−0.438	12.521
VINTAGE	−1.299	−2.284	−1.667	−1.193	2.094	−1.839	−0.044	−0.813	13.043
ココロバンダウサギ	0.611	−0.608	1.164	−0.662	−1.366	−0.040	−1.604	−0.856	13.189
ラノールカップスープ	0.690	−0.520	2.384	−0.689	1.713	−1.942	0.494	0.123	14.133
ユンケル	−1.274	1.034	1.641	2.375	−0.158	0.566	−2.247	1.168	14.714
チョコクリスピー	−1.218	1.148	−0.066	0.444	−1.141	−0.614	−1.400	1.576	14.944
あらびき (1)	−0.113	−2.386	−0.934	−0.611	−1.499	0.147	−0.590	0.009	15.122
ナチュラル100	1.218	0.344	0.405	−2.193	1.786	−0.444	1.011	2.248	15.432
WEST	0.333	−1.105	−2.670	−0.969	0.944	2.043	−1.136	−1.138	15.600
どんべい	−0.568	−2.732	0.344	−0.919	−0.812	−1.747	−0.430	−0.957	16.066
ブライト	−2.278	−0.901	−0.137	2.416	−0.780	0.471	−2.182	−1.351	16.479
ミツカン酢	−0.042	−1.094	2.694	−0.753	−1.252	0.311	−0.428	−0.300	16.614
ブラボーガム	−2.395	0.904	0.577	2.664	0.392	0.398	−1.616	−1.187	17.050
チョコボール	−1.170	−1.003	2.369	−0.903	1.437	0.637	−1.690	0.028	17.120
クロレッツ	−1.966	−1.160	−1.134	2.509	−0.181	1.273	−0.437	−1.468	17.506
ライオネスコーヒーCANDY	−0.782	−0.779	−1.212	0.517	−1.652	−1.837	−1.149	1.219	17.702
コーヒータイム	−1.400	−2.222	−0.634	−1.618	−0.023	−1.086	−1.939	−1.381	17.802
デンロクチョコソリーズ	−1.886	−0.415	−0.334	1.255	0.532	−1.791	−1.384	−1.076	17.940
コラカナ	−2.626	0.826	0.604	−2.321	−0.820	0.550	−1.601	−1.288	20.754
終日禁煙	−1.706	0.871	−0.444	−0.738	−1.050	1.314	−2.076	−0.255	21.222
養命酒	−0.079	2.780	−1.237	−0.178	−1.084	−1.099	−3.252	1.995	25.087
鉄骨飲料	−0.216	1.388	2.624	−1.627	−0.201	−0.917	−2.676	2.998	26.902

付表6 等値制約するレベルが異なる4モデルの適合度

	モデル	χ^2	自由度	確率	CMIN/DF	GFI	AGFI	CFI	RMSEA	AIC
生茶	モデルa	84.280	60	0.021	1.405	0.966	0.925	0.980	0.031	228.280
	モデルb	93.780	70	0.030	1.340	0.962	0.929	0.981	0.029	217.780
	モデルc	107.139	85	0.053	1.260	0.958	0.935	0.982	0.025	201.139
	モデルd	128.832	96	0.014	1.342	0.948	0.929	0.973	0.029	200.832
雪国まいたけ	モデルa	116.124	60	0	1.935	0.952	0.894	0.946	0.048	260.124
	モデルb	129.804	70	0	1.854	0.947	0.899	0.943	0.046	253.804
	モデルc	144.470	85	0	1.700	0.940	0.906	0.943	0.041	238.470
	モデルd	158.951	96	0	1.656	0.932	0.906	0.940	0.040	230.951
ウーロン茶	モデルa	121.977	60.000	0.000	2.033	0.950	0.889	0.953	0.049	265.977
	モデルb	135.972	70.000	0.000	1.942	0.944	0.895	0.950	0.047	259.972
	モデルc	148.421	85.000	0.000	1.746	0.940	0.907	0.952	0.042	242.421
	モデルd	169.674	96.000	0.000	1.767	0.932	0.906	0.944	0.043	241.674

人 名 索 引

[A]

Aaker, D. A. 46, 47, 72
阿部周造 50, 57, 68, 70, 176, 178, 180, 182, 204, 375
ACC 279, 289, 290, 296
足立己幸 261
Akaike, H. 307
飽戸弘 46, 345
Allen, C. T. 33, 35
Ambler, T. 1, 2
Andersson, R. 314
青木幸弘 50, 58, 59, 68, 70, 72, 118, 177, 179, 181-183, 204, 205, 378
青木洋貴 317
Aramyan, L. 262
Arens, W. F. 75, 79, 368
Ares, G. 315
浅川雅美 （省略）
Asakawa, M. （省略）
朝倉利景 75, 76, 78, 79, 362, 368

[B]

馬場優子 259
Bae, M. 315
Barry, E. T. 16
Batra, R. 49-54, 72
Bechger, T.M. 284
Bedell, C. 16
Behe, B. K. 315

Belch, G. E. 23
Bentler, P.M. 284
Besio, M. 315
Bettman, J.R. 4
Bialkova, S. 315
Biel, A. L. 46-48, 72
Blackwell R. D. 4
Bojko, A. 314
朴亨烈 26
Book, A. 75, 76, 362
Borden, N.H. 2
Bov'ee C. L. 75, 79, 368
Bridgwater, C. A. 46-48, 72
Brown, S. P. 63
Browne, M.W. 284
Brunel, F. F. 346
Burke, M. C. 23, 50, 54, 72
Burton, S. 21, 22, 42-44

[C]

Cacioppo, J. T. 19
Cary, N. 75, 76, 362
Churchill Jr, G. A. 66
Colley, R. H. 3, 4, 16, 17
Cox, W. M. 314, 315
Crask, M. R. 67, 75, 78, 80, 366

[D]

Day, E. 75, 78, 366
Deliza, R. 315

電通　27, 31, 32, 67
Devoe, M.　16
Dewhurst, R.　314
Dichter, E.　4
Duchowski, A.T.（2007）.　323

[E]

Edell, J. A.　23, 50, 54, 72
Eertmans, A.　262
Engel J. F.　4
榎本隆司　315

[F]

Field, M.　314, 315
Fox, R. J.　67, 80
Franzen, G.　236, 245
Frazer, C. F.　75, 78, 366
Furse, D. H.　67, 82, 85-88, 90, 94, 95, 99, 215, 216, 219, 220, 224, 225, 233, 234, 244-246, 257, 331, 334, 336

[G]

Gable, R. K.　194, 282, 286
Gimenez, A.　315
呉昌昊　50, 61

[H]

芳賀繁　315
濱岡豊　50, 61
服部環　113
林英夫　30
Hall, S. R.　16
Hefzallah, I. M.　75, 76, 362

Herpen, E.V.　262
Hepner, H. W.　15
Hess, R.　315
東村高良　111
疋田聡　1, 2
Hilliard, R.　75, 79, 368
広瀬盛一　1, 2, 26
Hirschman, E. C.　5
一杉哲也　2
Holbrook, M. B.　5, 33, 34, 50-54, 72
Holmqvist, K.　314,
堀建司郎　84, 87, 99
Hovland, C. I.　346
Howard J.　4
Hox, J.J.　284
Hu, L.T.　284
Huddleston, P.　315

[I]

Iacobucci, D.　305
池上和男　2
今西鉄之助　78
稲葉哲郎　46, 49, 50, 56, 62, 68, 70, 72, 106, 118, 177, 179, 181-183, 204, 205, 371, 374, 380
石崎徹　1, 2, 3
伊藤謙治　317
Izard, C. E.　33, 35, 36

[J]

Januszewska, R.　262
Jarodzka, H.　314

【K】

海保博之 113
梶裕輔 78
亀井昭宏 3, 46
狩野裕 247
片平秀貴 50, 61
軽部光男 259
木戸茂 6
木村立夫 2
木下昌之 317
岸志津江 5, 6, 50, 59, 60, 69, 71, 72, 177, 179, 181-183, 204, 374, 375
北出修平 2
Kitson, H.D. 16
小林太三郎 2
Kollat D. T. 4
Kornelis, M. 262
Koslow, S. 90-92, 94
Kotler, P. 75, 76, 364
小山昇治 313
Krugman, H. E. 18

【L】

Lans, I. 262
Laskey, H. A. 67, 75, 78, 80, 81, 95, 366
Lavidge, R. J. 4, 15-18
Leavitt, C. 37-44, 81-83, 94, 224, 225
Lehto, R. 262
Lewis, E. St. 15, 16
Lichtenstein, D. R. 21, 22
Lindeman M. 262
Loginova, O. 346

Lutz, R. J. 4, 7, 9, 19, 22-26, 329, 330, 343

【M】

MacCallum, R.C. 284
Machleit, K. A. 33, 35
MacKenzie, S. B. 7, 9, 19, 22-26, 329, 330, 343
Maloney, W. P. 75, 76, 362
Mandell, W. 346
Mandler, G. 36
Marine, S. S. 33, 35
Mass, J. 75, 76, 364
松尾太加志 113
松岡茂雄 75, 236, 244, 245, 341, 363
丸岡吉人 236, 245
McConville, M. 37, 39
McEwen, W. J. 81-83, 94, 224, 225
McGuire, W. J. 17
Mieslera, L. 262
Mitchell, A. A. 6
宮原義友 1, 2
望月裕 46
森敏昭 113
守口剛 59

【N】

長島英樹 6
中川秀和 46
中村耕治 50, 57
中村知靖 113
Naples, M. J. 3
那須幸男 3

Nelson, M. R. 346
Nelson, R. P. 75, 79, 368
Nicosia, F. M. 4
日経広告研究所 100
仁科貞文 1, 2, 27, 31, 46, 75, 76, 78, 79, 362, 368
Notelaers, G. 262
野澤智行 78
NTTコミュニケーション科学研究所監修 100
Nystrom, M. 314

[O]

Ogilvy, D. 75, 76, 236, 244, 245, 341, 363
岡野雅雄 13, 27, 78, 257, 289, 299, 313, 316, 323
Okano, M. 13, 281, 286, 345
Olson, J. C. 6
恩蔵直人 50, 58
大澤清二 8, 259, 330
Osborn, A. F. 16

[P]

Peter, J. P. 66
Petty, R. E. 19
Pieniak, Z. 262
Pieters, R. 313, 314, 323
Plutchik, R. 33, 34, 36
Pollard, T. M. 261

[R]

Ramsay, R. E. 16
Ray, M. L. 18, 19, 50, 72

Ray, C. 262
Roman, K. 75, 76, 364
Roos, E. 262

[S]

Sage, L. 315
斉藤通貴 59
佐々木土師二 4, 7, 13, 16, 19, 21, 26, 27, 44, 45, 63, 64, 66, 75, 82, 84, 85, 95, 103, 104, 106, 112-114, 119, 121, 176, 178, 180, 182, 192, 195, 204, 225, 329, 343, 370
Scheibehenne, B. 262
Schlinger, M. J. 37, 40-44
Scott, W. D. 1
Sheldon, A. F. 16
Sheth J. 4
繁桝算男 113
嶋村和恵 1, 2, 23, 236, 245
清水猛 2
Shimp, T. A. 6, 19, 20, 21, 75, 79, 80, 369
Siegrist, M. 315
Sirelius, M. 262
Stayman, D. M 46, 47, 63, 72
Steiner, G. A. 4, 15-18
Steptoe, A. 261, 262, 281, 284, 286, 316, 338, 339
Stewart, D. W. 67, 82, 85-88, 90-92, 94, 95, 99, 215, 216, 219, 220, 224, 225, 233, 234, 244-246, 257, 331, 334, 336
Strong, E. K. 15
Sugawara, H., M. 284

杉本徹雄　4, 50, 58, 59

[T]

高田稔　2
高増雅子　261
竹村和久　5
竹内淑恵　30-32, 67
田中正郎　50, 57
Todd, P.M.　262
富永純一　50, 61, 69, 71, 72, 177, 178, 181-183, 204, 205, 378
豊田秀樹　247, 307
土山誠一郎　1, 2
辻岡美延　111

[U]

植条則夫　75, 76, 79, 364

[V]

Väänänen, M.　262
Vakratsas, D.　1, 2
van den Bergh, O.　262
van Herpen, E.　316
Vansant, G.　262
van Trijp, H.　315, 316

Verbeke, W.　262
Victoir, A.　262
ビデオリサーチ　28, 29, 31, 32, 64, 67, 176, 178, 180, 182, 204, 371
Visschers. V. H.　315

[W]

Wardle, J.　261, 262
Wedel, M.　313, 314, 323
Wells, W. D.　37-44
Westwood R. A.　33, 34
Wolf, M.　194, 282, 286

[Y]

八巻俊雄　2, 75, 92-94, 224, 225, 236, 245, 364
柳井晴夫　113
矢崎美智子　261
吉田英輔　3

[Z]

全日本シーエム放送連盟→ACC
Zeitlin, D. M.　33, 34
Zinkhan, G. M.　42-44

事項索引

[ア行]

アイ・トラッキング　279, 313-316, 318, 322, 323, 341, 344
AID　15
AIDA　1, 2, 15
AIDMA　2
α 係数　34-35, 194, 282, 286
意欲　17-19
因子構造　43
　――の信頼性　43, 191, 195, 213, 333, 334, 343
因子得点　27-31, 47, 48, 66, 121-123, 126-129, 132, 134-136, 140-145, 167, 226, 241, 332
因子の一致性係数　43, 192, 195-203, 268
因子負荷量　113
因子分析　27-31, 37, 47, 48, 53, 55, 59, 66, 111-117, 167, 192-194, 220-224, 263-267, 331, 333
　探索的因子分析　263, 281, 282
　確認的因子分析　35, 262, 282, 284, 286, 339
Aad　4
　――形成　5, 7, 19-26, 46, 343
　――の機能　329
　――の定義　4, 21, 22, 331
　――の測定項目　24, 63, 66, 72, 99, 120, 161, 162, 175, 185, 331, 332

AOI　314, 319, 321, 325
ACC 入賞作品　289, 293, 295, 296, 339
Ab　6, 18, 19, 46, 50, 329
SD 尺度→両極の形容詞尺度
ML モデル　24

[カ行]

カイザー・ガットマン基準　281, 282
快楽的消費　5
感情　5, 7, 54, 63
関与　18, 19
　――水準　18
　購買関与　59
　製品関与　18, 59
　媒体関与　18
記号論　13
基本情緒　33
基本情緒説　32-36
クラスター分析　28-30, 48, 49, 121, 123-125, 129-131, 134, 135, 137, 140, 162, 332, 333
クリエーター　8, 341
　――の経験則　8, 75
　――の経験則による CM の類型化　75-79
広告
　――における主張　7, 9, 24, 259, 260
　――における主張と受け手の信念の一致度→広告の情報的価値
　――に対する態度→ Aad

――の経済的効果　2
　　――のコミュニケーション機能　3-5, 329, 343
　　――の社会的効果　2
　　――の情報的価値　7, 9, 25, 101, 167, 259, 260, 272, 274, 279, 302-304, 310-313, 317, 330, 335, 337, 338, 340, 341, 343, 344
　　――の信憑性　24, 25
　　――の心理的効果　329
　　――の知覚　25
　　――の販売促進機能　3
　　――の文化的効果　2
　　――への関与　4
広告効果　1-5, 329
　　――研究　1-4
　　――研究におけるマクロ的視点　2
　　――研究におけるミクロ的視点　3, 329
　　――の階層モデル　4, 15-18
　　――モデル　1-5
広告制作者→クリエーター
広告表現　6, 329
　　――の研究　6, 329, 341
　　――の構成要素　7
　　――の分析方法　13, 75-95
　　――批判の仮説的分類体系　103
購買意欲　50, 57, 329
購買関与　59
個別評定値行列　37, 39, 42, 48, 59, 110, 111, 167, 191, 192
コレスポンデンス分析　290, 293-296, 339

[サ行]

再生　80-82, 85-92, 94, 95, 99
サッカード　314
GRP　3
CMの提示順序　107-109, 123-126, 130-132, 134, 135, 163, 171, 172, 186-191, 299, 346
CMの内容分析　167, 268
視聴印象　7
　　――によるCMの類型化　27-32, 66
　　――の共通次元　62-63, 104, 118, 204
　　――の測定項目　63, 161, 175, 184, 185, 331
　　――の測定尺度　62, 99, 333
　　――の標準的尺度　37, 40, 63, 331, 99
　　――の測定値　167, 206-213
　　――の多次元的特性　36, 37, 46, 68-71, 167, 191
　　――の媒介機能　167, 168, 215, 235, 236, 242-260, 304, 311, 330, 334-338, 340, 341, 344
　　――の分析方法　27-45, 66, 72, 73, 164
周辺的ルート　19
主要語　290-296
受容内容分析　11, 13, 15, 331
情緒　17-19
情緒的反応プロセス　19-20, 25
消費者購買意思決定プロセスモデル　4
消費者情報処理パラダイム　5
消費者情報処理プロセス　5
食品選択基準　8-9, 167, 259-276, 279,

281-287, 289-296, 300, 302, 303, 315, 316, 338, 339, 344, 345
──の測定値　269
初頭効果　346
新近性効果　346
Scree Test　111, 114, 116, 192, 220, 263, 282
精緻化見込みモデル　19
説得　80, 81, 85-92, 94, 95, 99
説得的コミュニケーション　18
全体的接近　13, 14, 27, 30, 75
訴求内容分析　11, 13, 75
属性評価値　57

[タ行]

DAGMAR　16
題材処理　82, 85, 226
多母集団の同時分析　304, 306, 311
単極の形容詞尺度　38, 39, 44, 47-49, 52, 53
注視　314
注視時間　317
　合計注視時間　319-322, 325, 326
注視回数　317
　合計注視回数　319-322, 325, 326
中心的ルート　19
低関与学習理論　18
提示技法　82, 85, 226
停留回数　317
　合計停留回数　319-322, 325, 326
停留時間　317
　合計停留時間　319-322, 325, 326
テキスト・マイニング　27, 296, 339

DES　35
テレビCM評価尺度　44
伝達内容　6-9, 19, 25, 26, 75-78, 81-92, 226, 235, 259, 260, 272, 274, 276, 279, 289, 299, 302, 311-313, 330, 335, 340, 341, 343, 344
動機づけ　4-5
特定保健用食品→トクホ
トクホ　316

[ナ行]

内的整合性　194, 282, 286
認知　17-19
認知心理学　2, 5
認知的反応プロセス　19-20, 25
延べ視聴率→GRP

[ハ行]

パス解析　246-256
ヒートマップ　318, 319, 321, 324, 325
表現形式　6-9, 19, 26, 75, 76, 78-82, 85-92, 94, 95, 235, 257, 289, 312, 329, 330, 334, 335, 341, 343, 344
表現・制作的要素　7, 25, 82, 83, 85-92, 94, 95, 99, 167, 215, 220, 222, 224, 226-244, 246, 247, 257, 258, 331, 334-337
　──の測定尺度　331
　──の測定値　167, 226-233, 334
表現評価　103
ブランドに対する態度→Ab
平均評定値行列　27-30, 39, 52, 66, 110, 111, 167, 191

[マ行]

モチベーション・リサーチ　4, 5

[ヤ行]

要素的接近　13, 14, 27, 32, 46, 75

[ラ行]

両極の形容詞尺度　37-39, 43, 44, 50, 52, 57, 104
理解　80, 81, 85-92, 94, 95, 99, 344

著者略歴

浅川　雅美（あかさわ　まさみ）

1966年生まれ。関西大学大学院社会学研究科社会心理学専攻博士課程修了。博士（社会学）。
1995年文教大学女子短期大学部講師，2001年文教大学女子短期大学部助教授，2010年文教大学准教授を経て，現在，文教大学教授。専門は，消費者行動論，広告心理。

視聴印象が媒介するテレビCMへの態度の形成
―― 広告効果の実証的分析 ――

2018年2月28日　初版第1刷発行

著　者　　浅　川　雅　美

発行者　　風　間　敬　子

発行所　　株式会社　風　間　書　房
〒101-0051　東京都千代田区神田神保町1-34
電話 03(3291)5729　FAX 03(3291)5757
振替 00110-5-1853

印刷　太平印刷社　　製本　井上製本所

©2018 Masami Asakawa　　　　　　　NDC分類：361
ISBN978-4-7599-2216-5　Printed in Japan

〈JCOPY〉〈(社)出版者著作権管理機構 委託出版物〉

本書の無断複製は，著作権法上での例外を除き禁じられています。複製される場合はそのつど事前に(社)出版者著作権管理機構（電話 03-3513-6969, FAX 03-3513-6979, e-mail: info@jcopy.or.jp）の許諾を得てください。